Otto F. Kernberg

Ideologie, Konflikt und Führung

Psychoanalyse von Gruppenprozessen und Persönlichkeitsstruktur

Aus dem Amerikanischen
von Elisabeth Vorspohl

Klett-Cotta

Der Verlag dankt Frau Irmgard Hölscher und der Zeitschrift Psyche für die Erlaubnis, die Übersetzung des in der Psyche erschienenen Beitrags »Dreißig Methoden zur Unterdrückung der Kreativität von Kandidaten der Psychoanalyse« für Kapitel 14 dieser Ausgabe zu verwenden.

Die Originalausgabe erschien unter dem Titel
»Ideology, Conflict, and Leadership in Groups and Organizations«
im Verlag Yale University Press, New Haven/London

Printed in Germany
Schutzumschlag: heffedesign, Rodgau
Gesetzt in der 11 Punkt Garamond von Hahn Medien GmbH, Kornwestheim
Auf holz- und säurefreiem Papier gedruckt und gebunden
von Freiburger Graphische Betriebe, Freiburg i. Br.
ISBN 3-608-91927-9

Die Deutsche Bibliothek – CIP-Einheitsaufnahme
Ein Titeldatensatz für diese Publikation
ist bei der Deutschen Bibliothek erhältlich.

Zur Erinnerung an
Ignacio Matte-Blanco (Santiago de Chile) und Ernst Ticho (Wien),
meine Freunde und Lehrer

Inhalt

Vierter Teil
Anwendungen auf die psychoanalytische Ausbildung

Fünfter Teil
Ideologie, Moral und der politische Prozeß

Vorwort zur deutschen Ausgabe

Von Peter Buchheim

Das Beeindruckendste an diesem jetzt auch für deutsche Leser vorliegendem Buch von Otto Kernberg ist wohl die Reichweite seiner auf der Psychoanalyse gründenden Erfahrungen. Es wird aufgezeigt, wie weit über das traditionelle Einzel- und Gruppentherapiesetting hinaus die Bedeutung psychodynamischer Prozesse für das Individuum, insbesondere im Kontext von Gruppen, Institutionen und Organisationen verständlich und nutzbar gemacht werden kann. Dies ist gerade in einer Zeit von aktueller Brisanz, in der von vielen Seiten der Psychoanalyse insbesondere im therapeutischen Feld mit zunehmender Skepsis aufgrund ihrer Exklusivität und der noch zu wenig empirisch gesicherten Effektivität begegnet wird. Kernberg macht uns hier mit Anwendungsbereichen der Psychoanalyse vertraut, in denen ein psychodynamisches Verständnis der strukturellen Eigenschaften von Persönlichkeiten und ihrer Interaktionen in vielfältigen zwischenmenschlichen Beziehungskonstellationen für die Analyse und Lösung von Problemen sehr nützlich sein kann. Besonders beeindruckend ist auch, wie sehr sich Kernberg in seiner Funktion als Präsident der »Internationalen Psychoanalytischen Vereinigung« äußerst kritisch für eine zeitgemäße Erneuerung und Weiterentwicklung der psychoanalytischen Ausbildung einsetzt, um das Selbstverständnis der Kandidaten zu stärken für die künftigen Herausforderungen an sie in einer immer breiter gefächerten wissenschaftlichen und sozialpolitischen Gesellschaft. In der jüngeren Vergangenheit waren nicht selten Versuche von Psychoanalytikern trotz ihrer fundierten Kenntnisse über Persönlichkeitsstrukturen und Interaktionsprozesse wenig erfolgreich, in den eigenen Institutionen oder beratend für andere Einrichtungen und Unternehmen adäquate Problemlösungsstrategien umzusetzen. Kernberg zeigt uns aufgrund seiner langjährigen Erfahrungen gerade auch in diesem Bereich, wie mit einer bestimmten realitäts- und situationsorientierten Pragmatik psychoanalytisches »Know-how« für die Beratung von Führungskräften, therapeutischen Teams und Organisationen effektiv eingesetzt werden kann und sich wiederum in Bereichen der Beratung und der Aus- und Weiterbildung nutzen läßt. Insgesamt ist das Buch eine Fundgrube zur Anwendung psychoanalytischer Theorie und Praxis nicht nur für Psychoanalytiker, sondern für alle psychodynamisch orientierten Psychologen, Soziologen und Ärzte, insbesondere in verantwortlichen Leitungs- und Führungspositionen.

Vorwort des Verfassers

Mein Interesse an der Behandlung schwerer Persönlichkeitsstörungen konfrontierte mich sehr früh mit den alles beherrschenden destruktiven und selbstdestruktiven Strömungen, die ein wesentliches Element der unbewußten Konflikte und interpersonalen Schwierigkeiten der betreffenden Patienten bilden. Durch ihre Behandlung im Rahmen eines Klinik-Settings konnte eine Fülle von Erkenntnissen über die Äußerung ihrer unbewußten intrapsychischen Konflikte innerhalb des sozialen Lebens der Klinikumwelt gewonnen werden. Überraschend war die Einsicht, daß die Konflikte dieser Patienten Konflikte widerspiegelten, die sich zuvor bereits in der sozialen Matrix der Klinik entwickelt hatten. Sie konnten mitunter die Klärung lautloser, aber ausgesprochen beunruhigender unterschwelliger Konflikte der Krankenhausadministration ermöglichen.

Unter einem komplementären Blickwinkel gaben mir meine über fünfundzwanzigjährigen Erfahrungen – als medizinischer Leiter des C. F. Menninger Memorial Hospital, danach als Leiter der General Inpatient Services am New York State Psychiatric Institute und in den vergangenen Jahren als medizinischer Leiter des New York Hospital-Cornell Medical Center, Westchester Division – Gelegenheit, die Aktivierung regressiver Gruppenprozesse zu beobachten, für die destruktive und selbstdestruktive Konflikte als praktisch unausweichliche Aspekte des Funktionierens in der Institution charakteristisch waren; solche Konflikte bildeten gleichsam die dunkle Seite der produktiven Arbeit, die von effizienten Aufgabengruppen und Organisationsstrukturen innerhalb dieser Institutionen geleistet wurde.

Ich erkannte, daß die dynamische Wechselwirkung von libidinösen und aggressiven Strebungen nicht allein im dynamischen Unbewußten des Individuums stattfindet, sondern auch auf der Ebene von Gruppen und sozialen Institutionen agiert wird. Defensive und sublimierende Prozesse, in denen die Schicksale von Erotik und Aggression, von Kreativität und Selbstdestruktivität Ausdruck finden, lassen sich sowohl am Individuum als auch auf Organisationsebene beobachten. Die auffallende wechselseitige Beeinflussung von individuellen, Gruppen- und Organisationsprozessen erfordert fraglos eine integrierte Theorie dieser Gegenströmungen.

Die vielleicht dramatischste Illustration der Interaktion zwischen individueller und Gruppendynamik ist die Beobachtung, daß sich sehr kranke Patienten in Gruppen, die über eine stabile Struktur und klar definierte und konsequent vertretene Aufgaben verfügen, ganz normal verhalten können. Im Gegensatz dazu können absolut gesunde und gut angepaßte, hochqualifizierte Fachleute, die im Kontext regressiver Gruppen mit inadäquater Aufgabenstruktur arbeiten, sehr rasch auf abnormale Verhaltensweisen regredieren. Zuweilen hat es den Anschein, als würden in solchen dysfunktionalen Gruppensituationen die destruktivsten und selbstdestruktivsten Kräfte des dynamischen Unbewußten freigesetzt. Meine Erfahrungen als Mitglied und Leiter psychiatrischer und psychoanalytischer Organisationen sowie als Organisationsberater für Krankenhäuser und Ausbildungseinrichtungen haben mir die Beziehung zwischen den unbewußten Konflikten des Individuums sowie den regressiven Gruppenprozessen und der Beteiligung der Organisationsführung an der Reduzierung oder Verstärkung primitiver Aggression in einem sozialen Kontext ebenfalls deutlich werden lassen.

Im Laufe der Jahre habe ich einen theoretischen Rahmen entwickelt, der unser heutiges Wissen über die Psychodynamik von Individuen, Gruppen und Organisationen integriert. Im vorliegenden Buch stelle ich diesen integrativen Rahmen ausführlich dar und wende ihn auf die Analyse regressiver Gruppenprozesse, auf die Beschaffenheit institutioneller Führung und auf jene Bedingungen eines rationalen Funktionierens von Organisationen an, die vor den gefährlichsten Konsequenzen regressiver Gruppenprozesse schützen können. Die Anwendung dieses Bezugrahmens auf die Gruppentherapie und die therapeutische Gemeinschaft illustriert die therapeutische Umsetzung dieses Modells; ein anderer Teil des Buches, der den Problemen in psychoanalytischen Instituten gewidmet ist, zeigt, wie diese Theorie in der Beratung Anwendung finden kann. Mit mehreren Beiträgen über die Psychologie der Ideologiebildung, über Bürokratie, Konventionalität und schließlich über den politischen Prozeß öffne ich diesen theoretischen Rahmen für eine Verbindung mit den Sozialwissenschaften, um ihn über den spezifischen Bereich des institutionellen Funktionierens hinaus anzuwenden.

Ich hoffe, daß die folgenden Kapitel Licht auf die Turbulenzen der menschlichen Interaktionen in Gruppen und Organisationen werfen werden, warne aber davor, utopische Erwartungen an dieses Wissen zu knüpfen. Ich habe zu zeigen versucht, wo und in welchem Ausmaß dieses Verständnis dazu beitragen kann, Konflikte auf der Ebene von Gruppen und Institutionen zu lösen, und welches Potential diesem Modell als therapeutischem Instrument bei der Suche nach institutionellen Veränderungen zukommt.

Für die Ausarbeitung meiner Ideen und Überlegungen habe ich einer Gruppe hervorragender Kollegen und Freunde zu danken, von denen einige zu den Pionieren der zeitgenössischen Forschung über die Organisationspsychologie zählen. Harry Levinson, ehemaliger Direktor des Department of Industrial Psychology der Menninger Foundation und später Präsident des Harry Levinson Institute in Boston hat mich als erster dazu ermuntert, Konflikte in Organisationen unter psychoanalytischem Blickwinkel zu untersuchen. Thomas Dolgoff, der mittlerweile verstorbene ehemalige Leiter und Lehrer für Administrationstheorie an der Menninger Foundation, gewährte mir im ersten Jahr meiner Tätigkeit als Direktor des C. F. Menninger Memorial Hospital die Gunst seiner persönlichen Beratungen. Der verstorbene John Sutherland, ehemaliger Direktor der Tavistock Clinic, Herausgeber des *International Journal of Psycho-Analysis* und viele Jahre lang führender Berater der Menninger Foundation, machte mich mit Ronald Fairbairns Objektbeziehungstheorie und der am Tavistock Institute of Group Relations entwickelten Theorie der Gruppendynamik bekannt. Er regte mich dazu an, Konzepte zu entwickeln, die eine Brücke zwischen der Psychopathologie des Individuums und der Psychopathologie von Gruppen und Organisationen schlagen.

Meine ersten Erfahrungen mit Gruppendynamik und Gruppenpsychotherapie sammelte ich unter der hervorragenden Anleitung und Supervision von Ramón Ganzaraín, dem ehemaligen Direktor der Abteilung für Gruppendynamik und Psychosomatische Medizin am Department of Psychiatry der School of Medicine an der University of Chile und späterem Leiter der Abteilung für Gruppenpsychotherapie an der Menninger Foundation. Jerome Frank, Professor für Psychiatrie an der Johns Hopkins Medical School, ein Pionier der Forschung über Gruppenpsychotherapie an der Henry Phipps Clinic des Johns Hopkins Hospital, half mir, meine Erfahrungen in der Gruppenpsychotherapie und der Psychotherapie-Forschung zu erweitern. Der berufliche Austausch mit Leonard Horwitz bei der Menninger Foundation, mit Howard Kibel am New York Hospital-Cornell Medical Center, Westchester Division, und mit Saul Scheidlinger, dem ehemaligen Herausgeber des *International Journal of Group Psychotherapy*, hat es mir erheblich erleichtert, meine Kenntnisse über die Gruppenpsychotherapie zu vertiefen und zu erweitern.

Durch die Arbeit von Didier Anzieu in Frankreich und René Kaës in der Schweiz, Pierre Turquet, Malcolm Pines und Earl Hopper in Großbritannien und Abraham Zaleznik in den Vereinigten Staaten sowie durch die Erfahrungen, die ich als Mitglied und in der Leitung von Konferenzen am A. K. Rice Institute sammeln konnte, habe ich vieles über Gruppendynamik und Organisationstheorie gelernt. Besonders hilfreich waren meine anregenden Kontakte zu Margaret Rioch und Roger Shapiro.

Während meiner gesamten beruflichen Tätigkeit und meiner Arbeit an den Publikationen der vergangenen Jahre hat mir eine Gruppe von Freunden und Kollegen beigestanden, denen ich für ihre begleitende, herausfordernde und stimulierende Kritik zu tiefem Dank verpflichtet bin. Zu ihnen gehören Harold Blum, Arnold Cooper, William Grossman, Paulina Kernberg, Robert Michels, Ethel Person, Gertrude Ticho und Robert Wallerstein.

Die Ermutigung und Unterstützung, die mir bei meiner augenblicklichen Arbeit Jack Barchas, Professor und Dekan am Department of Psychiatry des Cornell University Medical College, zuteil werden läßt, war für dieses Buch ungemein anregend. Meine Kollegen am Personality Disorders Institute der Westchester Division des New York Hospital geben mir immer wieder Gelegenheit zur therapeutischen Forschung im Gruppen- und individualtherapeutischen Setting. Ihnen allen bin ich außerordentlich dankbar, vor allem Ann Appelbaum, Stephen Bauer, John Clarkin, Pamela Foelsch, Kay Haran, Paulina Kernberg, Harold Koenigsberg, Sonia Kulchycky, Lawrence Rockland, Michael Stone und Frank Yeomans.

Meinen tiefempfundenen Dank möchte ich auch zwei Lehrern und Freunden aussprechen, die vor einiger Zeit verstorben sind – Ignacio Matte-Blanco, ehemals Dekan des Department of Psychiatry der School of Medicine an der University of Chile, dessen Beiträge über psychoanalytische Theorie zu den originellsten Arbeiten der vergangenen Jahre zählen, und Ernst Ticho, ehemals Direktor des Psychotherapy Service der Menninger Foundation, der begabteste Psychotherapeut und Psychotherapielehrer, den ich in meiner beruflichen Laufbahn kennengelernt habe. Beide halfen mir, meinen Glauben auch in unglücklichen Momenten nicht zu verlieren und meine Überzeugung von der Macht der Ideen weiterhin mit unerschütterlichem Optimismus zu vertreten.

Ebenso wie in der Vergangenheit möchte ich Gladys Topkis, Cheflektorin der Yale University Press, meinen Dank aussprechen. Mit ihren ermutigenden und kritischen Gedanken gab sie mir bei der Publikation mehrerer Bücher wichtige Anregungen. Danken möchte ich auch Lorraine Alexson, die diesen Band sorgfältig betreut hat. Becky Whipple hat mit Geduld und Geschick viele Versionen der hier versammelten Kapitel getippt, und ich bin ihr für ihre hingebungsvolle Arbeit außerordentlich dankbar. Schließlich möchte ich Louise Taitt, der Sekretärin des Institute for Personality Disorders der Westchester Division des New York Hospital danken. In all den Jahren unserer Zusammenarbeit hat sie die vielen Aufgaben, die ihrer Verantwortung obliegen, immer kreativ bewältigt und entscheidend dafür gesorgt, daß ich Zeit und Raum für meine Publikationstätigkeit gewann, indem sie Ordnung in ein mitunter überwältigend wirkendes Chaos brachte und darauf achtete, daß all die Detailarbeiten an diesem Buch erledigt wurden.

Erster Teil

Psychoanalytische Untersuchungen von Gruppenprozessen: Theorie und Anwendung

1 Psychoanalytische Theorien der Gruppenpsychologie

Die Psychologie großer und kleiner Gruppen

Freud (1921) war der erste, der Gruppenprozesse psychoanalytisch erforschte und sie im theoretischen Rahmen der Ich-Psychologie erklärte, die er nicht lange zuvor entwickelt hatte. Seiner Ansicht nach empfinden Menschen in Massen ein Gefühl unmittelbarer wechselseitiger Nähe, das sich aus der Projektion ihres Ich-Ideals auf den Führer sowie aus ihrer Identifizierung mit diesem Führer und den übrigen Gruppenmitgliedern herleitet. Die Projektion des Ich-Ideals auf den Führer eliminiert sowohl moralische Zwänge als auch die vom Über-Ich vermittelten Funktionen der Selbstkritik und Verantwortlichkeit, während das Gefühl der Einheit und Zugehörigkeit die Mitglieder der Masse davor schützt, ihr Identitätsgefühl zu verlieren. Verbunden ist diese Projektion mit einer erheblichen Einschränkung der Ich-Aktivität. Infolgedessen brechen sich primitive, normalerweise unbewußte Bedürfnisse Bahn, und die Masse wird von Trieben und Affekten beherrscht, von Erregung und Wut, Affekten, die der Führer auslöst und lenkt.

In Arbeiten, die während der 40er und frühen 50er Jahre entstanden, hat Bion die regressiven Prozesse beschrieben, die er beobachtete, wenn sich der Leiter unstrukturierter, aus sieben bis zwölf Mitgliedern bestehender Gruppen konsequent weigerte, an Entscheidungsprozessen der Gruppe teilzunehmen, und deren Verhalten lediglich beobachtete und kommentierte. Bion erklärte diese Prozesse in bezug auf drei emotionale Grundannahmen der Gruppe (Grundannahmen-Gruppe), welche die Basis für Gruppenreaktionen bilden, die potentiell ständig vorhanden sind, aber aktiviert werden, sobald die Aufgabenstruktur oder die »Arbeitsgruppe« zusammenbricht.

Bion beschrieb erstens die Gruppengrundannahme der Abhängigkeit. Die Mitglieder erleben den Leiter als allmächtig und allwissend und sich selbst als unzulänglich, unreif und inkompetent. Sie verbinden ihre Idealisierung des Leiters mit Versuchen, das Wissen, die Macht und das Gute, über das er verfügt, aus ihm »herauszuziehen«. Die Gruppenmitglieder sind daher immerzu gierig und immerzu unzufrieden. Wenn der Leiter ihrem Ideal nicht entspricht, reagieren sie zunächst mit Verleugnung und dann mit einer rapiden und vollständigen Entwertung sowie der Suche nach Ersatz. Primitive Idealisierung, projizierte Omnipotenz, Verleugnung, Neid und Gier sowie die entsprechenden Abwehrmechanismen kennzeichnen somit die Abhängigkeitsgruppe.

Die zweite Grundannahmen-Gruppe operiert unter einer »Kampf-Flucht«-

Grundannahme, die sie gegen verschwommen wahrgenommene äußere Feinde vereint. Diese Gruppe erwartet, daß ihr Leiter den Kampf gegen solche Feinde anführt und die Gruppe zudem vor inneren Kämpfen bewahrt. Weil die Mitglieder keinen Widerstand gegen ihre gemeinsame Ideologie tolerieren können, spalten sie sich leicht in Untergruppen auf, die einander bekämpfen. Häufig unterwirft sich eine Untergruppe dem idealisierten Leiter, während eine andere die unterwürfige Gruppe entweder angreift oder vor ihr flieht. Zu den besonders auffälligen Merkmalen gehören die Tendenzen der Gruppe, den Führer zu idealisieren oder sich von ihm kontrolliert zu fühlen, Nähe durch gemeinsame Verleugnung der in der Gruppe vorhandenen Feindseligkeit zu erleben und Aggression auf eine Außengruppe zu projizieren. Kurz: Spaltung, Projektion der Aggression und projektive Identifizierung sind vorherrschende Eigenschaften. In der Kampf-Flucht-Gruppe ist die Suche nach Nahrung und Abhängigkeit, welche die Abhängigkeitsgruppe charakterisiert, durch Konflikte infolge aggressiver Kontrolle, durch Mißtrauen, Kampf und Vernichtungsangst ersetzt.

Die dritte Grundannahmen-Gruppe operiert unter der Grundannahme der »Paarbildung«. Die Mitglieder neigen dazu, sich auf ein Paar innerhalb der Gruppe zu konzentrieren, das gewöhnlich, aber nicht immer, heterosexuell ist. Das fokale Paar symbolisiert die positive Erwartung der Gruppe, daß sie sich schließlich fortpflanzen wird, um auf diese Weise die bedrohte Identität der Gruppe zu sichern und ihr Überleben zu gewährleisten. Die Paarbildungsgruppe empfindet allgemeine Intimität und sexuelle Entwicklungen als potentiellen Schutz vor den gefährlichen Konflikten, die im Zusammenhang mit Abhängigkeit und Aggression – den Merkmalen der abhängigen Gruppe und der Kampf-Flucht-Gruppe – auftauchen. Im Gegensatz zu den beiden letztgenannten Gruppen, die einen prägenitalen Charakter haben, hat die Paarbildungsgruppe genitalen Charakter.

Le Bon (1895) wie auch Freud (1921) haben die direkten Manifestationen starker Aggression in Massen beschrieben. Anders als in der Masse wird das Gewaltpotential in kleinen Gruppen normalerweise unter Kontrolle gehalten, da sie nicht nur die soeben dargestellten Mechanismen aktivieren, sondern die Möglichkeit des Blickkontakts sowie wechselseitige Vertrautheit es ihnen erleichtern, eine gewisse zivilisierte Haltung zu wahren. Ein äußerer Feind dient dazu, die innerhalb der Gruppe erzeugte Aggression zu absorbieren. Gelegentlich aber läßt sich kein äußerer Feind definieren oder lokalisieren, und dies erzeugt wesentlich stärkere Spannungen, die den inneren Zusammenhalt der Gruppe bedrohen.

Rice (1965) und Turquet (1975) haben das Verhalten großer, unstrukturierter Gruppen (40–120 Mitglieder) untersucht und dabei ähnliche Methoden benutzt, wie sie Bion für die Erforschung der Prozesse in kleineren Gruppen verwendete. Turquet beschrieb den vollständigen Identitätsverlust, den das einzelne Mitglied einer großen (unstrukturierten) Gruppe erlebt. Damit einhergehend nimmt die Fähigkeit des Einzelnen, die Folgen seiner Worte und Handlungen realistisch vorauszusehen, in der Großgruppe dramatisch ab, weil das gewohnte Feedback auf die individuelle verbale Kommunikation verlorengeht. In großen, unstrukturierten Gruppen ist offenbar niemand imstande, einem anderen zuzuhören; der Dialog wird durch die daraus resultierende Diskontinuität der Kommunikation erstickt, und Versuche, kleine Untergruppen zu bilden, schlagen in der Regel fehl. Selbst Projektionsmechanismen versagen, weil niemand das Verhalten des anderen realistisch einzuschätzen vermag. In diesem Zusammenhang werden Projektionen multipel und instabil, und das Individuum muß sich eine Art »Haut« zulegen, durch die es sich von den anderen abgrenzt.

Turquet beschrieb auch die Ängste, die das Individuum vor der Aggression anderer Mitglieder, vor Kontrollverlust und Gewalttätigkeit empfindet – Ängste, die in der Großgruppe jederzeit auftreten können. Angst bildet die Entsprechung zu den provozierenden Verhaltensweisen, die Gruppenmitglieder gelegentlich willkürlich zeigen, normalerweise aber gegen den Führer richten. Nach und nach wird deutlich, daß diejenigen, die sich in einer solchen Atmosphäre einen Hauch von Individualität zu bewahren versuchen, auch diejenigen sind, die am häufigsten angegriffen werden. Gleichzeitig herrschen Homogenesierungsbemühungen vor; jede simplizistische Generalisierung oder Ideologie, die sich in der Gruppe durchsetzt, kann sich ohne weiteres in eine Überzeugung verwandeln, an deren absolutem Wahrheitsgehalt niemand zweifelt. Im Gegensatz zur Rationalisierung der Gewalt, welche die Masse charakterisiert, dient die vulgäre oder gewöhnliche Philosophie der Großgruppe jedoch als beruhigende, Sicherheit vermittelnde Doktrin, die jeden Gedanken auf ein Klischee reduziert. Aggression in der Großgruppe äußert sich zumeist als Neid – Neid auf das Denken, auf Individualität und auf Rationalität.

Anzieu (1971) zufolge bewirkt die Regression in der unstrukturierten Gruppe, daß die Beziehungen der Individuen zur Gruppe die Merkmale einer Verschmelzung annehmen. Seiner Meinung nach verschmelzen individuelle Triebbedürfnisse mit einer phantasmatischen Vorstellung von der Gruppe als primitivem Ich-Ideal; dieses setzt Anzieu mit einem unbegrenzt gratifizierenden Primärobjekt, der Mutter der allerersten Entwicklungsphasen, gleich. Die Psychologie der Gruppe spiegelt unter diesem Blickwinkel drei Konstellationen gemeinsamer Illusionen wider: (1) daß sich die Gruppe aus Individuen zusammensetze, die gleich sind – eine Verleugnung des Geschlechtsunterschiedes und der Kastrationsangst; (2) daß sich die Gruppe selbst geschaffen habe, nämlich als mächtige Mutter ihrer selbst; (3) daß die Gruppe sämtliche narzißtischen Verletzungen heilen könne, weil sie zu einer idealisierten »Brustmutter« wird.

Chasseguet-Smirgel (1975) arbeitete Anzieus Beobachtungen weiter aus und entwickelte die Überlegung, daß unter diesen Bedingungen jede Gruppe, sei sie klein oder groß, dazu neige, Führer auszuwählen, die nicht die väterlichen Aspekte des verbietenden Über-Ichs repräsentieren, sondern einen pseudoväterlichen »Urheber der Illusion« verkörpern. Ein Führer dieser Art bedient die Gruppe mit einer Ideologie, einem einigenden Ideensystem; in diesem Fall ist die Ideologie eine Illusion, welche die narzißtischen Hoffnungen des Individuums bestätigt, mit der Gruppe als primitivem Ich-Ideal – der allmächtigen und unbegrenzt gratifizierenden präödipalen Mutter – zu verschmelzen. Ihre Identifizierung miteinander ermöglicht es den Klein- oder Großgruppenmitgliedern am Ende, zu einer primitiven narzißtischen Befriedigung ihrer Wünsche nach Bedeutung und Macht zu gelangen. Wenn gewalttätige Gruppen unter dem Einfluß von Ideologien operieren, die sie sich unter derartigen psychologischen Bedingungen angeeignet haben, dann spiegelt ihre Gewaltbereitschaft das Bedürfnis wider, jede äußere Realität zu zerstören, die der illusionären Gruppenideologie entgegensteht. Der Verlust der persönlichen Identität, der kognitiven Unterscheidungsfähigkeit und der differenzierenden Individualität innerhalb der Gruppe wird durch das gemeinsame Omnipotenzgefühl kompensiert. Dieser Sichtweise zufolge werden das regredierte Ich, das Es und das primitive (präödipale) Ich-Ideal des Individuums in der Gruppenillusion miteinander verschmolzen.

Ein objektbeziehungstheoretisches Verständnis der Gruppenpsychologie

In früheren Arbeiten (Kernberg 1976, 1980b, 1980c) habe ich die Überlegung vertreten, daß die auffallend regressiven Merkmale von kleinen Gruppen, Großgruppen und Massen mit Hilfe des Konzepts internalisierter Objektbeziehungen, die der Objektkonstanz und der Konsolidierung des Ichs, des Über-Ichs und des Es zeitlich vorausgehen, möglicherweise besser erklärt werden können. Unter diesem Blickwinkel könnte man zwei Ebenen internalisierter Objektbeziehungen betrachten. Eine elementare Ebene wäre charakterisiert durch vielfältige Selbst- und Objektrepräsentanzen, die primitiven, mit primitiven Impulsabkömmlingen zusammenhängenden Phantasiebildungen entsprechen. Kennzeichnend für die zweite und höhere Ebene wären differenzierte, integrierte Selbst- und Objektrepräsentanzen, die mit höheren Ebenen der Affektdispositionen verbunden sind. Diese Objektbeziehungen auf höherer Ebene spiegeln die frühen Kindheitserfahrungen des Individuums sowie seine Konflikte mit realen Elternfiguren und Geschwistern genauer wider als die Objektbeziehungen der elementaren Ebene. Auf der höheren Ebene konstituieren das integrierte Selbstkonzept und die Objektrepräsentanzen, die auf realistische Weise integriert sind und mit dem Selbstkonzept zusammenhängen, gemeinsam die Ich-Identität. Wenn integrierte Konzepte des Selbst und der anderen fehlen, entwickelt sich das Syndrom der Identitätsdiffusion.

Eindrucksvolles klinisches Material zeigt, daß bestimmte Gruppenbedingungen ungeachtet der Reife und psychischen Integration des Individuums regressionsfördernd wirken und primitive psychische Ebenen aktivieren. Kleine, geschlossene und unstrukturierte Gruppen – sowie große, minimal strukturierte Gruppen ohne klar definierte Aufgaben, die sie in einen Bezug zu ihrer Umwelt setzen könnten – lösen im Individuum eine unverzügliche Regression aus, die in der Aktivierung von Abwehroperationen und interpersonalen Prozessen besteht, in denen sich primitive Objektbeziehungen widerspiegeln. Das Potential zu einer solchen Regression ist in jedem von uns vorhanden. Wenn wir unsere gewohnte Sozialstruktur verlieren, wenn unsere üblichen sozialen Rollen aufgehoben scheinen und wenn in einer unstrukturierten Beziehung gleichzeitig eine Vielzahl von Objekten anwesend ist, die im interpersonalen Feld mannigfaltige primitive intrapsychische Objektbeziehungen reproduzieren, dann können primitive Ebenen der psychischen Funktionsweisen aktiviert werden.

Auf der Grundlage der Beobachtung von Kleingruppen, Großgruppen und Massen behaupte ich, daß Gruppenprozesse generell eine elementare Bedrohung der persönlichen Identität konstituieren, eine Bedrohung, die damit zusammenhängt, daß primitive psychische Ebenen – einschließlich primitiver Objektbeziehungen, primitiver Abwehroperationen und primitiver Aggression mit vorwiegend prägenitalen Merkmalen – in Gruppensituationen leichter aktiviert werden (Kernberg 1980b, 1980c). Turquets Erklärung des Geschehens in Großgruppen beschreibt die Ausgangssituation, die der Aktivierung von Abwehrmechanismen in Gruppen jeder beliebigen Größe zugrunde liegt. Die Idealisierung des Anführers durch die Horde wurde von Freud beschrieben, Anzieu und Chasseguet-Smirgel haben die Idealisierung der Gruppenideologie und solcher Führer, die der narzißtischen Selbsterhöhung der Gruppe Vorschub leisten, dargestellt, und Bion erforschte die Prozesse in kleinen Gruppen. All diese Entwicklungen erfüllen die Funktion, die von Turquet erläuterte Situation abzuwehren. Großgruppenprozesse können offensichtlich durch eine starre soziale Strukturierung verschleiert oder kontrolliert werden. Bürokratisierung, Ritualisierung und gut organisierte Aufgabenbewältigung sind andere Methoden, die zu ähnlichen unmittelbaren Resultaten führen.

Prozesse in Großgruppen erhellen auch den engen Zusammenhang, der zwischen der Gefährdung der Individualität des Einzelnen und seiner Angst besteht, daß primitive Aggressionen und eine von Aggression durchdrungene Sexualität zutage treten könnten. Gruppen- und Organisationsprozesse bringen einen wichtigen Teil nicht integrierter und unsublimierter Aggression stellvertretend zum Ausdruck. In den Gruppenprozessen von Organisationen und Institutionen beispielsweise stellt die Machtausübung einen Kanal zur Äußerung von Aggression dar, die in Dyaden und Triaden normalerweise unter Kontrolle gehalten würde. Aggression tritt direkter und intensiver zutage, wenn die Gruppenprozesse relativ unstrukturiert sind.

Wie ich an anderer Stelle (Kernberg 1980b, 1984c) gezeigt habe, sind narzißtische Persönlichkeiten für die Annahme der Führerschaft unter den Bedingungen von Großgruppenprozessen ideal geeignet. Da solche Menschen kein tiefverwurzeltes Wertesystem besitzen, fällt es ihnen leicht, sich mit der Gruppe zusammenzutun. Eine narzißtische Persönlichkeit, die erfolgreich zu kommunizieren vermag, kann der Großgruppe eine akzeptable Ideologie zur Verfügung stellen und ein Gefühl der Sicherheit vermitteln, ohne gleichzeitig den Neid der Gruppe auf individualisiertes Denken zu wecken. Diese Fähigkeiten ermöglichen es dem Führer, die in der Großgruppe herrschenden Spannungen zu entschärfen. Zugleich verstärkt die Identifizierung der Großgruppenmitglieder mit dem narzißtischen Führer einige der pathologisch narzißtischen Eigenschaften »statischer« Massen (Canetti 1960). Diese Gruppen sind konventionell, ideologisch simplizistisch, konformistisch und in der Lage, sich ohne Schuldgefühle oder Dankbarkeit selbst zu genügen; sie besitzen weder ein Gefühl persönlicher Verantwortlichkeit noch die Fähigkeit, wirklich verbindliche Beziehungen zu anderen einzugehen.

Ein weiteres auffälliges Charakteristikum des Gruppenlebens ist die Aktivierung infantiler sexueller Züge. In der kleinen Gruppe taucht Sexualität auf, wenn die Grundannahme der Paarbildung zur Abwehr primitiver Aggression dient. In der Großgruppe wird Sexualität entweder verleugnet oder aber in sadistisch infiltrierten sexuellen Anspielungen zum Ausdruck gebracht. In der großen Gruppe bleibt die Sexualität gewöhnlich im »Untergrund« oder wird »abgespalten«: Paarbildungen erfolgen heimlich als direkte, defensive Reaktion auf Großgruppenprozesse. In der Horde findet die unangefochtene Idealisierung des Anführers ihre Entsprechung in der Intoleranz, mit welcher die Gruppe jedem Paar begegnet, das seine Identität als Einheit zu bewahren versucht. Freud (1913) verstand die Intoleranz der Masse gegenüber der Sexualität als Ergebnis eines Phänomens, das der ursprünglichen, der primitiven Horde drohenden Gefahr ähnelt: der Rivalität der Söhne um ihre Mütter und Schwestern. Er war der Ansicht, daß die totemistische Exogamie die Sozialstruktur um den Preis der Verdrängung sexueller Strebungen innerhalb der Horde schützte. Sowohl Anzieu (1971) als auch Chasseguet-Smirgel (1975) betonen die Verleugnung der ödipalen Sexualität in unstrukturierten Gruppenprozessen.

Die Projektion von Über-Ich-Funktionen auf die Gruppe und ihren Führer sowie die damit einhergehende Unterwerfung unter eine autoritäre Führerschaft schützen vor Gewalt und vor der Zerstörung von Paaren innerhalb der Gruppe. Sie verdichten sich aber mit dem Verbot des Inzests und der infantilsten Aspekte der Sexualität. Die Gruppenmoral zielt daher auf eine konventionalisierte Desexualisierung heterosexueller Beziehungen, auf die Unterdrückung der erotischen Phantasie, insoweit diese infantile polymorphe Züge trägt, und auf die alleinige Anerkennung und Sanktionierung von Liebesbeziehungen, die zulässiger erscheinen. In Großgruppen besteht die Alternative zu diesen defensiven Bestrebungen – und ihrem Scheitern in repressiven Ideologien – im eruptiven Durchbruch einer kruden und anal gefärbten Sexualität, die an die sexualisierten Gruppenbildungen der Latenz und frühen Adoleszenz erinnern (siehe 2. und 3. Kapitel).

Anwendungen auf die Gruppenpsychotherapie

Die folgende Zusammenfassung wurde von verschiedenen kritischen Literaturberichten maßgeblich beeinflußt (Foulkes und Anthony 1957; de Mare 1972; Whiteley und Gordon 1979; Scheidlinger 1982).

Die psychoanalytische Psychotherapie von Individuen in Gruppen

In den 30er Jahren leistete Slavson (1959, 1962, 1964) Pionierarbeit, indem er in den Vereinigten Staaten die psychoanalytische Gruppenpsychotherapie einführte. Er versuchte, individuelle Patienten in der Gruppe zur freien Assoziation anzuregen, und analysierte Widerstände und Übertragungen, die sich gegen den Gruppenleiter wie auch gegen andere Mitglieder der Gruppe richteten. Slavson nahm an, daß die vielfältigen Äußerungsformen der Übertragungen gegenüber anderen Gruppenmitgliedern die Übertragungsintensität schwächen oder verringern und daß dies die Arbeit mit der Übertragung erleichtern würde. Gerade weil Slavson glaubte, daß Gruppenprozesse der therapeutischen Funktion von Gruppen potentiell abträglich seien, richtete er sein Hauptaugenmerk auf die Arbeit mit Individuen innerhalb der Gruppe. In ähnlicher Weise betonten Wolf und Schwartz (1962) ursprünglich die psychoanalytisch fundierte Einzelbehandlung in der Gruppe, begannen sich aber nach und nach zunehmend auf den Gruppenprozeß an sich zu konzentrieren, wobei sie den Interaktionsmustern der Mitglieder ihre besondere Aufmerksamkeit widmeten.

Die Beiträge dieser Pioniere wurden weiterentwickelt, und so entstand eine ganze Schule der psychoanalytischen Gruppenpsychotherapie, die zunächst auf der Anwendung der psychoanalytischen Theorie und Technik innerhalb der Individualpsychotherapie beruhte und dann die psychoanalytische Individualpsychotherapie in einem Gruppensetting durchführte. Nach und nach wurden andere theoretische und technische Prinzipien, die man aus soziologischen Analysen von Kleingruppenprozessen gewonnen hatte, integriert. Man begann insbesondere, die wechselseitigen Beziehungen zwischen dem Individuum, der Gruppe und der sozialen Umwelt mit Hilfe der Systemtheorie zu erforschen. Schließlich wurden psychoanalytische Theorien der Gruppenprozesse im eigentlichen Sinn entwickelt und in die Arbeit integriert. Bach (1954), Durkin (1964) und Scheidlinger (1982) haben herausragende Synthesen von psychoanalytischen Konzepten, Systemtheorie und Lewins (1951) Beiträgen zur sozialen Dynamik kleiner Gruppen entwickelt.

Die psychoanalytisch orientierte Behandlung der gesamten Gruppe

In Großbritannien entwickelten Gruppentherapeuten ein theoretisches und technisches Vorgehen, das sich nicht auf die Psychopathologie einzelner Patienten in der Gruppe, sondern statt dessen auf die psychoanalytische Bedeutung der Gruppenprozesse konzentrierte. Diese Therapeuten stützten ihre Theorie auf die britischen psychoanalytischen Schulen Fairbairns und Melanie Kleins und insbesondere auf Bions Arbeiten aus den 40er und frühen 50er Jahren (Bion 1961). Am radikalsten unter diesen Ansätzen ist Bions eigene Methode. Hier deutet der Gruppentherapeut die vorherrschenden Grundannahmen Abhängigkeit, Kampf-Flucht und Paarbildung als Ziele, Phantasien und Verhaltensweisen, die der ganzen Gruppe gemeinsam sind. Die Abwehrfunktionen dieser Grundannahmen werden als Schutzmaßnahmen gedeutet, welche die Gruppe gegen die von ihr empfundene Gefahr ergreift, daß sich »psychotische Ängste« Bahn brechen könnten, Ängste, die mit primitiven Ebenen der Aggression und den entsprechenden Gefahren für das Selbst und die internalisierten Objekte zusammenhängen.

Bion nahm an, daß jeder Patient gegenüber den Konflikten und Phantasien dieser Grundannahmen-Gruppe eine bestimmte »Valenz« habe und daß die dominierende Gruppenmentalität immer eine Konsequenz der augenblicklichen Summe der Valenzen aller Mitglieder darstelle. Dies bedeutet, daß die Psychopathologie des einzelnen Patienten dann erforscht wird, wenn die Valenzen des Betreffenden die Atmosphäre der gesamten Gruppe bestimmen. Das Durcharbeiten erfolgt daher in bezug auf die sich wiederholende Aktivierung wechselnder Grundannahmenphänomene und nicht in bezug auf die intrapsychischen Strukturen des individuellen Patienten.

Ezriel (1950) und Sutherland (1952) haben Bions Arbeit mit kleinen Gruppen modifiziert, indem sie sich auf die charakteristischen Reaktionen konzentrierten, die der einzelne Patient auf die beherrschende Gruppenspannung entwickelt. Dementsprechend erweiterten sie die Deutung der beherrschenden Gruppenmentalität, so daß auch die spezifische Reaktion des individuellen Mitglieds auf diese Gruppenmentalität berücksichtigt wird. Ezriels Konzept der »gemeinsamen Gruppenspannung« entspricht ungefähr Bions »dominierender Gruppenmentalität«. Beide Begriffe dienen zur Kennzeichnung der im betreffenden Moment bei allen Gruppenmitgliedern vorhandenen Bereitschaft, sich auf ein bestimmtes Gruppenthema einzulassen. Ezriels Auffassung zufolge kann dieses Thema als eine dominierende »notwendige Beziehung« gedeutet werden, die zur Abwehr einer »vermiedenen Beziehung« entwickelt wird. Die vermiedene Beziehung wiederum weckt Angst aufgrund der phantasierten verheerenden Konsequenzen, die eine weitere Beziehung, nämlich die »katastrophale Beziehung«, nach sich ziehen würde.

Die Ansätze von Bion, Ezriel und Sutherland setzen voraus, daß der Therapeut eine grundlegende Distanz wahrt. Der Therapeut deutet sämtliche Kommunikationen – auch jene, die einzelne Patienten an ihn selbst richten – in bezug auf gemeinsame Merkmale der Gruppe. Die Rolle des Gruppentherapeuten besteht ausschließlich darin, Deutungen zu geben, die sich auf die Bedeutung der Gruppensituation insgesamt und auf Übertragungen konzentrieren. Zudem werden Übertragungen – gleichgültig, ob es sich um individuelle oder Gruppenübertragungen handelt – ausschließlich im Rahmen des Hier und Jetzt gedeutet; das heißt, sie werden weder mit der Vergangenheit eines einzelnen Patienten in Verbindung gebracht, noch erfolgen genetische Rekonstruktionen. Die frei fließenden verbalen Kommunikationen in der Gruppe, die den freien Assoziationen des einzelnen Patienten ähneln, aber nicht genau entsprechen, werden als primäres Material behandelt. Die Wirkung dieser spezifischen Technik besteht – im höchsten Maße bei Bion und weniger durchschlagend bei Ezriel und Sutherland – darin, daß die übliche Rollenbeziehung zwischen Patienten und Therapeut abgeschwächt wird. Und dies verhindert eine Strukturierung der Gruppe, die sich normalerweise durch sozial akzeptable und Beruhigung vermittelnde Rollen und Interaktionen entwickelt.

Diese Technik hat Vorteile, birgt aber auch Gefahren in sich. Zu den Vorteilen zählen das betonte Herausarbeiten primitiver psychischer Operationen sowie die Möglichkeit, gemeinsam die unbewußten Prozesse zu untersuchen, die das Gruppenverhalten beeinflussen. Was die negative Seite betrifft, so ergab sich eine ganze Reihe von Fragen, die mit der künstlichen Distanz des Gruppenleiters zusammenhängen, mit der Eliminierung der üblichen, Unterstützung bietenden Merkmale von Gruppeninteraktionen und mit der Tatsache, daß dem einzelnen Patienten keine kognitiven Instrumente des Selbstverstehens in bezug auf seine spezifische Psychopathologie zur Verfügung gestellt werden (Scheidlinger 1960; Malan et al. 1976). Diese Merkmale der Technik erweisen sich für den individuellen Patienten unter Umständen als allzu anspruchsvoll und sind folglich therapeutisch kontraproduktiv.

Psychoanalytische Psychotherapie von Individuen durch die Analyse von Gruppenprozessen

Foulkes und Anthony (1957) entwickelten eine Technik der Gruppenpsychotherapie, die auf der Förderung einer durch frei fließende Diskussionen charakterisierten Gruppenkultur beruht. Sie betrachteten diese Diskussionen als Entsprechung der freien Assoziation und als Rohmaterial für die Deutungsarbeit. Innerhalb der Gruppenkultur entwickelt sich ein Netzwerk interpersonaler Kommunikation oder eine »Gruppenmatrix«.

Foulkes Ansatz ist weniger auf den Gruppenleiter konzentriert als die Techniken Bions, Ezriels und Sutherlands, aber sein Verständnis von Gruppenprozessen leitet sich aus der Arbeit dieser Autoren her. Technisch allerdings stehen seine Verwendung und Stimulierung der beobachtenden Ich-Funktionen des einzelnen Patienten und des wachstumsfördernden und unterstützenden Potentials des Gruppenprozesses jenen Ansätzen näher, die für die amerikanische psychoanalytische Gruppentherapie charakteristisch sind. Andere Merkmale von Foulkes' Techniken weisen eine größere Affinität zu Bions, Ezriels und Sutherlands Modellen auf: Er konzentriert sich ausschließlich auf die Übertragungen im Hier und Jetzt und auf die Gruppenprozesse im allgemeinen.

Wenn man die Anwendung der psychoanalytischen Theorie von Gruppenprozessen auf die Gruppenpsychotherapie betrachtet, gewinnt man den Eindruck, daß die Technik einem rein Bionschen Modell um so näher kommt, je stärker sie auf die Analyse der Gruppenprozesse an sich konzentriert ist. Primitive Gruppenphänomene und Übertragungen treten so unter Umständen auf dramatischere Weise zutage und bieten den Gruppenmitgliedern die Möglichkeit, tiefe Ängste und Phantasien konkret kennenzulernen, die denen, welche die Psychopathologie von Borderline-Zuständen beherrschen, ähneln. Natürlich besitzt all dies einen ungeheuren heuristischen Wert für die Erforschung regressiver Prozesse in Gruppen. Die Gefahr aber besteht darin, daß der individuelle Charakter der Psychopathologie jedes einzelnen Patienten dabei vernachlässigt und die ich-stützenden Gruppenprozesse marginalisiert werden. Darüber hinaus wird der Verantwortung des einzelnen Patienten für seine Teilnahme am psychotherapeutischen Prozeß unter Umständen nicht genügend Aufmerksamkeit zuteil. Das Herausarbeiten primitiver Übertragungen garantiert nicht automatisch, daß diese auch aufgelöst werden.

Andererseits bringt die Vernachlässigung der Analyse von Gruppenprozessen zugunsten einer Konzentration auf die individualisierte psychoanalytische Erforschung in der Gruppe ebenfalls Vor- und Nachteile mit sich. Zu den offenkundigen Vorteilen zählt der Umstand, daß die auf das Individuum orientierte Anwendung die stützenden Aspekte des Gruppengeschehens maximieren und die Phänomene der Grundannahmengruppen minimieren kann. Diese Anwendung kann im Kontext der Aktivierung triadischer Übertragungen auf »hohem Niveau« auch Licht auf dominante pathologische Charakterzüge werfen. Und schließlich ermöglicht sie unter Umständen eine Behandlungsform, die in der Praxis einer stützend-expressiven Psychotherapie ähnelt, indem die Gruppensozialisation umfassend in den Dienst einer Nacherziehung gestellt wird. Zu den Risiken der individuell orientierten Anwendung zählen neben der Intellektualisierung von Deutungen der intrapsychischen Dynamik die Vernachlässigung des psychoanalytischen Verständnisses tieferer unbewußter, intrapsychischer Konfliktaspekte sowie die Förderung einer stützend-nacherziehenden Wirkung auf die Charakterpathologie, ohne daß gleichzeitig auch deren gründliche Auflösung vorangetrieben würde.

Stationäre Behandlung und Modelle der therapeutischen Gemeinschaft

Main (1957) untersuchte die Gruppenreaktionen des Pflegepersonals in Kliniken, in denen vorwiegend Borderline- und psychotische Patienten (»spezielle« Fälle) behandelt wurden, und stellte fest, daß die Krankenschwestern ganz ähnliche Phänomene wahrnahmen wie Bion, als er die Grundannahmen-Gruppen untersuchte. Main vermutete, daß regredierte Patienten, insbesondere Borderline-Patienten, unter bestimmten Bedingungen ihre eigenen intrapsychischen Objektbeziehungen in den interpersonalen Beziehungen des Klinikpersonals aktivieren können, was letztlich bedeutet, daß diese Patienten eine Reinszenierung der Konflikte ihrer intrapsychischen Welt in ihrem sozialen Feld induzieren. Massive Projektionen, omnipotente Kontrolle, Verleugnung, primitive Idealisierungen und vor allem die Spaltungen, die sich beim Personal beobachten lassen, spiegeln sowohl die eigenen intrapsychischen Mechanismen der Pflegerinnen und Pfleger wider als auch die Verhaltensweisen, durch welche die intrapsychischen Welten der Patienten die Beziehungen des Personals verzerren. Stanton und Schwartz (1954) zeigten die Entsprechung auf: Spaltungen und verdeckte Konflikte in den interpersonalen und sozialen Feldern der Klinik können auf ebensolche Weise den intrapsychischen Konflikt und die Desorganisation der jeweiligen Patienten verstärken. Die Pathologie, die der Patient im sozialen Feld induziert, profitiert von den Spaltungen, die innerhalb dieses Feldes bereits vorhanden sind und Konflikte in der administrativen Struktur der sozialen Organisation widerspiegeln. Intrapsychischer Konflikt und sozialer Konflikt verstärken einander auf diese Weise gegenseitig.

Wenn die Kommunikationskanäle innerhalb der Gruppe des Personals sowie zwischen Personal und Patienten offengehalten werden, kann man die interpersonalen Konflikte, die im Zusammenhang mit den einzelnen Patienten entstehen, erforschen; die Psychopathologie des individuellen Patienten wird so möglicherweise verständlicher. Indem der Kliniktherapeut gemeinsam mit dem Patienten dessen interpersonale Erfahrungen im Krankenhaus systematisch ergründet, kann er psychoanalytisch untersuchen, wie sich dieser nach und nach die primitiven Objektbeziehungen im sozialen Feld des Krankenhauses zunutze macht.

Die Techniken der therapeutischen Gemeinschaft können dem Therapeuten helfen, die Diagnose und die therapeutische Arbeit mit den Interaktionen des Patienten innerhalb des unmittelbaren sozialen Feldes zu unterstützen. Zwar haben verschiedene Autoren die wesentlichen Aspekte dieser Methode in unterschiedlicher Weise dargestellt, die Grundorientierung aber geht auf Jones (1953) und Main (1946) zurück und betont die folgenden Merkmale: Personal und Patienten müssen gemeinsam als eine organisierte Gemeinschaft operieren, um die Behandlung der Patientenpopulation durchführen zu können; sämtliche Aktivitäten und Interaktionen müssen einen Bezug zu dem Ziel der Nacherziehung und sozialen Rehabilitation der Patienten aufweisen; und schließlich muß das Konfrontationsmodell des lebendigen Lernens dazu benutzt werden, um die Kommunikationskanäle zwischen Patienten und Personal zu öffnen und ein direktes Feedback über beobachtete Verhaltensweisen und Reaktionen zu gewährleisten.

Drei spezifische Arten von Meetings oder Versammlungen unterstützen die therapeutische Gemeinschaft und sind allen Modellen gemeinsam. Diese Typologie unterscheidet sich von derjenigen der Meetings der Klein- und Großgruppe sowie der aufgabenorientierten Gruppe, deren Grundsätze aber auch auf sie angewandt werden können. Die *Generalversammlung* bezieht alle Patienten und das gesamte Personal mit ein. Dieses Meeting versucht, im Rahmen der frei fließenden Kommunikation die gesamte soziale Umwelt von Personal und Patient, jede Verzerrung oder Beeinträchtigung ungeachtet ihres Ursprungs ebenso zu untersuchen wie die Entwicklung und mögliche Lösung antidemokratischer oder autoritärer Prozesse. *Patientenversammlungen* sind ein zweiter, üblicher Typus. Gleichgültig, welche spezifische Form sie für die Patientenversammlung vorsehen, sollen die Therapiegemeinschaftsmodelle die Organisation der Patienten fördern und es ihnen ermöglichen, sich an den sozialen Prozessen und Entscheidungsfindungen zu beteiligen. Der dritte Versammlungstyp ist die

Mitarbeiterversammlung. In Ergänzung zur Patientenversammlung realisiert die Versammlung der Mitarbeiter das Konzept demokratischer Entscheidungsprozesse unter den Personalangehörigen. Es ermöglicht ihnen zu untersuchen, auf welche Weise sie von administrativen oder anderen Zwängen sowie durch ihre Interaktionen mit den Patienten beeinflußt werden.

Die wichtigste Voraussetzung für die Entwicklung einer therapeutischen Gemeinschaft besteht darin, daß sie funktional in die administrative Struktur der Klinik, innerhalb deren sie operiert, integriert ist. Wenn die therapeutische Gemeinschaft offen das durch die Patient-Mitarbeiter-Gemeinschaft konstituierte soziale System erforscht, wird sie zwangsläufig auch den systemimmanenten Streß und die latenten Konflikte aktivieren. Sie wird auf diese Weise Einfluß auf die politischen Dimensionen des institutionellen Entscheidungsprozesses ausüben.

Therapeutische Gemeinschaften können die therapeutische Nutzung des sozialen Milieus der Klinik ungemein verstärken. Sie können aber auch zu einer realen oder imaginierten Gefahr für die Behandlung des Patienten werden. Patientenversammlungen, Mitarbeiterversammlungen und insbesondere die Generalversammlung nehmen gefährlich rasch die Eigenschaften von Großgruppenprozessen an. Die regressiven Auswirkungen der Großgruppenprozesse wiederum können die Entwicklung, die der individuelle Patient in der Gemeinschaft durchläuft, beeinträchtigen.

Ich habe an früherer Stelle auf die Gefahren hingewiesen, die auftauchen, wenn Patienten als Gruppe auf die Funktionsweisen einer Grundannahmengruppe regredieren (Kernberg 1976, Kap. 9; 1980c). Unter solchen regressiven Bedingungen können Patientengruppen eine Intoleranz gegenüber dem Individuum entwickeln und eine Gruppendiktatur errichten, die durch eine primitive Moral gekennzeichnet ist und der Führung durch narzißtische und antisoziale Persönlichkeiten Vorschub leistet. Das Personal kann eine solche Regression durch eine ideologisch bedingte Verleugnung der Unterschiede zwischen den individuellen Patienten noch verstärken, indem es stillschweigend davon ausgeht, daß alle Patienten die gleichen Bedürfnisse haben und daher alle auf ähnliche Weise reagieren oder sich beteiligen werden. Die am stärksten regredierten Patienten – einschließlich der chronischen Monopolisierer, Manipulierer sowie der Gewalttätigen – erlangen die Kontrolle über unstrukturierte Gruppenprozesse, um dann zunächst den Inhalt der Meetings und danach die Aufteilung der Ressourcen massiv zu verzerren; auf diese Weise beschneiden sie die Behandlungszeit zahlreicher Patienten. An anderer Stelle (Kernberg 1981; 1982) habe ich ein Modell entwickelt, das die Vorteile der therapeutischen Gemeinschaft zu maximieren und ihre potentiellen Nachteile zu kontrollieren versucht.

Anwendungen auf die Dynamik von Gruppen und Organisationen

Die Grundlage dieser Darstellung der Anwendungen auf die Gruppen- und Organisationsdynamik bilden die Beiträge von Jaques (1955; 1976; 1982), Menzies (1967), Rioch (1970a; 1970b) und insbesondere Rice (1963; 1965; 1969; Miller und Rice 1967). (Auch Bion [1970] hat den Bereich der Beziehungen zwischen Individuen, Gruppen und Institutionen erforscht, aber ich werde mich hier nicht auf seine Arbeit beschränken.) Weitere bedeutsame Beiträge zu diesem expandierenden Feld bilden die Arbeiten von Colman und Bexton (1975), Kreeger (1975), Miller (1976) und Lawrence (1969) sowie der Überblick von De Board (1978).

Rice (1965) arbeitet mit einem systemtheoretischen Organisationsmodell, in dem das Individuum, die Gruppe und die soziale Organisation als ein Kontinuum offener Systeme betrachtet werden. Er verbindet diese Theorie der offenen Systeme mit Bions Theorien der Dynamik in Kleingruppen und Turquets Verständnis des Großgruppengeschehens. Rice' Sichtweise repräsentiert die Kernkonzepte der Anwendung des psychoanalytischen Denkens auf Organisationen. In seiner theoretischer Perspektive führen sämtliche offenen Systeme ihre Aufgaben im Austausch mit der Umwelt durch. Eine Aufgabe, die das System erfüllen muß, um zu überleben, wird als *primäre Aufgabe* bezeichnet. Jedes System muß über eine Kontrollfunktion verfügen, die es ihm ermöglicht, die Umwelt, die innere Realität des Systems sowie die Organisation der Aufgabenerfüllung innerhalb dieser inneren und äußeren Realität zu analysieren. Da offene Systeme per definitionem auf den Austausch mit ihrer Umwelt angewiesen sind, um überleben zu können, muß sich diese Kontrollfunktion an der Grenze zwischen dem System und seiner Umwelt befinden. Ein Zusammenbruch der Systemgrenzen ist gleichbedeutend mit einem Zusammenbruch der Kontrolle des offenen Systems, und diese Situation wiederum hat zur Folge, daß die primäre Aufgabe nicht mehr erfüllt werden kann und das Überleben des Systems bedroht ist. Im Bereich der klinischen Psychiatrie kann diese Theorie der offenen Systeme auf individuelle Patienten, auf Gruppen und auf die Klinik als soziales System Anwendung finden.

Was das psychische Leben eines Individuums betrifft, so kann man sich das Ich als die Kontrollfunktion vorstellen, die Ich-Grenzen als die durch die Ich-Funktionen definierten und geschützten Systemgrenzen und die intrapsychische Objektbeziehungswelt der Person als den inneren Raum oder die innere Welt des Systems. Die primäre Aufgabe des Individuums besteht darin, die trieb- und objektorientierten Bedürfnisse seiner inneren Welt durch Interaktionen mit der sozialen Umwelt zu befriedigen. Um diese Aufgabe zu erfüllen, nimmt das Individuum, seinen intrapsychischen Bedürfnissen gemäß, eine Anpassung und kreative Modifizierung der interpersonalen Welt vor; gleichzeitig entwickelt es seine intrapsychischen Bedürfnisse in Entsprechung zu äußeren Realitäten.

Auf das Leben der Gruppe bezogen, erfüllt der Gruppenleiter die Kontrollfunktion; die primäre Aufgabe der Gruppe ist durch die Motive vorgegeben, die ursprünglich zu ihrer Bildung geführt haben. Die Aktivierung primitiver Objektbeziehungen innerhalb der Gruppenstruktur (Bions Grundannahmengruppe) repräsentiert die innere Objektbeziehungswelt der Gruppe (Rice 1969). Das Gleichgewicht zwischen der auf die Aufgabe konzentrierten Gruppe (Arbeitsgruppe) und der Gruppe, die auf die Aktivierung primitiver Objektbeziehungen innerhalb ihres sozialen Feldes konzentriert ist (Grundannahmengruppe), beruht auf verschiedenen Faktoren, zum Beispiel der Einsichtigkeit und Definition der Aufgabe, der Angemessenheit der Aufgabenleitung und der Untersuchung der Grundannahmen, die der Aufgabe inhärent sind oder als Aufgabenzwänge betrachtet werden.

In einer sozialen Organisation wie einem Wirtschaftsunternehmen, einer Bildungseinrichtung oder einem Krankenhaus repräsentiert der Vorstand oder der Direktor den Leiter oder Manager der systemischen Kontrollfunktionen. Der Zweck, zu dem die Organisation eingerichtet wurde, stellt die primäre Aufgabe des Systems dar. So bestehen die primären Aufgaben eines psychiatrischen Lehrkrankenhauses in der Patientenbetreuung, der Ausbildung und der Forschung. Die Organisation muß eine optimale soziale Atmosphäre schaffen und bewahren, um ihre primären Aufgaben erfüllen zu können. Diese Notwendigkeit spiegelt einen fundamentalen Zwang des Organisationsablaufs wider: Menschliche Bedürfnisse müssen bei der Durchführung der organisationsspezifischen Aufgaben befriedigt werden. Eine weiterer innerer Zwang von Organisationssystemen besteht darin, Aufgabensysteme so zu organisieren, daß Intragruppen- und Intergruppenprozesse einander bei der Erfüllung der Aufgaben unterstützen, statt sich wechselseitig zu beeinträchtigen. Gruppenprozesse spiegeln den inneren Raum oder die innere Welt der Organisation als offenes System wider. Ein effektives Organisationsmanagement verlangt, daß die Administratoren die primäre(n) Aufgabe(n) und die Zwänge der Organisation angemessen definieren und Prioritäten und Erfordernisse auf einer funktionalen Grundlage festlegen. Das Management muß die Organisationsgrenzen angemessen kontrollieren können, und diese Notwendigkeit setzt eine stabile, umfassend delegierte Autorität über sämtliche Organisationsfunktionen vom Aufsichtsrat bis zum Direktor oder Vorstand voraus.

Innerhalb dieses Modells kann man Psychopathologie als Zusammenbruch der Kontrollfunktion definieren, als Unfähigkeit, die primäre Aufgabe zu erfüllen, und als Gefahr für das Überleben des Systems. Im Falle des Individuums sind wir mit dem Zusammenbruch des Ichs und mit emotionaler Regression konfrontiert, in der Gruppe mit dem Zusammenbruch der Führung und einem gelähmten Verharren in Grundannahmen, in der Institution mit dem Zusammenbruch der Administration, mit der Unfähigkeit, die institutionellen Aufgaben zu erfüllen, und mit einem Moralverlust. Der Zusammenbruch der Grenzkontrolle ist die entscheidende Manifestation eines Zusammenbruchs der Kontrollfunktion.

Rice' Theorien haben als Grundlage für die Group-relations-Conferences gedient, die von der Tavistock Clinic in Leicester, England, veranstaltet wurden, sowie für deren »Abkömmlinge« in den Vereinigten Staaten, nämlich die von der Washington School of Psychiatry organisierten A. K. Rice Group Relations Conferences. Diese Konferenzen haben die Aufgabe, Gruppen-, Organisations-, Administrations- und Führungsfunktionen zu lehren. Sie erstrecken sich gewöhnlich über eine Dauer von wenigen Tagen bis zu zwei Wochen und organisieren sich um spezifische Ereignisse. Kleingruppen-Meetings (Studiengruppen) von sieben bis zwölf Mitgliedern folgen einem streng Bionschen Modell, während Großgruppen-Meetings von dreißig bis achtzig Mitgliedern die gleiche Technik mit den entsprechenden Leitungsfunktionen verwenden, wie sie von Rice und Turquet beschrieben wurden. Intergroup-exercises bringen sämtliche Konferenzteilnehmer oder Studenten zusammen, um Ad-hoc-Aufgaben zu organisieren, mit anderen Gruppen zu interagieren und sich als Gruppe spontan mit dem Management oder der Leitung auszutauschen. Zudem erfüllen theoretische Konferenzen oder Vorträge die Funktion, das Erfahrungslernen zu erweitern, indem Schlüsselkonzepte in kurzen Zusammenfassungen vorgestellt werden. Anwendungsgruppen schließlich geben einzelnen Mitgliedern oder Studenten Gelegenheit, die Probleme der Organisation zu diskutieren, der sie angehören, und ihre neuen Kenntnisse und Erfahrungen auf diese Probleme anzuwenden.

Ich habe als Mitglied und in leitender Funktion an diesen Konferenzen teilgenommen. Mit beeindruckender Regelmäßigkeit und Intensität tauchten verschiedene Prozesse auf. Erstens werden in den kleinen Studiengruppen intensive Ängste und primitive Phantasien aktiviert. Zweitens werden in den Großgruppen primitive Gruppenprozesse und individuelle Aggression ausgelöst, was die Beobachtungen Bions, Rice' und Turquets auf dramatische Weise illustriert. Ad-hoc-Mythen über die Konferenz oder ihre Leitung und die Suche nach einer verständlichen, simplizistischen Ideologie entwickeln sich rasch und stehen im Gegensatz zur urteilenden Vernunft; sie zeigen schlagartig auf, was bei einem Zusammenbruch der Organisationsfunktionen geschieht. Die entscheidende Funktion, die den Grenzen bei der Aufgabenerfüllung sowie der aufgabenorientierten Führung zukommt, wird deutlich, wenn Gruppen in regressiven Situationen mit der Versuchung konfrontiert sind, die am wenigsten funktionalen Mitglieder der Untergruppen zu Leitern von Grundannahmengruppen zu machen.

Eine wichtige Beeinträchtigung dieser temporären Gruppenbeziehungskonferenzen ist ihre relative Vernächlässigung jener Funktionen, die zeitliche und persönlichkeitsbezogene Aspekte in stabilen sozialen Organisationen erfüllen. Katz und Kahn (1966) weisen darauf hin, daß das Personal von sozialen und industriellen Organisationen es häufig nicht schafft, neue Haltungen im Kontext der Erforschung irrationaler Aspekte von Gruppenprozessen in einem experimentellen Setting zu erlernen, weil es die stabilen Merkmale von Organisationsstrukturen nicht analysiert; ein weiterer Grund ist die Beziehung der Mitarbeiter zu den realen (das heißt nicht phantasierten oder irrationalen) Interessenkonflikten, die durch solche Strukturen vermittelt werden.

Zudem können kurzfristige Lernerfahrungen in Gruppen es erschweren, den Einfluß der Persönlichkeitsstruktur der Mitglieder, insbesondere den Einfluß von Führern in Schlüsselpositionen, zu untersuchen, ein Nachteil, der zu Beeinträchtigungen der administrativen Struktur der Organisation führen kann. Diesen Beeinträchtigungen kann man durch Umstrukturierungen in der Organisation entgegenwirken. Auch wenn die Umstrukturierungen in einer kurzfristig angelegten Querschnittsanalyse nicht zweckmäßig erscheinen mögen, können sie langfristig gleichwohl den funktionalsten Kompromiß zwischen der optimalen Inanspruchnahme der Persönlichkeit einer Führungskraft durch die Organisation und dem Versuch darstellen, die durch sie bewirkte Beeinträchtigung administrativer Strukturen zu reduzieren oder zu kontrollieren.

In den letzten Jahren wurden innerhalb des allgemeinen Rahmens der psychoanalytischen Organisations- und Führungsforschung auch verschiedene Spezialbereiche untersucht. Die Bestrebungen großer Gruppen, organisierende Mythen und Ideologien zu entwickeln, veranlaßten Arlow (1979), die charakteristischen Inhalte der Ideologie als Gruppenprozeß zu erforschen. Auf ähnliche Weise wandten Käes (1980) und Anzieu (1981) die Techniken von Bion, Rice und Turquet auf die Erforschung der Ideologie kleiner und großer Gruppen an. Ihre bahnbrechenden Untersuchungen werfen Licht auf die Bildung von Gruppenideologien und illustrieren Möglichkeiten, diese im Kontext der auftauchenden, dominanten unbewußten Themen zu verstehen.

Braunschweig und Fain (1971) untersuchten typische Gruppenbildungsprozesse im Hinblick auf die Beziehungen zwischen männlichen und weiblichen Mitgliedern, und zwar von der frühesten Kindheit bis zum Erwachsenenalter. Unter Verwendung sozial beherrschender Mythen über verschiedene Altersgruppen illustrieren sie eine Entwicklungssequenz kulturell geprägter Beziehungen zwischen den Geschlechtern.

Levinson (1972) und Zaleznik (1979) arbeiteten mit psychoanalytischen Theorien, um Konflikte in Organisationen zu analysieren. Levinson konzentrierte sich auf die Art und Weise, wie Übertragungsphänomene innerhalb von Organisationen die Beziehungen zwischen Vorgesetzten und Untergebenen sowie die Beziehungen zwischen Gleichgestellten beeinflussen, und untersuchte den Charakter der Triebbefriedigungen und Über-Ich-Kontrollen, die im Kontext der Arbeits- und Organisationsstrukturen zum Ausdruck kommen. Zaleznik erforschte die Funktion, die Machtverteilung und Organisationsideologie für den Schutz der institutionellen Stabilität erfüllen.

In meiner eigenen Arbeit (siehe 4. und 5. Kapitel) habe ich den Zusammenhang zwischen bestimmten Persönlichkeitstypen als Organisationsführern und den regressiven Prozessen in ihren jeweiligen Organisationen untersucht.

Shapiro (1979) wandte die psychoanalytischen Theorien der Gruppenprozesse auf die Untersuchung von Familienprozessen und Familientherapie an. Skynner (1976) benutzte einen systemtheoretischen Ansatz, um das psychoanalytische Verständnis von Gruppenprozessen mit der Analyse der Familiendynamik und mit der Familientherapie zu verbinden.

Anwendungen auf Führung, Kultur und Gesellschaft

Wie bereits erwähnt, erklärte Freud (1921), daß die emotionale Atmosphäre in der Horde oder Masse, ihr Gefühl der unmittelbaren Nähe und ihr impulsgetriebenes Verhalten sich aus der Projektion des Ich-Ideals ihrer Mitglieder auf den Führer sowie aus ihrer Identifizierung mit ihm und miteinander herleiten. Freud brachte diese Überlegungen mit seinen Hypothesen über die historische Entstehung der Urhorde in Verbindung (Freud 1913). Er vertrat die Ansicht, daß sich das Totemgesetz, welches das Leben der Horde regelt und sie vor selbstdestruktiver Rivalität und inzestuöser Endogamie schützt, aus dem Bündnis der Söhne herleite, die ihren Vater getötet haben – eine Tat, die Freud als konstitutives Merkmal der Urhorde betrachtete. Aufgrund ihrer unbewußten Schuldgefühle ersetzen die Söhne die lebendigen väterlichen Gesetze durch ein Symbol, das Gesetz des Totems. Ihr idealisierter Führer repräsentiert daher sowohl den ödipalen Helden, der seinen Vater tötete, als auch das Bündnis der Söhne. Schließlich symbolisiert er auch den Vater und sein Gesetz, dem die Horde aus unbewußten Schuldgefühlen wegen des Vatermordes Gehorsam leistet.

Dieses Konzept diente, wie Lasch (1981) betonte, Generationen von Marxisten und anderen sozialistischen Philosophen von Reich (1936) bis Althusser (1976) als theoretische Grundlage. Die patriarchale bürgerliche Familie wurde als der Ort betrachtet, an dem die repressive kapitalistische Ideologie – die man mit den sexuellen Verboten des ödipalen Vaters in Verbindung brachte – introjiziert wird. Betrachtete Freud die Verdrängung der Sexualität noch als den Preis, den es für die kulturelle Entwicklung zu zahlen galt, so glaubte Reich, daß sie die Auswirkungen eines pathologischen Über-Ichs repräsentiere, das durch die soziale Struktur des Kapitalismus determiniert sei. Die sexuelle Unterdrückung in der Sowjetunion spiegelte seiner Meinung nach die Entwicklung einer sowjetischen autoritären Machtstruktur wider. Wie Robinson (1959) zeigte, pflichtete Marcuse (1955) Reichs Auffassung bei, daß eine überstarke sexuelle Verdrängung eine überaus starke Aggression erzeugen könne. In anderen Punkten aber wich Marcuse von Reich ab. Nicht die genitale Sexualität, sondern die prägenitale, polymorphe infantile Sexualität wurde seiner Ansicht nach vom kapitalistischen System unterdrückt. Marcuse zufolge versuchte das System, die Sexualfunktionen durch diese Unterdrückung auf die genitale Zone zu beschränken, um die breitere, unbefriedigte Erotik des Menschen in die soziale Produktion zu kanalisieren.

Foucault (1976) kritisierte die Überlegung, daß der kapitalistische Staat und die bürgerliche Gesellschaft die Unterdrückung der Sexualität förderten. Die bürgerliche Gesellschaft habe im Gegenteil großes Interesse an der Erforschung sexueller Phänomene und ihrer Reklassifizierung, um sie vom moralischen Bereich in den wissenschaftlichen und medizinischen zu verschieben. Foucault fügte jedoch hinzu, daß sich dieses Interesse mit dem Bedürfnis verbunden habe, das Sexualverhalten und auf diesem Wege auch die Familienstruktur zu kontrollieren; die bürgerliche Gesellschaft habe ein gleichermaßen großes Interesse daran, das Sexualverhalten im Sinne staatlicher Erfordernisse zu manipulieren.

Althusser (1976) entwickelte eine weitere Anwendung von Freuds Formulierungen über den ödipalen Vater. Wie Anderson (1976) betont, benutzte Althusser Freuds Konzept des Unbewußten, um eine neue Theorie der Ideologie zu erarbeiten, in der Ideologie als ein System unbewußt determinierter, illusorischer Repräsentationen der Realität definiert ist. Das ideologische System leitet sich insbesondere aus der Internalisierung der vorherrschenden Illusion her, die eine soziale Klasse hinsichtlich ihrer eigenen Existenzbedingungen entwickelt. Diese vorherrschende Illusion beruht auf der Internalisierung des väterlichen Gesetzes, die wiederum Teil der Internalisierung des Über-Ichs ist.

Anders als diese Modelle, die ausnahmslos mit Freuds Konzept des Führers als symbolischem ödipalen Vater arbeiten, konzentrieren sich die Theorien von Bion, Rice, Turquet, Anzieu und Chasseguet-Smirgel auf das Eindringen präödipaler Konflikte in die regressive Gruppenbildung und konzipieren eine primitivere Art des Führertums. Im Gegensatz zu ihren Vorgängern richten diese Theoretiker ihr Hauptaugenmerk auf die Psychologie der Regression in Gruppen. Ihrem Verständnis zufolge spiegelt diese Regression die Verschmelzungsphantasien wider, die mit den präödipalen Konflikten der Separations-Individuations-Phase oder sogar mit der symbiotischen Verschmelzung im frühen Säuglingsalter zusammenhängen.

Mitscherlich (1963) hat die kulturellen Konsequenzen der Abwesenheit des Vaters auf der sozialen und familiären Ebene untersucht. Er beschrieb die Ablehnung des Vaters in der zeitgenössischen Gesellschaft als Teil der Ablehnung traditioneller kultureller Werte infolge der berauschenden Wirkung der Massenproduktion, die sofortige Gratifikation verspricht und infolgedessen eine Psychologie des Verlangens und eine Ablehnung individueller Verantwortlichkeit fördert. Mitscherlich charakterisierte den neuen »Massenmenschen« als klassenlos. Er betonte die durch die industrielle Revolution bedingte Abwesenheit des Vaters in der zeitgenössischen Familie und zeigte, daß die individualisierten Funktionen des Vaters in der großen zeitgenössischen Institution verlorengingen.

Unter dem Pseudonym André Stéphane analysierten Chasseguet-Smirgel und Grunberger (1969) die Sozialpsychologie des französischen Faschismus und der Neuen Linken im Licht der 68er Studentenrebellion. Sie beschrieben verschiedene Merkmale, die der Linken und Rechten gemeinsam sind. Beide lehnen zum Beispiel traditionelle Werte wie die Kernfamilie und individuelle Verantwortlichkeit ab. Chasseguet-Smirgel und Grunberger deuten dies als symbolische Ablehnung des väterlichen wie auch des mütterlichen Prinzips und als Suche nach Befriedigung in einer primären, diffusen, mütterlichen Gruppe. Die Gruppe symbolisiert eine präödipale Mutter, die Liebe und sexuelle Befriedigung vermittelt, ohne individuelle Differenzierung oder Verbindlichkeit innerhalb der Paarbildung zu verlangen. Die Zerstörung der Autorität wie auch der hoch individualisierten und exklusiven Formen der Sexualität spiegelt so eine Ablehnung des ödipalen Paares wider; sie verleugnet auch die ödipale Stufe der Entwicklung und gibt eine Regression auf eine frühe Form des Narzißmus zu erkennen.

Lasch (1978) beschrieb sogar eine Entsprechung zwischen charakteristischen Merkmalen der narzißtischen Persönlichkeit einerseits und der zeitgenössischen westlichen Gesellschaft andererseits. Die Familie diene, so schrieb er, nicht länger als Hort der moralischen Anleitung; statt zu verlangen, daß Kinder Verantwortung für ihr Verhalten übernehmen, versuchten Eltern, durch Kompromißbildung und Triebbefriedigung Konflikte zu vermeiden. Diese Haltung untergrabe die Entwicklung eines reifen Über-Ichs. Das Kind sei daher innerlich auf sadistische und primitive Über-Ich-Vorläufer verwiesen und gebe der Impulsbefriedigung allzu ungehemmt nach. Charakteristisch für diese Dynamik ist Lasch zufolge nicht nur ein Mangel an Über-Ich-Verboten, sondern auch der Mangel an innerer Zustimmung durch das Über-Ich; dies führt zu einer sekundären Überabhängigkeit von äußeren Quellen, die das Selbstwertgefühl befriedigen können. Verstärkt wird die Untergrabung der Autorität innerhalb der Familie durch die generelle gesellschaftliche Verlagerung von einer traditionellen Form der sozialen Führung, die auf ethischen Grundsätzen und intellektueller Folgerichtigkeit beruhte, hin zu einer Form der Führung, die keine moralische Rechtfertigung oder Kontrollbasis besitzt. Die neue, schwächere Form der Kontrolle stützt sich in erster Linie auf Macht; Kontrolltechniken nehmen die Gestalt der Manipulation und Pseudohumanisierung der interpersonalen Beziehungen und Arbeitsbedingungen innerhalb der sozialen Organisationen an.

Lasch (1981) entwickelte seine Überlegungen später weiter und integrierte dabei auch Teile von Chasseguet-Smirgels Theorie der Gruppenprozesse, insbesondere ihr Verständnis der präödipalen Mutter als Symbol für die Psychologie von Großgruppen. Die allumfassende und unerschöpfliche Brust-Mutter gratifiziert den unersättlichen, gierigen, selbstzentrierten Säugling, dessen Eigenschaften für jene der Massen stehen. Ebenso wie Lasch halte auch ich Chasseguet-Smirgels und Grunbergers Erklärung regressiver Phänomene in Massen (Phänomene, die Ortega y Gasset [1929] in *Der Aufstand der Massen* wunderbar beschrieben hat) für überzeugend. Diese symbolische präödipale Mutter unterscheidet sich erheblich von der vernünftigen, differenzierten ödipalen Mutter, die vom Kind getrennt ist und mit dem ödipalen Vater eine vertrauliche Einheit bildet. Den Zustand, den diese ödipale Mutter symbolisiert, können regressive Gruppen nicht tolerieren.

Hier tritt ein merkwürdiger Umstand zutage. Unter Großgruppenbedingungen ist die dominierende Sexualideologie einerseits tendenziell durch eine exzessive Projektion von Über-Ich-Funktionen auf die autoritäre Führung der Gruppe charakterisiert, ein Prozeß, der sie konventionell und sexuell repressiv werden läßt. Andererseits kann sie durch eine präödipale Ideologie gekennzeichnet sein, die in der Verdichtung einer willkürlichen Aggressionsneigung mit präödipalen Formen der Sexualität Ausdruck findet und sich in Tendenzen zu einer polymorph-perversen infantilen Sexualität manifestiert. Beide Extreme ziehen ein ähnliches Ergebnis nach sich, eine konventionelle Moral, die gegen die intime sexuelle Erfüllung des autonomen Paares gerichtet ist.

2 Identität, Entfremdung und Ideologie in Adoleszentengruppen

Identitätskrise, Identitätsdiffusion und Entfremdung

Die körperlichen und emotionalen Veränderungen der Pubertät und frühen Adoleszenz und der damit verbundene Verlust an Übereinstimmung zwischen dem Selbstkonzept des Jugendlichen und dem Konzept, das bedeutsame andere Personen von ihm haben, führen zu einem vorübergehenden Verlust der *Bestätigung* der Ich-Identität (Erikson 1950, 1956) durch die soziale Gruppe und damit einhergehend zu einer Identitätskrise. Wie ich in einer früheren Arbeit (Kernberg 1976) betonte, begrenze ich das Konzept der Identitätskrise auf den – als normale Entwicklung der frühen Adoleszenz zu betrachtenden – Verlust der Übereinstimmung zwischen einem subjektiven Gefühl der Ich-Identität und der objektiven psychosozialen Umwelt. Dieser Verlust prädisponiert den Jugendlichen für Entfremdungsgefühle, sobald eine ausgeprägte Diskrepanz zwischen seinem subjektiven Identitätsgefühl und den objektiven Reaktionen, denen er begegnet, auftritt.

Im Gegensatz dazu beruht das Syndrom der Identitätsdiffusion, das die Borderline-Persönlichkeitsorganisation charakterisiert, auf einer mangelnden Integration des Selbstkonzepts und des Konzepts signifikanter Anderer; daraus resultieren auch ein Verlust des Gefühls für die Kontinuität des Selbstkonzepts im Quer- wie auch Längsschnitt sowie ein Verlust der Fähigkeit, für sich selbst und für andere tiefes Verständnis zu empfinden. Eine Identitätsdiffusion kann sich in chronischen Leere- und Entfremdungsgefühlen manifestieren, die allerdings, wie wir sehen werden, unter anderen Umständen auftreten als solchen, die das akute Entfremdungsgefühl normaler Jugendlicher auslösen.

Selbst bei Heranwachsenden, die einen Aufruhr ihrer Gefühle erleben (ein Zustand, der weit seltener ist, als man anzunehmen pflegte [siehe Offer et al. 1981]), bei Jugendlichen, deren relativ rasch wechselnde Identifizierungen mit einer sozialen Gruppe, einer Ideologie oder einem Lebensstil in dramatischen Veränderungen ihrer äußeren Erscheinung zutage treten, oder bei Adoleszenten, in denen gravierende Konflikte mit den Eltern regressives Verhalten auslösen, kann man den normalen oder neurotischen Jugendlichen, der unter einer Identitätskrise und Entfremdungsgefühlen leidet, vom Borderline-Adoleszenten mit einer Identitätsdiffusion unterscheiden. Der normale oder neurotische Heranwachsende bewahrt sich in einer Identitätskrise die Fähigkeit, die wichtigsten Menschen in seinem Leben, sogar seine Eltern (mit denen er unter Umständen intensive Konflikte hat) sowie hoch idealisierte Lehrer oder Freunde eindringlich zu beschreiben. Er nimmt Anteil an anderen Menschen und besitzt soziale und kulturelle Interessen, Wertesysteme und intellektuelle Ziele, die über die unmittelbare Gratifikation narzißtischer Bedürfnisse hinausgehen. Er kann zudem Gefühle der Schuld und Anteilnahme gegenüber sich selbst und anderen empfinden und gibt so neben der Entwicklung eines normalen Ich-Ideals auch die Fähigkeit zu erkennen, Ambivalenz zu erleben und Über-Ich-Anforderungen zu tolerieren. All dies spiegelt eine stabile Ich-Identität und eine entsprechende, sichere Konsolidierung des Selbstkonzepts und der Objektbeziehungen wider.

Jenes Entfremdungsgefühl ist also normal; es verstärkt das Bedürfnis des Heranwachsenden, sich selbst vor der Intensivierung seiner emotionalen Interaktionen mit Eltern und Geschwistern unter dem Einfluß reaktivierter ödipaler und präödipaler Strebungen zu schützen. Gleichzeitig fördert diese Entwicklung die Tendenz des Jugendlichen zur Überidentifizierung mit Gleichaltrigen und erklärt die Homogenität des äußeren Erscheinungsbildes, des Verhaltens und der Präferenzen gleichgeschlechtlicher Gruppen in der Frühadoleszenz.

Die Borderline-Persönlichkeit erlebt dieses Entfremdungsgefühl gewöhnlich nicht in der frühen Adoleszenz. Im Gegenteil, der Junge oder das Mädchen kann starke Konflikte im Zusammenhang mit Sexualität und Aggression unter Umständen zu Hause und in der Schule sowie in der Peer-group externalisieren. Spaltungsmechanismen, Verleugnung und projektive Identifizierung ermöglichen es dem Jugendlichen, Aggression zu rationalisieren und ihre Ursachen einer feindseligen Umwelt zuzuschreiben. Dieselben primitiven Abwehrmechanismen erleichtern die Äußerung sexueller Strebungen in vorübergehenden Erfahrungen, welche die tiefen emotionalen Herausforderungen, Teil eines Paares zu sein, vermeiden.

Was die Borderline- und narzißtischen Persönlichkeiten betrifft, so gelingt es mit Ausnahme der schwersten Fälle allen, in der frühen Adoleszenz unauffällig zu bleiben, und zwar gerade weil sie in den Gruppen, denen sie sich anschließen, eine Sozialstruktur vorfinden, die ihr Funktionieren stabilisiert. In der mittleren und späten Adoleszenz jedoch, in der normale und neurotische Jugendliche Paare zu bilden beginnen, geben Heranwachsende mit einer Borderline- oder narzißtischen Persönlichkeit charakteristischerweise schwere Verhaltensstörungen und ein wachsendes subjektives Entfremdungsgefühl zu erkennen.

Die Anpassung an eine konventionelle Peer-group ermöglicht es dem normalen Jugendlichen, das Entfremdungserleben im Kontext der Identitätskrise der frühen Adoleszenz unter Kontrolle zu bringen. Danach aber taucht eine neue Entwicklung auf, die mit der Bildung sexueller Paare in der mittleren und späten Adoleszenz zusammenhängt. Das sexuelle Paar erlebt sich selbst so, als symbolisiere es eine Widerstandshandlung, und genauso wird es auch von der sozialen Gruppe erlebt, die es umgibt. Die Gruppe bewundert und beneidet das Paar und kämpft mit den widerstreitenden Wünschen, ihm nachzueifern und es zu zerstören. Es macht dabei kaum einen Unterschied, ob die formale Kultur und Ideologie der gemischtgeschlechtlichen Gruppe in der mittleren und späten Adoleszenz sexuell »befreit« oder konventionell »puritanisch« ist; die sexuell promiskuösen Adoleszentengruppen der 60er Jahre erlegten der sexuellen Intimität erhebliche Restriktionen auf, indem sie sich einer Ideologie verschrieben, die das Sexualverhalten auf einen mechanischen Akt ohne emotionale Beteiligung oder Verantwortlichkeit reduzierte. Die Restriktionen entsprachen jenen, mit denen die berüchtigten sozialen Gruppen aus dem kleinstädtischen Milieu die gegen sexuelle Intimität gerichteten Über-Ich-Verbote (und die soziale Heuchelei) noch verstärkten.

Gegen Ende der Adoleszenz tritt an die Stelle der gleichgeschlechtlichen Gruppe der Latenz und frühen Adoleszenz und der gemischtgeschlechtlichen Gruppe der mittleren und späten Adoleszenz ein locker verbundenes Netzwerk von Paaren, das den erfolgreichen Übergang von der Adoleszenz ins Erwachsenenalter zu erkennen gibt. Nun kann das gemeinsame Erleben des Paares, das eine neue, private Welt der sexuellen Intimität und der emotionalen Erfahrungen und Werte schafft – und sich dadurch selbst von der Konventionalität seiner unmittelbaren sozialen Umwelt befreit –, ein neues Entfremdungsgefühl erzeugen. Unter Umständen streben die einzelnen Partner und beide gemeinsam danach, nicht nur den geliebten Anderen, sondern alle menschlichen Beziehungen emotional zu verstehen, das heißt, sie suchen die Begegnung mit Wertsystemen und Idealen, die sie in ihrer Vereinigung realisieren wollen.

Im ersten Kapitel habe ich Freuds (1921) Beobachtung erwähnt, daß es den Mitgliedern der Masse durch Projektion ihres Ich-Ideals auf den Führer gelingt, individuelle moralische Restriktionen sowie die durch das Über-Ich erfüllten höheren Funktionen der Selbstkritik und Verantwortlichkeit auszuschalten. Infolgedessen brechen sich primitive, gewöhnlich unbewußte Bedürfnisse Bahn. Und ich habe Bions (1961) Kategorisierung der regressiven Prozesse beschrieben, die er in Kleingruppen beobachtete und nach drei emotionalen Grundannahmen unterschied. Diese drei Grundannahmen determinieren, wie die Gruppe operiert: die Kampf-Flucht-Grundannahme, die Abhängigkeits-Grundannahme und die Paarbildungs-Grundannahme. Die Kampf-Flucht-Gruppe erwartet, daß ihr Leiter einen Kampf gegen vage definierte äußere Feinde anführt und die Gruppe vor inneren Kämpfen schützt. Die Gruppe kann jedoch keinerlei Opposition gegen die »Ideologie« tolerieren, die von der Mehrheit ihrer Mitglieder vertreten wird, und neigt zur Aufspaltung in Untergruppen, die einander bekämpfen. Kleine, häufig gemischtgeschlechtliche Gruppen dieser Art können Borderline-Jugendliche vorübergehend in eine instabile und konflikthafte soziale Untergruppe einbinden, die sich von der konventionellen gleichgeschlechtlichen Gruppe der normalen frühen Adoleszenz unterscheidet. Solche Gruppen entwickeln gewöhnlich keine kohärente Ideologie, wenngleich die Idealisierung des Anführers einer Straßenbande und die Unterwerfung unter ihn die Gruppe innerhalb einer allgemein chaotischen sozialen Subkultur unter Umständen stabilisiert.

Normale und pathologische Entfremdung

Das Konzept der Entfremdung hat in amerikanischen psychosozialen Studien eine wichtige Rolle gespielt. Ein besonderer Stellenwert kam ihm in Kenistons Studie *The Uncommitted* (1965) zu, einer Untersuchung über entfremdete Jugendliche in der amerikanischen Gesellschaft. Wie Keniston jedoch selbst anmerkt, ist der Begriff *Entfremdung* durchaus mehrdeutig: Eine signifikante soziologische Konnotation wuchs ihm zuerst in den frühen Schriften von Karl Marx zu, der ihn benutzte, um die objektive Entfremdung der Menschen von ihrer sozialen Realität zu bezeichnen – das heißt, ihre Unterjochung durch ihre eigenen Arbeitsprodukte, die als selbständige Entitäten erschienen (Ollman 1976; Kolakowski 1978 a, 1978 b).

In *Wege aus einer kranken Gesellschaft* transformierte Erich Fromm (1955) die marxistische Konzeption der Entfremdung in die »Selbst-entfremdung« des Individuums, das einen Mangel an Kontakt zwischen seinem bewußten Selbst und seinem »produktiven« Potential empfindet. Fromm zufolge war dies ein zentrales Merkmal der für den Kapitalismus charakteristischen »marketing-orientierten Persönlichkeit«. Bei Fromm und anderen Sozialpsychologen liegt die Betonung auf dem subjektiven Erleben einer Entfremdung von der Gesellschaft, nicht auf dem objektiven Charakter der Entfremdung des Arbeiters, die Marx hervorhob.

Ich betrachte das Entfremdungsgefühl als ein grundlegendes Alarmsignal, welches das normale Mitglied einer Großgruppe vor einer Bedrohung seines Identitätsgefühls und vor den Gefahren warnt, die dem Auftauchen primitiver Gefühle, insbesondere der Aggression, und der mit Großgruppen verbundenen Primitivisierung der Denk- und Urteilsfunktionen innewohnen. Das pathologische, chronische Entfremdungsgefühl, das unter normalen sozialen Umständen von Patienten mit einer Borderline-Persönlichkeitsorganisation und von narzißtischen Persönlichkeiten erlebt wird, weist eine auffallende Ähnlichkeit mit der Entfremdung auf, welche die normale Persönlichkeit empfindet, wenn sie mit der Aktivierung von Großgruppenprozessen konfrontiert oder, allgemeiner formuliert, sozialen Bedingungen ausgesetzt ist, in denen die gewohnten Rollenfunktionen aufgehoben sind. Ein Gefühl der Entfremdung kann daher zum einen eine schwere Psychopathologie zum Ausdruck bringen; es kann aber auch eine normale Reaktion auf die Gefahr darstellen, die der individuellen Identität durch die regressiven Auswirkungen von Großgruppenprozessen droht.

Dieses Entfremdungsgefühl ist in der Großgruppe für die Tendenz verantwortlich, den statischen Charakter unstrukturierter Großgruppenprozesse in die von Freud beschriebene Handlungsorientiertheit der Horde oder Masse zu transformieren. Die unmittelbaren Lösungen, die sich durch die Idealisierung des Führers anbieten, werden in einer Masse, die ihren äußeren Feind gefunden hat, durch das Machtgefühl und die garantierte Befriedigung der Aggression bestätigt. Im Unterschied zur Masse drängt die Großgruppe ihre Mitglieder, sich ihrer Suche nach einer beruhigenden Ideologie anzuschließen oder sich an der Errichtung einer starren Bürokratie zu beteiligen. Ein Führer, dessen Idealisierung die Großgruppe in eine Masse oder Horde verwandelt, kann sich die Kontrolle auch durch die Idealisierung einer Ideologie aneignen. Diejenigen, die einem solchen Druck Widerstand leisten, müssen bereit sein, den Preis der Entfremdung und Machtlosigkeit in der Masse zu zahlen, um sich ihr Identitätsgefühl erhalten zu können.

Die Entfremdung, die der Patient mit einer Identitätsdiffusion in seinen Beziehungen zu einer normalen sozialen Umwelt erlebt, und die Entfremdung, die ein Individuum, das über eine angemessen definierte Identität verfügt, angesichts von Großgruppenprozessen und Massen empfindet, unterscheiden sich nicht nur hinsichtlich ihrer Dauer. Die Entfremdung, die normale Menschen in Großgruppen und Massen innerhalb einer freien Gesellschaft zeitweise überkommt, wird sich in totalitären Gesellschaften unter Umständen dauerhaft behaupten. Wenn eine Gesellschaft in eine riesige, regressive Masse verwandelt wird, kann die Fähigkeit, sich subjektiv entfremdet zu fühlen, als adaptives Warnsignal zum Schutze der Ich-Identität betrachtet werden. Dies leitet über zur Funktion der Ideologie, in der nicht nur regressive Gruppenprozesse, sondern auch normale Wertesysteme Ausdruck finden.

Ideologie in der Adoleszenz

Ich verwende den Begriff *Ideologie* in einem umfassenden Sinn und folge damit einer von Althusser (nach Green 1969, S. 212) vorgeschlagenen Definition: »Eine Ideologie ist ein System (mit der ihm entsprechenden Logik und Exaktheit) von Repräsentationen (Bildern, Mythen, Ideen oder Begriffen), die innerhalb einer bestimmten Gesellschaft eine historische Existenz oder Funktion besitzen«. Althusser betrachtete die Ideologie als ein unbewußt determiniertes System illusorischer Repräsentationen der Realität, das sich aus den vorherrschenden Konzeptionen einer sozialen Gruppe über ihre eigene Existenz herleitet und als Teil der Konsolidierung des ödipalen Über-Ichs internalisiert wird.

Zu betonen sind zwei miteinander zusammenhängende Aspekte der Ideologie: erstens ihr Inhalt und zweitens die Art der Verpflichtung, in der sich das Individuum ihr gegenüber sieht. Green ist der Ansicht, daß die Entwicklungsstufen der Idealisierung eine wichtige Möglichkeit darstellen, um die Ebene der an ideologischen Verpflichtungen oder am ideologischen Engagement beteiligten psychischen Reife zu determinieren. Von der narzißtischen Omnipotenz der frühesten Phase über die Zwischenstadien der Idealisierung elterlicher Objekte bis zur endgültigen Konsolidierung des Ich-Ideals wäre die Art der Verpflichtung, die das Individuum gegenüber Ideologien eingeht, durch das Ausmaß bestimmt, in dem ein solches ideologisches Engagement die Projektion eines omnipotenten Selbst oder aber die Externalisierung eines reifen Ich-Ideals widerspiegelt. Der Charakter der Verpflichtung kann auch Einfluß darauf ausüben, welche Art Ideologie oder welcher Subtypus innerhalb eines ideologischen Spektrums gewählt wird.

Ich stimme mit Green darin überein, daß die Entwicklungsstufen des Idealisierungsmechanismus – angefangen mit der primitiven Idealisierung guter (von bösen abgespaltener) Objekte über die Projektion eines pathologischen grandiosen Selbst und die auf unbewußten Schuldgefühlen beruhende Idealisierung von Objekten bis zur Etablierung idealer Werte als Widerspiegelung der Konsolidierung des Ich-Ideals – die Ebene der Verpflichtung gegenüber Ideologien determinieren. Eine generelle Unfähigkeit, sich einem Wertesystem zu verpflichten, das nicht nur eigennützigen Bedürfnissen dient, gibt gewöhnlich eine schwere narzißtische Pathologie zu erkennen. Die Bindung an eine Ideologie, die sadistische Perfektionsanforderungen stellt und primitive Aggression oder eine konventionelle Naivität in Werturteilen toleriert, läßt auf ein unreifes Ich-Ideal und eine unzulängliche Integration des reifen Über-Ichs schließen. Die Identifizierung mit einem messianischen System und die Akzeptanz von sozialen Klischees und Trivialitäten schließlich entsprechen einer narzißtischen und Borderline-Pathologie. Im Gegensatz dazu ist die Identifizierung mit differenzierteren, offenen, nichttotalistischen Ideologien, die Sexualität tolerieren, während sie die Kollusion mit der Äußerung primitiver Aggression ablehnen, charakteristisch für das reife Ich-Ideal.

Eine Ideologie, die individuelle Unterschiede und die Komplexität menschlicher Beziehungen respektiert und Raum für eine reife Einstellung gegenüber der Sexualität läßt, wird Persönlichkeiten mit einem reiferen Ich-Ideal anziehen. Hier kommt der Befreiung des Spätadoleszenten vom Sittenkodex der Gruppe, die mit der Tendenz zur Paarbildung einhergeht, eine entscheidende Rolle zu. Die Fähigkeit, sich zu verlieben, und die Entwicklung von Liebesbeziehungen in der Spätadoleszenz veranlassen das Paar, nach einem gemeinsamen Wertesystem zu suchen, einer Ideologie, welche die Gruppe transzendiert und das Paar zusammenschmiedet. Die romantische Einstellung des jungen, alleinstehenden Adoleszenten, der fähig ist, sich zu verlieben, führt ihn in dieselbe Richtung. Die Suche nach einem allumfassenden System von Überzeugungen und nach einer Ideologie, die das Paar in der mittleren und späten Adoleszenz teilen kann, entschädigt so für das Gefühl der Entfremdung, das mit der Lösung des Paares aus der Gruppe auftaucht, und verbindet den Spätadoleszenten mit den kulturellen und historischen Werten seiner Gesellschaft.

Gleichzeitig fördert das wechselseitige Bedürfnis des Paares und der Gruppe nach einander – ein Bedürfnis, das an Intensität verliert, wenn sich die Gruppe allmählich in ein Netzwerk von Paaren verwandelt – auch die Suche nach einer Ideologie, die umfassend und universal ist, offen und flexibel, so daß sie individuelles Denken und Differenzierung respektiert, die Unterschiede zwischen den Paaren in der Gruppe toleriert und eine aufgabenorientierte Haltung gegenüber der Gesellschaft formuliert. Die Entwicklung einer solchen Ideologie vermag die Reife des Individuums, des Paares und der Gruppe zusätzlich zu fördern. Ich denke hier an die Suche nach einer Ideologie, die umfassender und in höherem Maße aufgabenorientiert ist als die Glaubenssätze, Werte und Überzeugungen des Adoleszentenpaares oder des romantischen Jugendlichen, an eine Ideologie, in deren Mittelpunkt häufig gemeinsame Lebensziele im künstlerischen, wissenschaftlichen, sozialen oder politischen Bereich stehen. Die Organisation der zivilen Abwehr in London während der Luftangriffe des Zweiten Weltkriegs, die Friedenskorps und die organisierten Kampagnen zur Wählererfassung in den Vereinigten Staaten während der 60er Jahre wiesen solche Eigenschaften auf. Eine Ideologie, die hinter Aktivitäten dieser Art steht, ist charakterisiert durch entwicklungsfähige Werte, begrenzte Ziele, eine aufgabenorientierte Interaktion mit der Gemeinschaft und eine Suche nach funktionaler Führung. Die Aktivitäten selbst kanalisieren die Sublimierungsaspekte der Suche nach neuen Bedeutungen und die Organisation einer Weltsicht, die Suche nach der Bereicherung der persönlichen Identität durch den historischen Kontext und die Suche nach einem Gruppenzusammenhalt, der die Intimität der Paare respektiert; sie veranlassen junge Menschen auch zur Teilnahme an kulturellen und politischen Prozessen in der Gemeinschaft der Erwachsenen.

Die Entwicklung einer solchen Ideologie innerhalb der Gruppe setzt eine sozial günstige Atmosphäre sowie eine intelligente Anpassung der Adoleszentengruppen an ihre Gesellschaft voraus. Es gibt historische Augenblicke, in denen ein gesamtes Land im Zusammenhang mit einer gemeinsamen Aufgabe an seine Jugend appelliert, und es gibt dramatische Situationen, in denen eine soziale Katastrophe jeden veranlaßt, im Rahmen einer solchen Gruppenbildung sein Bestes zu geben. Im Gegensatz dazu erlaubt die starre Sozialstruktur totalitärer Gesellschaften lediglich hoch bürokratisierte Gruppenstrukturen, die ausschließlich konventionelle und simplizistische Ideologien zu tolerieren vermögen: In einer solchen Orwellschen Atmosphäre müssen erwachsene Paare häufig untertauchen. Hier kann die Fähigkeit des normalen Individuums und des normalen Paares, das Gefühl der Entfremdung vom Sozialsystem zu ertragen, der Preis sein, der für die Erhaltung der persönlichen und moralischen Integrität zu zahlen ist.

Paradoxerweise kann aber auch eine offene Gesellschaft die Entwicklung übertrieben konventionalisierter Adoleszentengruppen fördern, und zwar auf zwei verschiedenen Wegen. Einer dieser Wege, der bereits in der normalen Gruppenbildung der Latenz und frühen Adoleszenz vorgeprägt wird, ist durch relativ unstrukturierte Großgruppenbildungen repräsentiert, zum Beispiel in Schulen, Fabriken, sozialen Organisationen und Gemeindeclubs; hier ist die Toleranz gegenüber Individuen und Paaren durch bestimmte starre soziale Konventionen und eine simplizistische, klischeehafte Ideologie garantiert, die eine minimale soziokulturelle Struktur vorgeben und die Projektion infantiler Über-Ich-Merkmale auf die Führung fördern. Dieser relativ gutartige Gruppentypus – gutartig insofern, als er die individuelle Freiheit und sogar Paare achtet – kann als Anlaufstelle für Menschen mit einer narzißtischen Persönlichkeitsstruktur dienen. Die locker strukturierten Gruppen erlauben es den Individuen, sich sozial anzupassen, ohne durch exzessive Intimität bedroht zu werden; diese Gruppen konstituieren daher für sehr viele Menschen eine akzeptable Lösung. Lasch hat die beherrschende Ideologie solcher Gruppen in seinem Buch *Das Zeitalter des Narzißmus* (1978) beschrieben.

Die andere Möglichkeit der Bildung übertrieben konventioneller Adoleszentengruppen innerhalb einer offenen Gesellschaft besteht in sozialen Subgruppen oder sogar Subkulturen, die eine messianische Ideologie verkünden.

Messianische Ideologien, Banden und Terrorismus

Als attraktive Lösung des Entfremdungserlebens erscheint eine messianische Ideologie vor allem vielen Patienten mit einer Borderline-Persönlichkeitsorganisation sowie jenen narzißtischen Persönlichkeiten, die auf einem offenkundigen Borderline-Niveau funktionieren.

Wenn die normalen und neurotischen Peers in der Spätadoleszenz Paare zu bilden beginnen, empfindet die Borderline-Persönlichkeit den Verlust des Schutzes, den sie in der konventionellen Gruppe fand, als unerträglich. Die daraus resultierende Intensivierung ihrer interpersonalen Konflikte sowohl in der Familie als auch in der unmittelbaren sozialen Gruppe kann sie zwingen, sich unter gravierenden Entfremdungsgefühlen sozial zurückzuziehen oder die konventionelle adoleszente Großgruppe in eine kleine Kampf-Flucht-Gruppe mit antisozialem Verhalten umzuorganisieren.

Gravierende Entfremdungsgefühle tauchen gewöhnlich bei Jugendlichen mit Borderline-Persönlichkeitsorganisation in der mittleren und späten Adoleszenz auf. Die Entfremdung kann sich in Form eines schizoiden Rückzugs (siehe achtes Kapitel) oder in der Annahme einer durch Einsamkeit und Rebellion geprägten Haltung (einer »Negatividentität« [Erikson 1956]) äußern; sie kann sich aber auch als schwere polysymptomatische Neurose oder als chronisches, impulsives Agieren und selbstdestruktives Verhalten manifestieren. Narzißtische Persönlichkeiten neigen mitunter auch dazu, ihre Umwelt arrogant abzulehnen.

Eine andere Lösung besteht darin, sich einem messianischen Kult oder einer Sekte anzuschließen, die primitive Abwehroperationen sowohl verstärkt als auch kontrolliert, den Mangel an inneren Kontrollmechanismen durch stabile soziale Kontrolle ersetzt und Abhängigkeitsbedürfnisse befriedigt, indem sie die Identifizierung mit der Gruppe und ihrem idealisierten Führer erlaubt. Das Ausmaß, in dem der Jugendliche seine Aggression frei äußern und die messianische Gruppe sie rationalisieren kann, bestimmt, inwieweit die Gruppe seinen Sadismus und seine Kriminalität legitimiert oder ihn davor schützt. Die Kanalisierung der Aggression nimmt in messianischen Sekten verschiedenerlei Gestalt an. Die Entwertung des Elternhauses und seiner Kultur kann rationalisiert werden, so daß gewaltsame Angriffe auf die Eltern zulässig erscheinen, während die Aggression maskiert wird. In ähnlicher Weise kann die masochistische Befolgung von Gehorsamsregeln – etwa der Aufforderung, in den Straßen zu betteln usw. – Reaktionsbildungen gegen die Aggression verstärken. Der direkte physische Angriff auf Feinde der Gruppe sozialisiert primitive Aggression in ihrer gröbsten Form.

Gruppen, die sich um eine messianische Ideologie formieren, weisen gewöhnlich folgende charakteristische Eigenschaften auf: Sie unterteilen die Welt in gut und böse, wodurch die Spaltung interpersonaler Beziehungen in gute (gruppeninterne) und böse (Beziehungen zu abgelehnten Outgroups) noch gefördert wird; sie betonen die totalistische Eigenschaft ihres Glaubenssystems, indem sie die Überzeugung vertreten, daß es entweder sämtliche Probleme der Welt oder aber sämtliche Probleme der Gruppe lösen werde; sie fördern ein ungeheures Gefühl der Macht und Bedeutung, indem sie eine goldene Zukunft versprechen, während sie zusätzlich zu absolutem Gehorsam und vollständiger Unterwerfung unter den Gruppenführer oder seine Stellvertreter die bedingungslose Unterwerfung unter Gruppenregeln und -vorschriften verlangen. Diese Art von Ideologie erfordert ein ungeteiltes Engagement. Es ist charakteristisch, daß sie Paare, deren Verbindung nicht gebilligt wurde und die sich dem strengen Reglement ihres Privatlebens nicht unterwerfen, nicht tolerieren kann; häufig ist eine solche Ideologie auf subtile oder auch plumpe Weise antisexuell. Darüber hinaus reguliert sie einen Großteil des Alltagslebens ihrer Anhänger.

Messianische Gruppenideologien bilden ein geschlossenes Glaubenssystem, das für sämtliche Gruppenmitglieder bindend ist; alle anderen Werte werden gemäß dieser Gruppenideologie reorganisiert. Messianische Gruppen durchsetzen das Privatleben ihrer Mitglieder typischerweise mit ihren politischen und ideologischen Bestrebungen, um individuelle Grenzen zu eliminieren, und hemmen privates Denken sowie die Aneignung jeglichen Wissens, das ihr Glaubenssystem in Frage stellen könnte.

Solche Ideologien und die entsprechenden Gruppenbildungen transformieren die unstrukturierte, sozial konventionelle Großgruppe in die an Kampf-Flucht und/oder Abhängigkeit ausgerichtete Grundannahmen-Gruppe. Wenn sich mehrere Gruppen dieser Art in einer Massenbewegung zusammenschließen, nehmen sie den Charakter einer Horde oder einer stabilisierten Masse an. Unter geeigneten sozialen Umständen können aus diesen Gruppen Massenbewegungen werden. Dies geschah – mit bedeutsamen historischen Folgen – zum Beispiel in Deutschland während der 20er und 30er Jahre des 20. Jahrhunderts oder auch während der chinesischen Kulturrevolution. Es ist wichtig zu berücksichtigen, inwieweit die betreffende Ideologie aggressives Verhalten gegenüber Outgroups rationalisiert und sogar fördert. Wenn Aggression erlaubt ist – wie es zum Beispiel in den marxistischen Terroristengruppen in Deutschland, Peru und im Mittleren Osten der Fall war –, müssen sämtliche Beziehungen außerhalb der Ingroup dehumanisiert werden. Daher bestehen solche Gruppen nicht aus gewöhnlichen Borderline-, sondern aus eindeutig antisozialen Persönlichkeiten. Die Charakteristika des von Jim Jones geführten fundamentalistischen People's Temple und die soziopsychologischen Eigenschaften, die Dicks (1972) bei SS-Mördern beobachtete, illustrieren die Beziehung zwischen Massenmord und institutionalisierter Dehumanisierung.

Andere Gruppen mit totalistischen Ideologien halten den Ausbruch primitiver Aggression relativ streng unter Kontrolle. In den Vereinigten Staaten zum Beispiel dienen viele religiöse Sekten als Zufluchtsstätten für Adoleszente mit schwerer Identitätsdiffusion oder Borderline-Persönlichkeitsorganisation sowie für Heranwachsende, die nicht fähig sind, Beziehungen zu einer großen sozialen Gruppe oder auch nur zu einer einzigen anderen Person aufrechtzuerhalten. Die Sekte kontrolliert das tägliche Leben des Individuums, und diese Situation verbessert die Ich-Funktionen und gratifiziert Bedürfnisse nach Abhängigkeit und Nähe, nach Macht und Bedeutung. Die Gier, welche die Führer vieler Sekten motiviert, ist den Sektenanhängern, die vielleicht auf der Straße betteln, in der Regel unbekannt; ihre Selbstaufopferung erfüllt Sublimierungsfunktionen und dient als Abwehr der Aggression durch masochistische Reaktionsbildungen.

Die durch eine religiöse Sekte vermittelte Sicherheit – Schutz vor der schmerzvollen Entfremdung, die mit der Identitätsdiffusion und Verleugnung oder Restriktion von Aggression verbunden ist – entschädigt Borderline-Jugendliche für den Verzicht, den sie leisten, indem sie ihr gesamtes Privatleben, ihre Gedankenfreiheit und die Möglichkeit, eine bedeutsame Liebesbeziehung einzugehen, der Gruppe unterordnen. Relativ normale Adoleszente aber empfinden die verschwommene und simplizistische Sektenideologie rasch als Beleidigung ihrer Intelligenz und rebellieren gegen die Restriktionen. Praktisch alle Patienten, die über längere Zeiträume religiösen Sekten anhingen und von mir untersucht wurden, wiesen schwere Charakterpathologien auf. Weil es dem Frühadoleszenten mit Borderline-Persönlichkeit leichtfällt, sich an Peer-Gruppen anzupassen, vermittelt er einen normalen Eindruck. Daher wird seine Bindung an eine Sektenideologie jene Menschen, die ihn in jüngerem Alter kannten, überraschen.

Es gibt auch gruppenzentrierte Ideologien ohne die totalistischen Charakteristika von religiösen Sekten oder politischen Terrororganisationen. Die Streetgang-Psychologie dominiert, wenn die Gruppenideologie die wahllose Manifestation von Sexualität und Aggression in Verbindung mit antisozialem Verhalten bestätigt. Eine Gruppe, die durch eine solche Ideologie zusammengehalten wird, kann sozial in höchstem Maße fehlangepaßt sein; aus Gruppen dieser Art können sich die Mitglieder mühelos lösen, denn sie stellen ihnen ein Milieu zur Verfügung, ohne sie für das Symptom der Identitätsdiffusion zu entschädigen, und tolerieren den Ausbruch primitiver Sexualität und Aggression.

Auch das Verschwinden des Führers oder das Scheitern der Omnipotenzillusion der Gruppe kann die emotionale Bindung des Individuums an die Gruppe beenden. Die Art und Weise, wie linke Terroristengruppen in den Vereinigten Staaten und anderen Ländern zerfielen und zu Banden gewöhnlicher Krimineller wurden, illustriert, was geschehen kann, wenn die Omnipotenz der Gruppe zerstört wird.

Entfremdung, Autonomie und das Paar

In der Kleingruppe taucht Sexualität in der Grundannahme der Paarbildung als Abwehr primitiver Aggression auf. Hier repräsentiert das »ödipale Paar« die Sehnsucht nach einer sexuellen Auflösung ödipaler Konflikte, die in den Wünschen, Ängsten und Phantasien der Abhängigkeits- und der Kampf-Flucht-

Gruppe zum Ausdruck kommen. In der Großgruppe muß Sexualität entweder verleugnet werden oder sich auf sadistisch infiltrierte Anspielungen beschränken. Reifere Formen der Sexualität bleiben zumeist unauffällig, und die geheime Paarbildung entwickelt sich als direkte Reaktion auf – und Abwehr gegen – Großgruppenprozesse. In der Horde bildet die unangefochtene Idealisierung des Führers das Pendant zur Intoleranz gegenüber Paaren, die ihre Paaridentität zu bewahren versuchen. In der Großgruppe ist die vorherrschende Sexualideologie vor allem durch eine exzessive Projektion primitiver Über-Ich-Funktionen auf den Gruppenführer geprägt. Hier lassen sich zwei merkwürdige Alternativen beobachten: einerseits eine sexuell repressive konventionelle Ideologie und andererseits die Tendenz, sexuelle Phantasien von emotionalen Beziehungen zu dissoziieren und entwertende und aggressive Haltungen gegenüber der Sexualität mit Phantasien zu kombinieren, in denen eine eindeutig präödipale Sexualität – das heißt polymorph-perverse infantile sexuelle Züge – dominiert. Die Gruppensexpsychologie illustriert diese zweite Möglichkeit. Beide Ideologien ähneln einander jedoch insofern, als sie eine konventionelle Moral produzieren, die sich gegen die sexuelle Erfüllung des autonomen Paares richtet. Es ist kein Zufall, daß man, historisch gesehen, Schwankungen zwischen sexuell repressiven und sexuell promiskuösen Ideologien beobachten kann: Beide verfolgen das Ziel, das sexuelle Erleben des Paares zu konventionalisieren und zu verflachen.

Braunschweig und Fain (1971) haben beschrieben, in welcher Weise das heimliche Sexualspiel der ödipalen Phase durch die antisexuellen Gruppen der Latenz ersetzt wird, die Sexualität auf eine entwertende, anale Weise tolerieren. Diese Herabsetzung geht in den frühen Gruppenkodex der adoleszenten männlichen Sexualität ein. In der Spätadoleszenz tritt die offene, kollektiv sanktionierte Bestätigung einer aggressiven Promiskuität an die Stelle der entwerteten, verachteten analen Sexualität der frühen männlichen Adoleszenz. Bei den Mädchen steht die Pseudoreife einer formalen, kollektiven Ideologie in der frühen Adoleszenz, die eine Ablehnung erotischer Sinnlichkeit verlangt – das heißt, Strebungen nach direkten sexuellen Begegnungen mit Männern unterdrückt –, in scharfem Gegensatz zu der gleichzeitig kollektiv geteilten hysteriformen Idealisierung einer erotisierten männlichen Gestalt. Erst in der späteren Hälfte der weiblichen Adoleszenz lösen sich diese Phantasien auf. Die in der Spätadoleszenz entstehende gemischtgeschlechtliche Gruppe vertritt gewöhnlich eine kollektiv akzeptierte Ideologie der Sexualität.

Diese adoleszente Ideologie kann eine Identifizierung mit der konventionellen Sexualmoral der erwachsenen Gesellschaft widerspiegeln; ein Beispiel ist die sexuelle Enthaltsamkeit von Adoleszenten in bestimmten religiösen Subkulturen oder von Angehörigen der Jugendorganisationen in sozialistischen Ländern.

Selbst wenn Adoleszente gegen die konventionelle Moral rebellieren und für eine liberalisierte Sexualität eintreten, verbirgt diese Rebellion häufig die Angst vor einer Bindung zwischen Mann und Frau, die Erotik und Zärtlichkeit vereint.

Zwischen dem Paar und der Gruppe besteht eine inhärente komplexe und gefährliche Beziehung. Ein isoliertes Paar kann sich selbst zerstören, weil ihm außer der eigenen Beziehung kein Ventil für die Aggression zur Verfügung steht, die allen intimen Beziehungen innewohnt (Kernberg 1976). Da die Stabilität des Paares letztlich davon abhängt, daß es seine Autonomie innerhalb eines Gruppensettings erfolgreich etabliert, kann es seiner Beziehung zur Gruppe nicht entkommen. Weil das Paar die Hoffnung der Gruppe auf sexuelle Vereinigung und Liebe angesichts der potentiellen Destruktivität von Großgruppenprozessen agiert und stützt, braucht auch die Gruppe das Paar. Aber die Gruppe kann den Gefühlen der Feindseligkeit und des Neides, die das Paar in ihr weckt und die sich letztlich aus dem Neid auf die glückliche, intime Vereinigung der Eltern und aus tiefen, unbewußten Schuldgefühlen infolge verbotener ödipaler Strebungen herleiten, nicht entrinnen.

Die unvermeidlichen Konflikte zwischen dem Paar und der Gruppe bringen uns zurück zum Konzept der Entfremdung. Wie wir gesehen haben, handelt es sich um ein normales wie auch um ein pathologisches Phänomen. Der entfremdete Borderline-Patient hat kein integriertes Identitätsgefühl entwickeln können und besitzt kein reifes, integriertes Über-Ich. Die Konsolidierung eines pathologischen grandiosen Selbst als Kompensation für diese Identitätsdiffusion führt zur Entwicklung einer narzißtischen Persönlichkeit. Sowohl die Identitätsdiffusion des Borderline-Patienten als auch der pathologische Narzißmus wecken den Wunsch, das Selbst in Großgruppen und Massen einzutauchen, weil solche Gruppen eine Illusion von Macht und Bedeutung vermitteln, nach der Patienten mit diesen pathologischen Charakterformationen verzweifelt suchen. Die Unfähigkeit der Patienten, eine stabile sexuelle Vereinigung mit einem anderen Menschen zu entwickeln – eine Bindung, die feste Grenzen gegenüber der umgebenden sozialen Gruppe aufrechterhält –, verstärkt ihre pathologische Entfremdung.

Aber auch das normale Individuum erlebt die Entfremdung, obwohl sein integriertes Identitätsgefühl und sein sicher konsolidiertes Über-Ich es ihm erlauben, die Konventionalität der Gruppe, ihre sexuellen Restriktionen sowie ihre kulturelle und intellektuelle Banalität zu transzendieren. Dieses normale Individuum fühlt sich, wie wir gesehen haben, entfremdet, wenn die emotional gestörte Persönlichkeit Erleichterung empfindet. Die Etablierung des autonomen Paares, das die ödipale Restriktion beider Partner überwindet, transformiert die normale Entfremdung des Individuums in die des Paares. Das Erreichen dieser Entwicklungsstufe ist ein entscheidender Indikator dafür, daß eine der Aufgaben, die mit der Adoleszenz verbunden sind, erfolgreich gelöst werden konnte.

3 Massenpsychologie in analytischer Sicht

Freuds Werk *Massenpsychologie und Ich-Analyse* (1921) ist eine prägnante Darstellung des Beitrags, den die Psychoanalyse zur Psychologie der Masse geleistet hat. Fast achtzig Jahre nach seiner Erstveröffentlichung birgt das Buch für den Leser, der an der psychoanalytischen Theorie der Organisations- und Gruppendynamik interessiert ist, nach wie vor außerordentlich reiche Erkenntnisse.

Eine Psychologie der Masse, die sich in einigen von Freuds früheren Arbeiten bereits andeutete (*Totem und Tabu*, 1913, »Zur Einführung des Narzißmus«, 1914 a, sowie *Jenseits des Lustprinzips*, 1920), wurde lediglich in diesem Werk umfassend ausgearbeitet. Freud griff die Probleme der Massenpsychologie in den Jahren 1927, 1930 und 1939 noch einmal auf, aber er hat die zentralen, in dem früheren Beitrag entwickelten Konzepte nie erweitert oder modifiziert.

Massenpsychologie und Ich-Analyse erreichte neben Psychoanalytikern – zu nennen ist hier insbesondere Mitscherlich in Deutschland – auch Leser außerhalb der begrenzten psychoanalytischen Community und übte auf Philosophen, insbesondere auf die Vertreter der Frankfurter Schule, einen ebenso bedeutenden, ja fundamentalen Einfluß aus wie auf Soziologen, vor allem Moscovici in Frankreich und Lasch in den Vereinigten Staaten, und schließlich auf einen anderen großen Humanisten des 20. Jahrhunderts, Elias Canetti, dessen Buch *Masse und Macht* (1960) – ein wichtiger Teil des Werks, für das er 1981 den Literatur-Nobelpreis erhielt – unter der direkten Herausforderung und Anregung durch Freuds Publikation entstand.

Den vielleicht umfassendsten Gebrauch von *Massenpsychologie und Ich-Analyse* machte Moscovici in *Das Zeitalter der Massen* (1981), einem Werk, das zugleich eine Aktualisierung der Freudschen Arbeit darstellt. Moscovici unternimmt eine kritische Sichtung des Hintergrundes dieser Arbeit sowie des Beitrags, den Freud zur Massenpsychologie leistete; er illustriert Freuds Theorie über die historische Entstehung der Urhorde mit einer Analyse des Heldenkultes, der nach Lenins Tod in der Sowjetunion aufkam und sich unter dem totalitären Regime Stalins weiterentwickelte. Moscovici erweitert Freuds Perspektive, wenn er zu dem Schluß gelangt, daß »Kommunikation das Valium des Volkes« sei. Er beschreibt die Folgen der Aktivierung einer Pseudogemeinschaft durch eine Massenkommunikation, die gleichzeitig große Massen erreicht, sowie die Konsequenzen, die aus der realen Ausdehnung dicht besiedelter Gebiete mit hohen Bevölkerungsanteilen resultieren – ebendies sind die Bedingungen, unter denen sich die Massenpsychologie besonders gut entwickeln kann. Moscovici stimmt mit Freud überein, daß die Massenpsychologie für die Determinierung kultureller Phänomene ebenso grundlegend ist wie die Individualpsychologie, und betrachtet dessen Beitrag als einen entscheidenden Schritt in der Entwicklung der Massenpsychologie als exakter Wissenschaft.

Während Freud die Massenpsychologie mit dem Blick eines besorgten Außenseiters betrachtet, der nicht nur die gefährliche, irrationale und gewaltbereite Macht der Mobs und Massenbewegungen erkannt, sondern auch die intrapsychische Dynamik aufgedeckt hat, die der Beteiligung des Individuums an der Massenpsychologie und seiner Teilhabe an deren Entstehung Vorschub leistet, nimmt Canetti (1960) die verführerische, erregende, destruktive Innenperspektive des berauschten Mitglieds der Masse ein. Moscovici liefert die soziologische Perspektive, indem er die sozialen und kulturellen Faktoren beschreibt, die zur Verdichtung realer und imaginärer Massen durch die modernen Kommunikationssysteme und die Bevölkerungsexplosion beitragen. Damit greift er auf einer tieferen Ebene etwas auf, das Ortega y Gasset (1929) intuitiv in seinem Werk *Der Aufstand der Massen* beobachtet hat. Wenn man Freuds Werk noch einmal mit dem Blick dieser beiden »Außenseiter« betrachtet, treten die Tiefe und Reichweite seiner Entdeckungen noch schärfer hervor.

Freuds zentrale These

Als Freud (1921) die Massenpsychologie definierte, schlug er vor, »die gleichzeitige Beeinflussung des Einzelnen durch eine große Anzahl von Personen, mit denen er durch irgend etwas verbunden ist, während sie ihm sonst in vielerlei Hinsicht fremd sein mögen, als Gegenstand der Untersuchung abzusondern. Die Massenpsychologie behandelt also den einzelnen Menschen als Mitglied eines Stammes, eines Volkes, einer Kaste, eines Standes, einer Institution oder als Bestandteil eines Menschenhaufens, der sich zu einer gewissen Zeit für einen bestimmten Zweck zur Masse organisiert« (S. 65 f.). Es ist sonderbar, daß die *Standard Edition* all diese Begriffe mit der Vokabel »group« wiedergibt, obwohl Freud selbst McDougalls (1920) wegweisende Unterscheidung zwischen Massen und strenger organisierten Formen der Gruppenbildung eindeutig anerkannte. Eine Menge ist eine große Ansammlung von Menschen, die nicht formal organisiert sind; eine Horde oder ein Mob ist eine Menge mit einer rudimentären, aber erkennbaren Organisation, der ein Ziel, ein Zweck oder eine Motivation zugrunde liegt; diese Menge ist gewöhnlich durch eine hohe emotionale Intensität charakterisiert. Man könnte sagen, daß Mobs temporäre Horden darstellen und bestimmte soziale und politische Bedingungen eine Menge in einen Mob verwandeln können.

Wenn Freud die Psychologie großer Menschenansammlungen im Sinn hatte, die durch ein relativ organisiertes, aber hochgradig emotionales und irrationales Verhalten charakterisiert sind, beschrieb er Horden oder Mobs. Der Begriff

Mob hat jedoch eine verächtliche Konnotationen, die dem deutschen Wort »Masse« fehlen. Diese Nebenbedeutungen sind unangemessen und irrelevant und sollten in der folgenden Erläuterung nicht mit gedacht werden. Und schließlich benutzte Freud den Begriff »künstliche Massen«, wenn er die Kirche und die Armee (siehe sechstes Kapitel) im Sinn hatte, also Gruppen, die dem entsprechen, was man heute als spezialisierte soziale Organisationen bezeichnen würde. Freuds Essay behandelt somit ein breites Spektrum der Massenpsychologie, einschließlich der Psychologie von Mengen, Mobs, sozialen und politischen Bewegungen sowie stabilen Institutionen oder sozialen Organisationen, die durch eine Organisationsstruktur und eine Führung charakterisiert sind.

In *Massenpsychologie und Ich-Analyse* beschrieb Freud das primitive, von Gefühlen getriebene, unreflektierte Verhalten von Horden oder Mobs. Er erklärte das Gefühl der unmittelbaren Nähe oder Intimität, das die Mitglieder von Mobs erfaßt, als Resultat der Projektion ihres Ich-Ideals auf den Führer sowie ihrer Identifizierung mit dem Führer und miteinander. Die Projektion des Ich-Ideals auf den idealisierten Führer hebt individuelle Restriktionen sowie die vom Über-Ich erfüllten höheren Funktionen der Selbstkritik und Verantwortlichkeit auf. (In seinem gesamten Essay benutzte Freud statt des Begriffs »Über-Ich«, der noch nicht zu seinem theoretischen Vokabular gehörte, den Begriff »Ich-Ideal«.) Die wechselseitigen Identifizierungen der Mitglieder des Mobs erzeugen ein Gefühl der Einheit und Zugehörigkeit (das sie, wie wir heute sagen würden, vor dem Verlust ihres Identitätsgefühls schützt), gehen aber mit einer gravierenden Schwächung der Ich-Funktionen einher. Infolgedessen brechen sich primitive, normalerweise unbewußte Bedürfnisse Bahn, und der Mob wird von Gefühlen beherrscht, die der Führer auslöst und steuert. Freud betrachtete den Einfluß des Führers auf die Mitglieder des Mobs als primäre Ursache der Konsolidierung dieser Masse. Indem sie ihr individuelles Ich-Ideal auf den Führer projizieren, schaffen die Mitglieder des Mobs die Voraussetzung für ihre wechselseitigen Identifizierungen.

Libido als bindende Kraft und die Rolle der Aggression

Zunächst betonte Freud (1921, S. 89f.) ausdrücklich, daß die Bindungen aller Massenbildungen libidinöser Natur seien. Er beschrieb sehr detailliert, daß die Projektion des Ich-Ideals auf den Führer und die Bindung an ihn, welche die Bindung des Individuums an sein eigenes Ich-Ideal ersetzt, eindeutig libidinöse Bindungen implizieren, während die wechselseitige Bindung an die anderen eine Identifizierung, das heißt die früheste Form der Objektbindung in einer libidinösen Beziehung, widerspiegelt.

Im zweiten Teil seines Essays (S. 111 ff.) jedoch widersprach Freud der These vom Ursprung der Massenbildung bei Abwesenheit eines Führers, indem er auf die Rivalität und den Neid zwischen Geschwistern sowie auf den sekundären, reaktiven Charakter der wechselseitigen Identifizierung in Gruppenbildungen der frühen Kindheit verwies. Hier beruhen die ersten Bindungen der potentiellen Gruppenformation der Kindheit (Bindungen, die Freud zufolge später zur Grundlage der Gruppen- und Massenbildung werden) auf der Reaktionsbildung gegen Aggression: Die ersten Bindungen sind also aggressiver, nicht libidinöser Natur. Freuds Darstellung der Beziehung zwischen der Urhorde und dem Urvater als ihrem Anführer zufolge weist der unheimliche Charakter dieser Beziehung Parallelen zu dem unheimlichen Aspekt der Beziehung auf, die sich in der Hypnose entwickelt. Freud beschreibt die Angst des Individuums, dem Führer in die Augen zu sehen, weil dieser eine allmächtige, gefährliche, vergöttlichte Persönlichkeit verkörpert, der das Individuum mit passivem und masochistischem Verhalten zu begegnen hat. Die Horde möchte von einer Persönlichkeit beherrscht werden, die über unbegrenzte Macht gebietet, sie möchte sich dem Willen dieser Person masochistisch beugen und unterwerfen. In seinen Nachträgen untersucht Freud noch einmal den Mythos über den Vater der Urhorde und betont, daß dieser für jedes Gruppenmitglied das gefürchtete und zugleich bewunderte Ideal verkörperte und auf diese Weise eine Brüdergemeinschaft entstehen ließ, die sich mit ihrem Schuldgefühl wegen seiner Ermordung auseinandersetzen mußte.

Nur ein Jahr zuvor hatte Freud *Jenseits des Lustprinzips* (1920) veröffentlicht und dort zum ersten Mal die duale Triebtheorie von Libido und Aggression formuliert; dennoch wandte er diese Überlegungen nicht auf seine Theorie der Massenpsychologie an. In seiner Beschreibung der Dynamik der Massenbildung verweist er auf die Wichtigkeit von Aggression und Libido, in seiner theoretischen Formulierung aber beschränkt er sich einzig auf die Libidotheorie. Selbst wenn er beschreibt, wie sich Massen zersetzen, sobald ihre Mitglieder in Panik geraten, spricht er nur von der Angst vor einem Ausbruch von Feindseligkeit und von der Auflösung libidinöser Bindungen.

Aus der Sicht der zeitgenössischen psychoanalytischen Theorie über das gesamte Spektrum von Gruppenbildungen – von Klein- und Großgruppen bis zu vorübergehenden und stabilen Organisationen – würde man die Bedeutung sowohl der Libido als auch der Aggression betonen, die Funktionen der Spaltungsprozesse – die Idealisierungen und Verfolgungsängste nach sich ziehen – und andere primitive Abwehrmechanismen, die bei dieser komplexen Dialektik zum Einsatz kommen.

Dynamische Eigenschaften verschiedenartiger Gruppenbildungen

Im ersten Kapitel habe ich die Ansicht vertreten, daß sich einige der auffallend regressiven Merkmale von Kleingruppen, Großgruppen und Massen im Lichte unseres gegenwärtigen Wissens über die internalisierten Objektbeziehungen, die der Objektkonstanz sowie der Konsolidierung von Ich, Über-Ich und Es zeitlich vorangehen, besser erklären lassen. Aufgrund des Charakters der Regression, die in Gruppen eintritt, stellen Gruppenprozesse eine fundamentale Gefahr für die persönliche Identität des Mitglieds dar – eine Bedrohung, die mit der in Gruppensituationen aktivierten Tendenz zu primitiven Objektbeziehungen, primitiven Abwehroperationen und primitiver, vorwiegend prägenitale Züge enthaltender Aggression zusammenhängt. Diese Prozesse, insbesondere die Aktivierung primitiver Aggression, gefährden das Überleben des Individuums in der Gruppe und erschweren jede Aufgabe, die von der Gruppe zu erfüllen ist.

Ich habe die Auffassung vertreten, daß Turquets (1975) Beschreibung des Geschehens in Großgruppen die Grundsituation erfaßt, vor der sowohl die von Freud beschriebene Idealisierung des Hordenführers als auch die von Bion (1961) dargestellten Kleingruppenprozesse schützen. Die von Freud erläuterte blinde Gefolgschaft, die der Mob dem idealisierten Führer leistet, stellt durch die Identifizierung mit dem Führer eine gewisse Identität wieder her; sie schützt das Individuum durch diese gemeinsame Identität und die gemeinsame Projektion von Aggression auf äußere Feinde vor gruppeninterner Aggression und befriedigt durch Unterwerfung unter den Führer Abhängigkeitsbedürfnisse. Das Machtgefühl, das Individuen in einem Mob erleben, befriedigt auch primitive narzißtische Bedürfnisse. Paradoxerweise schützt der von Grund auf irrationale Charakter von Mobs (das heißt, von Massen, die durch die gemeinsame Idealisierung eines Führers und eine entsprechende Ad-hoc-Ideologie vorübergehend zu Gruppen organisiert sind) das Individuum besser vor der Wahrnehmung von Aggression als die Situation in Großgruppen, denen klar definierte äußere Feinde fehlen, oder in Kleingruppen, in denen der Feind zur Gruppe selbst gehört.

Großgruppenprozesse werfen auch Licht auf den engen Zusammenhang zwischen Gefährdungen der Identität und der Angst, daß primitive Aggression und von Aggression infiltrierte Sexualität zutage treten könnten. Die Beobachtungen, die ich an individuellen Patienten sowie in Kleingruppen und Gruppenprozessen im Organisations- und Institutionsleben gesammelt habe, bestätigen die überwältigende Bedeutung, die der menschlichen Aggression in unstrukturierten Gruppensituationen zukommt.

Ein wichtiger Teil nicht integrierter und unsublimierter Aggression findet in

Gruppen- und Organisationsprozessen auf stellvertretende Weise Ausdruck. Wenn sich in einer aufgabenorientierten Organisation relativ gut strukturierte Gruppenprozesse entwickeln, wird Aggression in den Entscheidungsprozeß kanalisiert, und zwar vor allem dann, wenn primitive Führungseigenschaften in Personen mit leitenden Positionen aktiviert werden. Auf ähnliche Weise konstituiert die Machtausübung im Leben von Organisationen und Institutionen einen wichtigen Kanal für die gruppeninterne Äußerung von Aggression, die in einer dyadischen oder triadischen Beziehung normalerweise unter Kontrolle gehalten würde. Aggression tritt in verhältnismäßig unstrukturierten Gruppenprozessen direkter und mit stärkerer Intensität zutage.

Die Vielfalt primitiver Selbst- und Objektrepräsentanzen, die als intrapsychische Strukturen des Individuums vorherrschen, bevor sich Ich, Über-Ich und Es konsolidieren (also auch vor der Konsolidierung der Ich-Identität), und die regressiven Züge der Partialobjektbeziehungen, die auftauchen, wenn die normale Ich-Identität zerfällt, entsprechen den Beziehungen, die zwischen Individuen in einer Großgruppe bestehen. Die Mitglieder von Großgruppen zeigen eine auffällige Tendenz, Über-Ich-Funktionen auf die gesamte Gruppe zu projizieren, um Gewalt zu verhindern und die Ich-Identität durch eine gemeinsame Ideologie zu schützen. Im damit einhergehenden Bedürfnis aller Gruppenmitglieder, Über-Ich-Funktionen auf den Führer zu projizieren und zu externalisieren, zeigen sich nicht nur sadistische und idealisierte Aspekte primitiver Über-Ich-Vorläufer, sondern auch die realistischen und schützenden Aspekte einer reiferen Funktionsweise des Über-Ichs. Die unauflösliche Einheit von primitiven und differenzierteren Über-Ich-Aspekten verleiht dieser Externalisierung etwas Tragisches: Die Moral von Gruppen und Institutionen, die durch die Projektion primitiver Über-Ich-Merkmale beeinflußt werden, kommt der primitiven Moral des unbewußten Über-Ichs näher als der bewußten Moral des reifen Individuums (siehe 15. Kapitel).

In früheren Arbeiten (Kernberg 1984 a, 1986, 1989 a, 1989 b, 1991) habe ich die Beschaffenheit der defensiven Aktivierung von Idealisierungsprozessen unter verschiedenartigen Gruppenbedingungen in bezug auf die Aktivierung gruppeninterner paranoider Entwicklungen untersucht. Im Gegensatz zu den vorherrschenden Eigenschaften der instabilen, bedrohlichen, potentiell zur Gewalt neigenden und die Identitätsdiffusion fördernden Großgruppe geben Kleingruppen die Idealisierung-Verfolgung-Dichotomie in der Aktivierung der von Bion (1961) beschriebenen Grundannahmen der Abhängigkeit beziehungsweise Kampf-Flucht zu erkennen. Die Aktivierung der Paarbildungs-Grundannahme kann als Versuch verstanden werden, durch die ambivalente Idealisierung eines auserwählten sexuellen Paares den primitiven Konflikten zu entkommen, die mit Aggression, primitiven Objektbeziehungen und primitiven Abwehroperationen zusammenhängen. Die Großgruppe spaltet sich gewöhnlich nicht in Kleingruppen auf, sondern entwickelt sich zu einer statischen Großgruppe, charakterisiert durch die Eigenschaften der typischen, von Canetti (1960) beschriebenen »festlichen Masse«. Diese Gruppe geht, wie wir sagen könnten, in abhängigem und narzißtischem Verhalten auf; dementsprechend sucht sie nach einer beschwichtigenden, narzißtischen, beruhigenden Mittelmäßigkeit ihres Führers.

Ich habe dieses Regressionsniveau als Charakteristikum der Massenpsychologie der Konventionalität beschrieben (siehe 15. Kapitel); es spiegelt die Ideologie wider, die für das Über-Ich eines Latenzkindes charakteristisch ist und durch die Massenunterhaltung repräsentiert wird. Alternativ kann sich die Großgruppe in einen dynamischen Mob verwandeln, der durch überwiegend paranoide Merkmale und die Wahl paranoider Führer charakterisiert ist; typisch für diese Entwicklung ist die Massenpsychologie revolutionärer Bewegungen. Die konventionelle Kultur einerseits und zur Gewalt bereite revolutionäre Bewegungen mit einer totalitären Ideologie andererseits können als die entsprechenden massenpsychologischen Folgen von Idealisierung und Verfolgung als basalen Gruppenphänomenen verstanden werden.

Auf einer höher entwickelten Organisationsebene mit reiferen Formen der Massenpsychologie, wie sie von McDougall (1920) und Freud beschrieben wurden, charakterisiert Bion die Armee als die institutionelle Struktur der Kampf-Flucht-Gruppe und die Kirche als institutionelle Struktur der Abhängigkeitsgruppe. Funktionale gesellschaftliche Organisationen in Regierung, Wirtschaft, Bildungs- und Gesundheitswesen repräsentieren eine maximale Kontrolle, Reduktion und Sublimierung der Massenpsychologie als Teil des Aufgabensystems der Organisation. Interessant ist hier, daß sich ungeachtet der von sozialen Einrichtungen institutionalisierten Schutz- und Korrekturmaßnahmen – beispielsweise funktionale Führung und angemessene bürokratische Organisationssysteme (mit Möglichkeiten, Mißständen abzuhelfen, und anderen Vorkehrungen gegen die Paranoiagenese; siehe achtes Kapitel) – unweigerlich Aggression in Form sadistischen Verhaltens entwickeln und den institutionellen Prozeß an verschiedenen Punkten infiltrieren wird, und zwar auch durch eben jene Mechanismen, mit denen sich die Institution normalerweise vor exzessiver Paranoiagenese schützt.

Zusammenfassend können wir daher festhalten, daß die primitive Aggression, die innerhalb sozialer Gruppen im Individuum unweigerlich aktiviert wird, eine universale, latente Disposition zur Regression auf präödipale Ebenen der intrapsychischen Organisation widerspiegelt. Innerhalb dieser Regression werden die Projektion von Aggression auf Elternfiguren, die Reintrojektion solcher Elternfiguren unter den verzerrten Bedingungen projizierter Aggression und der daraus resultierende Teufelskreis der Projektion und Introjektion von Aggression durch massive Spaltungsmechanismen bewältigt; diese führen einerseits zu Idealisierungsprozessen und andererseits zu paranoiden, persekutorischen Prozessen. In diesen primitiven psychischen Operationen, die sich letztlich aus der allerersten dyadischen Beziehung zur Mutter herleiten, schwingen auch spätere trianguläre, die ödipale Situation reflektierende Probleme mit; sie verschieben die Disposition zu multiplen präödipalen Übertragungen hin zu typischen triangulären ödipalen Übertragungen, die dann in der Beziehung zu Autoritäten dominieren. Die aus diesen Projektionsprozessen resultierende Verzerrung rationaler Autorität wiederum zieht die defensive Aktivierung narzißtischer Bestätigung nach sich, regressive Beziehungen zur gefürchteten oder idealisierten elterlichen Führung und schließlich eine allgemeine Tendenz, die weiterentwickelten Aspekte der Über-Ich-Funktionen auf die gesamte Institution zu reprojizieren.

Die Projektion von Über-Ich-Funktionen auf die Institution als ganze verstärkt die subjektive Abhängigkeit des Individuums von der Bewertung, der es durch die Institution unterzogen wird; sie schwächt seine Fähigkeit, sich auf internalisierte Wertesysteme zu verlassen, und wirkt – sobald ein objektives Feedback und die Beruhigung durch die Organisation ausbleiben – als Auslöser für die Kontaminierung des Individuums durch ideologische Gegenströmungen, durch Gerüchte und durch die Regression auf primitive depressive und persekutorische Ängste. Unter diesen Umständen besteht nicht nur die Gefahr einer emotionalen und charakterlichen Regression der Persönlichkeit, sondern auch das Risiko einer Regression der moralischen Dimension. Der »paranoide Drang zum Verrat« (Jacobson 1971a) ist dann nur eine logische Konsequenz.

Wenn wir Freuds Essay im Lichte dieser Beiträge noch einmal betrachten, sehen wir, daß seine Beschreibung der Massenpsychologie im wesentlichen den Charakteristika von Großgruppen sowie der Mob- und Hordenbildung entspricht. Wenn Freud betont, daß die libidinösen Bindungen zwischen den Mitgliedern als Abwehr gegen neiderfüllte Rivalität dienen, so entspricht dies exakt der Verdichtung von präödipalem, insbesondere oralem Neid und ödipaler Rivalität, die für die Aktivierung primitiver Objektbeziehungen in Großgruppenprozessen typisch ist, und der Abwehr dieses Neides. Freuds Beschreibung der ambivalenten Beziehung zur Führung – der Verbindung von Idealisierung und, wie man sagen könnte, paranoiden Ängsten vor dem Führer, die mit Unterwerfung und Unterwürfigkeit einhergehen – gibt den Kampf zwischen idealisierenden und persekutorischen Prozessen zu erkennen, der Großgruppen und Mobs charakterisiert.

Freud (1921, S. 120–124) macht auf den bemerkenswerten Mangel an Differenzierung zwischen dem Ich und dem Ich-Ideal aufmerksam, der sich unter zahlreichen Bedingungen beobachten läßt, und erläutert, daß sich die Beziehung zum Führer infolgedessen im wesentlichen als Identifizierung des Ichs mit dem Führer erweist; damit beschreibt er die narzißtische Gratifikation der Machtausübung als Teil der Massenpsychologie, das Gefühl, von moralischen Zwängen frei zu sein, und die Omnipotenz, die durch die von Canetti (1960) beschriebene »Dichte« des dynamischen Mobs vermittelt wird. Durch die libidinöse Befriedigung in Form des primitiven Narzißmus und die aggressive Befriedigung infolge der aggressiven Infiltrierung der Grandiosität und Omnipotenz des Führers und seiner Anhänger erwirbt der Mob Eigenschaften, die denen des Patienten mit dem Syndrom des malignen Narzißmus entsprechen (siehe 7., 8. und 15. Kapitel). Freud kommt der Schlußfolgerung sehr nahe, daß dem Verhalten des Mobs die aggressiven ebenso wie die libidinösen Quellen der wechselseitigen Identifizierung seiner Mitglieder als elementare Motivation zugrunde liegen.

Ich bezweifle Freuds Behauptung, daß die Persönlichkeit des Anführers die Masse konsolidiere. Rice' und Turquets Erfahrungen mit Großgruppen illustrieren die unmittelbare Regression auf eine primitive Form der Massenpsychologie in der unstrukturierten Großgruppe. Anzieus und Chasseguet-Smirgels Beobachtungen legen nahe, daß es in der Phantasie von Klein- und Großgruppenbildungen immer eine primitive Führung gibt, die dem primitiven mütterlichen Ich-Ideal näher kommt als dem Vater der Urhorde. Aber selbst wenn man diese Phantasiestruktur als gegeben voraussetzt, scheint sie vor der elementaren Identitätsbedrohung und vor der Gewalt in der Großgruppe zu schützen. Kurz, die Massenpsychologie geht der Herausbildung einer Identifizierung mit dem Führer voraus.

Identifizierungsprozesse und der Charakter der Führung

In seiner Erläuterung von Identifizierung und Ich-Ideal konzentriert sich Freud konsequent fast ausschließlich auf den Vater als Objekt. In seiner Arbeit über den Narzißmus (1914 a) zum Beispiel erwähnt er die Mutter lediglich im Zusammenhang mit der männlichen Homosexualität. Er behauptet, daß die Identifizierung den ersten Typus der Objektbeziehung darstelle und der Antrieb, wie das Objekt zu werden, sich von dem Wunsch, ein Objekt zu besitzen, herleite. Er untersucht jedoch nicht die Identifizierungen des männlichen und weiblichen Säuglings mit der Mutter als erstem Objekt. Dank seiner späteren, voll ausgearbeiteten Konzeptualisierung des Über-Ichs (1923b) sind uns die verschiedenen Entwicklungsebenen der Identifizierungsprozesse heute bekannt, so daß wir die früheste Introjektion von späteren, partiellen Identifizierungen und von der komplexen Identitätsbildung unterscheiden können. Vor allem der dyadische Charakter sämtlicher Identifizierungsprozesse – das heißt die Tatsache, daß die Identifizierung nicht mit einem Objekt, sondern mit einer Beziehung zwischen Selbst und Objekt erfolgt – ist ein Konzept, das sich Jahre nach Freuds Tod als Ergebnis der Beiträge von Fairbairn (1954), Klein (1946), Erikson (1956), Jacobson (1964) und Mahler (Mahler und Furer 1968) herauskristallisierte.

Der Charakter primitiver Partialobjektbeziehungen, die mit Spaltungsprozessen zusammenhängen und in der Gruppensituation durch primitive Projektions- und Introjektionsmechanismen zum Ausdruck kommen, läßt sich von den weiter entwickelten Formen internalisierter Beziehungen zu ganzen oder integrierten Objekten unterscheiden, die zweifellos die dyadischen und triangulären Beziehungen des frühen Familienlebens reproduzieren. Meiner Ansicht nach kann man zwei Ebenen internalisierter Objektbeziehungen beschreiben: Eine Grundebene, die durch multiple Selbst- und Objektrepräsentanzen charakterisiert ist, die ihrerseits sehr frühen, mit primitiven Impulsabkömmlingen assoziierten Phantasiebildungen entsprechen. Jede einzelne Einheit dieser Selbst- und Objektrepräsentanzen ist mit einem spezifischen Affektzustand verknüpft und von entsprechenden Einheiten mit diametral entgegengesetzten Affektzuständen abgespalten. Charakteristisch für die zweite und höhere Ebene der internalisierten Objektbeziehungen sind differenzierte, integrierte Selbst- und Objektrepräsentanzen, die mit höheren Ebenen der Affektdisposition verbunden sind. Diese Objektbeziehungen der höheren Ebene spiegeln die Erfahrungen und Konflikte zwischen dem Individuum und seinen realen Elterngestalten und Geschwistern akkurater wider als die auf der Grundebene angesiedelten Objektbeziehungen der Säuglingszeit und frühen Kindheit. Auf der höheren Ebene konstituiert das integrierte Selbstkonzept zusammen mit integrierten, aufeinander bezogenen und realistisch besetzten Objektrepräsentanzen die Ich-Identität.

Ungeachtet seiner Reife und psychischen Integriertheit kann im Individuum durch unstrukturierte Klein- und Großgruppen ohne operationale Führung oder klar definierte Aufgaben, die diese Gruppen in eine Beziehung zu ihrer Umwelt setzen würden, sehr leicht eine sofortige Regression ausgelöst werden. Diese Regression besteht aus der Aktivierung von Abwehroperationen und interpersonalen Prozessen, die primitive Objektbeziehungen widerspiegeln. Das Potential für eine solche Regression ist in jedem von uns vorhanden. Wenn wir unsere gewohnte Sozialstruktur verlieren, wenn unsere gewohnten sozialen Rollen aufgehoben und vielfältige Objekte – die im interpersonalen Feld die Vielfalt der primitiven intrapsychischen Objektbeziehungen reproduzieren – in einer unstrukturierten Beziehung zusammenkommen, dann werden leicht primitive Ebenen des psychischen Funktionierens reaktiviert. Ebendiese Regressionsneigung ist für die Bedrohung der persönlichen Identität und für die Angst verantwortlich, daß primitive Aggression in unstrukturierten Gruppensituationen aktiviert werden könnte, und dies gibt Anlaß zu jenen typischen Abwehroperationen von Gruppen, die ich beschrieben habe. Diese basale Dynamik leistet der Gruppenpsychologie Vorschub und liegt der Massenpsychologie auf allen Ebenen zugrunde.

Eine weitere Modifizierung von Freuds Ansichten betrifft den Charakter der symbolischen Bedeutung der Führung in Klein- und Großgruppen. Hier stütze ich mich auf die Arbeiten von Jacobson (1964) und Chasseguet-Smirgel (1975). Kurz, die Projektion von Über-Ich-Anteilen auf die Gruppenführung hängt sowohl vom Organisationsniveau der Über-Ich-Struktur eines Individuums ab als auch vom Charakter und Ausmaß der Regression, die das Geschehen in der Gruppe beherrscht. Unter den Bedingungen fortgeschrittener Formen der Großgruppenregression in der statischen Großgruppe – mit einer gutartigen narzißtischen Führung oder aber einer Führung, die eine ambivalent narzißtische Abhängigkeit und eine moderat moralistische Ideologie fördert – regrediert das Individuum typischerweise auf die Latenzperiode, so daß das für diese Phase charakteristische Über-Ich mitsamt seinen spezifischen, infantilen Wertesystemen projiziert wird. Diese Werte folgen einer simplizistischen, konventionellen Schwarz-Weiß-Moral. Darüber hinaus existieren ödipale Verbote sowie die entsprechende Dissoziation von affektivem Engagement und genitaler Erotik. Auch die Massenkultur entspricht dieser Ideologie und ihrem vorherrschenden künstlerischen Ausdruck, dem Kitsch; in der Wahrnehmung der Gruppenmitglieder ähnelt die Führung dem ödipalen Vater der fortgeschrittenen ödipalen Phase der Kindheit.

Wenn sich die Regression weiterentwickelt, das heißt vom narzißtisch-abhängigen zum persekutorisch-paranoiden Führungstypus fortschreitet, wird das frühe, verbietende ödipale Über-Ich aktiviert: der Vater, der dem Kind für seine ungezügelte Rivalität und Gewaltbereitschaft mit Kastration droht. Hier wird der Führer als der verbietende – im Gegensatz zum großmütigen – Vater gesehen. Mit der noch weiter fortgeschrittenen Regression in der Gruppensituation kommen wir zu dem von Chasseguet-Smirgel (1975) beschriebenen pseudoväterlichen »Urheber der Illusionen«. Er ist für das primitive Ich-Ideal charakteristisch, das in erster Linie auf der Introjektion der präödipalen, unbegrenzt gebenden, unbegrenzt gratifizierenden Mutterimago beruht. Dieses Ich-Ideal wiederum schützt das Individuum und die Gruppe vor archaischer Aggression, die sich gegen die Mutter und die (durch Projektion) verzerrte und infolgedessen extrem bedrohlich erscheinende mütterliche Imago richtet. Eine solche archaische Aggressionsebene manifestiert sich typischerweise in Form der Gewalt gegen eine äußere Welt, die als Gefahr für die Utopie der von Anzieu (1971) beschriebenen gratifizierenden Gruppenbrust wahrgenommen wird. Zu erwähnen bleibt schließlich das aus dem postödipalen Elternpaar hergeleitete reife Über-Ich – das die rationalen, schützenden, moralischen Funktionen der Eltern ausübt – als symbolische Bedeutung der rationalen Führung funktionaler Organisationen: das polare Gegenteil der Großgruppenregression.

Anders als Freud, der den prototypischen Führer der Masse als symbolischen Vater der Urhorde charakterisierte, können wir nun ein ganzes Spektrum unterschiedlicher Typen symbolischer Führer bestimmen, die jeweils die Regressionsebene der Gruppe repräsentieren. Bion (1961) hat als erster auf den »Rollensog« von Kleingruppen hingewiesen und erläutert, daß die Abhängigkeitsgruppe in der Regel infantile narzißtische (und sogar psychopathische) Führer fördert, während sich die Kampf-Flucht-Gruppe einen Führer mit paranoiden Eigenschaften sucht. Freud (1921, S. 114ff.) beschrieb eine Reihe von Eigenschaften, die der Führer der Masse besitzen muß und die im vorliegenden Zusammenhang relevant sind. Er betonte, daß der Führer frei von dem Bedürfnis sein müsse, von anderen geliebt zu werden, daß er fähig sein müsse, sich selbst zu lieben und auf diese Weise in seiner narzißtischen Selbstliebe dem Streben der Masse nach einem gemeinsam projizierten Ich-Ideal Gestalt zu geben. Der Führer muß selbstbewußt sein, unabhängig und selbstsicher; er kann dominant und absolut narzißtisch sein. Freud merkt an, daß der Führer auch über die Fähigkeit verfügen müsse, Angst hervorzurufen und den Eindruck zu erwecken, daß er die Gruppe uneingeschränkt beherrsche (S. 119).

Unter Berücksichtigung zeitgenössischer Beiträge zur Analyse von Führungsfunktionen, auch solcher mit einem psychoanalytischen Hintergrund, sowie im Hinblick auf den Charakter der von mir untersuchten regressiven Gruppenprozesse möchte ich fünf bedeutende, wünschenswerte Persönlichkeitsmerkmale definieren, die für rationale Führung erforderlich sind: (1) Intelligenz; (2) persönliche Aufrichtigkeit und Unbestechlichkeit; (3) die Fähigkeit zur Herstellung und Aufrechterhaltung intensiver Objektbeziehungen; (4) ein gesunder Narzißmus; und (5) eine gesunde, berechtigte, antizipatorische paranoide Haltung, die das Gegenteil von Naivität bedeutet. Die beiden letztgenannten Eigenschaften sind vielleicht die verblüffendsten und dennoch die wichtigsten Aspekte der Aufgabenführung. In seinem Essay von 1921 hat Freud bereits auf sie verwiesen. Ein gesunder Narzißmus schützt den Führer vor übergroßer Abhängigkeit von der Zustimmung anderer und stärkt seine Fähigkeit zu selbständigem Handeln; eine gesunde paranoide Einstellung schärft seine Aufmerksamkeit für die Gefahren von Korruption und paranoiagener Regression (dem Agieren diffuser Aggression, die unbewußt in sämtlichen Organisationsprozessen aktiviert wird) und bewahrt ihn zudem vor einer Naivität, die es ihm unmöglich machen würde, die motivationalen Aspekte institutioneller Konflikte zu analysieren.

Die Gefahr besteht darin, daß die Regression der Organisation die narzißtischen und paranoiden Züge der Führung verstärken und machtvolle regressive Kräfte aktivieren kann, die eine weitere Regression in narzißtisch-abhängiger oder paranoid-sadistischer Richtung mobilisieren wird. Diese regressive Entwicklung ist jedoch genau das, was die Massenpsychologie auf allen Ebenen charakterisiert: Die stets gegenwärtige Gefahr, daß die aggressiven Triebabkömmlinge, die das soziale und institutionelle Leben infiltrieren, ausgerechnet diejenigen Mechanismen korrumpieren werden, deren Kontrolle sie unterliegen sollen. Ich postuliere eine modifizierte Formulierung der Massenpsychologie. Entscheidend ist, daß sowohl die Führer von Gruppen als auch deren Mitglieder entlang zwei Achsen regredieren: einerseits Abhängigkeit, Narzißmus, primitiver Hedonismus, Psychopathie; andererseits Moralismus, paranoid-persekutorische Kontrolle, Sadismus, Gewalt.

Zweiter Teil

Institutionelle Dynamik und Führung

4 Führung und Funktionalität in der Organisation

In diesem Kapitel setze ich meine früheren Versuche (Kernberg 1973, 1975 b) fort, die psychoanalytische Objektbeziehungstheorie, eine psychoanalytische Theorie der Gruppenprozesse und eine Theorie sozialer Organisationen als offene Systeme auf die Untersuchung psychiatrischer Einrichtungen und der in ihnen praktizierten Therapiemethoden anzuwenden. Ich konzentriere mich auf den Zusammenhang zwischen der Persönlichkeit des Leiters, der Organisationsstruktur, den in der Organisation stattfindenden Gruppenprozessen und den Aufgaben der Organisation.

Gelegentlich scheint die Persönlichkeit des Leiters der Erfüllung aller Aufgaben, die sich in Verbindung mit Behandlung, Forschung sowie Aus- und Weiterbildung stellen, Grenzen zu setzen. Häufig hält das Personal einen solchen Vorgesetzten für eigenwillig, autoritär und für einen Menschen, der seine Macht benutzt, um Verfahrensweisen zu diktieren, die den gemeinsamen Zielen eher hinderlich sind. Diese Wahrnehmung kann jedoch falsch sein. Oft entwickelt sich unter den Mitarbeitern die gemeinsame Vorstellung – oder Phantasie –, daß es dem Leiter an Verständnis fehle und daß er arrogant und rachsüchtig sei; ganz anders und mitunter ausgesprochen komplex kann sich die Situation für Berater darstellen, die von außen kommen, und zwar insbesondere dann, wenn sie mit modernen Methoden der Organisationsdiagnose arbeiten.

Die Effizienz der Organisationsführung hängt weder ausschließlich noch auch nur vorwiegend von der Persönlichkeit des Leiters ab. Die erste Voraussetzung für das effiziente Funktionieren einer Organisation – einschließlich ihrer Leitung – ist das adäquate Verhältnis zwischen der Gesamtaufgabe der Organisation und ihrer administrativen Struktur; die Aufgabe darf nicht trivial, sondern muß bedeutungsvoll sein, sie darf die verfügbaren Ressourcen nicht überfordern, sondern muß »machbar« sein. Psychiatrische Einrichtungen operieren innerhalb unterschiedlicher Umwelten, und die Effizienz, mit der sie therapeutische und Ausbildungsfunktionen sowie ausbildungsbezogene und Forschungsaufgaben erfüllen, hängt von der Angemessenheit ihrer menschlichen und materiellen Ressourcen und von ihrer Interaktion mit der Umwelt ab. Wenn diese Ressourcen zur Erfüllung der Aufgabe nicht ausreichen, wenn der normale Austausch von Ressourcen und »Produkten« über die Grenzen der Institution zusammenbricht oder widersprüchliche Ziele oder eine mangelnde Klärung von Prioritäten die funktionale Beziehung zwischen Aufgabe und Verwaltungsstruktur beeinträchtigen, dann zersetzen sich die Strukturen der Aufgabengruppen in der Organisation, die Moral geht verloren, und die Gruppenprozesse innerhalb der Organisation regredieren. Diese Regression wiederum übt gewaltige negative Einflüsse auf die Qualität und Effizienz der Führung aus.

Die Entwicklung von Kampf-Flucht- oder Abhängigkeits-Grundannahmen in der Gruppe drängt die Leiter ehemals aufgabenorientierter Gruppen zu einem Verhalten, das den emotionalen Bedürfnissen ihrer Mitglieder oder des Personals entspricht. Personalangehörige, die eine primitive Art der Leitung durch eine omnipotente, gebende Gestalt (in der abhängigen Gruppe) oder aber eine mächtige oder gefährliche, kontrollierende Autorität (in der Kampf-Flucht-Gruppe) erwarten, verführen oder provozieren den Aufgabenleiter dazu, auf diese Rolle zu regredieren.

Ein Zusammenbruch der Fähigkeit, die Arbeit zu erledigen, der durch verschiedenartige innere Faktoren und durch Beziehungen zwischen der Organisation und der Umwelt verursacht wurde, löst also zunächst regressive Gruppenprozesse aus und führt dann zu einer Regression im Funktionieren der Leitung. Wenn diese Gruppenprozesse nicht diagnostiziert werden, tritt unter Umständen lediglich ihr Endresultat zutage, und zwar in Gestalt einer scheinbar primitiven, inadäquaten Leitung und, spezieller, einer negativen Beeinflussung der Organisation durch die Persönlichkeit des Leiters.

Die Gruppenprozesse, die in psychiatrischen Institutionen stattfinden, werden jedoch nicht allein durch die Ebene der Aufgabenorientierung oder der Angemessenheit der Aufgabe im Hinblick auf administrative und therapeutische Strukturen beeinflußt. Der Charakter der Aufgabe, die in psychiatrischen Einrichtungen – vor allem in Settings, in denen schwer regredierte Patienten behandelt werden – erfüllt wird, übt auf diese Gruppenprozesse ebenfalls einen gewaltigen Einfluß aus. Ich denke hierbei an die Replikation der pathologischen inneren Objektbeziehungswelt, die durch Borderline- und psychotische Patienten in den Gruppenprozessen induziert wird, an denen Personal und Patienten beteiligt sind. Zu bestimmten Zeiten können schwer regredierte Patienten in formellen und informellen Patienten-Mitarbeiter-Gruppen Prozesse induzieren, die von Grundannahmen beherrscht werden, und dies beeinträchtigt die Gruppenleitung und möglicherweise die administrative Struktur des gesamten Dienstes. In dieser Hinsicht könnte man sagen, daß die Art des »Produkts«, mit dem psychiatrische Einrichtungen es zu tun haben, nämlich primitive und tiefe menschliche Konflikte, die Funktionsweisen solcher Institutionen tiefgreifend beeinflußt.

Auch in diesem Fall wird unter Umständen lediglich das Endresultat sichtbar, so daß der Leiter des Dienstes oder der Klinik einen willkürlichen, bedrohlichen und irrationalen Eindruck erweckt. Möglicherweise kann nur eine sorgfältige Organisationsanalyse die Beziehung zwischen grundlegenden Problemen der Patienten und solchen unter den Führungskräften aufdecken.

Dennoch ist es immer auch möglich, daß tatsächlich eine gravierende Psychopathologie des Leiters für die Probleme der Arbeitsmoral, für den Zusammenbruch von Arbeitsgruppen und für die Entwicklung regressiver Gruppenprozesse verantwortlich ist. Daher ist es notwendig, die symptomatische Aktivierung einer emotionalen Regression des Leiters, die institutionsinterne Probleme widerspiegelt, von dem Zerfall der Funktionsfähigkeit der Organisation zu unterscheiden, der eine Psychopathologie des Leiters widerspiegelt.

Die traditionelle Analyse des institutionellen Managements konzentriert sich auf die Persönlichkeit des Leiters, vor allem auf seine Persönlichkeitseigenschaften (wie sein Charisma) und seine Führungsqualitäten. Das psychoanalytische Denken hat sich auf die möglicherweise verzerrte Wahrnehmung des Leiters durch die Mitarbeiter konzentriert und eine solche Wahrnehmungsverzerrung als Resultat irrationaler Beziehungen zu Autoritäten betrachtet – Beziehungen, denen infantile, insbesondere mit der ödipalen Situation zusammenhängende Konflikte zugrunde liegen. Das soziologische Denken der vergangenen Jahre betont die Rollenaspekte der Führung, das heißt die Aktivierung sozial sanktionierter und anerkannter Funktionen, in denen Führer und Geführte Wahrnehmungen und Verhaltensweisen entwickeln, die sich wechselseitig verstärken. Diese soziologische Analyse konzentriert sich auf die Verwirrung, die häufig in Organisationen zwischen der Persönlichkeit des Leiters, seinem Verhalten bei der Erfüllung bestimmter Rollen und der Wahrnehmung dieses Verhaltens durch das Personal entsteht, das die Rolle nicht ohne weiteres von der Persönlichkeit zu unterscheiden vermag (was natürlich vor allem dann gilt, wenn die Wahrnehmung des Leiters durch unbewußte Konflikte verzerrt wird).

Die Anwendung psychoanalytischer Methoden auf die Untersuchung von Prozessen in Kleingruppen deckt jedoch in nicht strukturierten und informellen Gruppen die Aktivierung von primitiven emotionalen Inhalten und Abwehroperationen auf, die normalerweise in allen Individuen latent vorhanden sind und nur bei schwer regredierten Patienten, etwa Personen mit Borderline-Zuständen und nichtorganischen Psychosen, manifest werden. Diese Beobachtungen gestalten die Untersuchung der Interaktionen, an denen die Persönlichkeit des Leiters, sein Verhalten, die Wahrnehmung dieses Verhaltens durch das Personal und die wechselseitige Induzierung regressiven Verhaltens durch Mitarbeiter und Leiter unter dem Einfluß regressiver Gruppenprozesse beteiligt sind, noch schwieriger. An genau diesem Punkt kann ein systemtheoretischer Ansatz nicht nur hilfreich sein, um die wechselseitigen Einflüsse zu klären, die von der Persönlichkeit des Leiters, von den Gruppenprozessen, der Oganisationsstruktur und den Aufgaben der Organisation ausgehen; eine systemtheoretische Untersuchung wirft überdies Licht auf die entscheidenden Ursprünge von Verzerrungen. Eine systemtheoretische Betrachtung von Organisationen sieht die Institution als ein umfassendes System, das verschiedenartige Subsysteme dynamisch und hierarchisch integriert (außer den üblichen Aufgabensystemen und Verwaltungsstrukturen der Organisation beispielsweise die Persönlichkeit des Leiters und den Charakter von Gruppenprozessen); sie definiert die Umwelt der Organisation als eine Zusammensetzung von Suprasystemen, die auf dynamisch und hierarchisch organisierte Weise Auswirkungen auf die Institution nehmen (Dolgoff 1973; Levinson und Klerman 1967; Rice 1963, 1969 a).

Ein systemtheoretischer Ansatz kann sich aber nicht nur als ein theoretisch adäquates Modell erweisen, sondern kann zudem signifikante diagnostische und korrektive Konsequenzen für die Arbeit in psychiatrischen Einrichtungen aufzeigen. Ein solcher Ansatz stellt das Gegenteil von linearen und mechanischen Modellen dar, welche die Ursachen von Organisationsstörungen einem einzelnen Mitglied der erwähnten Sub- oder Suprasysteme zuschreiben. Die Systemanalyse unterscheidet sich zum Beispiel von einem Modell, das die Fluktuation der Gruppenprozesse (von aufgabenorientierten zu regressiven) für die Ursache sämtlicher institutioneller Konflikte hält – wenn der Leiter autoritär oder demagogisch zu sein scheint, so liegt dies daran, daß die Gruppe ihn zu einem solchen Verhalten veranlaßt; wenn ein Patient regrediert, ist der Grund in der Gruppe zu suchen, die ihre Krankheit in den Betreffenden hineinlegt usw. Denkbar ist – bei einem ebenfalls nicht systemtheoretischen Ansatz – auch, daß der Leiter für alles verantwortlich gemacht wird; das Personal fühlt sich machtlos und gelähmt, weil der Leiter irrational und autoritär ist. Die Schuldzuschreibung an die Führung spiegelt häufig nicht nur das Bestreben des Personals wider, ernsthafte Konflikte zwischen Mitarbeitern und Patienten zu verleugnen und sie auf den Leiter zu projizieren (den Leiter der Abteilung, des Dienstes oder der Institution); sie erfüllt auch die Funktion, das Personal davor zu schützen, daß es sich seiner eigenen Verantwortlichkeit für die Erhaltung und Perpetuierung der autoritären Struktur bewußt wird.

Zuweilen ist die Aufgabe selbst überwältigend, zum Beispiel dann, wenn eine Ideologie, derzufolge die psychiatrische Behandlung so effektiv ist, daß alle Patienten von ihr profitieren können sollten, mit dem illusionären Charakter dieser Vorstellung (den die längerfristigen Behandlungsergebnisse offenbaren) konfrontiert wird. Und es gibt auch schlechte Leiter. Es ist wichtig, daß man diese Situation von dem weit häufigeren Fall unterscheidet, in dem die Leitung nicht die Ursache eines Problems, sondern eines seiner Symptome verkörpert. Andernfalls wird womöglich ein Großteil der Energie in einer Institution darauf verschwendet, den Leiter zu »kurieren«; vielleicht zeigt die verblüffende Tatsache, daß derart viele Menschen an vielen Orten eine solche Situation über einen längeren Zeitraum hin tolerieren können, wie befriedigend es ist, die Ursache aller Probleme dem Vorgesetzten zuzuschreiben, statt sich auf die schmerzvolle und komplexe Interaktion der verschiedenen Systeme zu konzentrieren, die zur Entstehung seines Verhaltens beiträgt.

Bislang habe ich die politische Dimension dieser widersprüchlichen Interessen nicht erwähnt, welche die Beziehung der verschiedenen Gruppen zur Aufgabe sowie zum Leiter und zum Gesamtmanagement beeinflussen. Wenn wir unter *politischen Bestrebungen* die bewußten oder unbewußten Versuche von Individuen oder Gruppen verstehen, ihre Interessen zu verteidigen und ihren Einfluß auf Individuen und Gruppen an ihren Grenzen auszudehnen, dann wird das politische Handeln zu einem normalen Aspekt institutioneller Interaktionen. Insofern Gruppeninteressen in den Identifizierungen der Gruppenmitglieder mit sozialen, kulturellen oder professionellen Werten wurzeln, entwickeln sich Konflikte zwischen Gruppen, die an der Aufgabe beteiligt sind, und solchen, die sich nicht an der Aufgabe orientieren und als »Empfindungsgruppen« [sentience groups] bezeichnet werden (Miller und Rice 1967). *Empfindung* meint hier die emotionalen Bindungen, die Einfluß auf die Bildung und Kohärenz der Gruppe ausüben; solche Bindungen können sich aus der Aufgabenerfüllung selbst herleiten oder aus vergangenen oder gegenwärtigen, realen oder phantasierten Gemeinsamkeiten, die Individuen in Gruppen miteinander verbinden. (»Daher werden wir vom *empfindungsgebundenen System* und der *empfindungsgebundenen Gruppe* sprechen, um das System oder die Gruppe zu bezeichnen, die von ihren Mitgliedern Loyalität verlangt und erhält; und wir werden von der *empfindungsgebundenen Grenze* sprechen, um die Grenze zu bezeichnen, die eine empfindungsgebundene Gruppe oder ein empfindungsgebundenes System umgibt«; vgl. Miller und Rice 1967, S. XII, Anm.) Politische Bestrebungen können die Versuche zu erkennen geben, ein optimales Gleichgewicht zwischen diesen konfligierenden Identifizierungen herzustellen.

Wenn aus politischen Bestrebungen jedoch ein ideologisches Engagement wird, das ungeachtet der Aufgabenanforderungen das Ziel verfolgt, ein optimales Gleichgewicht zwischen politisch entgegengesetzten Gruppen herzustellen, ergibt sich für das Funktionieren der Organisation eine neue Schwierigkeit. Der grundlegende Zweck psychiatrischer Einrichtungen ist ein professioneller und ein behandlungstechnischer, kein politischer, und wenn politische Ziele an die Stelle aufgabenorientierter oder funktionaler Ziele treten, können gravierende Beeinträchtigungen der Aufgabenerfüllung, der Gruppenprozesse, der administrativen Strukturen und der Leitung die Folge sein. So kann zum Beispiel die »Demokratisierung« einer Verwaltungsstruktur als ideale Lösung bestimmter Konflikte innerhalb der Organisation erscheinen; sie kann aber auch die Aufgabengruppen, spezialisierte Fähigkeiten sowie individuelle Funktionen und Verantwortlichkeiten gravierend beeinträchtigen. Es ist eine Illusion anzunehmen, daß einer autoritären Haltung in Institutionen durch Demokratisierung erfolgreich beizukommen wäre; notwendig ist statt dessen eine funktionale Analyse der Aufgabenanforderungen und der funktionalen administrativen Strukturen, die ihnen zugeordnet sind. Es gibt die Diktatur von Gruppen wie auch von Individuen, und beide können aus einer Lähmung oder auch aus einer Launenhaftigkeit der obersten Leitung resultieren.

Ich möchte diese theoretischen Formulierungen mit Hilfe einiger klinischer Beispiele illustrieren.

Fall 1

In einer psychiatrischen Abteilung veranlaßte ein chronisches Problem mit der Moral und dem chaotischen Ablauf des Pflegedienstes die Klinikverwaltung, eine energische Pflegedienstleiterin einzustellen, der freie Hand zur Reorganisation der Abteilung gelassen wurde. Man war von der Annahme ausgegangen, daß die Abteilung in der Vergangenheit eine Intensivpflege eher erschwert hatte und eine energische Pflegedienstleiterin für ein verbessertes Engagement einstehen würde. Die neue Pflegedienstleiterin führte tatsächlich eine energische persönliche Leitung ein und stärkte in diesem Prozeß die Macht und das Ansehen des Pflegedienstes. Aber sie entwickelte eine neue Organisationsstruktur, die »Teampflege«, ohne zu berücksichtigen, daß erst kurz zuvor die interdisziplinäre Teamarbeit eingeführt worden war, die in der gesamten Klinik gleichzeitig entwickelt wurde. Die beiden unterschiedlichen Konzepte der Teamarbeit führten zu neuen Konflikten zwischen dem Pflegepersonal und den Angehörigen anderer Berufe sowie zu Ressentiments unter den Pflegern, die sich über die Störung durch die Aktivitäten der anderen Disziplinen ärgerten.

Die neue Pflegedienstleiterin hatte Schwierigkeiten, ihrem Personal zu erklären, weshalb die Abteilung Gewicht auf die interdisziplinäre Arbeit legte; ebenso fiel es ihr schwer, der Abteilung die neuen Pflegedienstpläne und Veränderungen zu vermitteln. Mit anderen Worten: Es bereitete ihr Probleme, die »Grenzfunktionen« zu erfüllen, die einen wesentlichen Bestandteil ihrer Führungsaufgabe ausmachten. Nach einer gewissen Zeit, in der die Konflikte zwischen der Abteilungsleitung und dem Pflegepersonal zunahmen und die Streitigkeiten aufgrund wechselseitiger Störungen, Beschuldigungen und allgemeiner Verständnislosigkeit rapide eskalierten, gab die Pflegedienstleiterin auf und kündigte. Sobald sie jedoch fort war, entwickelte sich unter dem Pflegepersonal der Mythos, daß man sie gezwungen habe zu kündigen, weil sie eine zu starke Leiterin gewesen sei. Dieser Mythos wurde erst zerstört, als eine neue Pflegedienstleiterin eingestellt wurde, die – sofern dies überhaupt möglich war – noch strenger war als ihre Vorgängerin. Der neuen Leiterin gelang es, die grundlegenden Aufgaben des Pflegedienstes im Einklang mit der Aufgabendefinition der gesamten Abteilung zu diagnostizieren und erfolgreich auszuführen. Schließlich erlebte die Abteilung die zweite Pflegedienstleiterin nicht mehr als übertrieben streng, sondern als außerordentlich effizient, und das Pflegepersonal selbst erkannte sie nach und nach als wesentlich bessere Leiterin an. Dieser Fall illustriert Probleme der Aufgabendefinition und Grenzkontrolle. Technisches Versagen der Leitung löste grenzübergreifende, regressive Gruppenprozesse zwischen den Mitarbeitern des Pflegedienstes und der übrigen Abteilung aus; die Persönlichkeitsprobleme der jeweiligen Leiterin spielten dabei keine Rolle.

Fall 2

Die einem psychiatrischen Krankenhaus angeschlossene Abteilung für Beschäftigungstherapie hielt ihren Leiter für untauglich, schwach und inkonsequent; eine Organisationsanalyse der Abteilungsfunktionen ergab, daß die Klinik während der Amtsdauer des Leiters umorganisiert und in einzelne Einheiten untergliedert worden war. Daraus hatten sich Widersprüche ergeben: Einerseits gab es nun selbständige Klinikeinheiten, andererseits versuchte man, die verschiedenen Einheiten der Beschäftigungsabteilung zu integrieren. Dieser Widerspruch führte zu zahllosen Komplikationen bei der Planung von Versammlungen, in den Kommunikationsabläufen und in der interdisziplinären Zusammenarbeit. Die Verwaltungsstruktur und die administrativen Funktionen der Beschäftigungsabteilung wurden daraufhin durch gemeinsame Bemühungen der Abteilung und des medizinischen Direktors modifiziert, um sie den Entwicklungen in der Klinik anzupassen – mit dem Ergebnis, daß das Personal und die Funktionen der Beschäftigungsabteilung flexibel in die neuen Einheiten integriert wurden, während bestimmte Beschäftigungsspezialisten der Klinik weiterhin zur Verfügung standen. Die Mitarbeiter der Beschäftigungsabteilung veränderten ihre Wahrnehmung der Abteilungsführung grundlegend. Der Leiter und seine Mitarbeiter wurden nun als stark und zuverlässig erlebt. Wir sehen hier, daß die Wahrnehmung einer schwachen Führung wenig über die beteiligten Persönlichkeiten aussagte, sondern ein Symptom von Problemen in der Organisationsstruktur der Abteilung war.

Fall 3

Im Zusammenhang mit einem schwierigen Patienten entwickelte sich auf einer Klinikstation zwischen dem Stationsleiter, verschiedenen Fachärzten, dem für die Behandlung verantwortlichen Klinikpsychiater und einer Reihe anderer Personalangehöriger, die für eine der beiden streitenden Parteien Stellung bezogen, ein scharfer Konflikt. Eine vom Stationsleiter angeführte Ingroup war der Auffassung, daß der Patient allzu nachlässig behandelt worden sei, daß das Klinikmilieu zu wenig Struktur vermittelt und das Protestagieren des Psychiaters gegenüber Autoritätsfiguren die Behandlungssituation erschwert habe: Der Patient schien die Rebellion des Psychiaters zu agieren. Eine »Outgroup«, die aus verschiedenen Angehörigen des Personals, dem Klinikpsychiater und seinem Supervisor bestand, hatte den Eindruck, daß man die Ich-Schwäche des Patienten unterschätzt habe und daß statt dauernder Konfrontation mehr Zeit und Geduld vonnöten seien. Diese Gruppe nahm den Stationsleiter in seinem Vorgehen bei den Klinikkonferenzen, auf denen der Fall diskutiert wurde, als rücksichtslos und dominierend wahr. Die Analyse der Situation ergab, daß eine spezifische intrafamiliäre Dynamik des Patienten aktiviert und auf die Beziehungen des Personals projiziert worden war. Sie hatte in all jenen, die an der Behandlung des Patienten beteiligt waren, die potentiellen Konflikte im Zusammenhang mit Autorität und Macht intensiviert. Sobald dies geklärt und die Spaltung unter dem Personal geheilt war, konnte das bessere Verständnis der Dynamik dieses Patienten in seiner psychotherapeutischen und klinikinternen Behandlung nutzbar gemacht werden (Kernberg 1975a). Das Beispiel illustriert die regressiven Auswirkungen der Pathologie des Patienten auf die Interaktionen des Personals und dessen Wahrnehmung, unter einer autoritären Stationsleitung arbeiten zu müssen.

Fall 4

In einer psychiatrischen Klinik entwickelten sich Konflikte zwischen den Abteilungen für Rehabilitation, Beschäftigungstherapie und Freizeitgestaltung. Diese Konflikte wurden zunächst als persönliche Machtkämpfe zwischen den Leitern von zweien der insgesamt drei Gruppen erlebt; später stellte sich heraus, daß einer der Leiter tatsächlich eine gewisse Autorität gegenüber den beiden anderen geltend machen konnte; allerdings war nicht eindeutig festgelegt, wer die gemeinsamen Grenzen der drei Abteilungen kontrollieren sollte. Da sie weiterhin autonom funktionierten und eine eindeutige Koordination oder Integration ihrer Aktivitäten unmöglich war, wirkte der Leiter, der den gesamten Bereich versuchsweise leiten sollte, unentschieden und zaghaft.

Die Frage war: »Wo liegt das Problem?« In der Persönlichkeit des Leiters, der nicht imstande war, seine Autorität im gesamten Bereich durchzusetzen? In der Beschaffenheit der administrativen Struktur der drei Abteilungen, die in verwirrender Weise ineinander übergriffen? In der Natur der Aufgabe, die nicht mehr klar definiert war, seit Veränderungen in der Klinikphilosophie sowie der Einsatz von Beschäftigungs-, Freizeit- und Rehabilitationseinrichtungen mit der traditionellen Erfahrung der Abteilungen kollidierten?

Dieses Beispiel illustriert den Diagnoseprozeß, der zur Beantwortung der Frage nach der Ursache des Problems erforderlich ist. Um diese Frage zu klären, müssen wir zunächst die Art der Aufgabe und ihre inneren Zwänge definieren; zweitens die zur Erfüllung der Aufgabe optimal geeignete administrative Struktur; drittens die Art und den Umfang der Autorität, über die der Leiter verfügen muß; viertens die technischen und konzeptuellen Kompetenzen und Schwächen des Leiters; und schließlich die persönlichen Eigenschaften des Leiters, die an dem Problem beteiligt sein könnten.

Aus praktischen Gründen ist es manchmal hilfreich, einfach einen neuen Leiter einzustellen und dabei jemanden auszuwählen, der seine konzeptuellen, technischen und persönlichen Fähigkeiten bereits unter Beweis gestellt hat (Katz 1955), um sowohl die Art der Aufgabe als auch die zu ihrer Erfüllung notwendige administrative Struktur zu diagnostizieren. Die Auswahl des Leiters geht somit der Diagnose der übrigen Faktoren voraus, weil man hofft, schon vor einer erschöpfenden Problemdiagnose eine Lösung zu finden. Man kann aber auch anders vorgehen, nämlich so, daß man zuerst die Art der Aufgabe und die zu ihrer Erfüllung notwendigen administrativen Strukturen diagnostiziert und daran anschließend denjenigen Leiter auswählt, der am besten in diese Struktur hineinpaßt. Diese zweite Methode nimmt mehr Zeit in Anspruch und erfordert insgesamt einen größeren Input seitens der Organisation, bevor ein Leiter ausgesucht werden kann. Sie ist aber unter Umständen weniger riskant als die erste, weil es wesentlich einfacher ist, die richtige Person einzustellen, *nachdem* die Art der Aufgabe und ihre inneren Zwänge geklärt sind. Zeitliche Überlegungen aber oder politische Zwänge, vor die sich die Organisation gestellt sieht, können für die erste Methode sprechen. In jedem Fall sollte die Analyse der Aufgabenprioritäten und jeweiligen administrativen Notwendigkeiten einen Sicherheitsspielraum schaffen, der vor Problemen schützt, die (zu Recht oder Unrecht) in Form von Persönlichkeitsschwierigkeiten des neuen Leiters erneut auftauchen können. Verborgene Widersprüche zwischen den vorgeblichen, propagierten Zielen von Organisationen und ihren eigentlichen, zugrundeliegenden Zielen geben sich mitunter darin zu erkennen, daß symptomatisch ein inkompetenter oder naiver Leiter nach dem anderen eingestellt und mit einer unmöglich zu erfüllenden Aufgabe konfrontiert wird.

Was den Klinikdirektor angeht, so sind ungelöste, mit seiner Persönlichkeit zusammenhängende Probleme und ungelöste Probleme, die in der Natur der spezifischen Aufgaben der Organisation und ihrer administrativen Strukturen liegen, nicht die einzige Ursache für den Regressionsdruck, der seine Funktionsfähigkeit beeinträchtigt. Der Direktor einer psychiatrischen Einrichtung besetzt verschiedene Grenzen. Erstens besetzt er die Grenze zwischen der Organisation und ihrer sozialen Umwelt, und Widersprüche *in* sowie Druck *aus* der sozialen Umwelt sowie der Druck, der in der Institution selbst entsteht, können sein psychisches Funktionieren beeinträchtigen. Zweitens erfüllt er eine Grenzfunktion zwischen seinem professionellen Hintergrund oder seinen Überzeugungen (seiner Empfindung) und der Art der Aufgabe. Drittens besetzt er auch die Grenze zwischen seinen persönlichen Wertesystemen und ethischen Bindungen sowie der mit der Aufgabe verbundenen Notwendigkeit, Beziehungen zu einer menschlichen, sozialen Organisation aufrechtzuerhalten. Loyalitätskonflikte im Hinblick auf moralische Überzeugungen und andere schwierige Entscheidungen können gelegentlich beherrschend werden und einen Regressionsdruck auf seine Funktionsfähigkeit ausüben. Kurz, unter einem praktischen Blickwinkel betrachtet, wurzeln die hauptsächlichen Faktoren, von denen die Effizienz der Leitung abhängt, in (a) der Persönlichkeit des Leiters; (b) der Art seiner technischen und konzeptuellen Kompetenz; (c) der Angemessenheit der Aufgabendefinition, der Verfügbarkeit von menschlichen und materiellen Ressourcen und dem Setzen von Prioritäten seitens der Institution; und (d) in der Abgestimmtheit der Verwaltungsstruktur auf die Aufgabenerfordernisse.

Ein wichtiges Instrument, das einem Direktor zur Beurteilung der optimalen Funktionsfähigkeit seines Systems zur Verfügung steht, ist die Untersuchung der Gruppenprozesse innerhalb seiner Einheit, Station, Abteilung, Klinik oder Institution. Die Anwendung seiner Fachkenntnisse über Gruppenprozesse ermöglicht es ihm einzuschätzen, inwieweit Arbeitsgruppen wirklich »Arbeitsgruppen« sind oder aber durch Gruppengrundannahmen beeinflußt werden (Bion 1961). Die Analyse des Inhalts regressiver Gruppenprozesse kann den Charakter der geheimen Agenda der Institution aufdecken und auf diese Weise Licht auf die Angemessenheit der Aufgabendurchführung und administrativen Struktur werfen. Insofern aber Patienten als Individuen oder als Gruppen innerhalb der Einrichtung behandelt werden, wird die Analyse solcher regressiven Gruppenprozesse auch die wichtige Diagnose von Konflikten in der inneren Objektbeziehungswelt der Patienten erleichtern. Beide Arten des Regressionsdrucks, also die geheimen Programme und die durch regredierte Patienten induzierten Verzerrungen der sozialen Prozesse, nehmen Einfluß darauf, inwieweit der Direktor auf verzerrte Art und Weise wahrgenommen wird oder welche Übertragungsreaktionen ihm gegenüber ins Spiel kommen, wenn er seine professionellen und administrativen Rollen ausübt. Kurz, die Analyse regressiver Gruppenprozesse kann die Auswirkungen von Konflikten der Organisation wie auch der Patienten zutage fördern und es ermöglichen, per Ausschlußverfahren zu beurteilen, inwieweit die Persönlichkeit des Direktors die Situation kompliziert gestaltet und Streß und Regression in den Gruppenprozessen der Organisation erzeugt.

Frustration elementarer menschlicher Bedürfnisse in der Leitungsfunktion

Verschiedenartige Aspekte der Leitung oder des Managements üben auf die psychische Funktionsfähigkeit des Leiters einen erheblichen Druck aus. Dazu gehören die für seine Position charakteristische Einsamkeit, der Verlust an spontanem und ungehemmtem Feedback von Gleichgestellten sowie die Unsicherheit, die wichtige Entscheidungsprozesse begleitet. Ödipale Ängste, zu scheitern oder zu versagen, die Frustration von Abhängigkeitsbedürfnissen und die allgemeine Aktivierung von Konflikten im Zusammenhang mit Aggression tragen dazu bei, im Direktor als Leiter oder Teilnehmer an verschiedenen Gruppenprozessen diesen regressiven Druck zu induzieren. Und das ist noch nicht alles. Zu bedenken ist der generell »invasive« Charakter administrativer Angelegenheiten: das ständige Eindringen wichtiger Organisationsfragen, für die es keine sofortige Lösung gibt, in sein privates Denken; das Eindringen seiner öffentlichen Arbeit in sein Privatleben, wodurch seine Zeit zur Entspannung und Erholung geschmälert wird; die Bedrohung seines Phantasielebens, wenn seine inneren Beziehungen zu Menschen und zur Natur, zu Kunst und Muße vom Streß der Verantwortlichkeiten »angesteckt« werden, die ihn ständig begleiten.

Aggressive Bedürfnisse

Auch wenn eine kreative Leitung Raum für die sublimierte Äußerung aggressiver Bedürfnisse lassen kann, besteht dennoch die Versuchung, solche Spannungen durch die plötzliche Ausübung von Autorität zu lösen. Allzu leicht führen Gruppen ihre Leiter in Versuchung, impulsiv zu handeln, aber der Leiter muß ihr widerstehen: Ihm ist gewöhnlich bewußt, daß der Verlust der Kontrolle über seine Wutimpulse verheerende Folgen haben kann, die weit über das, was in anderen, alltäglichen Situationen geschähe, hinausgehen. Die Rollenaspekte seiner Funktion – die formelle Organisationsautorität, die er verkörpert – und die unvermeidbaren Übertragungsverzerrungen in der Wahrnehmung seines Verhaltens durch das Personal können die Äußerung seiner Aggression in gefährlichem Maße intensivieren und paranoide Verzerrungen in den Köpfen seiner Mitarbeiter induzieren.

Die Aktivierung primitiver Aggressionsbedürfnisse im Leiter hängt normalerweise stärker von dem regressiven Sog der Gruppenprozesse in der Organisation ab als von seinen Persönlichkeitseigenschaften. Sicherlich gibt es Leiter mit ausgeprägten sadistischen Zügen, und angesichts der Verstärkung aggressiven Führungsverhaltens durch die übertragungsbedingten Wahrnehmungen und

Reaktionen der Mitarbeiter können relativ geringfügige Ausbrüche innerhalb der Organisation zu gravierenden Konflikten führen. Keinesfalls aber darf man die Bedeutung der Gruppenprozesse für die Auslösung und Intensivierung solcher Reaktionen des Leiters unterschätzen. Wenn sich zum Beispiel ein regressiver Gruppenprozeß entsprechend der von Bion beschriebenen Kampf-Flucht-Grundannahme entwickelt, kann der Anführer dieser Grundannahmengruppe – der häufig die Opposition repräsentiert – den Leiter der Organisation zu einem persönlichen Kampf provozieren.

Häufig übernimmt das extremste, am stärksten paranoide und oppositionelle Mitglied des Personals in solchen Situationen die Gruppenleitung und kontrolliert dann sowohl die Gruppe als auch den Leiter selbst – eine Entwicklung, die paranoide, regressive Prozesse in ihm hervorrufen kann, weil er nun fürchtet, daß sein irrationalster Opponent, der über die wenigsten Hemmungen verfügt, die Kontrolle über die Gruppe übernommen hat. Der Leiter kann mit übertriebener Angst, mit Wut und autoritärem Verhalten gegenüber dem Herausforderer reagieren und dabei die internen Konflikte der Mitarbeitergruppe, das heißt die schweigende Unterstützung der Herausforderung durch die Gruppe, völlig übersehen. Er kann aber auch die kritische Haltung, die andere Personalangehörige gegenüber der internen Gewalt einnehmen, übersehen. Die Aufmerksamkeit des Leiters für Gruppenprozesse wie auch für seine eigenen Reaktionen darauf kann ihm helfen, die potentiell gefährliche Situation in eine kreative zu verwandeln.

Der Leiter jeder Gruppe oder Organisation ist fortwährend mit Aggressionsäußerungen seiner Untergebenen konfrontiert, die sich aus verschiedenartigen Quellen herleiten. Unter individualpsychologischem Blickwinkel bildet die gegen die Elternimagines gerichtete Aggression und ihre Äußerung gegenüber dem Leiter – oder ihre Projektion auf ihn – einen wichtigen Aspekt des Gruppenlebens: Enttäuschung, Wut und rebellischer Haß sind die Gegenstücke zur Idealisierung des Leiters und der Unterwerfung unter ihn, also zu Haltungen, die sich aus den ödipalen und präödipalen Beziehungen zu den Eltern herleiten. Bion (1961) vertrat die Ansicht, daß die unangemessenen Erwartungen der Abhängigkeitsgruppe Haß auf den Aufgabenleiter wecken, der das Bedürfnis der Gruppe nach vollkommener Gratifikation und ihre Sehnsucht nach unbegrenzter Abhängigkeit frustriert. Die Kampf-Flucht-Gruppe kämpft mit der Aggression gegen den Aufgabenleiter, der auf verzerrte, paranoide Weise als rachsüchtige, gefährliche Autorität wahrgenommen wird. Allgemeiner formuliert: Die Tatsache, daß der Aufgabenleiter fortwährend die realistischen Parameter der Aufgabe darlegt und auf diese Weise die den Grundannahmen inhärenten Hoffnungen und Sehnsüchte zerstört, weckt Frustration und Aggression.

Weil der Leiter oder Chef einer Organisation Grenzen hat und Fehler macht, wird es immer Gründe für die Frustrations- und Wutgefühle der Mitarbeiter geben; sie rationalisieren die tieferen Ebenen ihres irrationales Hasses auf ihn und machen seine menschlichen Grenzen für ihre eigene Wut verantwortlich. Daher wirkt der Haß auf Autoritäten normalerweise durchaus folgerichtig, und dies verschlimmert die tatsächlichen Verzerrungen von Leitungsfunktionen.

Der Haß auf einen bestimmten Leiter hat jedoch normalerweise eine ganze Reihe von Ursachen, und häufig läßt sich schwer beurteilen, ob der Leiter gehaßt wird, weil die Verwaltungsstruktur autoritär ist oder weil er selbst inkompetent ist; es kann auch sein, daß der Leiter die Idealisierungsbedürfnisse seiner Untergebenen und ihre unrealistischen Erwartungen frustriert, oder aber, daß individuelle Psychopathologien sämtlicher Beteiligter zum Tragen kommen. Im Idealfall sollte man in der Lage sein, den Ursprung des Hasses auf den Leiter durch eine Analyse der primären Organisationsaufgabe, der Angemessenheit der administrativen Struktur und funktionalen Führung der Aufgabenerfüllung usw. aufzudecken.

Erst wenn sichergestellt ist, daß keine anderen Faktoren verantwortlich sind, kann man der Frage nachgehen, ob die Persönlichkeiten von Leitern in Schlüsselpositionen pathologische Aggressionsebenen in das System hineintragen oder ob pathologische Regressionen innerhalb der Gruppen vorübergehend Gruppengrundannahmen und infolgedessen exzessive Aggression aktivieren.

Bevor man den Schluß ziehen kann, daß nicht regressive Gruppenphänomene den Hauptfaktor darstellen, sondern die Psychopathologie einzelner Individuen, insbesondere des Leiters, eine wichtige Rolle spielt, muß man die allgemeinen Moralprobleme innerhalb der Organisation und die Aufgabenorientierung der Beziehungen zwischen verschiedenen, zur Organisation gehörenden Gruppen untersuchen. Störungen können in Organisationen durch individuelle Psychopathologie an zentralen Führungsstellen der Organisation entstehen, aber diese Diagnose läßt sich erst formulieren, wenn alle übrigen in Frage kommenden Gründe für eine emotionale Regression innerhalb der Organisation ausgeschlossen wurden. Dieses Vorgehen unterscheidet sich erheblich von einer Analyse der Organisationskonflikte, die sich ausschließlich auf die individuelle Psychopathologie oder auf Gruppenprozesse, Organisationsstruktur oder politische Faktoren konzentriert.

Wenn der Leiter seiner Aufgabe einigermaßen gewachsen ist und keine signifikante Persönlichkeitsstörung aufweist und wenn darüber hinaus keine gravierenden Organisationsprobleme vorzuliegen scheinen – das heißt, wenn die Verwaltungsstruktur der Aufgabenerfüllung angemessen und die äußere Umwelt relativ stabil ist –, läßt sich das Problem der »unangemessenen« Aggression des Personals gegenüber dem Leiter häufig dadurch lösen, daß der Leiter die Notwendigkeit anerkennt, ein gewisses Maß an Aggression zu tolerieren, ohne sich übermäßig beunruhigen zu lassen. In der Praxis bedeutet dies, daß etwas »faul« sein muß, wenn der Leiter vorbehaltlos geliebt wird und niemand wütend auf ihn ist. Bedeutsame Entscheidungen werden immer irgend jemanden verletzen. Natürlich machen diejenigen, die gekränkt wurden, die Person an der Spitze dafür verantwortlich, und diese muß in der Lage sein, einen solchen Vorwurf zu tolerieren. Ein guter Leiter ist per definitionem gegenüber Aggressionsausbrüchen seiner Mitarbeiter tolerant und läßt sich nicht zu Überreaktionen hinreißen: Dies ist einer der Gründe, weshalb allzu narzißtische und paranoide Persönlichkeiten schlechte Leiter abgeben. Häufig kann schon die Fähigkeit des Leiters, vorübergehende irrationale Ausbrüche des Personals gelassen hinzunehmen, die Ängste lindern, die dem Ausdruck solcher Wut zugrunde liegen, und allen Beteiligten eine emotional korrigierende Erfahrung vermitteln.

Sexuelle Bedürfnisse

Verstärkte ödipale sexuelle Versuchungen des Leiters bilden das Pendant zur Aktivierung ödipaler aggressiver Rivalität im Zusammenhang mit Macht- und Kontrollfragen innerhalb der institutionellen Hierarchie. Ein genetischer Aspekt des Verlangens nach Macht besteht in dem Wunsch, den Platz des Vaters einzunehmen und zur dominierenden männlichen Gestalt in der sozialen Gruppe zu werden; die Tatsache, daß der männliche Leiter vom Personal unbewußt als Besitzer sämtlicher Frauen in der Institution wahrgenommen wird und sich die Mitarbeiterinnen, diesem gemeinsamen Mythos entsprechend, ödipal auf ihn orientieren, bildet aber eine zusätzliche Quelle für die sexuellen Versuchungen, die sowohl die männliche Führungskraft als auch das Personal veranlassen können, solche ödipalen Konflikte zu agieren. Die umgekehrte Situation entwickelt sich, wenn eine Frau die Organisation leitet. In beiden Fällen üben die vorherrschenden sozialen Konventionen und Tabus, die öffentliche wie private Interaktion zwischen den Geschlechtern regulieren, einen erheblichen Einfluß auf diese Dynamik aus. Die Sexualpolitik von Institutionen – das heißt das politische Gleichgewicht, das in dem Machtkampf hergestellt wird – und die sexuellen Spannungen, an denen Männer und Frauen als komplementäre oder gegnerische Empfindungsgruppen beteiligt sind, werden häufig an der Institutionsspitze ausgelebt, etwa in der berühmten Beziehung zwischen Chef und Sekretärin oder Chefarzt und Oberschwester. In selteneren Fällen schaffen homosexuelle Spannungen, an denen Konflikte von Organisationsführern mitwirken, Schwierigkeiten in der politischen Dynamik der Organisation.

Die meisten psychiatrischen Einrichtungen werden von Männern dominiert; sie reproduzieren die kulturell dominierende (scheinbare) Herrschaft sadistisch-kontrollierender Männer über masochistisch-unterwürfige Frauen. Daher stellen sich die in regressiven Gruppenphänomenen zum Ausdruck kommenden politischen Kämpfe zwischen den Geschlechtern häufig so dar, daß Männer (scheinbar) den öffentlichen Entscheidungsprozeß beherrschen und Frauen die von Männern getroffenen Entscheidungen (scheinbar) bewundern, sich ihnen unterordnen und Anordnungen ausführen – selbst wenn sie passiv gegen eine derartige Unterwerfung protestieren, indem sie den Männern vermitteln, daß sie sich von ihnen schlecht behandelt fühlen, und auf diese Weise Schuldgefühle in ihnen erzeugen. Ein Beispiel für dieses Problem sind die Konflikte zwischen Ärzten und Krankenschwestern über die Frage, wer die letzte Entscheidung über diese oder jene psychiatrische Versorgung zu treffen hat. Das wechselseitige aufreizende sexuelle Verhalten unter Personalangehörigen und die unbewußten Versuche beider Geschlechter, den anderen dazu zu verleiten, die verbotene Grenze zu verletzen und von professionellen zu sexuellen Beziehungen überzugehen, damit sich das »Opfer« dann rächen kann, indem es im »Täter« Schuldgefühle erzeugt, verdeutlichen einen weiteren Aspekt desselben Problems. Hinter den Verlockungen und Ängsten, die das Überschreiten sexueller Grenzen mit sich bringt, verbergen sich jene, die mit der Verletzung von Hierarchieschranken zusammenhängen und ein Agieren ödipaler Rebellion enthalten. Da psychiatrische Einrichtungen es mit Patienten zu tun haben, die ihre ödipalen Probleme außerhalb der Klinik nicht zufriedenstellend lösen konnten, wird der starke Druck, der sich aus der Behandlung solcher Patienten herleitet, diese potentiellen Konflikte unter den Personalangehörigen noch verstärken.

Die Gefahr, daß die ungelösten ödipalen Konflikte des obersten Vorgesetzten zu einer krassen Verschärfung ödipaler Konflikte in der gesamten Institution führen, ist oft tatsächlich vorhanden. Zusätzlich kompliziert wird diese Situation durch die häufige Sexualisierung von Konflikten, die eigentlich mit den frustrierten Abhängigkeitsbedürfnissen des Leiters zusammenhängen. Ödipaler und präödipaler Regressionsdruck können sich verbinden und die sexualisierten Abhängigkeitsbeziehungen des Leiters aktivieren. Im typischen Fall wird »der bedeutende Mann« von »mütterlichen« Frauen aus seinem unmittelbaren »Gefolge«, die sich ihm häufig bewundernd unterwerfen und ihn gleichwohl beherrschen, wie ein Baby »gehätschelt«.

Im allgemeinen erleben Gruppen, die unter der Paarbildungs-Grundannahme operieren, Intimität und sexuelle Entwicklungen als potentiellen Schutz vor den Gefahren und Konflikten, die mit Abhängigkeit und Aggression verbunden sind. Die sexuelle Paarbildung kann auch eine reale oder phantasierte Flucht vor dem gefährlichen oder kontrollierenden Gruppendruck in der Organisation darstellen, und sie kann eine Verdichtung von ödipaler Rebellion gegen die »etablierte Ordnung« mit der defensiven Sexualisierung primitiverer, mit Aggression und Abhängigkeit zusammenhängender Konflikte symbolisieren.

So kann sich auf den Leiter ein sexuell erregter und romantisierter Druck konzentrieren, der einer sexualisierten Bindung zwischen ihm und einer leitenden Mitarbeiterin Vorschub leistet. Unter optimalen Umständen findet diese Bindung in einer leicht erotisch gefärbten Arbeitsbeziehung Ausdruck. Eine gewisse Erotisierung von Arbeitsbeziehungen kann auf die Arbeitsgruppe sogar stimulierend wirken. Wenn der Regressionsdruck die Mitarbeiter jedoch dazu verleitet, sexuelle Grenzen zu überschreiten, dann kann die sexuelle Intimität nicht nur zu einer überhöhten Verdichtung der Arbeitsgruppe mit sexuellen Gefühlen führen (und zu den daraus resultierenden Störungen der gewöhnlichen Arbeitsgrenzen und -beziehungen), sondern auch eine Freisetzung der aggressiven Anteile bewirken, die mit den ödipalen Konflikten in solchen sexualisierten Beziehungen zusammenhängen; ein allgemeiner Zerfall der interpersonalen Beziehungen in dem betreffenden System ist unter Umständen die Folge. Für Organisationen bedeutet dies, daß die Sexualisierung der Beziehungen zwischen Personalangehörigen deren Erwartungen auf eine solche Höhe hinaufschraubt, daß die normalen Gratifikationen der Arbeit (früher oder später) als Enttäuschung empfunden werden und die Moral vollständig zusammenbricht.

Es ist notwendig, daß der Leiter seine sexuellen Gratifikationen außerhalb der Grenzen seines administrativen Funktionsbereichs findet. Dies mag trivial und nicht erwähnenswert erscheinen, aber der Regressionsdruck, der sexualisierte Beziehungen innerhalb der administrativen Grenzen fördert, ist nun einmal außerordentlich stark. Und wenn sich in einer Organisation eine funktionale, gegenseitig respektvolle und offene Arbeitsbeziehung zwischen den Geschlechtern entwickelt, die vielleicht erotisiert ist, aber die Arbeitsgrenzen nicht überschreitet, kann die anregende Erfahrung, daß Männer und Frauen als Freunde zusammenarbeiten, ohne sexuelle Bindungen eingehen zu müssen, ungemein kreativ wirken und indirekt eine sexuell reife und tolerante Atmosphäre schaffen, die in psychiatrischen Institutionen die Behandlung von Patienten erleichtern kann.

Unter einem weiteren Blickwinkel betrachtet, finden allgemeine Konflikte zwischen den Geschlechtern in der gesellschaftlichen, kulturellen und wirtschaftlichen Umwelt – zum Beispiel gesellschaftlich geförderte und ritualisierte sadomasochistische Beziehungen zwischen Frauen und Männern, sexuelle Ausbeutung und »Anmache« – automatisch als Teil der sexuellen Spannung in Organisationen Ausdruck und drohen die aufgabenorientierten Beziehungen zu verzerren. Erkennbar wird dies in der masochistischen Unterordnung von Krankenschwestern unter Ärzte sowie im manipulativen Ausnutzen sexueller Verführbarkeit mit dem Ziel, ein (reales oder phantasiertes) Gleichgewicht zwischen sadistisch handelnden Männern und masochistisch handelnden Frauen wiederherzustellen. Wenn politische Spannungen unter Empfindungsgruppen [sentience groups] und aufgabengrenzen-übergreifend sexualisiert werden, bekommen sexuelle Aggression, Unterwerfung und Stimulierung einen politischen Stellenwert. Die durch das allgemeine sexuelle Gefühlsklima gewaltig verstärkte Sexualpolitik kann die Aufgabenbeziehungen und die Aufgabenstruktur beeinträchtigen.

Um die Sexualpolitik aufzudecken, muß das Ausmaß, in dem die sexuellen Empfindungen und die aufgabenbezogenen Empfindungen miteinander zusammenhängen, diagnostiziert werden, und zwar nicht mit dem Ziel, die Grenzen zur Privatsphäre einzureißen, sondern um die falschen Wahrnehmungen zu vermeiden, die sich in Gruppen und unter beiden Geschlechtern behaupten, wenn die Sexualpolitik in der Institution wirksam ist. Zum Beispiel muß man unter Umständen der gemeinsamen Rebellion junger Krankenschwestern und Ärzte gegen ihre weiblichen beziehungsweise männlichen Vorgesetzten auf den Grund gehen, wenn allgemeine Störungen in den Beziehungen des Pflegepersonals und ärztlichen Personals vermieden werden sollen.

Dies besagt nicht, daß sich in Organisationen nicht auch zufriedenstellende sexuelle Beziehungen zwischen einzelnen Mitarbeitern entwickeln könnten; im Gegenteil, sehr häufig entstehen dauerhafte sexuelle und eheliche Beziehungen am Arbeitsplatz. Wenn ein Paar eine sexuelle Beziehung eingeht, verändert sich gewöhnlich die gemeinsame Arbeitsbeziehung; einer der Partner oder beide können sich sogar von dieser spezifischen Arbeit zurückziehen. Sollte ein Ehepaar oder ein Paar mit einer stabilen Beziehung auch weiterhin zusammenarbeiten, müssen die Partner ihre sexuelle Beziehung auf eine andere Grundlage stellen als ihre Arbeitsbeziehung; das Paar, das heiratet, muß eine enge Beziehung in Bereichen aufbauen, die mit der Arbeitsaufgabe nichts zu tun haben. Entsprechend wird es besonders wichtig, daß die Organisationsleitung die Erfüllung der Aufgabe im Blick behält, wenn ein Paar innerhalb eines bestimmten Aufgabensystems arbeitet.

Häufig ist es unbefriedigend, wenn Ehepartner in hierarchischen Positionen im selben Aufgabensystem arbeiten, denn dies kann sich auf die Aufgabenbeziehungen zu ihren jeweiligen gleichgestellten Mitarbeitern nachteilig auswirken. Paare werden von den Individuen innerhalb der Organisation oft als mächtig und sogar bedrohlich erlebt, so daß selbst dann, wenn ein Paar die Aufgabenbeziehungen peinlich genau respektiert, Gruppen dies anders wahrnehmen und auf das Paar mit Angst, Aggression, Groll und Mißtrauen reagieren.

Sogar unter idealen Bedingungen kann dies die Effizienz des Paares beeinträchtigen. Unter weniger optimalen Bedingungen kann das Paar von den rolleninduzierenden gemeinsamen Phantasien und Verhaltensweisen der Gruppe absorbiert werden. Darüber hinaus kann das Paar versucht sein, eigene Konflikte zu agieren, indem es Aggression auf die Umwelt projiziert und ein idealisiertes Bündnis entwickelt, das es zum Nachteil anderer Organisationsangehöriger benutzt. Zuweilen kontrolliert der stärkere Partner den eher unterwürfigen oder masochistischen im Sinne seiner eigenen Bedürfnisse; wenn ein solches Paar eine führende Position erlangt, können beide die Ausübung ihrer Autorität mißbrauchen und typisch autoritäre Beziehungen mit möglicherweise destruktiven Folgen entwickeln. Die Politik, die manche Institutionen praktizieren, um solche Eventualitäten zu verhindern, hat durchaus etwas Kluges. Es besteht jedoch auch die Gefahr, daß Paare aufgrund der Phantasien diskriminiert werden, die das Personal in der Institution über sie hegt. Wenn zwei kreative Menschen in ihrer Entwicklung und Leistungsfähigkeit durch Voreingenommenheiten in der Organisation behindert werden, ist dies zu bedauern.

Wenn Arbeit und Liebe die Hauptaufgaben des Lebens darstellen, sollte es durch kreative Entwicklungen in Organisationen ermöglicht werden, den Eros in den Dienst der Arbeit und die Arbeit in den Dienst der (sublimierten) Liebe zu stellen. Das oberste Ziel einer Organisation besteht nicht darin, die menschlichen Bedürfnisse ihrer Angehörigen zu befriedigen, sondern eine Aufgabe zu erfüllen; intelligente Führung sieht eines ihrer Ziele darin, die Gratifikation menschlicher Bedürfnisse durch die Erfüllung dieser Aufgabe zu ermöglichen.

Abhängigkeitsbedürfnisse

Dem größten Regressionsdruck ist der Leiter gewöhnlich durch die Frustration seiner Abhängigkeitsbedürfnisse ausgesetzt. Diese Frustration hat zahlreiche Ursachen. Zum einen besteht jederzeit die Möglichkeit, daß die von Bion (1961) beschriebene Grundannahme der Abhängigkeit aktiviert wird. Sodann trägt der Leiter die Last der Verantwortung für die gesamte Institution, also auch die Verantwortung für Prozesse, die zu einem gewissen Grad außerhalb seiner Kontrolle und Grenzen ablaufen. Zudem steht er Mitarbeitern gegenüber, die ihre Abhängigkeitsbedürfnisse ungehemmter bekunden können als er selbst. Die »sorglose« Haltung Untergebener und die Tatsache, daß sie relativ leichter Unterstützung, Beifall und Gratifikation erhalten, üben auf den Leiter zusätzlichen Druck aus. Oft belohnen Vorgesetzte Untergebene, die ihre Sache gut machen, Spitzenführungskräfte selbst aber erhalten für effiziente Arbeitsleistungen nur selten direkte menschliche Belohnung. Das Personal neigt dazu, die Leistungen des Vorgesetzten für selbstverständlich zu halten, solange alles gutgeht; läuft etwas schief, macht es ihn dafür verantwortlich.

Natürlich bietet die Arbeit als solche verschiedene Kompensationen. Da sind zunächst die finanziellen Belohnungen, die mit der Führungsposition verbunden sind. Wenn die Führungskraft zudem weiß, daß sie gut ist, daß sie neue Ideen und Programme entwickelt und realisiert und ihr Personal zu Weiterentwicklung und Kreativität motiviert hat, werden auch ihre menschlichen Bedürfnisse auf bedeutsame Weise befriedigt. Im allgemeinen kann Kreativität in leitenden Positionen gleichzeitig Abhängigkeitsbedürfnisse (durch Projektion) befriedigen sowie narzißtische Bedürfnisse (durch Erfolg und Beifall) und ödipale Strebungen (durch Siege innerhalb der Hierarchie) gratifizieren. Teil der Arbeitsbeziehung ist es auch, daß die Gruppe der unmittelbaren Mitarbeiter die Abhängigkeitsbedürfnisse der Führungskraft zu befriedigen vermag. In dieser Hinsicht stellt die wechselseitige Gratifikation der Abhängigkeitsbedürfnisse hochrangiger Führungspersonen vor allem in großen Institutionen ein realistisches Erfordernis ihrer Arbeitssituationen dar.

Eine weitere wichtige Entschädigung für die Frustration der Abhängigkeitsbedürfnisse des Leiters bieten Freundschaften und Unterstützung außerhalb seines Aufgabenbereichs. Die realistische Gratifikation seiner Triebbedürfnisse im Leben außerhalb der Arbeitssituation spielt langfristig eine wichtige Rolle. Eine exzessive Suche nach der Befriedigung eigener Abhängigkeitsbedürfnisse durch Untergebene kann die administrative Struktur verzerren und das Personal belasten. Die Führungskraft, die sich einerseits nicht derart reserviert und beherrscht verhalten sollte, daß sie das dehumanisierende und verzerrte Bild, das sich das Personal von ihr macht, fördert, sich aber andererseits auch nicht in einem solch hohen Maß auf Gratifikation und Unterstützung durch die Mitarbeiter verlassen darf, daß sie diese überwältigt und ihre Konzentration auf die Arbeit beeinträchtigt, wandert auf einem schmalen Grat. Im Zusammenhang mit dieser heiklen Balance stellt sich auch die Frage, inwieweit der Leiter mit Personalangehörigen über Sorgen und Schwierigkeiten sprechen sollte.

Die persönliche Offenheit des Leiters kann das Verständnis des Personals für die Zwänge, unter denen er selbst steht, verbessern; sie kann Verzerrungen klären, die sich aus der Wahrnehmung seiner Rolle durch die Mitarbeiter ergeben (das heißt, aus der Verwechslung von Rolle und Persönlichkeit), und die Moral seiner Untergebenen verbessern. Unter Umständen aber erschrecken die Mitarbeiter, wenn ein Vorgesetzter mit ihnen über Managementprobleme spricht, die sie nicht zu lösen vermögen; und eine solche Offenheit kann die Erwartung nähren, daß sich durch Vernunft und Offenheit sämtliche Probleme lösen lassen. Mit anderen Worten: Der Vorgesetzte, der in seiner Freimütigkeit, Herzlichkeit und seinem nicht defensiven Verhalten »ideal« ist, kann durch dieselben Eigenschaften Erwartungen fördern, die unweigerlich enttäuscht werden müssen. Kurz, es besteht die Gefahr, daß die »perfekte« Führungskraft primitive Idealisierungen nährt, die mit den Abhängigkeitsannahmen der Mitarbeiter zusammenhängen – und solche Idealisierungen werden zwangsläufig enttäuscht.

Der regressive Druck von Bedürfnissen, die mit Aggression, Abhängigkeit und Sexualität zusammenhängen, kann sich aus der Persönlichkeit des Vorgesetzten herleiten, aus seiner realen Situation gegenüber seinem Personal und insbesondere aus den regressiven Gruppenprozessen unter den Mitarbeitern. Ungeachtet seines Ursprungs wird dieser Druck gewöhnlich durch eine Vielfalt von Faktoren kompensiert. Eine wichtige Rolle spielt dabei die Bewältigung ödipaler Konflikte durch die normale Leistungsfähigkeit, durch Erfolg und die Fähigkeit, diesen kreativ zu nutzen. Ein Sprichwort sagt, daß jeder Mann einen Baum pflanzen, ein Buch schreiben und ein Kind zeugen solle. Übertragen wir dies auf die Funktionen des Vorgesetzten, so steht das Pflanzen eines Baumes dafür, Aufgaben zu erledigen oder neue Projekte aufzubauen; das Schreiben eines Buches repräsentiert die Entwicklung neuer Ideen und Kenntnisse; und das Zeugen (oder, im Falle der weiblichen Führungskraft, Austragen) eines Kindes symbolisiert die kreative Entwicklung der menschlichen Ressourcen in der Institution sowie die Motivierung der Mitarbeiter, zu reifen und ihre Fähigkeit, gute und befriedigende menschliche Beziehungen aufrechtzuerhalten, in der Ausübung bedeutsamer Arbeit zu entwickeln.

Führung: Einfl. auf das Institut durch PK d. Leiters
Einfl. durch die zu erledigende Aufg. (Psychiatrie – Pat. behandeln → Projekt, Rep. ...)
versch. Subsysteme wirken
polit. Ziele können die Aufgabenerfüllung massiv beeinflussen
Leiter als Eltern-Imago: Idealisierung + Unterwerfung (ödipal)
⇒ Enttäuschung, Wut, Rebellion

Sex. Bedürfnisse – häufig an der Spitze abgehandelt
ungelöste ödipale Konfl. d. Leiters verschärfen die Sexualisierung v. Konflikten

Aggression – Abhängigkeit – Sexualität

5 Regression in der Organisationsführung

Die Auswahl guter Führungskräfte ist eine zentrale Aufgabe aller Organisationen. Informationen über die Persönlichkeit des prospektiven Direktors sollten sich mit detaillierten Kenntnissen über seine bisherige Erfahrung, seine allgemeinen theoretischen und planerischen Fähigkeiten, sein fachliches Know-how und seine spezifische Eignung für den betreffenden Job verbinden. Das wachsende psychoanalytische Verständnis der zentralen Bedeutung, die den inneren im Gegensatz zu den äußeren Objektbeziehungen sowie der wechselseitigen Beziehung zwischen der Regression von Individuen und der Regression in Gruppen zukommt, kann als wichtiges, praktisches Instrumentarium zur Auswahl von Führungskräften dienen.

Im vierten Kapitel habe ich die Auswirkungen des Regressionsdrucks beschrieben, denen Führungskräfte in psychiatrischen Institutionen unterliegen. Ich habe erläutert, daß Krisen zwar häufig auf Persönlichkeitsprobleme des Leiters zurückzugehen scheinen, die genauere Analyse aber oft eine komplexere Situation aufdeckt. In vielen Fällen werden regressive Gruppenprozesse durch einen Zusammenbruch der Arbeitsleistung ausgelöst, dem verschiedene organisationsinterne Faktoren sowie Beziehungen zwischen der Organisation und ihrer Umwelt zugrunde liegen; eine Regression in der Führungsfunktion schließt sich an. Werden jene Gruppenprozesse nicht diagnostiziert, so ist unter Umständen lediglich ihr Endresultat sichtbar; dieses zeigt sich in scheinbar primitiver, unzulänglicher Führung und, spezifischer, in der negativen Beeinflussung der Organisation durch die Persönlichkeit der Führungskraft. Führungsprobleme sind also nicht immer die Ursache der Krise.

Ich wende mich nun dem Regressionsdruck zu, der von den Führungskräften selbst ausgeht. Ich muß jedoch noch einmal betonen, wie wichtig es ist, zwischen regressiven Komponenten in der Organisation und einer Regression des Vorgesetzten zu unterscheiden.

Ich schlage einen Mittelweg zwischen zwei theoretischen Positionen ein: zwischen dem traditionellen Ansatz, der von einer angeborenen Fähigkeit zur Führung – insbesondere zur charismatischen Führung – ausgeht, und einer Theorie jüngeren Datums, derzufolge die Eignung zur Führung vor allem oder ausschließlich auf erlernten Fähigkeiten und erworbenem Verständnis beruht. Ich stütze mein Vorgehen auf die Erkenntnisse verschiedener Autoren (Bion 1961; Dalton et al. 1968; Emery und Trist 1973; Hodgson et al. 1965; Levinson 1968; Main 1957; Miller und Rice 1967; Rice 1963, 1965, 1969; Rioch 1970 a, 1970 b; Sanford 1956; Stanton und Schwartz 1954). Dieser Ansatz berücksichtigt drei Aspekte: eine psychoanalytische Konzentration auf die Persönlichkeitsmerkmale der Führungskraft, eine psychoanalytische Konzentration auf die Funktionen regressiver Gruppenprozesse in Organisationen und ein an der Theorie offener Systeme orientiertes Verständnis des Organisationsmanagements. Diese drei Aspekte stehen in einem dynamischen Interaktionsverhältnis; wenn die Funktionsfähigkeit von Individuen, Gruppen oder die der gesamten Organisation versagt oder zusammenbricht, kann die Ursache dafür in irgendeinem der drei Bereiche oder auch in allen gleichzeitig zu finden sein.

Der Berater

Berater werden gewöhnlich in Krisenzeiten konsultiert, aber die Art ihrer Aufgabe ist nicht immer klar: Eine Organisation kann einen Berater einsetzen, um der umfassenden Wahrnehmung eines Problems und der Notwendigkeit, es zu lösen, auszuweichen, und sie kann ihn ebenso daran arbeiten lassen, das Problem zu diagnostizieren und seine möglichen Lösungen realistisch zu untersuchen (Rogers 1973). Die erste Aufgabe des Beraters besteht darin zu klären, was sein Vertrag vorsieht, und sich zu vergewissern, daß ihm die zur Erfüllung des Vertrags notwendigen Ressourcen zur Verfügung stehen. Das bedeutet nicht nur, daß er genügend Zeit und finanzielle Mittel benötigt, sondern auch über die Autorität verfügen muß, um Probleme auf allen Ebenen der Organisationsstruktur untersuchen zu können.

Eine wesentliche Voraussetzung ist die Unterstützung durch den Organisationsleiter. Der Berater muß von der Organisation so unabhängig sein, daß er seine Schlüsse ziehen kann, ohne die Feindseligkeit dieses Chefs fürchten zu müssen; deshalb darf er keinesfalls in eine spezifische Abhängigkeit von einem einzelnen Klienten geraten.

Zunächst einmal ist zu entscheiden, ob ein bestimmter Konflikt innerhalb der Organisation ein Problem repräsentiert, das mit einer Person zusammenhängt, mit der Art der Aufgabe und ihren Zwängen oder mit der Moral – das heißt, mit organisationsinternen Gruppenprozessen. Das Problem wird häufig auf eine derart konfuse und verwirrende Weise dargestellt, daß es schwierig ist, es einem oder mehreren dieser drei Bereiche zuzuordnen.

Es ist hilfreich, sich zunächst auf die Art der Aufgabe der betreffenden Organisation und ihre Zwänge zu konzentrieren; denn erst nachdem die Aufgabe definiert ist, die jeweiligen Zwänge skizziert und Prioritäten gesetzt sind, läßt sich beurteilen, ob die administrative Struktur der Beschaffenheit der Aufgaben tatsächlich gerecht wird – und wie man diese Struktur, falls sie sich als nicht adäquat erweist, modifizieren könnte. Daher muß der Berater die realen Organisationsaufgaben – im Unterschied zu ihren scheinbaren – klären. In einer psychiatrischen Klinik zum Beispiel bestanden die scheinbaren Aufgaben in der Patientenbehandlung und in der Forschung, als eigentliche Aufgabe aber entpuppte sich die Notwendigkeit, den Inhabern der Einrichtung eine angemessene Rendite zu erwirtschaften. Hinter dem Interesse an der Forschung verbarg sich der Wunsch, Zuschüsse aus äußeren Quellen zu erhalten, um damit einen Teil der Angestelltengehälter zu decken. Die Behandlung der Patienten bedeutete für die eigentliche Aufgabe eine Belastung.

Sobald Aufgaben und Zwänge definiert sind, kann man die administrative Struktur untersuchen. Ist die Organisation imstande, ihre Grenzen effektiv zu kontrollieren? Wenn nicht, welche kompensatorischen administrativen Maßnahmen sind denkbar, um die Grenzkontrolle wiederherzustellen? In einem bestimmten Fall war eine psychiatrische Organisation von einer Institution abhängig, die für die Finanzierung der Verwaltung aufkam, und von einer anderen, welche die Angestelltengehälter übernahm. Chronische Auseinandersetzungen zwischen Verwaltungsrepräsentanten und medizinischem Personal in der gesamten Organisation gaben zu erkennen, daß die Grenzkontrolle an der Spitze nicht gewährleistet war. Der Berater empfahl, sämtliche Zuschüsse in eine zentrale Klinikadministration zu kanalisieren, die von einem Arzt mit administrativem Fachwissen geleitet werden sollte. So konnte das Moralproblem gelöst werden.

Wenn die Grenzkontrolle angemessen funktioniert, kann man die Art der Delegation von Machtbefugnissen an die einzelnen Aufgabensysteme untersuchen. Eine inadäquate, fluktuierende, mehrdeutige oder nicht vorhandene Delegation einerseits und exzessive, chaotische Delegation andererseits stellen Probleme dar, die gelöst werden müssen, um die administrative Struktur mit den Aufgabenanforderungen in Einklang zu bringen.

Sobald die Aufgabe mit ihren Zwängen und Grenzen diagnostiziert worden ist und die entsprechenden administrativen Strukturen korrigiert wurden, kann man sich auf die Art der Führung und – konkreter – auf die Eigenschaften der Führungskraft selbst konzentrieren. Der Berater sollte versuchen, jene persönlichen Eigenschaften zu diagnostizieren, die Einfluß auf die Funktionsabläufe in der Organisation ausüben, den Regressionsdruck, dem der Leiter durch die organisationsinternen Gruppenprozesse unterworfen wird, und seine eigene Beteiligung an solchen regressiven Gruppenprozessen. Welche Art von Zwischenmanagement hat die Führungskraft geschaffen? Wie groß ist ihr Verständnis für Menschen, für deren Vorzüge und Nachteile? Wie groß ist die Toleranz des Vorgesetzten für Kritik? Wie verbindet er Stärke, Herzlichkeit und Flexibilität mit Entschiedenheit und Klarheit im Umgang mit den Personalangehörigen? Die Genauigkeit und Art des Urteils, das der Vorgesetzte über die Menschen in seiner Umgebung fällt, ist nicht nur im Hinblick auf seine administrativen Fähigkeiten, sondern auch in bezug auf seine Persönlichkeit insgesamt höchst aufschlußreich. Wie reagiert er unter Streß? In welche Richtung regrediert seine Persönlichkeit in kritischen Situationen? Die Stärke seiner Überzeugungen, sein Neid auf das Personal oder seine Neidlosigkeit, seine moralische Integrität und sein Mut – all diese Eigenschaften sind normalerweise in der gesamten Organisation durchaus bekannt.

Die psychoanalytische Erforschung von Gruppenprozessen in der Organisation kann sich als überaus wichtiges Instrument zur Einschätzung von Problemen der administrativen Struktur wie auch der Persönlichkeit des Leiters erweisen. Der regressive Charakter von Gruppenprozessen in psychiatrischen Organisationen (Moral) kann verschiedene Konflikte in der Organisationsstruktur aufzeigen, sodann den Einfluß, den die Persönlichkeit des Leiters ausübt, den regressiven Sog, der direkt durch den Druck vermittelt wird, der von den Konflikten der Patienten ausgeht, oder auch eine Kombination dieser Faktoren. Und je enger die Beziehung zwischen den beobachteten Gruppenprozessen und der tatsächlichen Arbeit mit den Patienten ist, desto stärker und unmittelbarer werden Konflikte der Patienten die Entwicklung regressiver Gruppenprozesse unter den Personalangehörigen und in der Mitarbeiter-Patient-Gemeinschaft insgesamt beeinflussen. Je enger die Beziehung zwischen den beobachteten Personalgruppen und der Autorität ist, welche die letzte Entscheidung trifft, desto stärker werden Konflikte in der Führung und der Organisationsstruktur dominieren. Dennoch ist es beeindruckend zu beobachten, wie sich Konflikte, welche die gesamte Organisation beeinflussen, in greifbaren Gruppenprozessen auf sämtlichen Ebenen niederschlagen. Daher stellt die sorgfältige Beobachtung der Gruppenprozesse auf verschiedenen administrativen Ebenen der Organisation gewissermaßen eine Serie von Projektionstests dar. Sie liefert unter Umständen in einem Zug die relevanten Informationen, die zur Klärung von Problemen auf den Ebenen der Aufgabendefinition, der Aufgabenzwänge, der Patienten, der administrativen Struktur und der Führung erforderlich sind.

Die Genauigkeit der vom Berater gestellten Diagnose erweist sich, sobald seine Vorschläge in die Tat umgesetzt werden. Zum Beispiel sollte die Veränderung in der Funktionsweise der administrativen Führung nach der Neudefinition primärer Aufgaben und Zwänge die Moral in relativ kurzer Zeit verbessern. Die Wiederherstellung einer funktionalen Struktur – im Gegensatz zu einer autoritären Struktur, die sich durch Verzerrungen im hierarchischen Machtgeflecht herausbildet – wird sich unter Umständen beinahe augenblicklich positiv auswirken.

In der Praxis erhält der Berater gewöhnlich die nützlichsten Informationen, wenn sich das Spitzen- und mittlere Management aktiv an einer offenen Diskussion von Problemen beteiligt, und zwar in einer Atmosphäre, die es erlaubt, Gruppenprozesse zu erforschen und den tatsächlichen Inhalt der administrativen Probleme zu untersuchen. Die Diagnose, die der Berater in bezug auf die

Probleme des Spitzen- und mittleren Managements stellt, sollte auch eine Beurteilung der menschlichen Ressourcen in der Organisation umfassen. Da menschliche Ressourcen das primäre potentielle Organisationskapital darstellen, hat das Ausmaß der Intaktheit der obersten Führung wichtige prognostische Implikationen. Eine kompetente und von wechselseitigem Vertrauen geprägte Gruppe im mittleren Management kann die Grundlage für eine effektive Umstrukturierung bieten.

Wenn der Berater zu dem Schluß gelangt, daß die Persönlichkeitsprobleme des Vorgesetzten oder dessen generelle Inkompetenz auf mangelndem fachlichen Wissen, fehlenden Konzepten oder administrativen Unzulänglichkeiten beruhen, stellt sich die Frage, ob er dem Betreffenden dabei helfen kann, sich zu ändern, oder ob er ihm dabei helfen sollte, sich von seinem Job zu trennen. Auf diese Frage gibt es keine pauschale Antwort. Mitunter ist es möglich, Führungskräfte dabei zu unterstützen, ihre Funktionsfähigkeit zu verbessern, indem man den Regressionsdruck reduziert, den die organisationsinternen Gruppenprozesse auf sie ausüben. Verbesserungen in der Aufgabendefinition, Aufgabenerfüllung, Grenzkontrolle und administrativen Struktur insgesamt können die positiven Seiten der Führungskraft zutage fördern und die negativen Auswirkungen ihrer Persönlichkeit reduzieren helfen. Eine erhöhte Gratifikation ihrer emotionalen Bedürfnisse (in den Bereichen Aggression, Sexualität oder Abhängigkeit) außerhalb der Organisationsstruktur kann sich manchmal als hilfreich erweisen. In anderen Situationen scheint die beste Lösung zu sein, dem Leiter den Rücktritt von seinem Posten zu erleichtern; er kann dann entweder seine beruflichen Funktionen verändern oder innerhalb der Organisation einen anderen Platz einnehmen, falls diese Möglichkeiten realisierbar sind.

Auch wenn die Empfehlung, sich zurückzuziehen, immer ein schwerer narzißtischer Schlag ist, weiß der Betroffene doch häufig selbst, daß er seiner Aufgabe nicht wirklich gewachsen war; vielleicht empfindet er es sogar als Erleichterung, wenn ihn ein Außenseiter auf diese Tatsache anspricht. Falls der Berater zu dem Schluß kommt, daß die Organisation von einer schlechten Führungskraft geleitet wird, kann er sich aber auch selbst diskret zurückziehen (oder er wird diskret zum Rückzug aufgefordert).

Anders sieht die Situation natürlich aus, wenn das Problem eine leitende Kraft auf einer niedrigeren Hierarchieebene betrifft. In diesem Fall müssen die Spitzenführungskräfte erkennen, daß es für die Gesundheit der Organisation unabdingbar ist, konsequent Abhilfe zu schaffen. Es mag aggressiv oder sogar sadistisch wirken, jemanden zur Kündigung zu bewegen, der seinem Job nicht gerecht wird; gewöhnlich aber ist es schlimmer, einer schlechten Führungskraft eine verantwortliche Position innerhalb der Organisationsstruktur zu überlassen. Die Leitung sollte sich vor allem um das Personal sorgen, das unter einem unzulänglichen Vorgesetzten zu leiden hat. Optimale Führung bedeutet, harte Entscheidungen zu treffen, und gelegentlich muß das Spitzenmanagement konsequent und entschlossen mit jemandem verfahren, der möglicherweise sogar ein enger persönlicher Freund ist.

Es gibt Situationen, in denen das Problem zwar diagnostiziert, aus irgendeinem Grunde aber nicht gelöst werden kann. Manche Organisationen scheinen es geradezu auf eine Selbstzerstörung anzulegen und sind unfähig und nicht bereit, positive Veränderungen zu akzeptieren. Für einen Berater ist dies eine dramatische Situation – und noch dramatischer ist sie für die Mitarbeiter der Organisation. Das Verständnis der Organisationsstruktur und ihrer Konflikte kann dem Personal, insbesondere den leitenden Personalangehörigen, die einen Überblick besitzen, helfen, realistisch zu entscheiden, wie und ob diese Konflikte, die auch für ihre eigene Zukunft weitreichende Folgen haben, gelöst werden können.

Bestimmte Situationen sind derart verfahren, daß Mitarbeitern, die ihre Selbstachtung noch nicht verloren haben, keine andere Wahl bleibt, als zu kündigen; mit anderen Worten: Es gibt so etwas wie ein vergiftetes Organisationsmilieu. Es ist bemerkenswert, wie oft Mitarbeiter, die in einem solch destruktiven Milieu arbeiten, vor sich selbst die Unlösbarkeit der Organisationsprobleme verleugnen, ja, ihre pathologischen Abhängigkeitsbedürfnisse durch eine solche Verleugnung befriedigen und sich die Notwendigkeit, den Arbeitsplatz zu wechseln, nicht eingestehen. Organisationen auf einer tiefen Ebene zu verstehen kann schmerzvoll sein; mitunter erweist sich ein solches Gewahrsein für die Leistungsfähigkeit der Mitarbeiter nicht als Verbesserung; ein Verständnis der Situation aber ermöglicht es immer, die wahrscheinliche Zukunft einer Organisation realistischer einzuschätzen. Hier wird die Parallele zu der schmerzvollen Einsicht in Aspekte des eigenen Unbewußten in einer psychoanalytischen Situation erkennbar: Es gibt pathologische Abwehroperationen, die davor schützen, sich der wahren Situation am Arbeitsplatz bewußt zu werden. Irgendwann kommt der Punkt, an dem das Individuum sich selbst gegenüber eine größere Verantwortung hat als gegenüber der Organisation; und die Kenntnis der Organisationskonflikte kann ihm dabei helfen, schneller zu erkennen, wann dieser Punkt erreicht ist.

Unter weniger extremen Bedingungen gibt es vieles, das qualifizierte, aufgabenorientierte Mitarbeiter tun können, um ihrer Leitung bei der Korrektur oder Abschaffung verzerrter administrativer Strukturen zu helfen und die Auswirkungen pathologischer Aspekte der obersten Führung zu reduzieren. Das mittlere Management kann in besonderem Maße dazu beitragen, funktionale administrative Beziehungen aufrechtzuerhalten, indem es eine offene Kommunikation und die Analyse der Situation unterstützt. In dieser Hinsicht kann ich gar nicht genug betonen, daß die Untergebenen auch dafür verantwortlich sind, die Probleme ihrer Vorgesetzten nicht zu stabilisieren oder gar zu verschlimmern.

Eine Störung der funktionalen Administration zieht immer eine Regression auf Gruppen-Grundannahmen nach sich. Ich denke hier an Bions (1961) Grundannahmen-Gruppen: Abhängigkeit, Kampf-Flucht und Paarbildung, die aktiviert werden, wenn Gruppen – und Organisationen – nicht angemessen funktionieren. Solche regressiven Phänomene in Gruppen, die das mittlere Management und das Personal insgesamt betreffen, können die Persönlichkeitsschwierigkeiten einzelner Mitarbeiter verstärken und deren Bewußtsein für die Notwendigkeit von Veränderungen oder ihre Bereitschaft schwächen, um Veränderungen zu kämpfen. Wenn einzelne Mitarbeiter die Situation anerkennen, kann ihr Handeln insofern einen positiven therapeutischen Einfluß ausüben, als es das rationale Verhalten in der gesamten Organisation stärkt; in solchen Fällen helfen sie nicht, indem sie eine kritische, auf Kampf-Flucht-Grundannahmen beruhende Haltung einnehmen, sondern indem sie ihr aufrichtiges Interesse daran bekunden, dem Leiter und dem Personal im allgemeinen bei der Verbesserung ihres Verständnisses und ihres Verhaltens in der Organisation zu helfen. Eine offene Kommunikation unter den Gruppenmitgliedern des mittleren Managements kann ebenfalls dazu beitragen, gegenseitiges Mißtrauen und die Angst, vorbehaltlos zu sprechen, abzubauen. Ein Bündnis zum Wohle der funktionalen Erfordernisse der Organisation ist ein gutes Beispiel für einen politischen Kampf, der tatsächlich aufgabenbezogenen ist und die Verzerrungen in der Verteilung von Autorität und Macht nicht stabilisiert.

Für den obersten Vorgesetzten kann die Gesprächsbereitschaft erfahrener leitender Angestellter, die bereit sind, offen, verantwortungsbewußt und ohne übermäßige Verzerrungen infolge von Angst oder Wut zu kommunizieren, eine Beruhigung sein, insbesondere in Krisenzeiten, wenn seine eigene Unsicherheit und die aller übrigen Mitarbeiter wächst. Wenn sich Personalangehörige, die fähig und bereit sind, dem Leiter neue Informationen zu vermitteln, und ein Vorgesetzter, der eine solche Offenheit seiner Mitarbeiter fördert, gegenseitig bestärken, kann die Aufgabengruppe insgesamt davon profitieren.

Der Grundsatz »Management durch Mitbestimmung« dient als wichtiger Schutz vor einer regressiven, von der Persönlichkeit der Führungskraft ausgehenden Beeinflussung der administrativen Struktur. Eine Vielfalt von Faktoren spielt für die generelle Frage, welches Maß an Mitbestimmung oder welches Maß an Zentralisierung von Entscheidungen erforderlich ist, eine Rolle. Wenn die administrative Struktur unter der Einwirkung eines – gleichgültig aus welcher Quelle stammenden – Regressionsdrucks auf die oberste Führung beeinträchtigt wird, ist eine erweiterte Mitbestimmung angesagt. Eine solche stärkere Gewichtung der Mitbestimmung bei Entscheidungen bedeutet nicht, daß die funktionale Struktur durch eine »demokratische« ersetzt würde. Die Organisation muß sich in bezug auf die Frage, wie weit sie von einem zentralisierten zum Mitbestimmungsmanagement übergehen beziehungsweise diesen Prozeß umkehren soll, flexibel verhalten können; in Zeiten rascher umweltbedingter Veränderungen und in Zeiten der Krise oder Unruhe in der äußeren Umwelt kann es sich als notwendig erweisen, Entscheidungsprozesse zu zentralisieren. In Zeiten äußerer Stabilität können eine verstärkte Dezentralisierung und Mitbestimmung angesagt sein. Innere Veränderungen setzen häufig die Mitbestimmung im Management voraus, und dies gilt vor allem in den Vorbereitungs- oder Einführungsphasen. Eine zentralisierte, vereinfachte administrative Struktur kann in Zeiten innerer Konsolidierung oder Stabilität dienlich sein.

Autoritäre Persönlichkeiten und autoritäre Organisationsstrukturen

Adorno und seine Mitarbeiter haben den »autoritären Charakter« 1950 folgendermaßen beschrieben: Er neigt zu übertriebener Konventionalität, hält streng an den bürgerlichen Werten fest und reagiert übersensibel auf äußeren sozialen Druck; er zeigt eine übertriebene Unterwürfigkeit gegenüber konventioneller Autorität und verhält sich gleichzeitig unnachgiebig gegenüber Menschen, die sich solcher Autorität widersetzen, sowie gegenüber Personen, die ihm selbst untergeordnet sind; er lehnt Gefühle, Phantasien und Introspektion grundsätzlich ab und neigt dazu, Verantwortlichkeit vom Individuum auf äußere Faktoren zu verschieben; sein Denken ist stereotyp, starr und simplizistisch; er übt Macht um der Macht willen aus und bewundert andere, die über Macht verfügen; er ist destruktiv und zynisch und rationalisiert die Aggression, die er gegenüber anderen bekundet; er pflegt seine eigenen, nicht annehmbaren Impulse auf andere – insbesondere auf Outgroups – zu projizieren; und schließlich pocht er auf eine strenge Sexualmoral.

Wenngleich Adorno und seine Mitarbeiter die metapsychologischen Determinanten einer solchen Persönlichkeitsstruktur mit Hilfe psychoanalytischer Konzepte untersuchten, kombinierten sie in ihren Methoden und klinischen Analysen persönlichkeitsbezogene und soziologische Kriterien. Die von ihnen beschriebene autoritäre Persönlichkeitsstruktur wirkt wie zusammengesetzt und gibt verschiedene Formen der Charakterpathologie zu erkennen, die durch den autoritären Druck, der von gesellschaftlichen, politischen und kulturellen Systemen ausgeht, noch verstärkt werden. Innerhalb des begrenzten Bezugsrahmens einer Studie über die Leitung psychiatrischer Einrichtungen sind die gesellschaftlichen, kulturellen und politischen Aspekte gegenüber der wechselseitigen Verstärkung autoritärer Zwänge durch die institutionelle Struktur und durch verschiedene Formen der Charakterpathologie, die zum autoritären Verhalten beitragen, vielleicht weniger wichtig. Im folgenden möchte ich untersuchen, wie die Persönlichkeitseigenschaften der Führungskraft auf pathologische Weise zur Entwicklung autoritärer Zwänge innerhalb der gesamten Organisationsstruktur beitragen. Ich betone jedoch noch einmal, daß das autoritäre Verhalten eines Vorgesetzten auf bestimmten Merkmalen der Organisationsstruktur beruhen kann und nicht von seiner eigenen Persönlichkeit ausgehen muß.

Sanford (1956) wies auf die Notwendigkeit hin, zwischen dem autoritären Verhalten in Führungsrollen und autoritären Persönlichkeitseigenschaften zu unterscheiden; beide sind nicht unbedingt aneinander gebunden. Eine autoritäre administrative Struktur ist dadurch charakterisiert, daß sie über größere Macht verfügt, als zur Erfüllung ihrer Funktionen notwendig ist, während Personen und Gruppen, die in einer funktionalen Struktur leitende Positionen innehaben, über angemessene – aber nicht übertriebene – Macht verfügen.

Die angemessene Macht, mit der die Leitung einer funktionalen Struktur ausgestattet ist, wird gewöhnlich durch soziale und legale Sanktionen verstärkt. Autoritäres Verhalten, das über funktionale Notwendigkeiten hinausgeht, ist von autoritärem Verhalten zu unterscheiden, das einer funktional angemessenen oder notwendigen Machtausübung entspricht. In der Praxis läßt sich Autorität – das Recht und die Fähigkeit, Führungsaufgaben zu erfüllen – auf verschiedene Quellen zurückführen (Rogers 1973). Die *Managementautorität* bezieht sich auf jenen Teil der Autorität einer Führungsperson, die ihr von der Institution, in der sie arbeitet, verliehen wurde. *Führungsautorität* bezieht sich auf jene Autoritätsaspekte des Vorgesetzten, die sich entwickeln, wenn Untergebene seine Fähigkeit anerkennen, die Aufgabe zu erfüllen. Management- und Führungsautorität verstärken sich gegenseitig; beide wiederum hängen von anderen Quellen der Autorität ab, etwa vom fachlichen Wissen der Führungskraft, von ihrer Persönlichkeit, ihren Fähigkeiten im Umgang mit Menschen sowie von den sozialen und gesellschaftlichen Aufgaben und Verantwortlichkeiten, die sie außerhalb der Institution übernimmt. Die Führungskraft ist nicht nur gegenüber ihrer Institution, sondern auch ihren Mitarbeitern verantwortlich, ihren professionellen und ethischen Werten, der Gemeinschaft und der Gesellschaft insgesamt; gegenüber denen, die ihr die Autorität übertragen haben, muß die Führungsperson Verantwortlichkeit und die Fähigkeit, Rechenschaft abzulegen, beweisen. Darüber hinaus kann ein Vorgesetzter aufgrund seiner Persönlichkeit oder seiner Zugehörigkeit zu bestimmten Gruppen oder politischen Strukturen, von denen er Machtbefugnisse übertragen bekommen hat, die mit seinen fachlichen Funktionen nichts zu tun haben, mehr Macht ansammeln, als seine funktionale Autorität sie erfordert – exzessive Macht, auf deren Grundlage sich autoritäre Strukturen entwickeln.

Indem ich die autoritäre administrative Struktur mit einer funktionalen administrativen Struktur vergleiche, betone ich den Gegensatz zwischen autoritärer und *funktionaler* Struktur, nicht den Gegensatz zwischen autoritärer und *demokratischer* Struktur. Dies ist in theoretischer und praktischer Hinsicht wichtig. In manchen professionellen Institutionen – und psychiatrische Einrichtungen bilden hier keine Ausnahme – versucht man gerne, mit Hilfe demokratischer politischer Prozesse Probleme zu modifizieren, zu korrigieren oder zu lösen, die durch eine autoritäre Struktur erzeugt wurden. Man bemüht sich, durch ein Mitbestimmungs- oder Repräsentantenverfahren bei Entscheidungsprozessen zu Korrekturen zu kommen. Insofern die an realen Aufgaben beteiligten Personen an den Entscheidungsprozessen mitwirken sollten, ist eine solche Demokratisierung hilfreich; wo aber die Entscheidungsfindung auf einer politischen und nicht auf einer aufgabenorientierten Grundlage zustande kommt, können die Aufgabenstruktur und sogar die gesamte administrative Struktur beeinträchtigt werden. Diese Beeinträchtigungen wirken sich auf die Arbeit extrem hinderlich aus, und sie können schließlich sogar die autoritäre Struktur, die sie eigentlich korrigieren sollen, noch verstärken. Zudem führt der Versuch, autoritäre Verzerrungen mit politischen Mitteln zu lösen, zu einer Vernachlässigung der funktionalen Problemanalyse. Für Topmanager ist dies sicherlich eine Versuchung: Mittels politischen Managements oder politischer Manipulation können sie die aufgabengrenzen-übergreifenden Verhandlungen unter Umständen beherrschen. Falls ihnen dies erfolgreich gelingt, werden sie sich möglicherweise immer stärker auf die Ausübung politischer Macht stützen, bis sie sich letztlich beinahe ausschließlich auf den Ausbau und die Wahrung ihrer eigenen Machtbasis konzentrieren und die funktionalen Interessen der Institution vernachlässigen.

Häufige pathologische Charakterstrukturen von Führungskräften

Schizoide Persönlichkeitsmerkmale

Schizoide Persönlichkeitsmerkmale können einen Vorgesetzten vor exzessiver Regression schützen – seine emotionale Isolation macht ihn für regressive Gruppenprozesse weniger anfällig. Die verzerrten Phantasien aber, die Personalangehörige in erhöhtem Maße über ihn entwickeln, lassen sich aufgrund seiner Distanziertheit und Unzugänglichkeit nur schwer korrigieren. Eine übermäßig schizoide Führungskraft kann auch die angemessenen Abhängigkeitsbedürfnisse ihrer Mitarbeiter enttäuschen; gewöhnlich aber wird das Verhalten schizoider Führer an der Spitze durch die Herzlichkeit und Extravertiertheit von Managern auf der mittleren Ebene ausgeglichen.

Der schizoide Leiter einer psychiatrischen Abteilung vermittelte den Eindruck, daß niemand für seinen Bereich selbst Verantwortung trüge; der Großteil der Autorität für die alltäglichen Abläufe war an den Direktor der klinischen Dienste delegiert worden, den man als eigentlichen Vorgesetzten des Personals ansah und der infolge seiner Fähigkeit, die Grenzfunktionen zwischen Abteilungsleiter und Personal zu gewährleisten, tatsächlich wichtige Führungsfunktionen erfüllte. Die Bedürfnisse der höheren Angestellten nach wechselseitiger Unterstützung, Warmherzigkeit und Verständnis aber wurden nicht befriedigt, und das Gefühl, daß jeder auf sich selbst gestellt sei, breitete sich in der gesamten Institution aus. Obwohl diese Abteilung als Ort betrachtet wurde, der den Mitarbeitern – falls sie die Chance nutzten – reichlich Raum zu selbständiger, autonomer Entwicklung ließ, kündigten viele Personalangehörige, weil sie in einer derartigen Isolation nicht zu arbeiten vermochten.

In einer anderen Einrichtung verhielt sich ein ausgeprägt schizoider Klinikdirektor bei Entscheidungsprozessen nicht klar und entschieden genug, und dies machte die gesamte Delegation von Machtbefugnissen zu einer vagen Angelegenheit. Niemand wußte genau, wer über welche Befugnisse verfügte, und niemand war bereit, ohne wiederholte Rücksprache mit dem Klinikdirektor irgendeine Sache in die Hand zu nehmen. So entwickelten sich extreme Vorsicht und Übersensibilität und eine Politisierung der Entscheidungsprozesse in der gesamten Organisation. Schließlich setzte sich die allgemeine Ansicht durch, daß man nur als geschickter und taktvoller Manipulierer in der Abteilung vorankommen könne und daß es riskant sei, Gefühle unverhohlen zu äußern. Die Persönlichkeitseigenschaften des Klinikdirektors infiltrierten auf diese Weise die Gruppeninteraktionen und wurden zu einem charakteristischen Merkmal der gesamten Organisation.

Zwangsneurotische Persönlichkeitsmerkmale

Zwangsneurotische Persönlichkeitsmerkmale lassen sich bei Führungskräften häufig beobachten. Die Konzentration auf Ordnung, Präzision, Klarheit und Kontrolle hat positive Seiten; sie kann eine gute, eindeutige Machtdelegation fördern und klare Entscheidungsprozesse ermöglichen. Anders, als man es erwarten würde, geben zwanghafte Persönlichkeiten in Führungspositionen wenig Unschlüssigkeit zu erkennen; ausgeprägt zwangsneurotische Persönlichkeiten mit einer in erster Linie zweifelnden und zögernden Haltung dringen normalerweise nicht in Spitzenpositionen vor. Chronische Unentschlossenheit der Führungskraft kann zwangsneurotischen Ursprungs sein; gewöhnlich jedoch ist eine chronische Unentschlossenheit an der Spitze auf narzißtische Probleme zurückzuführen. Somit funktionieren zwangsneurotische Persönlichkeiten, unter dem Blickwinkel der Organisation betrachtet, eher effizient. Ihre eindeutige Haltung zu Problemen und ihr engagiertes Eintreten für ihre Werte erfüllen für die Einrichtung insgesamt wichtige kreative Funktionen.

Von Nachteil bei Führungskräften aber sind das übertriebene Bedürfnis des Zwangsneurotikers nach Ordnung und Präzision, sein Kontrollbedürfnis und das Ausleben sadistischer Eigenschaften. Ein unangemessenes Bedürfnis nach Ordnung und Kontrolle kann die bürokratischen Komponenten der Organisation verstärken – das heißt, es kann die Entscheidungsfindung auf der Grundlage von Regeln und Vorschriften und mechanisierten Abläufen unterstützen, die allesamt die Kreativität der Mitarbeiter und die Autonomie von Entscheidungsprozessen in Zeiten rascher Veränderungen oder Krisen beeinträchtigen. Eine exzessive Bürokratisierung kann die Organisation gelegentlich vor politischen Auseinandersetzungen bewahren, sie verstärkt aber zugleich den passiven Widerstand bei grenzübergreifenden Verhandlungen und mißbraucht die Ressourcen.

Da in Zeiten starker Belastung die pathologischen Abwehrmechanismen und vor allem die pathologischen Charakterzüge der Führungsperson aktiviert werden, kann der zwangsneurotische Vorgesetzte in kritischen Situationen mit verstärktem zwanghaften Perfektionismus und gesteigerter Pedanterie reagieren. Dies setzt die Organisation in einer Phase, in der rasche und effiziente Entscheidungen getroffen werden müssen, unter zusätzlichen Druck. Den Mitarbeitern muß klar sein, daß sie das Sicherheitssystem der Führungskraft – die Charakterabwehr – unter solchen Bedingungen schützen müssen, damit die Arbeit getan werden kann. Dies gilt natürlich für jede Führungskraft mit pathologischen Charakterzügen; zu wissen, wie man ihr in Krisenzeiten beistehen kann, ist eine elementare Fähigkeit des mittleren Managements.

Bestimmte zwangsneurotische Persönlichkeiten werden in Führungspositionen auch ihren intensiven, unaufgelösten Sadismus ausleben. Ihr Bedürfnis, Untergebene zu kontrollieren, kann sich auf die funktionale Organisationsstruktur verheerend auswirken. Wann immer die Mitarbeiter einer Maßnahme der Führung massiven Widerstand entgegensetzen, reagiert diese unter Umständen starrköpfig und kontrollierend, indem sie ihnen die Sache immer wieder rachsüchtig »unter die Nase reibt« und ihre »Gegner« ständig zur Unterwerfung zwingt. Ein solches Verhalten fördert irrationale Ängste vor Autorität und verstärkt die verzerrte Rollenwahrnehmung des Personals; sie leistet auch einer Unterwürfigkeit gegenüber Vorgesetzten Vorschub, die ein effizientes Feedback und die kreative Beteiligung aller Mitarbeiter beeinträchtigt.

Das Ergebnis kann in der Entwicklung chronischer Passivität bestehen, einer Pseudoabhängigkeit, die nicht aus einer echten Abhängigkeitsgruppe resultiert, sondern in der Angst vor Autorität wurzelt. Der autoritäre, diktatorische

Umgang mit dem Personal und mit den Patienten kann sich auf die Institution übertragen. In einer Psychiatrieabteilung veranlaßte die Ernennung eines zwangsneurotischen und sadistischen Vorgesetzten die kreativsten Angehörigen der medizinischen Leitung innerhalb eines Jahres zur Kündigung. Daraufhin umgab sich jener Vorgesetzte mit einer Gruppe schwacher, gehemmter oder mittelmäßiger Ärzte, die bereit waren, ihre eigenständige berufliche Weiterentwicklung der Sicherheit und Stabilität zu opfern, mit der ihre Unterwerfung belohnt wurde. Als sich die gleichen Konflikte jedoch etwa ein Jahr später auf der nächsthöheren Hierarchieebene wiederholten, kam es zu einer allgemeinen Kampf-Flucht-Gruppenbildung, die mit einem vollständigen Zusammenbruch der Aufgabenerfüllung einherging, bis jener Leiter schließlich durch die vereinten Bemühungen des gesamten Personals zum Rücktritt veranlaßt wurde.

Paranoide Persönlichkeitsmerkmale

Paranoide Persönlichkeiten stellen immer eine ernsthafte potentielle Gefahr für die funktionalen Beziehungen dar, die Führungspersonen zu ihrem Personal aufbauen müssen. Die Entwicklung von Kampf-Flucht-Bedingungen in den Gruppenprozessen der gesamten Organisation – eine Entwicklung, die von Zeit zu Zeit sogar in höchst effizient funktionierenden Institutionen eintreten kann – wird unter Umständen einen Oppositionsführer in den Vordergrund rücken. Bei schweigender Toleranz oder unbewußter Kollusion der Mehrheit des Personals kann ein Angriff dieses Oppositionsführers auf die Administration eine paranoide Regression des obersten Leiters auslösen, selbst wenn dieser keine sonderlich paranoiden Charakterzüge besitzt. Mit anderen Worten: Es ist immer möglich – vor allem in großen Organisationen mit mehreren Hierarchieebenen –, daß der Leiter mißtrauisch wird, daß er sich versucht fühlt, sadistische Kontrolle auszuüben, und daß er seine Wut auf das Personal projiziert. Wenn er zudem tatsächlich starke paranoide Charakterzüge besitzt, ist die Gefahr paranoider Reaktionen auf Kampf-Flucht-Bedingungen noch größer; möglicherweise nimmt er sogar gewöhnliche Diskussionen oder eine schwache Opposition als gefährliche Rebellion oder als potentiellen, kaschierten Angriff wahr. Das Bedürfnis, die Opposition zu unterdrücken und zu kontrollieren, das wir bereits am zwangsneurotischen Leiter mit sadistischen Zügen beobachtet haben, kann bei der paranoiden Führungskraft vorherrschend werden. Da sie mühelos alles, was sie »sieht«, als mangelnden Respekt, schlechte Behandlung und versteckte Feindseligkeit interpretieren kann, fürchten sich die Mitarbeiter möglicherweise davor, offen zu sprechen. Die Ängstlichkeit des Personals wiederum kann das Mißtrauen des Leiters verstärken, so daß sich ein Teufelskreis entwickelt.

Da sich paranoide Persönlichkeiten besonders zur Führung einer Grundannahmen-Gruppe in der Kampf-Flucht-Position eignen, handelt es sich bei den Oppositionsführern häufig um eine Person mit starken paranoiden Zügen. Das bedeutet nicht, daß Revolutionsführer grundsätzlich paranoide Persönlichkeiten wären; allerdings können paranoide Persönlichkeiten aufgrund der Art ihrer Psychopathologie unter revolutionären Bedingungen sehr gut funktionieren. Sie nehmen die Ingroup, die sie selbst repräsentieren, als ausschließlich gut und die äußeren Gruppen oder die gesamte Umwelt, die sie bekämpfen, als ausschließlich böse wahr. Die erfolgreiche Projektion all seiner Aggression auf ein Objekt außerhalb der Grenzen seiner eigenen Gruppe erlaubt es dem paranoiden Oppositionsführer, innerhalb dieser Grenzen effizienter zu funktionieren, wenn auch nur infolge einer erheblich verzerrten Wahrnehmung der äußeren Realität. Wenn es dem paranoiden Führer aber gelingt, die Macht zu ergreifen und sich die Kontrolle über die Organisation zu sichern, können dieselben Eigenschaften, durch die er die Führung der Kampf-Flucht-Gruppe erlangte, bewirken, daß er die Institution zerstört. Seine Tendenz, die gesamte Feindseligkeit nach außen zu projizieren – das heißt, die Institution als gut und die Umwelt als böse zu sehen –, kann die guten Beziehungen zwischen dem Führer und seinen Anhängern vorübergehend schützen; langfristig aber geschieht dies nur um den Preis einer Institutionalisierung der paranoid verzerrten Wahrnehmung der äußeren Realität und einer Verzerrung der Verhandlungen an den Grenzen zwischen der Institution und ihrer Umwelt; darüber hinaus ist immer damit zu rechnen, daß die Fähigkeit des Führers, seine Aufgaben in der Organisation zu erfüllen, versagt. Innerhalb der Organisation kann die rachsüchtige Verfolgung jener Personen, die der paranoide Führer für potentielle Feinde hält, kreative Kritik in höherem Maße einschränken, als dies durch zwangsneurotische Persönlichkeiten mit sadistischen Charakterzügen geschieht.

Der Direktor einer psychiatrischen Einrichtung, die eng mit verschiedenen anderen psychiatrischen Institutionen zusammenarbeitete, fühlte sich chronisch bedroht, weil er überzeugt war, daß sich die Direktoren der anderen Institutionen in einem Machtspiel gegen ihn verbündet hatten. Zuerst suchte er bei seinen eigenen Mitarbeitern Hilfe und Unterstützung, und die Moral verbesserte sich vorübergehend, als sie sich allesamt gegen den äußeren Feind zusammenschlossen. Da er aber die Leiter und Repräsentanten der anderen Einrichtungen fortwährend bekämpfte, gelang es dem Direktor schließlich immer weniger, seine Funktionen zu erfüllen und seine eigene Institution zu vertreten. Er begann, seine Untergebenen für die Schwierigkeiten verantwortlich zu machen, denen er bei der Beschaffung von Raum, Personal, finanziellen Mitteln und bei der Sicherung des Einflusses der Gemeinschaft begegnete. Er verdächtigte einige Mitglieder des mittleren Managements seiner eigenen Institution, ihn betrogen zu haben, und reduzierte die Effizienz seiner Einrichtung innerhalb ihrer professionellen Umwelt auf diese Weise nur noch mehr. Die Situation wurde gelöst, als die Grenzen der Institution in eine regelrechte Barriere verwandelt wurden, hinter der sie sich von der örtlichen Gemeinschaft isolierte und ihre Aufgaben neu definierte, und zwar als Teil einer regionalen Kette von Institutionen. Diese Isolation aber rief eine heftige, negative Reaktion der Gemeinschaft hervor, und schließlich wurde der Direktor entlassen.

Das folgende Beispiel hingegen illustriert die Auflösung einer paranoiden Regression, die durch Kampf-Flucht-Bedingungen in einem Organisationsleiter ohne paranoide Persönlichkeitseigenschaften ausgelöst wurde. Der Direktor eines Krankenhauses empfand gegenüber dem leitenden Mitarbeiter Dr. B. Mißtrauen und Wut, weil er sich bei allen Sitzungen der Ärzteschaft von ihm herausgefordert fühlte. Der Direktor hielt Dr. B. für einen höchst paranoiden Charakter, dessen Gruppenverhalten das Personal spaltete und die Organisation potentiell gefährdete. Er fragte sich, ob Dr. B. für die Einrichtung weiterhin tragbar sei. Gleichwohl akzeptierte er das Urteil anderer Personalangehöriger, die Dr. B. für einen guten Arzt hielten, der dem Krankenhaus wertvolle Dienste leiste. Ein Berater empfahl dem Direktor, sich privat mit Dr. B. zu treffen, um über dessen Gruppenverhalten zu sprechen. Der Direktor kam dem Rat nach und stellte fest, daß sich Dr. B. bei Einzelbegegnungen weit offener und flexibler gab als in Gruppensituationen. Aber Dr. B. änderte nichts an seinem herausfordernden Verhalten in Gruppen, und nun gelangte der Direktor zu der Erkenntnis, daß – ungeachtet der persönlichen Eigenschaften von Dr. B. – der Gruppenprozeß sein streitsüchtiges Verhalten fördern müsse und eine Untersuchung dieses speziellen Organisationsbereichs angezeigt sei. Im Laufe der Untersuchung kam heraus, daß es innerhalb der Institution gravierende Konflikte gab, die sich negativ auf die Leistungsfähigkeit der Ärztegruppe, der Dr. B. angehörte, ausgewirkt hatten, so daß ständig Kampf-Flucht-Grundannahmen vorherrschten und Dr. B. in die Rolle des Anführers gedrängt wurde. Die Analyse des Organisationsproblems durch den Direktor ermöglichte die Lösung der Konflikte in der gesamten Ärztegruppe; Dr. B., der nun keine Unterstützung durch den schweigenden Konsens der Gruppe mehr fand und von dieser sogar aktiv gebremst wurde, hörte auf, die Gruppendiskussionen zu dominieren.

Narzißtische Persönlichkeitsmerkmale

Die Charakterpathologien von Führungspersonen, die für Institutionen die größte Gefahr bergen, sind vermutlich die narzißtischen Persönlichkeitsmerkmale. Ich muß betonen, daß ich den Begriff *narzißtische Persönlichkeit* hier in einem restriktiven Sinn benutze; ich spreche von Personen, deren interpersonale Beziehungen durch übertriebene Selbstbezogenheit charakterisiert sind, deren Grandiosität und Überbewertung ihrer selbst mit Minderwertigkeitsgefühlen einhergehen, die in allzu hohem Maße von äußerer Bewunderung abhängen, emotional oberflächlich und sehr neidisch sind und sich in ihren Beziehungen zu anderen verächtlich und ausbeuterisch verhalten (Kernberg 1970, 1974).

Die übertriebene Selbstbezogenheit und Grandiosität narzißtischer Menschen steht in dramatischem Gegensatz zu ihrem chronischen Neidpotential. Ihre Unfähigkeit, sich selbst und andere wirklich einzuschätzen, macht es ihnen unmöglich, sich in andere einzufühlen und sie differenziert wahrzunehmen; all dies kann verheerende Folgen haben, wenn solche Personen in leitende Positionen gelangen. Darüber hinaus entwickeln sie unter Umständen paranoide Züge statt der häufiger anzutreffenden Depression und des Gefühls, persönlich versagt zu haben, wenn die erwarteten äußeren Gratifikationen ausbleiben oder wenn sie mit schweren Frustrationen oder ihrem Scheitern konfrontiert werden. Solche paranoiden Tendenzen verstärken die narzißtischen Charakterzüge der Führungsperson und verschlimmern den Schaden, den sie der Organisation zufügen kann.

Weil narzißtische Persönlichkeiten häufig von einem starken Macht- und Prestigeverlangen zur Übernahme von Führungsposten getrieben werden, finden sich Menschen mit diesen Charaktereigenschaften oft in Spitzenpositionen. In vielen Fällen handelt es sich um sehr intelligente, hart arbeitende Männer und Frauen, die auf ihrem Gebiet extrem begabt oder fähig sind; ihre narzißtischen Bedürfnisse aber neutralisieren oder zerstören ihr kreatives Potential in der Organisation.

Pathologisch narzißtische Menschen streben Führungspositionen vor allem deshalb an, weil sie ihnen Bewunderung und narzißtische Gratifikation von seiten der Mitarbeiter und der äußeren Umwelt gewähren, und nicht, weil sie sich einer bestimmten Aufgabe oder einem Ideal, das die Institution repräsentiert, verpflichtet fühlen. Daher kann es passieren, daß sie die funktionalen Führungserfordernisse, die menschlichen Bedürfnisse und inneren Zwänge, die mit der Arbeit zusammenhängen, vernachlässigen und die Wertesysteme mißachten, die einen der wichtigen Maßstäbe darstellen, an denen administrative und fachliche Verantwortung gemessen werden. Führern mit narzißtischen Persönlichkeiten ist es nicht bewußt, daß sie in ihrer engen Umgebung und in der gesamten Organisation die vielfältigsten pathologischen menschlichen Beziehungen fördern, indem ihre Persönlichkeit einen generellen Einfluß auf die administrativen Strukturen und sämtliche Funktionen ausübt.

Im Gegensatz zu Führungskräften mit pathologischen zwangsneurotischen und paranoiden Merkmalen ist der narzißtische Führer nicht nur auf die Unterwerfung seiner Mitarbeiter angewiesen; er fordert auch ihre Liebe ein. Künstlich intensiviert er ihre normale Tendenz, sich auf ihn zu verlassen und ihn zu idealisieren: Wenn den Mitarbeitern bewußt wird, wie wichtig es für ihn ist, ständige Demonstrationen ihrer bedingungslosen Liebe und Bewunderung zu erhalten, werden Schmeichelei und Speichelleckertum zu konstanten Merkmalen ihrer Kommunikation.

Der negative Einfluß des pathologischen Narzißmus ist von den normalen narzißtischen Manifestationen zu unterscheiden, die mit den Gratifikationen jeder verantwortlichen, führenden Position verbunden sind – Gratifikationen, die eine Quelle erhöhter Leistungsfähigkeit des Vorgesetzten sowie eine Kompensation seiner administrativen Frustrationen darstellen können. In früheren Arbeiten (Kernberg 1970, 1974) habe ich die Unterschiede zwischen normalem und pathologischem Narzißmus untersucht. Ich beschränke mich hier darauf, einige dieser Unterschiede, die für die Person in leitender Position relevant sind, zu skizzieren.

Administrative und Führungspositionen im allgemeinen können narzißtische Bedürfnisse in vielerlei Hinsicht befriedigen. Unter optimalen Bedingungen sind diese Bedürfnisse in reife Ich-Ziele und in den Wunsch integriert, einem reifen Ich-Ideal und reifen Über-Ich-Normen gemäß zu leben. Normale narzißtische Gratifikationen haben einen gereiften Charakter; im Gegensatz zu einer kindlichen und oberflächlichen Selbsterhöhung ist die normale Selbstliebe zum Beispiel einsichtig und tief; normale Selbstliebe verbindet sich mit einer Verpflichtung gegenüber Idealen und Werten und mit der Fähigkeit, andere zu lieben und ein tiefes Interesse an ihnen zu empfinden.

Der Leiter einer psychiatrischen Einrichtung kann aus seiner Fähigkeit, eine ideale Abteilung oder Klinik zu entwickeln, normale narzißtische Gratifikationen beziehen, ebenso wie aus der Möglichkeit zu professionellem Wachstum und zur Entwicklung des Personals, aus dem wissenschaftlichen Fortschritt, den die Institution fördert, aus der Steigerung der Effizienz der Organisation und Administration und vor allem aus der Chance, Patienten die bestmögliche Behandlung zu bieten. Narzißtische Gratifikationen vermittelt auch das Bewußtsein des Leiters, daß er Mitarbeitern und Untergebenen eine befriedigende Arbeit und damit eine Gratifikation ermöglicht, die ihre Selbstachtung stärkt, und daß er zu umfassenderen gesellschaftlichen und kulturellen Zielen beitragen kann. Mit anderen Worten: Das Streben nach einer Führungsposition kann Idealismus und Altruismus enthalten, Eigenschaften, die mit einem normalen Narzißmus eng verbunden sind.

Die Ziele der pathologisch narzißtischen Führungskraft hingegen konzentrieren sich auf die Gewinnung einer primitiven Macht über andere, auf das Bedürfnis nach Bewunderung, sogar Ehrfurcht, und den Wunsch, für die eigene

Attraktivität, für persönlichen Charme und Brillanz bewundert zu werden – nicht für reife menschliche Eigenschaften wie moralische Integrität oder kreative Führung. Unter den Bedingungen des pathologischen Narzißmus ist die Toleranz des Vorgesetzten für normale, in seiner Position unvermeidbare Frustrationen gering, und so kommt es zu einer Reihe pathologischer Entwicklungen in seinen Interaktionen mit dem Personal und in seiner gesamten Führung der Organisationsstruktur.

Insbesondere die Vorherrschaft unbewußten und bewußten Neides wirkt sich auf die Beziehungen zu seinen Mitarbeitern schädlich aus. Weil er es nicht erträgt, wenn andere erfolgreich sind und Gratifikation aus ihrer Arbeit beziehen, sondern durch das berufliche Weiterkommen anderer seine eigenen Leistungen in den Schatten gestellt oder gefährdet sieht, wird der narzißtische Manager gegenüber den kreativsten Personalangehörigen Ressentiments entwickeln. Narzißtische Persönlichkeiten gewähren Auszubildenden oder jüngeren Mitarbeitern häufig Unterstützung und fördern deren Entwicklung, weil sie unbewußt Erweiterungen ihres eigenen Größenselbst in ihnen sehen. Wenn diese jüngeren Kollegen dann einen Punkt in ihrer Entwicklung erreichen, an dem sie autonom und unabhängig werden, kann die Unterstützung des Vorgesetzten jedoch in Entwertung und rücksichtslose Untergrabung ihrer Arbeit umschlagen.

Ein narzißtischer Psychiater oder Psychologe, der Managerfunktionen übernimmt, die seine klinischen oder Forschungsinteressen beeinträchtigen, kann Neid auf seine Kollegen empfinden, die weiterhin klinisch arbeiten. Eine Lösung besteht in solchen – recht häufigen – Fällen darin, daß dieser Manager seine narzißtische Gratifikation aus der Entwicklung der Administration als sein theoretisches oder praktisches Spezialgebiet bezieht oder einen anderen Bereich findet, in dem er weiterhin kreativ tätig sein kann.

Die Fähigkeit, sich über die Zufriedenheit und den Erfolg von Menschen zu freuen, deren Entwicklung man selbst gefördert hat, ist Teil des normalen Narzißmus; Freude an der Arbeit und am Erfolg anderer – ein generelles Charakteristikum der normalen Bewältigung infantilen Neides und infantiler Eifersucht – ist eine wichtige Fähigkeit, die der narzißtischen Persönlichkeit fehlt. Der narzißtische Direktor wird unter Umständen auch Neid auf solche Mitarbeiter empfinden, die konsequent für ihre professionellen Überzeugungen eintreten; eine der Tragödien narzißtischer Persönlichkeiten besteht darin, daß ihr Mangel an tiefen menschlichen Werten zur Zerstörung der Wertesysteme und Überzeugungen, die sie tatsächlich besitzen, beiträgt.

Eine weitere Konsequenz des pathologischen Narzißmus ist darauf zurückzuführen, daß der pathologisch narzißtische Vorgesetzte die Unterwürfigkeit seiner Mitarbeiter fördert. Da narzißtische Vorgesetzte dazu neigen, sich mit Jasagern und gewieften Manipulierern zu umgeben, die ihre narzißtischen Bedürfnisse ausbeuten, werden ehrlichere und daher kritische Mitarbeiter an die Seite gedrängt. Schließlich konstituieren solche Personalangehörigen unter Umständen eine relativ schweigsame, aber unzufriedene und kritische Opposition. Die abhängige Gruppe der Bewunderer untergräbt das Selbstgewahrsein des Vorgesetzten weiter und fördert die pathologische Dimension seines Narzißmus.

Unter Umständen verachtet die narzißtische Führungskraft diejenigen, von denen sie sich umschmeichelt sieht, aber sie kann nicht auf sie verzichten; und ihr Respekt vor der Integrität der Kritiker zerfällt nach und nach in paranoide Ängste. Unter dem Blickwinkel der internalisierten Objektbeziehungen formuliert, verhält es sich so, als induziere der narzißtische Führer im menschlichen Netzwerk der Organisation ein Duplikat seiner inneren Objektwelt, die einzig von entwerteten, schattenhaften Bildern anderer und Bildern gefährlicher potentieller Feinde bevölkert ist.

Die Unfähigkeit des narzißtischen Führers, Menschen wirklich differenziert zu beurteilen, beruht auf der Pathologie seiner internalisierten Objektbeziehungen. Diese wurzelt sowohl in der Tendenz narzißtischer Persönlichkeiten, Beziehungen zu Partial- und nicht zu ganzen Objekten einzugehen (Kernberg 1967, 1970), als auch in ihrer fehlenden Verpflichtung gegenüber professionellen Werten und Wertesystemen im allgemeinen. Der narzißtische Chef beurteilt Menschen daher nach dem oberflächlichen Eindruck, den er aus ihrem Verhalten gewinnt; ihm ist das Prestige wichtig, das sie sich bereits erworben haben, oder er läßt sich von politischen Überlegungen leiten statt von einer reifen Einschätzung der Art der Aufgabe, der Art von Persönlichkeit, die zu ihrer Durchführung notwendig ist, und der Persönlichkeit und der Kenntnisse des Betreffenden. Die Unfähigkeit des narzißtischen Führers, reife Urteile über Menschen zu treffen, und seine Tendenz, sich auf Jasager zu verlassen, verstärken einander und können eine Situation heraufbeschwören, in der er ausschließlich von Personen umgeben ist, die ihm selbst ähneln, Personen, die unter anderen schweren Verhaltensstörungen leiden oder sich ihr Gespür für seine psychischen Bedürfnisse zynisch zunutze machen.

Je gravierender aber die administrative Struktur in großen Institutionen durch die narzißtische Pathologie des Führers beeinträchtigt wird, desto mehr Kompensationsmechanismen können sich paradoxerweise herausbilden, und zwar in Form des Zusammenbruchs der Grenzkontrolle und der Grenzverhandlungen, so daß bestimmte institutionelle Funktionen tatsächlich unkenntlich oder, allgemeiner formuliert, von der übrigen Organisation abgespalten werden. Hier zeigt sich eine Parallele zu bestimmten Fällen schwerer Pathologie, in denen die generalisierte Spaltung oder primitive Dissoziation des Ichs es dem Patienten ermöglicht, um den Preis der Fragmentierung seiner Ich-Identität eine gewisse Anpassung an die äußere Realität aufrechtzuerhalten. Aber die gesamte Kreativität der Organisation nimmt unter einer exzessiv narzißtischen Führung erheblichen Schaden. Obwohl sich die Grandiosität und Expansivität des narzißtischen Führers kurzfristig als Arbeitsdruck oder charismatische Erregung auf die Organisation übertragen und einen Produktivitätsschub auslösen kann, dominieren langfristig die zerstörerischen Auswirkungen des pathologischen Narzißmus. Die Kreativität geht in einer alles vereinnahmenden Abhängigkeit oder in dem Zynismus unter, der sich unter den Organisationsangehörigen mit dem größten Wissen und den stärksten Überzeugungen entwickelt.

Wenn die von einem narzißtischen Führer geleitete Organisation klein ist, können die negativen Folgen von Anfang an überwältigend sein, denn jeder ist dann von den Problemen des Chefs direkt betroffen. Die Entwicklung von Verständnis wird durch seine fortwährenden Zweifel und seine Unsicherheit behindert – Zweifel, die sich aus unbewußtem Neid, aus Entwertung und dem Mangel an Überzeugungen herleiten – sowie durch sein Bedürfnis, sich ständig neuen Interessen zuzuwenden, weil er die Begeisterung an allem verliert, sobald es nicht mehr neu und aufregend ist. Die Unfähigkeit des narzißtischen Vorgesetzten, die realistischen Abhängigkeitsbedürfnisse der Mitarbeiter zu befriedigen – einfach ausgedrückt, seine Unfähigkeit zuzuhören –, frustriert deren elementare Bedürfnisse und verstärkt zugleich die negativen Auswirkungen der verzerrten Gruppenprozesse: die Bildung einer unterwürfigen und abhängigen Ingroup und einer depressiven und wütenden Outgroup.

Vorgesetzte mit einem schweren Narzißmus, deren Ehrgeiz durch die äußere Realität der Organisation frustriert wird, erwarten von ihren Mitarbeitern unter Umständen ein so hohes Maß an zusätzlicher Unterstützung, daß der größte Teil der institutionellen Energie auf Bemühungen verwendet wird, das emotionale Gleichgewicht des Chefs wiederherzustellen. Der Leiter einer Psychiatrieabteilung hatte seine Position bereits zu einem frühen Zeitpunkt seiner Karriere erlangt. Damals galt er innerhalb seiner Generation als vielversprechend; nach und nach aber war ihm seine Führungsfähigkeit abhanden gekommen, und er war verbittert und depressiv geworden. Nach einigen Jahren betrachteten die übrigen leitenden Mitarbeiter es als ihre Hauptaufgabe, den Chef gegen überflüssigen Streß und narzißtische Kränkungen abzuschirmen und seine Fähigkeiten durch Applaus und Zuspruch unermüdlich zu stimulieren – mit dem Resultat, daß die Produktivität der Abteilung generell beträchtlich sank.

Es ist ermutigend festzustellen, daß sich Mitarbeiter von Institutionen mit einer narzißtischen Führung ihre persönliche Integrität, Autonomie und Unabhängigkeit trotz der korrumpierenden Beeinflussung durch ihre direkte Umgebung bewahren können. Diese isolierten Mitarbeiter können einem von außen kommenden Berater die wichtigsten Informationen über die »heimliche Agenda« der Organisation geben, und sie können ihren Kollegen inmitten allgemeiner Mutlosigkeit Hoffnung auf Veränderung vermitteln. Es ist so, als spiegele die soziale Situation der Institution das intrapsychische Leben narzißtischer Persönlichkeiten wider – in dem Fragmente eines gesunden Ichs in einem Meer zerfallener internalisierter Objektbeziehungen treiben.

Narzißtische Führer strahlen zwar häufig ein extremes Selbstvertrauen aus, das auch die Gruppe zur Identifizierung mit diesem Selbstvertrauen veranlaßt, aber nicht alle narzißtischen Führer sind charismatisch, und nicht alle charismatischen Führer sind narzißtisch. Persönliches Charisma kann auf einer Kombination verschiedener Persönlichkeitseigenschaften beruhen und in erhebliche fachliche Brillanz, moralische Überzeugungen und menschliche Tiefe eingebettet sein. Zuweilen werfen Mitarbeiter einem starken und engagierten Chef vor, »narzißtisch« zu sein, projizieren dabei aber in Wirklichkeit ihre eigenen frustrierten narzißtischen Ziele auf ihn und bringen den Neid zum Ausdruck, den ein erfolgreicher Mensch in ihnen weckt. Der Konsens-Führer – den Zaleznik (1974) dem charismatischen Führer gegenübergestellt hat – kann ebenfalls sehr narzißtische oder aber normale Persönlichkeitseigenschaften aufweisen. Wir müssen zwischen dem reifen Konsens-Führer, der sich in die Denkweise seiner Mitarbeiter vertiefen und das Verständnis sowie die Fähigkeiten seiner Arbeitsgruppe kreativ nutzen kann, und dem machtorientierten, reibungslos funktionierenden, politisch opportunistischen, narzißtischen Konsens-Führer unterscheiden, der Gruppenphänomene gerissen für seine eigenen narzißtischen Ziele ausnützt.

Es gibt bestimmte narzißtische Führer, die sich vor allem dann befriedigt fühlen, wenn sie von allen geliebt werden, und dabei gleichzeitig im Mittelpunkt von Entscheidungsprozessen stehen, bei denen sie jede Rücksichtnahme auf Wertesysteme oder auf die funktionalen Notwendigkeiten der Organisation der politischen Zweckdienlichkeit opfern. Das typische Beispiel ist der »nette Kerl«, der keine Feinde hat, ein wenig unsicher wirkt, scheinbar leicht zu beeinflussen ist und dem es gleichzeitig hervorragend gelingt, alle Konflikte unter seinem Personal in Kämpfe zu verwandeln, in die er selbst nicht hineingezogen wird. Die allgemeinen narzißtischen Eigenschaften wie Oberflächlichkeit, Unfähigkeit zu wohldurchdachtem Urteil und Unfähigkeit, sich Werten zu verpflichten, liegen in diesem Fall auf der Hand; was jedoch zu fehlen scheint, ist die direkte Äußerung von Grandiosität und das Bedürfnis, aus der Bewunderung anderer direkte Gratifikation zu beziehen. Mitunter erhält dieser Typus seine Gratifikation, indem er seine Stellung als Quelle von Macht und Prestige über die Organisation hinaus benutzt. Er läßt die Organisation laufen, wie sie läuft, versucht, Störungen zu vermeiden, und ist vor allem darum besorgt, seine eigene Machtbasis aufrechtzuerhalten.

Ein ähnliches Ergebnis stellt sich unter Umständen ein, wenn eine Person mit einer andersartigen Persönlichkeitsstruktur die Führung übernimmt – nämlich ein Mensch mit starken Reaktionsbildungen gegen primitive sadistische Züge. In diesem Fall steht die direkte Freundlichkeit des Vorgesetzten gegenüber seinen unmittelbaren Untergebenen im Gegensatz zu den heftigen Konflikten, die er auf der nächst tieferen Administrationsebene auslöst. Und schließlich gibt es den Konsens-Führer, der seine Position dank seiner fachlichen oder professionellen Fähigkeiten erlangt und sie akzeptiert hat, ohne die mit ihr verbundene Verantwortung wirklich zu übernehmen. Dies ist eine derjenigen Konstellationen, die der Organisation im Grunde die Führung rauben: Die Person an der Spitze interessiert sich stärker für ihr eigenes Fachgebiet als für die Entwicklung echter Führung und weicht daher der schmerzhaften Notwendigkeit, harte Entscheidungen zu treffen, aus. Kurz, sowohl charismatische als auch Konsens-Führung können sich aus verschiedenen normalen und pathologischen Quellen herleiten.

Ein wichtiger Aspekt, für den der pathologische Narzißmus eine Rolle spielt, ist die ewige Frage, wann man in einem Konflikt Kompromisse schließen und wann man an seinen eigenen Überzeugungen festhalten sollte. Das eine Extrem verkörpert die unflexible, selbstgerechte Person, die darauf beharrt, ihre eigenen Vorstellungen durchzusetzen, und keine Kompromisse erträgt – sie kann einen pathologischen Narzißmus zu erkennen geben; das andere Extrem stellt derjenige dar, der seine Überzeugungen – und seine Mitarbeiter – bereitwillig verrät, wenn dies seinem Eigeninteresse zugute kommt; auch in seinem Verhalten kann sich ein schwerer pathologischer Narzißmus manifestieren. Irgendwo zwischen diesen beiden Positionen liegen die realistischen Kompromisse, die den Grundüberzeugungen des Führers Rechnung tragen und effiziente Grenzverhandlungen zulassen, durch die eine kreative Balance widerstreitender Prioritäten, Aufgaben und Zwänge hergestellt wird. Mit anderen Worten: Intelligente politische Manöver können die Aufgabe schützen und klären, was wichtig ist und was nicht. Manchmal lassen sich die unmittelbaren politischen Implikationen einer bestimmten Maßnahme nur durch eine weitreichende Vorausschau von ihrem Wert im Kontext der umfassenden, langfristigen Aufgaben und Zielen der Organisation unterscheiden. Pathologischer Narzißmus führt zu einer erheblichen Beeinträchtigung der Fähigkeit einer Führungskraft, das Zweckdienliche vom Konstruktiven zu unterscheiden.

Die Wahl einer neuen Führungskraft

Bei der Auswahl eines Organisationsführers ist es notwendig, den weiten Bereich menschlicher oder interpersonaler Fähigkeiten eingehend zu untersuchen und sich nicht auf den oberflächlichen Eindruck scheinbarer Anpassungsfähigkeit und charmanter Umgangsweisen zu verlassen. Wie wir gesehen haben, sind das Geschick, augenblickliche Situationen einzuschätzen, die Fähigkeit, Konflikte kurzfristig zu klären, die Neigung, sich niemanden zum Feind zu machen und ungestümer Ehrgeiz nicht unbedingt Merkmale einer guten Führungskraft. Im folgenden möchte ich einige Fragen formulieren, die bei der Auswahl eines neuen Leiters beantwortet werden sollten.

Wie groß ist die Kreativität, die der Kandidat in der Vergangenheit auf seinem Gebiet bewiesen hat? Inwieweit bezieht er seine Gratifikationen aus seiner beruflichen Tätigkeit, und inwieweit bleibt ihm diese Quelle erhalten, sobald er seine Managerfunktionen aufgenommen hat? Inwieweit wird ihn seine eigene Kreativität als Manager befriedigen, ohne daß er auf Beifall und Bewunderung anderer angewiesen ist? Hierbei geht es auch um die Frage, wie stark der voraussichtliche Manager mit professionellen Werten und mit Wertesystemen in der administrativen Theorie identifiziert ist und ob er sich mit den Zielen der Organisation identifizieren kann. Als allgemeine Regel gilt: Wenn der künftige Leiter den Eindruck macht, daß er auf seine neuen administrativen Funktionen auch verzichten kann, ohne seine professionelle Selbstachtung ganz und gar zu verlieren, so verfügt er über eine Sicherheit, die ihm in seiner Position zugute kommen wird.

Wichtig ist auch die Frage, inwieweit die künftige Führungskraft sich grundlegender professioneller Werte bewußt ist und sich ihnen verpflichtet fühlt, statt das Hauptaugenmerk auf Aspekte zu richten, die gerade »in« sind und kurzfristig als gewinnträchtig erscheinen. Vor allem in Zeiten rascher Veränderungen gelangen unkreative und sogar mittelmäßige Kräfte an die Spitze ihrer Organisation, weil sie sich schnell und umstandslos für Bereiche, die allgemeines Interesse auf sich ziehen, engagieren können.

Eine andere Frage lautet, inwieweit der Kandidat den Mut bewiesen hat, offen für seine Überzeugungen einzutreten, statt Konflikte mit Rücksicht auf Macht und Prestige auszunutzen. Der Mut, seine Überzeugungen zu verteidigen, für die eigenen Mitarbeiter zu kämpfen, die etablierten Vertreter der Macht herauszufordern – nicht durch unreifes emotionales Rebellentum, sondern aufgabenorientiert –, ist ein wichtiges Kapital. Man muß hier den Mut, dem die Stärke der eigenen Überzeugungen zugrunde liegt, von dem »Mut« unterscheiden, der sich aus paranoidem Querulantentum herleitet, aus zwanghafter Sturheit oder narzißtischer Rücksichtslosigkeit, aber dies ist in der Praxis nicht allzu schwierig. Stärke und Entschlossenheit sind entscheidende Voraussetzungen für die Entscheidungsprozesse, die zu den Hauptaufgaben des Managers gehören.

Ein weiteres wichtiges Kriterium bei der Auswahl einer Führungskraft ist die Frage, ob sich der Kandidat über das Wachstum und die Entwicklung anderer

Menschen wirklich freuen kann. Kreativität und Erfolg derer, die unter ihm arbeiten werden, sollten nicht durch exzessive Konflikte gefährdet werden, die der Neid des Vorgesetzten auslöst.

Diejenigen, die für die Beurteilung potentieller Führungskräfte verantwortlich sind, wissen gewöhnlich, daß neben rein beruflichen Fähigkeiten und Vorzügen die moralische Integrität des Kandidaten einen hohen Stellenwert besitzt; zusätzlich habe ich vor allem seine Verpflichtung gegenüber Werten – einschließlich professioneller Werte – und die Beziehungen zu inneren wie auch äußeren Objekten betont.

An früherer Stelle habe ich erwähnt, daß Führungsfunktionen mit normalen narzißtischen Gratifikationen verbunden sind, die dazu beitragen sollten, pathologische Regressionen der Persönlichkeit des Vorgesetzten zu verhindern und ihn für den von den Gruppenprozessen der gesamten Organisation ausgehenden Regressionsdruck zu entschädigen. Darüber hinaus kann eine angemessene Lösung seiner ödipalen Konflikte es dem Führer ermöglichen, sich vor regressiven Gruppenprozessen zu schützen; sie kann auch seine Fähigkeit stärken, die Führungsposition auszufüllen, sich über Erfolge zu freuen, über Rivalen zu triumphieren und Selbstbehauptung mit Toleranz und Menschlichkeit zu verbinden – allesamt wichtige Aspekte der Führungstätigkeit. In ähnlicher Weise kann eine angemessene Gratifikation seiner sexuellen und Abhängigkeitsbedürfnisse außerhalb der Organisationsstruktur dem Führer ebenfalls dabei helfen, dem regressiven Gruppendruck Widerstand entgegenzusetzen. Ich behaupte nicht, daß dies praktische Überlegungen wären, die im Auswahlprozeß berücksichtigt werden sollten. Ungeachtet des wichtigen Beitrags, den es für seine Funktionsfähigkeit leistet, sollte das private und intrapsychische Leben einer Führungskraft im Gegensatz zu ihrem Verhalten durch Intimgrenzen geschützt werden. Ihr Charakter und ihre moralische Integrität sind Teil ihres öffentlichen Wirkungsfeldes.

Abschließend möchte ich festhalten, daß es auch unter optimalen Bedingungen in jeder Organisation eingebaute Zwänge gibt, die mit den menschlichen Verhältnissen zusammenhängen, mit den Grenzen der Persönlichkeiten der beteiligten Individuen; bestimmte Schlachten müssen immer wieder geschlagen werden, ohne daß Aussicht auf eine endgültige Entscheidung bestünde. Der ideale Manager spiegelt ebenso wie die ideale Organisation oder die ideale Gruppe die regressiven Phantasien von Gruppen und Individuen wider.

6 Die Couch – ratlos: Die Psychoanalyse von Organisationen

Psychoanalytische Beiträge zur Theorie der Gruppen- und Organisationspsychologie haben eine merkwürdige Eigenschaft. Einige wenige der zentralen theoretischen Beiträge auf diesem Gebiet decken ein Territorium ab, das gegenüber dem psychoanalytischen Mainstream ein wenig peripher wirkt, und die meisten Psychoanalytiker scheuen vor diesen Arbeiten eher zurück. Auf die intellektuelle, wissenschaftliche und sogar politische Szene aber haben solche Beiträge einen spürbaren Einfluß ausgeübt, der sich allerdings auf den Bereich der Intervention in Organisationen beschränkte – und dafür gibt es gute Gründe. Mehr darüber später.

Im folgenden werde ich dieses Feld kurz beschreiben und dabei insbesondere einen Bereich ins Auge fassen, dem weniger Aufmerksamkeit zuteil wurde, als er es verdient – die Rede ist von Gruppen- und Organisationsleitern. Die Überschrift dieses Kapitels soll das Gefühl der Unsicherheit, ja sogar der Gefahr vermitteln, das sich für mich mittlerweile mit dem Versuch verbindet, psychoanalytisch gewonnenes Wissen auf große Gruppen und Organisationen anzuwenden.

Freud und die Führung

Wie bereits erwähnt, schlug Freud (1921) als erster den Weg zur psychoanalytischen Erforschung von Gruppenprozessen ein, die er im Rahmen seiner damals neu entwickelten Ich-Psychologie zu erklären versuchte. Zur Illustration seiner Theorie der Gruppenpsychologie benutzte er die Organisationen der Kirche und der Armee – Beispiele für die Beziehung der Gruppe, oder genauer, der Organisation als ganzer, zu ihrem Führer. François Roustang erinnert uns in seinem Buch *Dire Mastery* (1982) allerdings daran, daß Freud selbst in Wirklichkeit weder der Armee noch irgendeiner Kirche jemals angehörte. Er sammelte seine persönliche Erfahrung mit der Führung in der psychoanalytischen Bewegung. Roustang weist auf den paradoxen Umstand hin, daß derselbe Freud, der die irrationalen Beziehungen zwischen Führern und Anhängern in organisierten Institutionen kritisch beleuchtete, im Jahre 1914 auch den Beitrag »Zur Geschichte der psychoanalytischen Bewegung« verfaßte. Roustang zufolge bringt Freud in diesem Artikel eindeutig die Überzeugung zum Ausdruck, daß eine genuin wissenschaftliche Verpflichtung gegenüber der Psychoanalyse mit einer Loyalität gegenüber seinen (Freuds) Ideen Hand in Hand gehen müsse, während jegliche Infragestellung zentraler psychoanalytischer Konzepte einen unbewußt determinierten Widerstand gegen die Wahrheit repräsentiere. Die sehr persönlichen Einwände, die Freud gegen Jung und Adler geltend machte, bereiten jedem Bewunderer seines Genies Qualen. Man könnte Freuds Beziehungen zu seinen direkten Anhängern als irrelevante historische Kuriosität abtun, wären sie nicht so eng mit der späteren Geschichte der Psychoanalyse verbunden. In seiner Untersuchung der Beziehung zwischen Lehrer und Schüler lenkt Roustang die Aufmerksamkeit auf einen Widerspruch, der allen psychoanalytischen Gesellschaften inhärent ist. Das Ziel der Psychoanalyse besteht darin, die Übertragung aufzulösen. Die psychoanalytische Ausbildung aber versucht, die Übertragung aufrechtzuerhalten, welche die Psychoanalyse aufzulösen bestrebt ist. Wenn die Treue zu Freud, dem charismatischen Begründer der Psychoanalyse, Bedingung wäre, dann könnten die Mitglieder der Gesellschaften keine wissenschaftliche Selbständigkeit entwickeln. Jene Tradition hat, wie Roustang in seinen Ausführungen über Lacan zeigt, weiterhin Bestand.

Hat Freud, als er 1921 »Massenpsychologie und Ich-Analyse« verfaßte, seine psychoanalytische Bewegung beschrieben oder unbewußt als Modell benutzt? Und wie ist es zu erklären, daß ihn die Untersuchung der Persönlichkeit des Organisationsführers nicht interessierte? Freud scheint den Führer in erster Linie unter dem Blickwinkel seiner symbolischen Funktion als jüngster Sohn des symbolisch ermordeten Vaters zu sehen. Freud schreibt dem Führer umstandslos die Eigenschaften der Selbstgewißheit und narzißtischen Besetzung des Selbst zu – im Gegensatz zu seiner libidinösen Besetzung durch die Gruppe.

Bion und die Führung

Bions Erkenntnisse über Kleingruppenprozesse, die er in seinem Buch *Erfahrungen in Gruppen* (1961) zusammenfaßte, bilden den wichtigsten Einzelbeitrag der Psychoanalyse zur Psychologie der Kleingruppe. Während aber Bions Methode zur Untersuchung von primitiven Abwehrmechanismen, Objektbeziehungen und Ängsten in kleinen, unstrukturierten Gruppen höchst aufschlußreich in bezug auf die Psychologie und die Gruppenprozesse der Kleingruppe oder sogar großer Organisationen und großer unstrukturierter Gruppen ist, bleibt der therapeutische Wert seiner Technik fragwürdig.

Ein inhärenter Bestandteil von Bions Methode ist die Weigerung des Leiters, sich an der Gruppe zu beteiligen. Der Leiter beobachtet und deutet sämtliche Transaktionen, sogar solche, die sich direkt an ihn richten, als Gruppenprozesse, so als wäre er selbst völlig unbedeutend. Diese Strategie reduziert die gewöhnliche Rollenbeziehung zwischen den Mitgliedern und dem Leiter. Der Versuch, den Leiter als Persönlichkeit auszuschalten, verhindert nicht nur die übliche Strukturierung der Gruppensituation durch sozial akzeptierte und beruhigende Rollen und Interaktionen, sondern erzeugt in der Gruppenpsychotherapie auch eine gewisse Künstlichkeit seiner Haltung. Das Ergebnis ist letztlich eine Karikatur des Psychoanalytikers, der unbeobachtet hinter der Couch sitzt.

Die Verwechslung der technischen Neutralität des Psychoanalytikers mit der »verdrossenen Indifferenz«, die Freud ([1927] 1963) selbst ablehnte, ist ein nach wie vor aktuelles Problem. Manche Analytiker glauben, man müsse dem Patienten nicht nur sein inneres Leben verbergen (was völlig korrekt ist), um technisch neutral zu sein, sondern auch die Illusion erzeugen, daß der Analytiker keine Persönlichkeit besitze. Letzteres ist kaum realistisch. Ich bezweifele, daß man von Freud hätte sagen können, er habe auf seine Patienten wie ein »Mann ohne Eigenschaften« gewirkt.

Das Thema hängt mit der gegenwärtigen analytischen Kontroverse darüber zusammen, inwieweit die Übertragung auf der Realität dessen beruht, was der Patient im Analytiker wahrnimmt, oder aber auf der Vergangenheit des Patienten. Diese Diskussion vernachlässigt die Tatsache, daß sich die Übertragung gewöhnlich um realistische Aspekte der Persönlichkeit des Analytikers kristallisiert, die aber übertrieben und verzerrt werden, weil der Patient unbewußt Erfahrungen aus seiner Vergangenheit überträgt. Die Realität des Übertragungsstimulus von der Übertragung an sich als Verzerrung oder Übersteigerung dieses Stimulus zu unterscheiden war immer eine primäre technische Aufgabe. Mir geht es darum, daß die Phantasie oder der Wunsch, *jeglichen* Realitätsstimulus, der sich vom Analytiker herleitet, auszuschalten, lediglich dem unbewußten Idealisierungswunsch des Patienten zugute kommt.

Bions Technik birgt Vorteile und Gefahren in sich. Zu ihren Vorteilen zählen die deutliche Hervorhebung primitiver psychischer Operationen und die Möglichkeit, unbewußte Prozesse zu untersuchen, die das Gruppenverhalten beeinflussen. Was die Negativseite betrifft, so hat man (Scheidlinger 1960; Malan et al. 1976) gefragt, ob und inwieweit die künstliche Distanzierung des Gruppenleiters, die Ausschaltung von normalen stützenden Merkmalen der Gruppeninteraktionen und die Tatsache, daß individuellen Patienten keine kognitiven Instrumente zum Verstehen ihrer spezifischen Psychopathologie an die Hand gegeben werden, zu anspruchsvoll und daher therapeutisch kontraproduktiv wären. Bions Technik könnte auch einer künstlichen Idealisierung des Therapeuten Vorschub leisten.

Bion betont, daß die Leiter von Grundannahmen-Gruppen durch den Charakter der Regression innerhalb der Gruppe von ihrer Führungsrolle absorbiert werden. Daher ist Bions Leiter im Grunde ein Gefangener der Gruppenatmosphäre, oder genauer: Die Gruppe benutzt seine Persönlichkeitseigenschaften für ihre eigenen Zwecke. Im Gegensatz dazu verfügt der Leiter der Arbeitsgruppe über einen rationalen Zugang zur Realität, und er ist sich der Grenzen der Gruppe bewußt. Dieser rationale Führer besitzt eine Fähigkeit zur Realitätsprüfung, ein Bewußtsein für die Zeit und die Fähigkeit, dem Haß auf die Rationalität, der unter den Bedingungen von Grundannahmen aktiviert wird, standzuhalten. Die Unterschiede, die Bion zwischen den beiden Führertypen aufzeigt, stellen fruchtbare Konzepte für das Verständnis des Aufstiegs narzißtischer und paranoider Persönlichkeiten unter den Bedingungen der Grundannahmen-Gruppe dar; sie geben aber gleichzeitig eine merkwürdige Ignoranz in bezug auf die Untersuchung der Realität jener Person zu erkennen, welche die Arbeitsgruppe leitet. Ging Bion davon aus, daß seine eigene, außerordentlich starke Persönlichkeit (die jeder wahrnahm, der ihm begegnete) durch seine Weigerung, den gewöhnlichen Rollenannahmen der Gruppe zu entsprechen, verdeckt wurde?

Auch dieser Aspekt könnte trivial erscheinen, hätte Bion das Thema Gruppe und Gruppenleitung nicht nach vielen Jahren, in denen er zu Gruppenfragen schwieg, in *Attention and Interpretation* (1970) erneut aufgegriffen. Hier beschreibt er das »exzeptionelle Individuum« – sei's ein Genie, ein Messias, ein Mystiker oder ein Wissenschaftler. Bion nennt Isaac Newton als herausragendes Beispiel und verweist auf dessen intensive Auseinandersetzung mit Mystik und Religion als Matrix, aus der seine mathematischen Formulierungen hervorgingen. Man kann sich des Eindrucks nur schwer erwehren, daß Bion hier nicht lediglich an den Arbeitsgruppen-Leiter und seine Kreativität denkt, sondern auch an einen spezifischen Führertypus, dessen Überzeugungen einen religiösen Kern haben und dessen Verhalten, wie es der Sammelbegriff *Mystiker* nahelegt (mit dem Bion diese Kategorie benennt) das Geheimnis des Initiierten birgt – ein obskurer oder okkulter Charakter, eine mysteriöse oder rätselhafte Gestalt.

Meiner Ansicht nach spricht Bion hier von sich selbst, und die Frage, ob er sich dessen bewußt war, berührt erneut auch die Frage, ob Freud bewußt realisierte, welches Modell ihm für den Führer der Armee oder der Kirche – der keine Erwähnung findet – vorschwebte. Wie dem auch sei, Bion vermittelt ein Gefühl von der Ohnmacht der Rationalität, der Fragilität des kreativen Mystikers, der durch den Neid, die Paranoia, das Langweilige und Konventionelle, die Begrenztheit dessen, was er als *das Establishment* bezeichnet, bedroht wird. Bion beschreibt drei verschiedenartige Formen der Interaktion zwischen Mystiker und Establishment: eine wechselseitig bereichernde oder »symbiotische«, eine wechselseitig zerstörerische oder »parasitäre« und eine wechselseitig ignorante oder »kommensale« Beziehung. Er betont das Risiko, daß der Mystiker, der vom Establishment nicht »contained« werden kann, von diesem zerstört wird – oder daß umgekehrt die disruptive Kreativität des Mystikers das Establishment zerstört.

Die Schule von Kenneth Rice

Kenneth Rice' systemische Organisationstheorie behandelt das Individuum, die Gruppe und die soziale Organisation jeweils als Kontinuum offener Systeme. Rice (1965) verbindet Bions Theorien über die Funktionsweisen von Kleingruppen mit den Erkenntnissen über das Geschehen in Großgruppen, zu denen er selbst und Turquet (1975) gelangt waren, und mit einer Theorie, die soziale Organisationen als offene Systeme begreift.

Innerhalb dieses Modells läßt sich Psychopathologie als Zusammenbruch der Kontrollfunktion konzeptualisieren, als Unfähigkeit, die primäre Aufgabe zu erfüllen, und als Gefahr für das Überleben des Systems. Im Individuum beobachten wir den Zusammenbruch des Ichs und eine emotionale Regression, in der Gruppe einen Zusammenbruch der Führung und das gelähmte Verharren in Grundannahmen und in der Institution den Zusammenbruch der Administration, die Unfähigkeit, die institutionellen Aufgaben durchzuführen, und einen Verlust der Arbeitsmoral. Der Zusammenbruch der Grenzkontrolle ist die wichtigste Manifestation eines Scheiterns der Kontrollfunktion.

Nach meiner Erfahrung mit Klein- und Großgruppen sowie mit Gruppenbeziehungs-Konferenzen tauchen ganz bestimmte Phänomene rasch und mit beeindruckender Regelmäßigkeit und Intensität auf: erstens die Aktivierung intensiver Ängste und primitiver Phantasien in kleinen Studiengruppen, und zweitens die Aktivierung primitiver Züge sowohl im Gruppengeschehen als auch in der potentiellen individuellen Aggression innerhalb der Großgruppe. Die rasche Entwicklung von Ad-hoc-Mythen über die Führung oder über die Konferenz und die Suche nach einer umfassenden und simplizistischen Ideologie – im Unterschied zu differenziertem Abwägen und Urteilen – illustriert schlagartig, was beim Zusammenbruch der Funktionsfähigkeit einer Organisation geschieht. Grenzkontrolle und aufgabenorientierte Führung bei der Aufgabenerfüllung werden als entscheidende Funktion erkennbar – im Gegensatz zu der unter regressiven Bedingungen festzustellenden Versuchung, den am stärksten dysfunktionalen Mitgliedern von Subgroups die Führung von Grundannahmen-Gruppen zu überlassen und in dem emotionalen Aufruhr, der die Gruppe erfüllt, alle Grenzen zu verwischen.

Ein wichtiger Nachteil der Gruppenbeziehungs-Konferenzen besteht darin, daß die entsprechende Theorie die Auswirkungen des temporären Charakters der Veranstaltung nicht berücksichtigt. Katz und Kahn (1966) wiesen darauf hin, daß es den Mitarbeitern sozialer und industrieller Organisationen im Kontext der Erforschung irrationaler Aspekte von Gruppenprozessen häufig nicht gelingt, in einem experimentellen Setting neue Einstellungen zu erlernen. Diese Unfähigkeit resultiert daraus, daß sie die stabilen Merkmale der Organisationsstruktur und die Beziehung zwischen dieser Struktur und den realen (das heißt nicht phantasierten oder irrationalen) Interessenkonflikten, die solche Organisationsstrukturen vermitteln, nicht analysieren. Kurzfristige Lernerfahrungen in Gruppen geben den Gruppenmitgliedern nicht die notwendige Zeit zur Untersuchung des Einflusses, den Persönlichkeitsstrukturen, insbesondere die Persönlichkeit zentraler Führungskräfte, auf Organisationsangehörige ausüben.

Hier geht es erneut, und zwar diesmal auf der Ebene der Beziehung zwischen Großgruppen und Organisationsstruktur, um die gleiche, kaum wahrnehmbare Vernachlässigung der Beeinflussung von Organisationskonflikten durch die Persönlichkeit der Führungskraft. Rice kommt das ungeheure Verdienst zu, eine umfassende Theorie der Funktionsweise von Organisationen entwickelt zu haben, mit deren Hilfe man in einer theoretisch eleganten und in höchstem Maß praxisbezogenen Untersuchung der Organisationsdynamik sowohl die Regression der Organisation – »Verlust der Moral« – als auch die administrativen Verzerrungen diagnostizieren kann, die solche regressiven Gruppenprozesse fördern. Dennoch bleibt auch hier die Beeinflussung stabiler sozialer Organisationen durch die gestörte Persönlichkeit unberücksichtigt. Es sieht beinahe so aus, als ob der optimale, rationale Führer ein Mensch ohne Eigenschaften wäre – oder vielleicht *sein sollte*?

Je schwerer die Persönlichkeitspathologie der Führungskraft und je straffer die Organisationsstruktur, desto größer sind die destruktiven Einflüsse eines solchen Vorgesetzten. Unter extremen Bedingungen ist es möglich, daß die paranoide Regression einer ganzen Gesellschaft die psychische Gesundheit des Tyrannen aufrechterhält und daß er psychotisch wird, sobald seine Kontrolle über diese Gesellschaft zusammenbricht: Hitlers letzte Monate lassen an diese Möglichkeit denken.

Unter weniger extremen Bedingungen kann der Versuch, Störungen der Organisation durch Veränderungen im Verhalten ihrer Führung zu korrigieren, für die Führungskraft selbst wie auch für ihre Mitarbeiter auf der nächsttieferen Ebene verheerende Folgen haben. Wenn die Organisation mit einem charakterlich dysfunktionalen Führer leben muß, ist es unter Umständen vorzuziehen, in der administrativen Struktur eine optimale Balance zwischen den Aufgabenerfordernissen einerseits und den Bedürfnissen der Führungskraft andererseits herzustellen – diese Lösung steht Rice' Empfehlungen diametral entgegen.

Wie aber soll man wissen, wo die Grenze zwischen einer Umstrukturierung der Organisation, die diese vor der Pathologie ihrer Führung schützen soll, und der Erkenntnis, daß die Organisation eine andere Führungspersönlichkeit benötigt, zu ziehen ist?

Die Anwendung einer Kombination zwischen einem psychoanalytischen und einem systemtheoretischen Modell institutioneller Funktionsweisen auf therapeutische Gemeinschaftsmodelle (siehe Main 1946) illustriert die Grenzen der therapeutischen Anwendung der Großgruppen-Analyse. (Zur Kritik am Modell der therapeutischen Gemeinschaft siehe 11. Kapitel.)

Das Setting der therapeutischen Gemeinschaft birgt eine gewaltige Gefahr. Die offene Erforschung des gesamten sozialen Feldes, auf dem Patienten und Personalangehörige interagieren, indem sie den Inhalt der Kommunikationen in der Generalversammlung analysieren, kann sich in eine messianische Verleugnung der Realität verkehren, wenn die Gruppe unter die Kontrolle eines narzißtischen oder paranoiden Leiters gerät. Es ist aufregend und potentiell hilfreich, den Inhalt von Großgruppen-Treffen als Widerspiegelung des Unbewußten der Organisation zu sehen und den Ursprung von Störungen im sozialen System auf dessen administrative Struktur zurückzuführen, auf die Psychopathologie einzelner Patienten oder auf Konflikte an der Grenze zwischen Patienten und Personal. Gleichzeitig besteht für die Gruppe wie auch für den Leiter immer die große Versuchung, Vertrauen und Offenheit in den messianischen Geist der Abhängigkeits- oder Paarbildungs-Gruppe – oder, genauer, der Großgruppe, die einen narzißtischen Leiter und eine beruhigende, simplizistische Ideologie gefunden hat – umzuwandeln. Die Gefahr, die der rationalen Beurteilung von Aufgabengrenzen und -zwängen sowie den normalen politischen Verhandlungen an den Grenzen droht, ist enorm. Die sprichwörtliche Desillusionierung und das Ausgebranntsein der an diesem Prozeß beteiligten Mitarbeiter, die sich in einer »messianischen« Überschätzung dessen, was erreicht werden kann und sollte, selbst überfordern, bedarf keiner näheren Erläuterung.

Wir haben es hier mit einer paradoxen Konsequenz der psychoanalytischen Erhellung des Unbewußten in Institutionen zu tun: Die eigentlichen, heimlichen Programme der Institution werden in der verbalen Kommunikation der Großgruppen-Sitzung ans Licht kommen. Die direkte Einsicht in grundlegende Probleme aber garantiert keineswegs, daß diese auch gelöst werden können. Anders als in der individuellen Psychoanalyse besteht keine direkte Verbindung zwischen der emotionalen Realität in Gruppen und der Konfliktlösung durch reale Veränderungsmechanismen der Institution. Die bereits erwähnte Vernachlässigung der Persönlichkeit des Leiters, die sich in den psychoanalytischen Beiträgen zur Funktionsweise von Gruppen und Organisationen beobachten läßt, kann höchst nachteilige Folgen haben; diese werden noch durch die Unterschätzung des Risikos verstärkt, daß die Schneeballeffekte der Regression, die sich in Klein- und Großgruppen im Prozeß der Selbsterforschung ausbreitet, sämtliche rationale Funktionsweisen beeinträchtigen. Das diagnostische Instrumentarium zerstört sich selbst, der kollektive Patient wird psychotisch.

Rationale Führung

In meiner Zusammenfassung der psychoanalytischen Erkenntnisse über Massen, Großgruppen und Kleingruppen habe ich im ersten Kapitel die Auffassung vertreten, daß Gruppenprozesse eine elementare Bedrohung der persönlichen Identität darstellen, eine Bedrohung, die mit der Tendenz der Gruppe zusammenhängt, primitive Objektbeziehungen, primitive Abwehroperationen und primitive Aggression mit vorwiegend prägenitalen Zügen zu aktivieren. Meiner Ansicht nach erfaßt Turquets Beschreibung des Geschehens in Großgruppen die Grundsituation, gegen die folgende Abwehroperationen mobilisiert werden: (1) die von Freud beschriebene Idealisierung des Hordenführers, (2) die von Anzieu (1981) und Chasseguet-Smirgel (1975) beschriebene, die narzißtische Selbsterhöhung der Gruppe fördernde Idealisierung der Gruppenideologie und -leitung, und (3) die von Bion (1961) beschriebenen Kleingruppenprozesse.

Großgruppenprozesse werfen auch Licht auf den engen Zusammenhang zwischen den Gefahren, die der persönlichen Identität drohen, und der Angst der Teilnehmer, daß primitive Aggression und aggressiv infiltrierte Sexualität zutage treten könnten (siehe drittes Kapitel). Ich habe an früherer Stelle darauf hingewiesen, daß ein wichtiger Teil der nicht integrierten und unsublimierten Aggression stellvertretend durch Gruppen- und Organisationsprozesse zum Ausdruck kommt. Die Machtausübung im Leben von Organisationen und Institutionen bildet einen wichtigen Kanal, um in Gruppenprozessen die Aggression zu äußern, die in dyadischen oder triadischen Beziehungen normalerweise unter Kontrolle bliebe.

Im folgenden möchte ich diese Überlegungen modifizieren und erweitern. Ich bin nach wie vor der Ansicht, daß Großgruppenprozesse die persönliche Identität bedrohen und daher Abwehroperationen gegen eine Identitätsdiffusion sowie eine defensive Idealisierung des Leiters aktivieren. Allerdings unterschätzt diese Formulierung die primäre Gratifikation, welche die phantasierte Auflösung der Grenzen zwischen dem Selbst und den primitiven Vorläufern des Ich-Ideals vermittelt, die Verschmelzung von Ich und Ich-Ideal in der Manie, in der Hypnose und in der erregenden Identifizierung mit anderen innerhalb der Gruppe. Diesen Zustand hat Freud (1921) im Zusammenhang mit der Verliebtheit erläutert. Anzieu und Chasseguet-Smirgel erklärten diese Verschmelzungsillusion, indem sie ihren präödipalen Charakter herausarbeiteten, der sich von der – für Freuds Gruppenmitglied charakteristischen – Illusion der Verschmelzung mit einem grausamen, aber moralisch differenzierten Über-Ich unterscheidet. Anders formuliert: Der messianische Charakter der Regression in Klein- und Großgruppen mit ihren prägenitalen Zügen und ihrer Verleugnung gruppeninterner Aggression ist von dem Geist der Masse zu unterscheiden, der das Bedürfnis des einzelnen Mitglieds befriedigt, ein Getrenntheitsgefühl durch die Teilhabe an einer gemeinsamen, ungeheuer selbstgerechten, emotional aufgeladenen Vorwärtsbewegung zu überwinden – an einer Bewegung, die zur destruktiven Expansion eines tobenden Mobs eskaliert (Canetti 1960).

Aber diese beiden Ebenen regressiver Versuchung (der Klein- und Großgruppe im Gegensatz zu derjenigen der Masse) setzen auch zwei Typen regressiver Führung voraus. An einem Extrempol finden wir den eigennützigen Narzißten, der die kleine, abhängige Annahmen-Gruppe leiten oder die Großgruppe mit einer simplizistischen Ideologie befrieden kann, die beruhigt und zugleich den Neid auf den Leiter verhindert, oder – in einer komplizierteren Kombination – den sexuell befreiten Narzißten, der die sexuelle Enthemmung in der (symbolischen oder realen) Badewanne der Gruppe predigt und polymorphe, präödipale Sexualität mit messianischer Verschmelzung verdichtet. Am anderen Extrempol finden wir den – zu größerer Besorgnis Anlaß gebenden – sadistischen Psychopathen, der die Masse mit konsequent rationalisierter Grausamkeit zu destruktivem Handeln gegen einen gemeinsamen Feind aufhetzt und ihn von der Verantwortung für sein mörderisches Treiben freispricht.

Im vorangegangenen Kapitel habe ich die Auswirkungen unterschiedlicher Persönlichkeitseigenschaften der Führungskräfte auf die Regression von Organisationen beschrieben und mich dabei in erster Linie auf schizoide, zwangsneurotische, paranoide und narzißtische Persönlichkeiten konzentriert. Meine Beobachtungen beschränkten sich allerdings auf kleine Organisationen wie psychiatrische Kliniken und Universitätsfakultäten, die gewöhnlich über nicht mehr als drei Hierarchieebenen verfügen, so daß Vorgesetzte und Angestellte einander vermutlich kennen.

Die Frage lautet nun, inwieweit solche kleinen, eigenständigen gesellschaftlichen Organisationen die Führungsposition in eine rationale Struktur einbetten, welche die Machtübernahme durch einen sadistischen oder narzißtischen Vorgesetzten verhindert oder seine regressiven Einflüsse längerfristig zu neutralisieren vermag. Die Möglichkeit, daß der Leiter jeden Mitarbeiter in der Organisation persönlich kennt, schützt den Realitätsbezug der Institutionsführung. Größere Organisationen aber wie nationale Bürokratien oder internationale Konzerne, in denen vier bis sieben Hierarchieebenen die Regel sind, können die Möglichkeit einer normalen sozialen Kontrolle nicht mehr gewährleisten. In solch großen Organisationen wird jeder direkte Kontakt zwischen den Mitarbeitern verschiedener Hierarchieebenen unmöglich oder unrealistisch – mit dem Ergebnis, daß die Realität zunehmend durch projektive Mechanismen verdrängt wird.

Jaques (1976) hat eine systematische Untersuchung von Bürokratien durchgeführt. Er stellte fest, daß gut funktionierende Bürokratien ihre Vorteile haben. Sie stellen dem sozialen System rational gerechtfertigte Hierarchien zur

Verfügung und gewährleisten ein stabiles Delegieren von Machtbefugnissen sowie eine generelle Verantwortlichkeit der Organisation gegenüber ihrer sozialen Umwelt durch rechtliche und politische Instrumentarien und durch eine parallele Organisation der Angestellten oder der Gewerkschaften. Bürokratien können somit einerseits für eine optimale Ausgewogenheit zwischen den potentiell regressiven Konsequenzen hierarchisch determinierter Beziehungen zwischen Individuen sorgen, und sie können andererseits Abhilfe bei Mißständen schaffen und vor Willkür schützen.

Jaques geht davon aus, daß die Leiter großer sozialer Institutionen dem Staat gegenüber verantwortlich oder einer staatlichen Kontrolle unterworfen seien. Indirekt besagt dies aber auch, daß die Störungen an der Spitze nicht überprüft werden und sich in der gesamten Organisation ausbreiten können, wenn solche sozialen Kontrollen fehlen. Eine gut funktionierende, in ein demokratisches System eingebettete Bürokratie kann immer nur ein Idealmodell der Organisationsstruktur bleiben. Im Gegensatz dazu verwirklicht sich in einer straff organisierten Bürokratie, die von einem totalitären Staat mit einem paranoiden psychotischen oder sadistischen Psychopathen an der Spitze kontrolliert wird, ein sozialer Alptraum: Die Regression aller in einem solchen System enthaltener Gruppen kann sich mühelos ausbreiten, ohne daß irgendeine Möglichkeit zu rationaler Korrektur verfügbar wäre. Die totalitären Bürokratien im Dritten Reich und in der Sowjetunion konnten Millionen Menschen ermorden, ohne dadurch innere Erschütterungen auszulösen. Diese Beispiele zeigen, daß die innerhalb von Organisationen erzeugte autoritäre Macht, die sowohl in individueller Psychopathologie als auch in der Regression von Organisationen wurzelt – ganz zu schweigen von der üblichen Abfuhr der nicht anerkannten narzißtischen und aggressiven Bedürfnisse aller ihr angehörenden Individuen –, unter bestimmten sozialen und politischen Bedingungen sehr schnell anwachsen und zu sozial sanktionierter Grausamkeit und Inhumanität verkommen kann. Der Unterschied zwischen einer gewöhnlichen Diktatur, in der das Recht auf Privatheit erhalten bleibt, solange keine direkten Aktionen gegen das Regime unternommen werden, und einem totalitären System, in dem sämtliche sozialen Interaktionen von einer aufgezwungenen Ideologie reguliert werden, ist vielleicht eine der schmerzvollen Einsichten unserer Zeit.

In *Masse und Macht* beschreibt Canetti (1960) die universale Versuchung, Teil einer Masse zu werden und sich des Überlebens und der Unsterblichkeit zu vergewissern, indem man andere tötet, als ein elementares unbewußtes Motiv des Verlangens, die Masse zu führen. Rosenfelds (1971) Studie über eine bestimmte Untergruppe narzißtischer Patienten mit einem pathologischen, von Aggression erfüllten Größenselbst bildet das psychoanalytische Pendant zu Canettis Beschreibung.

Psychoanalytisch orientierte Berater gehen – gleichgültig, ob sie den Modellen von Rice, Jaques, Levinson (1972) oder Zaleznik (1979) folgen – bei Problemen in Institutionen davon aus, daß regressive Manifestationen in Gruppenprozessen auf ein institutionelles Fehlfunktionieren schließen lassen und diese Gruppenprozesse den Charakter der Konflikte zu erkennen geben können, die das System beeinträchtigen. Im Normalfall wird der Berater zunächst die primären Aufgaben der Organisation untersuchen, ihre administrative Struktur, die Verteilung und Delegation der Machtbefugnisse, die eingebauten Kontrollen und die Methoden, die für eine Ausgewogenheit des Systems sorgen, sowie die Vorkehrungen, die getroffen wurden, um bei Mißständen Abhilfe schaffen zu können. Auf die Führung konzentrieren sich all diese Autoren – vielleicht mit Ausnahme Levinsons – erst dann, wenn andere Faktoren untersucht worden sind; das heißt, sie nehmen die Führung erst nach einem Eliminationsprozeß in Augenschein. Persönlichkeitsprobleme scheinen zunächst immer im Vordergrund zu stehen, können aber als ursächliche Faktoren erst diagnostiziert werden, nachdem alle übrigen institutionellen Konfliktfelder analysiert und abgehakt wurden.

Jaques' (1976, 1982) Erkenntnisse über die menschliche Arbeitsfähigkeit stellen einen wichtigen Beitrag zur Organisationspsychologie dar und präzisieren die Kriterien zur Auswahl von Führungskräften. Er mißt die Arbeitsfähigkeit daran, inwieweit ein Individuum die zur Erfüllung bestimmter Aufgaben notwendige Zeit korrekt einzuschätzen vermag und diese Aufgaben organisieren und ausführen kann (das heißt an der maximalen Zeitspanne, die seine für die Arbeit relevanten Entscheidungen abdecken). Gleichwohl mag es dem psychoanalytisch orientierten Berater widerstreben, diesen Faktor in Betracht zu ziehen, so daß er sich eher auf die Psychopathologie als auf die unterschiedlich großen Fähigkeiten einer Führungskraft, verschiedenartige Aufgaben zu bewältigen, konzentriert. Unter Umständen ist es tatsächlich schwieriger, diese Kompetenz zu beurteilen, als die Persönlichkeitsaspekte einzuschätzen oder auch nur zu identifizieren, die eine optimale Führung ermöglichen. Der Leiter einer Organisation muß ebenso wie der Berater ständig die Gefahr im Auge behalten, daß sein eigener Narzißmus und seine Aggression überhand nehmen könnten; daher fällt es ihnen unter Umständen schwer zuzugeben, daß Manager sich in ihren administrativen Fähigkeiten unterscheiden. Der Leiter (und der Berater) darf sich auch keinesfalls von der Angst beeinflussen lassen, unbewußten Neid zu erregen, indem er diese Unterschiede aufdeckt. Die Aufgabe der Führungskraft besteht darin, Urteile zu fällen. Die Konsequenzen im Blick zu behalten, die sich aus dieser Position ergeben, ist vielleicht das Beste, was er tun kann.

Auf der Grundlage meiner Erfahrung als Psychoanalytiker, Leiter von Gruppen (einschließlich therapeutischer Gemeinschaften), als medizinischer Direktor psychiatrischer Kliniken und Berater psychiatrischer Institutionen möchte ich eine Liste der Persönlichkeitseigenschaften aufstellen, von denen eine rationale Aufgabenführung am meisten profitiert. Intelligenz, eine Voraussetzung für strategisches, konzeptuelles Denken, ist die wichtigste Eigenschaft, gefolgt von Ehrlichkeit und Unbestechlichkeit, der Fähigkeit, intensive Objektbeziehungen herzustellen und aufrechtzuerhalten (eine Voraussetzung, um andere Menschen realistisch beurteilen zu können), einem gesunden Narzißmus (unter dem ich nicht Zurückhaltung verstehe, sondern Selbstbehauptung), und schließlich einem Gefühl für Behutsamkeit und Wachsamkeit gegenüber der Welt – ein Gefühl, das jemand, den ich einst kannte, als berechtigte antizipatorische Paranoia charakterisiert hat.

Die Bedeutung der Intelligenz, die in der Fähigkeit zu strategischem, konzeptuellen Denken und wahrscheinlich auch in kreativer Imaginationskraft zum Ausdruck kommt, liegt auf der Hand. Der Wert von Ehrlichkeit und Unbestechlichkeit steht ebenfalls außer Frage, allerdings müssen sich diese Eigenschaften in Belastungssituationen und unter politischem Druck beweisen. In der Praxis können viele Führungskräfte fair und gerecht gegenüber Menschen sein, die sie persönlich kennen; fair und gerecht gegenüber anonymen Untergebenen zu sein aber ist ein Beweis für unvoreingenommene Integrität. Die Fairneß der Führungskraft gegenüber dem gesamten Personal wird von den wenigen Angestellten in ihrer unmittelbaren Umgebung als Strenge wahrgenommen werden, ihre Unbestechlichkeit angesichts der Versuchungen, die mit der Führungsposition verbunden sind, sowie das Festhalten an fairen Regeln für alle als sadistische Ablehnung der Versucher. Hier kann die narzißtische Besetzung moralischer Aufrichtigkeit in Verbindung mit einem paranoiden Mißtrauen gegen Versuchungen die rationale Führung schützen. Diese Funktionen setzen ein gut integriertes und reifes Über-Ich voraus, das den sublimierenden Charakter von Idealen und Wertesystemen annimmt und als Voraussetzung für einen normalen (im Gegensatz zum pathologischen) Narzißmus zu betrachten ist.

Unter optimalen Umständen können die narzißtischen und die paranoiden Persönlichkeitsmerkmale der Führungskraft einander gegenseitig neutralisieren, so daß ihren negativen Auswirkungen auf die Organisation und den Führer selbst von vornherein Grenzen gesetzt sind. Die paranoiden Implikationen einer mißtrauischen Haltung gegenüber dem Kriechertum Untergebener können den verheerenden Konsequenzen des Bedürfnisses narzißtischer Führungskräfte, Gehorsam zu finden *und* gleichzeitig geliebt zu werden, einen Riegel vorschieben. Die narzißtische Freude an erfolgreicher Führung kann einer Erosion des Selbstvertrauens entgegenwirken, die auf den paranoiden Ängsten vor einem möglichen Angriff durch andere oder vor deren Kritik beruht. Im Gegensatz zu diesen optimalen Kombinationen kann sich eine schwere Charakterpathologie der Führungskraft, ein durch ausgeprägte paranoide Züge komplizierter pathologischer Narzißmus, als katastrophal erweisen (siehe Kernberg 1980 b, 13. Kapitel).

Wie sieht die für rationale Führung unabdingbare »richtige« Balance zwischen normalem Narzißmus und normaler Paranoia aus? Ist es eine Unbeirrbarkeit ohne Sadismus, Unbestechlichkeit ohne Härte, Herzlichkeit ohne Manipulationsverhalten oder emotionale Tiefe ohne den Verlust der Distanz, die notwendig ist, um sich auf die Gestalt der Gruppe und die Aufgabe – statt auf deren menschliche Zwänge – zu konzentrieren? Der ideale Führer einer Organisation muß unter Umständen den Einfluß seiner eigenen Persönlichkeit auf die Organisation ignorieren, wenn er sich um die Bedürfnisse der Gruppe kümmern soll; dadurch darf er aber nicht die Fähigkeit verlieren, sich in der Führungsrolle auf seine Persönlichkeit zu verlassen.

Ein geringes Maß an Narzißmus und Paranoia kann die Einflußkraft der Rationalität und Aufrichtigkeit stärken, und ein geringes Maß an Sadismus vermag die Aufgabensysteme vor einer Regression zu schützen. Im Übermaß aber können diese Charakterzüge eine Regression der Führungskraft auslösen: Der Sinn für Gerechtigkeit und Fairneß kann in Selbstgerechtigkeit und sadistische Kontrolle umschlagen. Die Regression der Führungskraft wiederum kann eine Regression der Organisation aktivieren.

In der psychoanalytischen Situation verfügt der Psychoanalytiker über ein genügendes Maß an Grenzkontrolle, um dem Patienten dabei helfen zu können, sein Unbewußtes zu entdecken; dies ermöglicht die Entwicklung und potentielle Auflösung der unbewußten, im Zusammenhang mit Sexualität und Aggression entstehenden Konflikte in der Übertragung. Wenn man die psychoanalytische Erforschung auf Gruppenprozesse anwendet, besteht allerdings die Gefahr einer Aktivierung primitiver Prozesse, unter denen die Grenzkontrolle des untersuchenden Psychoanalytikers augenblicklich zusammenbricht. Aus den gleichen Gründen kann der psychoanalytische Berater durch seine Untersuchung von Organisationskonflikten, die mit der Persönlichkeit der Führungskraft zusammenhängen, eine heftige Reaktion auslösen – eine Reaktion, die nicht nur den Beratungsprozeß, sondern darüber hinaus auch die Fähigkeit der Organisation zerstört, eine solche Konfrontation zu tolerieren. Die vielschichtigen Probleme, die mit der Erläuterung der Organisationsdynamik verbunden sind, können der Aufgabe des Beraters Grenzen setzen. Allerdings ist dieser Faktor nicht der wichtigste. Die Diskrepanz zwischen dem analytischen Instrumentarium, das zur Beurteilung von unbewußten, gemeinsamen Gruppenphantasien und Grundannahmen-Gruppen und zur Anwendung einer systemtheoretischen Organisationsstudie benutzt wird, und der Containment-

Fähigkeit der Institution kann sich als eine wichtigere und vielleicht entmutigende Schranke erweisen, die weitere Fortschritte auf diesem Feld verhindert.

Ambiguität charakterisiert das Thema Führung bei Freud, Bion und anderen. Mein metaphorischer Titel »Die Couch – ratlos« sollte etwas von der Erregung vermitteln, die für mich mit der Erforschung des sozialen Unbewußten verbunden ist, auch wenn die Ungewißheiten, mit denen wir es nach wie vor zu tun haben, bedeuten, daß wir durch unruhiges Gewässer hindurch navigieren müssen – und uns dabei nicht hinter, sondern vielmehr auf der Couch befinden.

7 Die moralische Dimension der Führung

In diesem Kapitel konzentriere ich mich auf den psychischen Druck, der eine Korrumpierbarkeit der Organisationsführung hervorrufen oder verstärken kann. Korruption von Führungskräften manifestiert sich in Vorgehensweisen, welche die ethischen Prinzipien der Führung verletzen, indem sie Widersprüche zwischen öffentlichen und »vertraulichen« Praktiken tolerieren und dabei den Organisationsangehörigen oder anderen, die von der Organisation abhängig sind, Unrecht zufügen. Korruption kann zum Zerfall der aufgabenorientierten Funktion von Gruppen, Aufgabensystemen und der gesamten Organisation führen. Ich werde mich auf diejenigen Kräfte konzentrieren, welche die moralische Gesinnung von Organisationsführern tendenziell untergraben, aber auch die entsprechenden Gegenkräfte einschließlich der Persönlichkeit der Führungskraft untersuchen, die diesen Prozeß kontrollieren und umkehren können.

Selbst wenn keine gravierenden korrumpierenden Faktoren vorhanden sind (das heißt wenn eine relativ normale, reife, intelligente und kompetente Führungskraft eine Position einnimmt, die sie ohne eine überwältigende Bedrohung ihres Selbstwertgefühls aufgeben könnte) oder wenn die Tätigkeit nicht von vornherein Gelegenheiten oder Versuchungen zu finanzieller Bestechlichkeit oder Machtmißbrauch in sich birgt, oder wenn das Prestige, das die Führungskraft der Position verdankt, nicht größer ist als das Ansehen, das sie sich in anderen Bereichen erwerben könnte – selbst unter diesen optimalen Umständen ist aufgrund zweier wichtiger Dimensionen, nämlich Narzißmus und Paranoia, die Gefahr eines moralischen Verfalls gegeben.

In der psychoanalytischen Entwicklung von Theorien über das Geschehen in Gruppen hat man, angefangen mit Freud (1921), weniger die Psychologie des Führers als die der Anhänger untersucht. Bions (1961) Theorie der auf den Grundannahmen Abhängigkeit, Kampf-Flucht und Paarbildung beruhenden Grundannahmen-Gruppen konzentrierte sich auf die Eigenschaften kleiner Anhängergruppen.

Bion verwies auf die potentielle Gefahr, daß der Gruppenleiter zur Annahme einer Rolle verführt werde, die zwar dem augenblicklichen Verlangen der regredierten Gruppe entspreche, nicht aber den langfristigen Notwendigkeiten; er hat die Persönlichkeit des Leiters jedoch nicht als Ursache dieser Situation beschrieben. Indirekt gibt er allerdings zu verstehen, daß narzißtische Persönlichkeiten angesichts der Regression der Abhängigkeitsgruppe leicht zur Übernahme von Leitungsfunktionen »verführt« werden können, während sich paranoide Persönlichkeiten unter den vorherrschenden Bedingungen von Kampf-Flucht-Annahmen zur Übernahme von Führungsfunktionen »verführen« lassen.

Rice (1969) und Turquet (1975) haben Freuds grundlegende Untersuchungen über Massenphänomene und Bions Erforschung von Kleingruppenprozessen durch ihre Analyse von Großgruppenprozessen und insbesondere von Regressionen in Großgruppen ergänzt. Auch ihre Arbeiten ignorieren die Bedeutung der Persönlichkeit des Leiters. Wie Katz und Kahn (1966) als erste herausarbeiteten, ist es für die auf psychoanalytischen Modellen beruhende funktionale Analyse von Gruppenprozessen und Organisationsstruktur sowie deren Interaktion sogar charakteristisch, daß sie den Einfluß der Persönlichkeit des Leiters als zentrale Kodeterminante der Organisationsstruktur völlig außer acht läßt.

So war es nur natürlich, daß die zuvor ignorierte (oder verleugnete) Rolle der Führerpersönlichkeit erneut ins Zentrum der Aufmerksamkeit rückte, als die psychoanalytische Theorie der Gruppenprozesse, die sich auf der Grundlage dieser Beiträge entwickelte, in die tatsächliche Erforschung des Funktionierens von Organisationen integriert wurde. Levinson (1972), Zaleznik (1979), Chasseguet-Smirgel (1975) und Anzieu (1981) konzentrierten sich auf Persönlichkeitsaspekte des Leiters, die Gruppenregressionen innerhalb von Organisationen fördern oder aber unter Kontrolle halten können. Zaleznik untersuchte insbesondere die Einflüsse des Konsens- beziehungsweise charismatischen Führers, Levinson die wechselseitige Beziehung zwischen der Übertragungsregression bei Untergebenen und der Persönlichkeit des Leiters und Anzieu und Chasseguet-Smirgel den »Urheber der Illusion«, den narzißtischen, selbstzufriedenen Leiter regredierter Gruppen, der die Suche der Gruppenmitglieder nach einem unbegrenzt gebenden, grandiosen und dennoch nicht bedrohlichen, pseudoväterlichen Führer befriedigt und sie vor der Realität und der höheren Ebene ödipaler Konflikte schützt.

Rangell (1974) beschrieb das Syndrom des Integritätskompromisses und verwies dabei auf die durch einen ungezügelten Narzißmus induzierte Korruption der Über-Ich-Aktivität. Er zeigte auch, daß regressive Gruppenprozesse einen solchen Über-Ich-Zerfall beim Leiter fördern. Er betonte, daß das Über-Ich für Umwelteinflüsse empfänglicher sei als andere psychische Strukturen und daß Gruppenprozesse, die ihn beeinflussen, den Leiter in der Regel zur Annahme moralischer Haltungen drängen, die in sich widersprüchlich seien.

An früherer Stelle habe ich die spezifischen Auswirkungen zwangsneurotischer, schizoider, paranoider und narzißtischer Aspekte der Führungspersönlichkeit auf soziale Organisationen und Gruppen in Organisationen betont und erklärt, daß es wichtig sei, die Kanäle zu analysieren, über die eine Führungskraft ihre narzißtischen, sexuellen, aggressiven und Abhängigkeitsbedürfnisse innerhalb und außerhalb der Organisation befriedigt. Meine Beobachtungen zu den jeweiligen Interaktionen zwischen paranoiden Leitern und Kampf-Flucht-

Gruppen, narzißtischen Leitern und Abhängigkeitsgruppen sowie verführerisch-hysterischen Leitern und Paarbildungsgruppen veranlaßten mich zu dem Schluß, daß das Niveau der Integration des Narzißmus, die Intensität paranoider Tendenzen, die Intelligenz und die moralische Integrität des Leiters die für seinen Einfluß auf die Funktionsweisen der Organisation entscheidenden Anteile seiner Persönlichkeit darstellen. Im folgenden werde ich die Faktoren untersuchen, die eine Führungskraft korrumpierbar machen; mein Hauptaugenmerk gilt dabei jenen Faktoren, die sich aus einer Regression innerhalb der Gruppe herleiten.

Kollektive Übertragungen

Selbst in einer hervorragend geführten Organisation mit effizienten Aufgabengruppen und einer auf die Organisationsaufgaben abgestimmten administrativen Struktur – das heißt also in einer Situation, in der sich nur ein Minimum an Gruppenregression entwickelt – ist der Leiter einem von allen Seiten auf ihn einwirkenden Regressionsdruck ausgesetzt. Dieser resultiert aus den universalen Übertragungsdispositionen sämtlicher Organisationsmitglieder, die man – vielleicht ein wenig vereinfacht, aber dennoch zutreffend – als *präödipale* oder *ödipale* Sehnsüchte klassifizieren könnte. Die präödipalen Wünsche nach Abhängigkeit und Nahrung verbinden sich mit präödipalen Formen der Idealisierung einerseits und präödipalen Formen neidischer Ressentiments und paranoider Projektionen dieses Neides auf die Führungskraft andererseits. Dies hat zur Folge, daß sich deren Bild in der Vorstellung der Untergebenen verwandelt und der Vorgesetzte ihnen nun als Person erscheint, die magische Erwartungen befriedigen und ihre Hoffnung auf Schutz, Anleitung, Nahrung, persönliche Zuneigung und Liebe erfüllen wird (diese Hoffnung muß zwangsläufig enttäuscht werden). Die präödipale Idealisierung schützt die Untergebenen auch vor negativen präödipalen Übertragungen und kann die narzißtischen Tendenzen des Leiters fördern oder verstärken, während sie seine eigenen Abhängigkeitsbedürfnisse möglicherweise frustriert.

Unbewußter – und bewußter – Neid auf den Vorgesetzten vermischt sich häufig mit ödipalen Konflikten, die in der Beziehung zu ihm aktiviert werden. Auf der Ebene ödipaler Übertragungen kann sich die Beziehung zwischen der Führungskraft und ihren männlichen beziehungsweise weiblichen Mitarbeitern unterschiedlich gestalten. Bei Männern, die in einer männlich geführten Organisation arbeiten, mischt sich die ödipale Idealisierung des Vaters als allmächtiger und allwissender Beschützer mit dem präödipalen Bedürfnis nach Abhängigkeit und einem impliziten Verlangen nach unbewußter homosexueller Unterwerfung. Diese Bedürfnisse werden durch ödipale Rivalität und den

Wunsch, gegen den ödipalen Vater zu rebellieren und über ihn zu triumphieren, ausgeglichen; damit verbunden sind die Projektion von Aggression auf den Leiter und entsprechende, ihm geltende paranoide Ängste. Insofern Führung die Ausübung von Macht über Untergebene impliziert, werden diese Tendenzen durch die realen Führungsaspekte verstärkt. Ödipale Rivalität und Unterwerfung intensivieren die paranoiden Merkmale der Übertragungsreaktion auf den Leiter. So können bei den Untergebenen dissoziative Tendenzen auftauchen: Sie können zwischen paranoider Ängstlichkeit und einem idealisierenden, submissiven Ausleben der homosexuellen Dynamik des negativen Ödipuskomplexes schwanken.

Die Beziehung weiblicher Personalangehöriger zu einer männlichen Führungskraft kann die Übertragungsimplikationen einer ödipalen Sexualisierung enthalten; damit verbunden sind neben verführerischer Unterwürfigkeit eine direkte Erotisierung der Beziehung und die Versuchung zu masochistischem Verhalten als Ausdruck unbewußter Schuldgefühle, die durch die beteiligten ödipalen Aspekte geweckt werden. Bei Frauen dominiert die Idealisierung des ödipalen Vaters gewöhnlich gegenüber den aggressiven Konflikten, die mit dem negativen Ödipuskomplex, mit dem Neid auf Männer, den Ressentiments ihnen gegenüber und dem Bedürfnis nach pseudoaggressiven, aus masochistischen Strebungen resultierenden Interaktionen zusammenhängen.

Diese ödipalen Beziehungen werden in weiblich geführten Organisationen gewöhnlich invertiert; als zusätzlich komplizierender Faktor tritt hier hinzu, daß sich komplexe Kompromißbildungen zwischen kulturell stereotypisierten Verhaltensweisen und tieferen Übertragungsdispositionen zu entwickeln pflegen, da weibliche Führung mit tief verwurzelten traditionellen Mustern unvereinbar zu sein scheint. (Dies ist ein wichtiger Aspekt, der jedoch im Rahmen dieses Kapitels nicht näher untersucht werden kann.)

Die kumulativen Auswirkungen all dieser Übertragungsdispositionen manifestieren sich in dem Drang, den Leiter zu idealisieren. Dieser Drang stimuliert dessen eigene narzißtische Tendenzen und zugleich die paranoide Ängstlichkeit ihm gegenüber. Selbst eine vorsichtige Äußerung paranoider Entwicklungen durch Untergebene aktiviert in der Führungskraft in der Regel kontraparanoide Tendenzen. Vermutlich ist die projektive Identifizierung derjenige Mechanismus, der für die Induzierung von Verhalten, das mit verdrängten oder dissoziierten Objektbeziehungen zwischen Führungskraft und Untergebenen zusammenhängt, in erster Linie verantwortlich ist. Daher existieren selbst unter optimalen Umständen in einer Organisation massive Strebungen, die eine narzißtische und paranoide Stimulierung der Führungskraft bewirken. Die Konsequenz dieser Übertragungsdispositionen besteht letztlich darin, die narzißtische Selbsterhöhung des Leiters und seine paranoide Disposition anzuregen, seine Abhängigkeitsbedürfnisse zu frustrieren, seine aggressiven Reaktionen in der durch paranoide Dispositionen beeinflußten Wahrnehmung seiner Untergebenen zu verstärken und seine Beziehungen zu Organisationsangehörigen subtil zu sexualisieren; das verleiht dem Leben der Institution einen erotischen Aspekt, kann durch die Schaffung sexueller Konflikte aber auch administrative Beziehungen zerstören.

Unter weniger idealen Bedingungen (die, so wie der Mensch nun einmal beschaffen ist, eher die Regel als die Ausnahme sind) wird das Regressionspotential gewaltig verstärkt. Diese Intensivierung der narzißtischen, paranoiden oder sexuellen Dimension der Organisationsregression kann schlicht eine Reaktion auf eine Organisationsstruktur darstellen, die völlig dysfunktional ist und tendenziell entweder einer Diktatur oder aber dem Chaos zuneigt. Ich spreche nach wie vor ausschließlich über die Konsequenzen der Übertragungsdispositionen für die administrative Struktur; bislang habe ich die Komplikationen, die sich aus der Entwicklung regressiver Gruppenprozesse ergeben, noch nicht erläutert.

Die Auswirkungen nicht funktionaler administrativer Strukturen

Man kann die administrative Struktur als funktional betrachten, wenn Verteilung und Delegation von Autorität, Aufgabendefinition, Aufgabendurchführung und Aufgabenüberwachung mit einer angemessenen – das heißt hinreichenden und konsequenten, aber nicht übertriebenen – Verleihung von Machtbefugnissen an die Führungskräfte sämtlicher Ebenen einhergehen. Ich werde die entsprechenden Charakteristika und »Check-points« hier nicht detailliert untersuchen. Mich interessiert die Tatsache, daß die administrativen Beziehungen innerhalb der gesamten Organisation verzerrt werden können, wenn ein einzelner Organisationsführer oder die Führungskräfte der verschiedenen Hierarchieebenen über exzessive Autorität verfügen. Wenn ich von autoritärer Administration spreche, denke ich an eine Administration, deren Macht über das funktionale Maß, das zur Erfüllung der Organisationsaufgaben erforderlich ist, hinausgeht.

Eine unmittelbare Folge autoritärer Führung besteht in einer Reduzierung des Informationsflusses, der Reduzierung des Feedbacks, das der Leiter von seinen Angestellten erhält, und einer Intensivierung der Abhängigkeit-Idealisierung-Narzißmus-Dimension sowie der Rebellion-Unterwerfung-Paranoia-Dimension in der Beziehung zwischen Führungskraft und Untergebenen. Wenn der Leiter die Funktionen des phantasierten ödipalen Vaters zu übernehmen scheint, dessen Wille allmächtig ist, der nicht in Frage gestellt werden kann und der den Sohn dennoch zur Rebellion herausfordert, wird die Dynamik der Übertragungsregression verstärkt. Unter diesen Bedingungen kann die Erotisierung der Beziehungen im direkten Umfeld des Leiters die Organisation defensiv vor exzessiver Regression in die narzißtische oder paranoide Dimension schützen, indem sie ihn in ein isolierendes erotisches Netzwerk einbezieht. Diese Entwicklung ist jedoch eher die Ausnahme als die Regel. Eine autoritäre Führungspersönlichkeit wird durch die intensive Idealisierung, die Bewunderung und Unterwerfung ihrer Mitarbeiter sowie durch die subtilen oder unverhohlenen Haßgefühle und Rebellionswünsche, die sie ebenfalls aktiviert, in ihren autoritären Tendenzen noch bestärkt. Kurz, eine autoritäre administrative Struktur fördert die narzißtische und paranoide Regression des autoritären Führers und stimuliert gleichzeitig eine dementsprechende Übertragungsregression unter den Mitgliedern der Organisation.

Wenn das Maß an Autorität, über das die Führungskraft gebietet, im Vergleich zu den funktionalen Erfordernissen eher zu gering als zu groß ist – mit anderen Worten: wenn der Leiter eher zu wenige Machtbefugnisse oder unzulängliche Autorität besitzt, um Prioritäten in bezug auf die Organisationsaufgaben zu definieren und zu setzen, die Aufgabendurchführung anzuleiten, zu überwachen und innerhalb der Organisation effizient abzugrenzen –, entwickelt sich ein ähnlicher regressiver Prozeß. Die Minderung der Autorität funktionaler Führung beeinträchtigt die Klarheit der Aufgabensysteme, schwächt die Führungsfunktionen innerhalb der gesamten Organisation, verwischt die Grenzen funktionaler, aufgabenorientierter Gruppen und kann eine unmittelbare Regression in den Gruppenprozessen der Organisation herbeiführen. Das Resultat ist die Aktivierung jener unstrukturierten Klein- und Großgruppenprozesse, von denen bereits die Rede war. Typischerweise manifestiert sich die Kleingruppenregression in Form der Grundannahmen der Kampf-Flucht- und Abhängigkeitsgruppen, das heißt in einem Prozeß, der die Aufgabensysteme (bei denen es sich gewöhnlich um kleine Gruppen handelt) beeinträchtigt, während es in der Organisation als ganzer zu einer Großgruppenregression (einschließlich eines Verlustes der Arbeitsmoral) kommt.

Die Auswirkungen der Klein- und Großgruppenregression

In der Praxis ist die Entwicklung der Regression zu einer Kampf-Flucht-Gruppe durch Spaltungen in der Organisation charakterisiert: Die Führung wird von bestimmten Untergruppen massiv verteidigt, von anderen jedoch attackiert. Diese Entwicklung kann mit einer Tendenz anderer Gruppen zusammenfallen, auf Abhängigkeit zu regredieren; sie manifestiert sich in einem allgemeinen Gefühl der Passivität, der Hilflosigkeit und des Kompetenzverlustes, während die Gruppenmitglieder gleichzeitig auf eine magische Lösung »von oben« hoffen. Wenn die primitive Idealisierung des Leiters, die mit frustrierter, zorniger

Hilflosigkeit durchsetzt ist, weil er seine Führungsfunktionen nicht angemessen erfüllt, die Abhängigkeitsgruppe charakterisiert, so sind Wut, Angriffe auf den Leiter und verzweifelte Ängste vor Vergeltung kennzeichnend für die Kampf-Flucht-Gruppe. Die Schwächung funktionaler Führung aktiviert die paranoiden und narzißtischen Dimensionen der Beziehungen zwischen Vorgesetztem und Untergebenen, die für autoritäre Entwicklungen charakteristisch sind. Zudem löst der Verlust der funktionalen Gruppenstruktur, der sich unter einer autoritären Führung nach und nach einstellt, ebenfalls eine Regression der Gruppe aus, und zwar insbesondere eine Regression der Kleingruppe nach dem Kampf-Flucht-Typus, wenn sich das Personal in Untergruppen spaltet, deren Mitglieder gegenüber der Führung einerseits eine passive, submissive, defensiv idealisierende Haltung einnehmen und andererseits eine wütende, ängstliche und mißtrauische Position beziehen.

Gleichzeitig wird extremer Autoritarismus oder ein chaotischer Autoritätsverlust gewöhnlich auch Großgruppenprozesse aktivieren. Solche Prozesse machen sich in dem Gefühl einer Desorientierung in bezug auf die äußere Realität bemerkbar, im Verlust eines klaren Identitätsgefühls, in einer alles beherrschenden Angst vor aufbrechender Aggression und in der Suche nach einer beruhigenden, nicht bedrohlichen, nachsichtigen Autoritätsfigur – mit anderen Worten: in einer narzißtischen Regression. Wenn die Organisation in natürliche gegnerische Lager gespalten ist – zum Beispiel Manager und Arbeiter oder Ärzte und Krankenschwestern oder Lehrer und Schüler –, kann sich die Großgruppe in die von Freud (1921) beschriebene dynamische Masse verwandeln, die nach einem mächtigen, aggressiven Führer sucht, der sie und die Organisation im Kampf gegen äußere Feinde organisieren wird. Hier ersetzt die Suche nach einer paranoiden Führungspersönlichkeit, die den Kampf der Organisation anführen soll, die Suche der statischen Großgruppe nach einem narzißtischen Führer.

Zusammenfassend können wir festhalten, daß jeder Zusammenbruch in der administrativen Struktur – insbesondere dann, wenn er in der gesamten Organisation regressive Gruppenprozesse auslöst – machtvolle persekutorisch-paranoide wie auch idealisierend-narzißtische Tendenzen innerhalb der Organisation aktivieren wird, die auf die Führungskraft einen ungeheuren Druck ausüben, entweder paranoid, autokratisch und aggressiv oder nachsichtig, selbstidealisierend und in einer beschwichtigenden Weise narzißtisch zu werden. Eine seltene und gewöhnlich inadäquate Abwehr gegen diese machtvollen Prozesse besteht in der sexualisierten »Privatisierung« der unmittelbaren Umgebung der Führungskraft. Jaques (1955, 1976) prägte den Begriff *Paranoiagenese*, um die paranoiden Regressionen als konstantes Potential in Organisationen zu beschreiben, und ich möchte hinzufügen, daß eine solche Paranoiagenese in der Regel mit einer primitiven Idealisierung einhergeht und diese Prozesse durch eine allgemeine Spaltung der Objektbeziehungen im Rahmen der Organisationsregression voneinander getrennt gehalten werden (siehe 8. Kapitel).

In dem von mir beschriebenen Regressionspotential sozialer Organisationen können jedoch auch Korrektivkräfte aktiviert werden. Diese Korrektivkräfte stellen Möglichkeiten dar, die Führungskraft vor Regression und insbesondere vor einem Zerfall der moralischen Dimension der Führung zu schützen. Wenn der Führer die Hauptaufgaben der Organisation und ihre inneren Zwänge, die Beziehung zwischen den Entwicklungen in der Umwelt einerseits und der Mission und den Fähigkeiten der Organisation andererseits sowie die Kontrolle und den Schutz der Organisationsgrenzen weiterhin zu analysieren vermag, findet er vielleicht auch Zeit, um die inneren Zwänge und Konflikte der Organisation zu analysieren und zu lösen. Darüber hinaus kann er der Gruppenregression durch die Anwendung bestimmter Grundsätze des Organisationsmanagements entgegenwirken. Diese Grundsätze umfassen die Verstärkung funktionaler Aspekte der Administration, die Stärkung der formalen Kommunikationskanäle und die Betonung der Möglichkeiten, bei Mißständen für Abhilfe zu sorgen. Solche Grundsätze können vor exzessiven paranoiden Tendenzen schützen und Gelegenheit bieten, die Organisationskonflikte im Kontext klar strukturierter Meetings zu analysieren. Zum Beispiel können Vorstandskonferenzen anberaumt werden, die dem gegenseitigen Informationsaustausch dienen – nicht zu verwechseln mit Vorstandssitzungen, auf denen Entscheidungen getroffen werden; man kann das dreistufige System von administrativer Kontrolle, Ausgleichs- und Beschwerdemöglichkeiten (zu dem ein Mitarbeiter, dessen Supervisor und der Supervisor dieses Supervisors gehören) betonen; und man kann die rationalen Beziehungen zwischen internen und externen Kontrollinstanzen wie juristischen Strukturen, professionellen Organisationen, Kuratorien und Gewerkschaften fördern, die allesamt Foren für eine rationale Analyse darstellen und es erleichtern, Gerüchten, institutioneller Demoralisierung und einem Gefühl unklarer Entscheidungsstrukturen entgegenzuwirken.

Die Persönlichkeit der Führungskraft

An früherer Stelle habe ich den Schluß gezogen, daß die Persönlichkeit der Führungskraft ein moderates Maß an narzißtischen Tendenzen, ein gewisses paranoides Potential, Intelligenz und ein gut entwickeltes Moralgefühl aufweisen sollte, um dem auf sie einwirkenden Regressionsdruck optimalen Widerstand entgegensetzen zu können. Im folgenden möchte ich diese Überlegungen weiterentwickeln und eine Verbindung zu den Versuchungen herstellen, die den Organisationsführer regressionsanfällig machen können.

Ich werde einige allgemein anerkannte Voraussetzungen effizienter Führung zusammenfassen und stütze mich dabei auf die von Klerman und Levinson (1967) beschriebenen fachlichen, menschlichen und konzeptuellen Fähigkeiten der Führungskraft. Unter den *fachlichen Fähigkeiten* verstehen die genannten Autoren die Kenntnisse, welche die Führungskraft auf dem spezifischen Gebiet ihrer Organisation besitzt. Die Wichtigkeit der fachlichen Fähigkeiten steht in umgekehrtem Verhältnis zur Anzahl der Hierarchieebenen der Organisation und zur Ebene ihrer eigenen Tätigkeit. Man könnte sogar sagen, daß konzeptuelle Fähigkeiten auf den höheren Ebenen hierarchisch komplexer Organisationen immer wichtiger werden, während den fachlichen Fähigkeiten auf den niedrigeren Hierarchieebenen oder in weniger hierarchisch strukturierten Organisationen eine größere Bedeutung zukommt. Ich betone erneut die funktionale Ebene von Hierarchien, die signifikanten Diskontinuitäten in der Spannweite der administrativen Autorität entsprechen. Dieses Thema wurde von Jaques (1976, 1982) ausführlicher erläutert.

Die *konzeptuellen Fähigkeiten* der Führungskraft entsprechen ihrer Intelligenz, und Jaques hat überzeugend dargelegt, daß sie sich in ihrer Fähigkeit widerspiegeln, »Entscheidungsprozesse über einen längeren Zeitraum« zu planen, das heißt praktisch, in der Fähigkeit, realistische, langfristige Pläne zu entwickeln, die zahlreiche Informationsebenen umfassen und von kurzfristigen Zwängen des Entscheidungsprozesses relativ unabhängig sind.

Fachliche und konzeptuelle Fähigkeiten betreffen Wissen und Intelligenz, *menschliche Fähigkeiten* die Persönlichkeit der Führungskraft. Es gibt eine unendliche Zahl individueller Persönlichkeitsmerkmale, die mit Führungsfunktionen vereinbar sind, und eine begrenzte Zahl bekannter, schwerer Persönlichkeitsstörungen, welche die Führungskompentenz aus verschiedenen Gründen einschränken oder gravierend beeinträchtigen können. Ich werde mich hier auf den positiven Aspekt bestimmter Persönlichkeitsmerkmale konzentrieren, und zwar insbesondere auf narzißtische und paranoide Strukturen.

Ein solides Gefühl der persönlichen Sicherheit, das von unmittelbarem sozialen Feedback relativ unabhängig ist – mit anderen Worten: ein geringes Maß an normalem (infantilem oder erwachsenem), in eine leicht neurotische, dennoch aber grundsätzlich adaptive Persönlichkeit eingebetteten Narzißmus – kann der Führungskraft als gesunder Schutz dienen. Jede neurotische Charakterpathologie erfüllt narzißtische Funktionen; wenn ein exzessives Maß an Selbstsicherheit, Ehrgeiz und ein übertriebenes Bedürfnis, bewundert zu werden, Teil einer Charakterstruktur sind, die nicht den pathologischen Narzißmus einer narzißtischen Persönlichkeitsstörung zu erkennen gibt, können solche narzißtischen Züge die Führungskraft vor narzißtischen Kränkungen (Unsicherheit) ebenso schützen wie vor einem Übermaß an paranoiden Reaktionen auf das Gefühl, nicht immerzu von jedem geliebt zu werden. Es besteht die Gefahr, daß die narzißtische Tendenz des Führers durch »Lobhudelei« verstärkt wird. Solche Schmeicheleien können einen zirkulären Prozeß in Gang setzen, in dessen Verlauf das durch Idealisierung und Bewunderung künstlich aufgeblähte Selbstwertgefühl die Fähigkeit des Führers zur Selbstkritik nach und nach schmälert und zu einer chronischen narzißtischen Regression führt, die ihn für Führungsfunktionen ungeeignet macht. Diese narzißtische Regression kann die Fähigkeiten der Führungskraft korrumpieren, weil ihre emotionalen Bedürfnisse unter diesen Umständen den Erfordernissen der Organisationsaufgaben zuwiderlaufen. Der Schutz ihres Selbstwertgefühls und die Verstärkung ihrer narzißtischen Gratifikationen haben dann Vorrang vor schmerzvollen Entscheidungsprozessen, und daher besteht das Risiko, daß Günstlingswirtschaft an die Stelle der Gerechtigkeit im Umgang mit Kollegen und Untergebenen tritt.

Hier kann ein integriertes, autonomes Über-Ich als schützende Struktur intervenieren, die dem Führer die Fähigkeit zur Selbsteinschätzung und zur Fairneß vermittelt und auf diese Weise der Gefahr des narzißtischen Verfalls entgegenwirkt. Allerdings ist es für einen Führer mit narzißtischen Tendenzen, so gutartig diese auch sein mögen, schwierig, sich durch die freundlichen Reaktionen jener Menschen, die wissen, wie sie seinen Narzißmus bedienen können, *nicht* beruhigt zu fühlen. Es ist schwer für ihn, keinen Groll auf Personen zu entwickeln, die ihm diese Reaktionen verweigern. Der Narzißmus der Führungsperson läßt ihr Bedürfnis, geliebt zu werden, erkennbar werden, und dies wird einige ihrer Untergebenen dazu verleiten, sich bei einem solchen Vorgesetzten einzuschmeicheln. Bei dieser Interaktion kommt dann zwangsläufig ein Element der Korruption ins Spiel.

Im Gegensatz dazu dient die Toleranz gegenüber der Kritik anderer Menschen, die reife narzißtische Gratifikation darüber, Kritik ertragen und aus ihr lernen zu können, als wichtiges Korrektiv. Mitunter toleriert eine narzißtische Führungskraft Kritik im privaten Kreis, auch wenn sie öffentliche Kritik nicht erträgt; hier beginnt die Verantwortung der Untergebenen, ihren Vorgesetzten realistisch einzuschätzen: Wo stößt die Fähigkeit der Führungskraft, zuzuhören, an ihre Grenzen? Einzig das konsequent verantwortungsvolle Verhalten Untergebener definiert die objektiven Grenzen der Fähigkeit ihres Vorgesetzten, positiv auf kritisches Feedback zu reagieren.

Mit dem Narzißmus hängt auch der potentielle Neid des Führers auf diejenigen Angehörigen seines Personals zusammen, die er – weil er sie um ihre Fähigkeiten beneidet – so wahrnimmt, als bezögen sie aus ihren Funktionen größere Befriedigung, als seine Arbeit ihm selbst gewährt. Vor allem ihre Bedürfnisse nach Abhängigkeit oder ihr Wunsch nach Belohnung für ihre Arbeit scheinen in seinen Augen eher befriedigt zu werden. Außerdem ist er auf jene neidisch, die er als erfolgreicher oder kreativer wahrnimmt, oder auf jene, die er als potentielle Bedrohung seiner Autorität erlebt. Dieser Aspekt hängt auch mit den paranoiden Aspekten der Persönlichkeit der Führungskraft zusammen, aber bewußter und unbewußter Neid auf Untergebene (und die projektive Abwehr dieses Neides) sind wichtige Begleitphänomene narzißtischer Führung. Es kann gar nicht deutlich genug betont werden, daß Führer, die sich einen unabhängigen Bereich bewahren, in dem sie ihre eigene fachliche, professionelle oder konzeptuelle Kompetenz entwickeln, auf die Kreativität ihrer Mitarbeiter entschieden toleranter reagieren. Und eine solche Toleranz fördert die Kreativität in der gesamten Organisation. Der Führer jedoch, dessen Hauptmotivation sich nicht mit derjenigen der übrigen Führungskräfte deckt, der zu einem abwesenden Führer wird und die Organisation als Hemmnis für seine persönlichen Interessen empfindet, wird auf die Organisation und ihre Angestellten einen negativen Einfluß ausüben.

Die andere wichtige Dimension, die Führungsfunktionen schützen – aber auch gefährden – kann, ist die paranoide Wachsamkeit. Zwischen einer »normalen« Fähigkeit zu paranoidem Empfinden und einer paranoiden Persönlichkeit besteht ein gewaltiger Unterschied: Der Führer mit der paranoiden Persönlichkeit ist ständig gekränkt und fühlt sich potentiell verfolgt; er nimmt jedes kritische Feedback als Gehorsamsverweigerung wahr, und gelegentlich kann er seine Organisation in eine Festung verwandeln, die sich gegen die Außenwelt abschirmt und hinter deren Mauern er mit der allgegenwärtigen Gefahr einer fünften Kolonne zu ringen hat. Das andere Extrem, ein völliges Fehlen von besorgter Wachsamkeit und Mißtrauen, ist gleichbedeutend mit Naivität, das heißt mit der Verleugnung der Allgegenwart der Aggression und der Ambivalenz, die einen normalen Bestandteil aller menschlichen Beziehungen bilden und für Organisationen zweifellos charakteristisch sind.

Der Führer kann es sich nicht leisten, naiv zu sein, denn die Ambivalenz, die sämtliche Organisationsangehörigen ihm gegenüber hegen, wird objektive Aggression enthalten, und er selbst ist die Zielfläche ihrer kollektiven Übertragungen. Wir haben diese Übertragungen bereits untersucht, und so bleibt hier lediglich festzuhalten, daß sie in ambivalenten Verhaltensweisen zum Ausdruck kommen können, die die Effizienz der Organisation schmälern und unbewußt auch indirekte Aggression gegenüber der Führungskraft zu erkennen geben. Der Organisationsführer muß sich der Tatsache bewußt sein, daß er das Ziel dieser Aggression wie auch das Objekt von Idealisierungen abgibt und daß sich narzißtische und paranoide Versuchungen auf ihn konzentrieren. Seine Wachsamkeit kann es ihm erleichtern, potentiell schädliche, gegen ihn selbst und die Organisation gerichtete Aktionen frühzeitig zu diagnostizieren oder sogar zu verhindern. Gleichzeitig aber kann seine Fähigkeit zu paranoider Wahrnehmung auch seine eigene Gegenaggression aktivieren und sein Mißtrauen über die Realität der Situation hinaus verstärken.

Tatsächlich ist das Agieren von Gegenaggression, das durch eine paranoide Sensibilität gegenüber der Ambivalenz der Mitarbeiter gefördert wird, eine der Quellen des autoritären Verhaltens von Führungskräften. Der Führer, der absolute Kontrolle ausüben muß, um sich vor Aggression sicher zu fühlen, kann die Organisation eben dadurch korrumpieren, denn sein autoritäres Verhalten fördert Unterwürfigkeit und Opportunismus, indem es die Mitarbeiter in eine narzißtisch-submissive und eine paranoid-zurückgezogene Gruppe spaltet. Der »paranoide Drang zu Verrat« (Jacobson 1971 a) kommt typischerweise in der selbstgerechten Empörung des Führers über reale oder eingebildete Kränkungen zum Ausdruck, auf die er dann mit einem rachsüchtigen Mißbrauch seiner Autorität reagiert, um die Übeltäter zu bestrafen. Hier wird die Organisation durch die paranoide Dimension der Führung korrumpiert, wenn die Rache des Vorgesetzten bei den Mitarbeitern Schadenfreude hervorruft oder sie zu einer Haltung der Gleichgültigkeit oder scheinbaren Ahnungslosigkeit veranlaßt. Das Ausmaß, in dem die paranoiden Tendenzen des Führers es ihm erlauben, die Aggression seiner Untergebenen zu absorbieren, statt sie ihnen in Form autoritärer Selbstbehauptung heimzuzahlen, kennzeichnet den Unterschied zwischen den positiven und den negativen Auswirkungen paranoider Persönlichkeitsmerkmale einer Führungskraft. Somit können narzißtische und paranoide Züge des Vorgesetzten seine Führungsfunktion entweder schützen oder ihren Verfall auslösen. Der Verfall der Führung wiederum verstärkt die narzißtische und paranoide Regression innerhalb der Organisation und leistet der Korruption als Teil der durch solche Regression ausgelösten Abwehrprozesse Vorschub.

Die narzißtischen und die paranoiden Anteile der Führungskraft und ihrer Untergebenen beeinflussen ihre wechselseitigen Beziehungen auf vielschichtige Weise. Eine verborgene Grandiosität des Führers kann durch die Idealisierungs- und Unterwerfungstendenzen der Mitarbeiter verstärkt werden, und zwar vor allem in relativ isolierten Organisationen mit langfristig gleichbleibender Führung. Ebenso kann die verborgene Aggression der Mitarbeiter, die in chronischer, »passiver« Ambivalenz Ausdruck findet, zuerst eine überempfindliche und schließlich eine autoritäre Reaktion des Führers auslösen; die Aggression nimmt nun an Intensität zu, wird erfolgreich auf die Führungskraft selbst projiziert und veranlaßt diese wiederum zu einer paranoiden Reaktion.

Die narzißtischen und paranoiden Tendenzen des Vorgesetzten können sich gegenseitig ausgleichen, so daß ihn seine narzißtische Stabilität davor schützt, mit exzessiver Aggression auf Herausforderungen innerhalb der Organisation zu reagieren, während seine paranoiden Tendenzen als relativ harmloser Kanal dienen, um Wutreaktionen auf narzißtische Kränkungen zu neutralisieren. Bei einer gravierenderen Charakterpathologie aber können sich narzißtische und paranoide Tendenzen gegenseitig verstärken. Unter extremen Bedingungen üben Führungskräfte mit starken narzißtischen und paranoiden Tendenzen eine sadistische Kontrolle über die Organisation aus – mit verheerenden Konsequenzen für sie selbst und jeden Mitarbeiter.

An anderer Stelle (Kernberg 1984 a) habe ich das Syndrom des *malignen Narzißmus* beschrieben, das auf einer Kombination von narzißtischer Persönlichkeitsstörung, stark ausgeprägten paranoiden Tendenzen, ich-syntoner Aggression und antisozialen Zügen beruht. Eine seiner gefährlichsten Konsequenzen ist der unter der Einwirkung einer narzißtischen und paranoiden Regression eintretende Zerfall der Über-Ich-Funktionen. Revolutionäre Massenbewegungen bringen häufig Führer mit einer solchen narzißtischen und paranoiden Persönlichkeitsstruktur hervor: Die paranoide Dimension sorgt für genau diejenige Führung, die für eine aggressive Herausforderung des Status quo notwendig ist, während die narzißtische Dimension die Sicherheit einer utopischen Zukunft im Anschluß an den Sieg der revolutionären Gruppe verspricht. Sowohl Hitler als auch Stalin wiesen eine Persönlichkeitsstruktur mit Zügen des malignen Narzißmus auf – möglicherweise ein charakteristisches Merkmal aller revolutionären Führer, die als sadistische Tyrannen enden.

Der Konsens-Führer besitzt unter optimalen Bedingungen einen gesunden Narzißmus, der es ihm ermöglicht, mit einer Gruppe zu arbeiten, Feedback auszulösen und zu tolerieren, narzißtische Gratifikation im gemeinsamen Entscheidungsprozeß zu finden und aus seiner Gruppe ein funktionales Aufgabensystem zu machen. Ein Konsens-Führer kann sich jedoch in einen narzißtischen Führer des Typs »guter Junge« verwandeln, der Konflikte und schmerzvolle Entscheidungen zu vermeiden sucht, dessen Führungsfunktion in allzu hohem Maße politisiert und opportunistisch wird und der schließlich das System korrumpiert. In ähnlicher Weise kann die Selbstbehauptung dem charismatischen Führer in der Ausübung seiner Führungsfunktionen Stabilität verleihen. Auf der negativen Seite jedoch ist zu verbuchen, daß sie zu einer exzessiven Idealisierung durch seine Mitarbeiter führen kann, die sich ihm unterwerfen, Angst vor ihren eigenen Rebellionswünschen haben und diese Angst paranoid auf ihn projizieren. So kann Selbstbehauptung die paranoide Dimension der Führung verstärken und eine autoritäre Regression in der Organisation herbeiführen. Was tatsächlich zählt, ist die grundlegende Beschaffenheit des narzißtischen und paranoiden Gleichgewichts. Spezifische Führungsstile schützen die Organisation nicht zwangsläufig vor Regression.

Die Wertesysteme der Führungskraft und die Korruption der Organisation

Drei Dimensionen der Funktionsfähigkeit einer Organisation hängen mit der Ausübung von Führungsrollen zusammen. Diese Dimensionen konfrontieren uns mit dem Paradox, daß das, was der Organisation den größten Nutzen bringt, zugleich ihre Funktionsfähigkeit, und zwar insbesondere den moralischen Aspekt der Führung, bedroht. Die Rede ist (1) von der politischen Dimension solcher Verhandlungen, die über die Grenzen der Aufgabensysteme und der Organisation hinausgehen, (2) von der Machtausübung als Teil legitimer Autorität, und (3) von der Aktivierung eines ideologischen Überbaus auf der Grundlage der Aufgabenempfindung [task sentience] der Organisationsangehörigen.

Die *politische Dimension* der Führung betrifft die Fähigkeit der Führungskraft, Verbündete zu finden, die sich der Aufgabendurchführung verpflichtet fühlen. Angesichts der widersprüchlichen Ziele und Motivationen der miteinander rivalisierenden Teile der Organisation und der verschiedenen ihr inhärenten Zwänge muß mit Interessenkonflikten gerechnet werden. Um jene Mitarbeiter, die gegensätzliche Loyalitäten und Interessen vertreten, davon überzeugen zu können, daß die Realisierung umfassender institutioneller Ziele Kompromisse erfordert, ist mehr vonnöten als rationale Argumentation. Notwendig ist vielmehr ein, wie man es vielleicht am besten bezeichnen könnte, geschicktes Lobbying.

Es besteht die Gefahr, daß der Eigennutz mit dem übergeordneten Organisationsinteresse in Konflikt gerät; daß der Führer, um sich zum Beispiel des Wohlwollens einer bestimmten Gruppe zu vergewissern, elementare Aufgabenerfordernisse opfern muß. Hier wird ihn entweder sein unverbrüchliches Festhalten an den übergeordneten Zielen der Institution vor kontraproduktiven Maßnahmen schützen (auch wenn er Gefahr läuft, sich die Menschen, welche die Aufgabe zu erfüllen haben, durch sein konsequentes Festhalten an seinen Entscheidungen zu entfremden), oder er wird auf Kosten der Gesamtinteressen seiner Organisation Kompromisse schließen. Eine zwangsneurotische Führungskraft wird angesichts einer solchen Situation unnötige Restriktionen schaffen und die organisationsinternen Entscheidungsprozesse sogar lähmen. Im anderen Extremfall kann Flexibilität zu opportunistischen Transaktionen führen, welche die Arbeit des Führers für die Organisation wertlos machen.

Der Umgang mit finanziellen Anreizen illustriert den Konflikt. Prämien können Führungspersonen in der Organisation dazu verleiten, »Deals« einzufordern; möglich ist aber auch, daß sich die Institution versucht fühlt, solche »Deals« anzubieten, die dann ein allgemeines Gefühl der Ungerechtigkeit hervorrufen. Im anderen Extrem kann ein bürokratisches Belohnungssystem, das die Organisation vor Willkür schützt, dieser zugleich die Fähigkeit nehmen, mit anderen Institutionen erfolgreich um Führungspersonal zu konkurrieren.

Mit dem System der Belohnungen für Führungskräfte hängt noch ein weiterer Aspekt zusammen, der Korruption oder selbstschädigender Unflexibilität Vorschub leistet. Es ist fast unvermeidlich, daß die Führungskraft einem starken Druck von allen Seiten ausgesetzt wird, Belohnungen vor allem denjenigen in Aussicht zu stellen, mit denen sie eine persönliche Beziehung verbindet, sowie solchen Mitarbeitern, die sie als ihre Ansprechpartner in politischen Diskussionen über die Organisationsinteressen betrachtet. Aber es gibt auch wichtige Mitarbeiter, die mehrere Stufen unter ihr tätig sind und finanzielle Gratifikationen verdient haben oder erwarten. Der Narzißmus des Führers kann ihn dazu verleiten, ausschließlich Personen in seiner direkten Umgebung zu belohnen; dies kann Opportunismus und Korruption erzeugen.

Die Machtausübung ist ein wesentlicher, unvermeidbarer Teil der Führung und verlangt von der Führungskraft, daß sie sich die aggressiven Aspekte ihrer eigenen Persönlichkeit problemlos zunutze machen kann. Macht, definiert als die Fähigkeit, die Organisationsarbeit auszuführen und – im Falle von Führungspersonen – die Mitarbeiter in diesem Prozeß anzuleiten, resultiert aus verschiedenen Quellen: aus der Autorität, die dem Führer von der Institution übertragen wird; aus der Autorität, die auf Persönlichkeitseigenschaften, auf fachlicher und intellektueller Kompetenz beruht; aus der durch professionelle oder andere Empfindungsgruppen [sentience groups] an ihn delegierten Autorität; aus der Projektion von Aggression auf den Führer, die Teil der paranoiden Dimension der Organisationsdynamik darstellt; und aus der Idealisierung der Führungskraft als Teil der narzißtisch-abhängigen Dimension der Organisationsdynamik.

Wie bereits erwähnt, bewegt sich effiziente Machtausübung in der Mitte zwischen einer exzessiven Ausübung von Macht, die Autorität in Autoritarismus verwandelt, und einer inadäquaten Machtausübung, die zur Ursache des Verfalls und Scheiterns der Führung wird und Chaos in der Organisation sowie eine sofortige Regression der Gruppenprozesse herbeiführt. Meine Position unterscheidet sich von den beiden traditionell gegensätzlichen Auffassungen, daß Macht entweder auf der Persönlichkeit des Führers oder auf der Organisationsstruktur beruhe.

Die Konzentration von Macht in den Händen des Führers und seine Ausübung dieser Macht werden in der Regel schwanken, genauer: Es gibt variierende Bedingungen, die es der Führungskraft verlockend erscheinen lassen können, die Machtausübung zu verstärken, und seine entsprechende Fähigkeit intensivieren oder hemmen. Das erfolgreiche Funktionieren der Organisation vermittelt allen Beteiligten ein Gefühl der Befriedigung und diesen Einzelpersonen und Gruppen zumeist auch ein Gefühl der Macht. Der Erfolg der Organisation stärkt die Glaubwürdigkeit des Führers und infolgedessen seine Macht und Autorität. Dies aber kann die narzißtische Dimension der Führung verstärken, indem eine unrealistische Selbsterhöhung des Leiters gefördert wird, die es ihm verlockend erscheinen läßt, seine Macht auf autoritäre Weise auszuüben.

Ein Versagen der Organisation wird die Autorität der Führungskraft entsprechend schmälern und regressive Gruppenprozesse aktivieren – Kampf-Flucht-Bedingungen und Aggression infolge der Frustration der Abhängigkeitsbedürfnisse, die sich mit dem Gefühl des Scheiterns einstellt. Diese regressiven Entwicklungen wiederum veranlassen zu der für Kampf-Flucht-Bedingungen typischen Suche nach paranoiden Führern und rufen willkürliche Aggression als Teil der Großgruppenprozesse hervor; beide Entwicklungen spiegeln das Scheitern der Organisation und den Verlust der Moral wider.

In Organisationen, deren oberste Leitung versagt, entwickeln sich zwischen den einzelnen Subsystemen charakteristischerweise starke Tendenzen zu Konflikten, in deren Zuge neue Führer auftauchen und die paranoiden Forderungen regressiver Gruppen agieren. Unter solchen Voraussetzungen können Führungskräfte mit übertrieben starken paranoiden und narzißtischen Persönlichkeitseigenschaften an die Macht kommen. Möglich ist auch, daß die paranoide und narzißtische Dimension der Führung in Reaktion auf eine allgemeine Gruppenregression und einen Moralverlust in einem solchen Grade aktiviert wird, daß sie eine sekundäre paranoide Regression des Leiters fördert. Dieser hat nun den Eindruck, daß es an der Zeit sei, nach den Schuldigen zu suchen, die für die Störungen der Organisationsfunktionen verantwortlich sind; er gerät in die Versuchung, die rationale Analyse hintanzustellen und statt dessen einen Angriff auf Sündenböcke zu starten oder eine radikale Bürokratisierung oder Ritualisierung der Organisationsabläufe in Gang zu setzen, um die Aggression, von der die gesamte Organisation erfüllt zu sein scheint, unter Kontrolle zu bringen.

Unbewußte oder bewußte Schuldgefühle wegen der im Organisationsleben ausgelösten Aggression können jedoch auf jeder Ebene in Form der Versuchung zum Ausdruck kommen, eine inkompetente Führungskraft zu schützen. Eine Person, die jeder der verantwortlichen Organisationsmanager für inkompetent hält, wird dann »auserwählt«, um die Schuldgefühle wegen der organisationsinternen Aggression zu sühnen, und die gesamte Organisation schließt sich dem Versuch, dieses scheiternde Mitglied zu retten, an. Zuweilen bekunden starke und autoritäre, sogar sadistische Führer eine Schwäche für einen inkompetenten Untergebenen, selbst wenn sie dessen Unzulänglichkeiten erkennen. Möglicherweise empfinden sie es in gewisser Weise als moralisch befriedigend, den Betreffenden trotz der Klagen über seine Inkompetenz nach wie vor zu tolerieren (sie klopfen sich dafür sozusagen selbst auf die Schulter). Paradoxerweise kann die Aggression, die durch die Protektion des Inkompetenten unbewußt gesühnt werden soll, in der Ungerechtigkeit gegenüber jedem, der unter dem unfähigen Vorgesetzten leidet, wieder auftauchen. Persönliche Moral und unbewußte Schuldgefühle können somit durch institutionelle Prozesse auch invertiert werden.

Das korrumpierende Element dieser regressiven Aktivierung von Machtkämpfen besteht darin, daß es mit der Zeit jeder für notwendig hält, sich angesichts des Scheiterns der Organisation, der autoritären Drohungen sowie paranoiden und narzißtischen Regressionen zu schützen. Das Aufgabengefühl [task sentience] verkommt, und die Sorge um das Eigeninteresse gewinnt Vorrang vor den Organisationszielen. Führungskräfte, die sich ihrer Funktionen und ihres Jobs nicht mehr sicher sind, neigen möglicherweise zu Entscheidungen, die nicht länger den Interessen der Organisation, sondern lediglich ihrer eigenen Selbsterhaltung dienen – eine veränderte Haltung, in der sich die Korrumpierung ihrer Aufgabenerfüllung zu erkennen gibt.

Zusätzlich zu der politischen Dimension der Führung und den verschiedenen Ebenen der Machtkonzentration durch den Leiter übt auch die *Entwicklung einer Organisationsideologie* (oder rivalisierender Ideologien) Einfluß auf die Entscheidungsprozesse der Führung aus. Unter *Ideologie* verstehe ich ein System von Glaubenssätzen, Überzeugungen, Phantasien und Mythen, das von allen Mitgliedern einer sozialen Gruppe geteilt wird. Viele Organisationen sind rivalisierenden ideologischen Strömungen ausgesetzt, die zum Teil realistisch in den Dienst der Aufgabe gestellt werden, während andere lediglich Lippenbekenntnisse ablegen und die Aufgabenerfüllung in Wirklichkeit behindern.

Beispielsweise können die Interessen von Lehrern als Berufsgruppe den Bildungszielen ihrer Institution widersprechen. Sollte sich das Gehalt der Lehrer an der Ausbildungseffizienz ihrer Institution orientieren? Lehrerverbände würden eine solche Überlegung vermutlich zurückweisen; individuelle Schulsysteme aber könnten darin einen hervorragenden Weg sehen, um ihre übergreifenden Ziele zu erreichen. In Krankenhäusern können die Interessen des ärztlichen Personals einerseits und die der Pfleger und Sozialarbeiter andererseits in wichtigen Fragen kollidieren, selbst wenn beide Gruppen behaupten, den klinischen Zielen des Krankenhauses verpflichtet zu sein.

Rationale Führung sollte eine aufgabenorientierte Ideologie, die den Organisationszielen entspricht, fördern und sich mit ihr identifizieren. Auch dies ist eine Möglichkeit, die Verantwortung zu beschreiben, die der Führungskraft für die Aufrechterhaltung der Moral zukommt. Allerdings besteht die Gefahr, daß diese aufgabenorientierte Ideologie anderen menschlichen Bedürfnissen und

Wertesystemen zuwiderlaufen kann, die für die spezifischen Ziele der Organisation möglicherweise irrelevant, für die Zufriedenheit und die Selbstachtung ihrer Mitlieder aber von entscheidender Bedeutung sind. Wenn die Bedürfnisse von Individuen und Gruppen der optimalen Funktionsfähigkeit einer Organisation von Grund auf abträglich sind – mit anderen Worten: wenn menschliche Faktoren die Effizienz einer Organisation beeinträchtigen –, dann ist es wichtig, daß der Organisationsführer in der Lage ist, sich mit Ideologien oder sozial anerkannten Wertesystemen zu identifizieren, die für das Interesse der Organisation von sekundärer Bedeutung sind. Es ist seine Aufgabe, Individuen vor schlechten Arbeitsbedingungen, vor willkürlicher Arbeitszuteilung und vor Gefahren im Zusammenhang mit der Arbeit zu schützen, gleichgültig, inwieweit diese Maßnahmen die Effizienz der Arbeit beeinträchtigen.

Unter idealen Bedingungen können solche ideologischen Widersprüche minimal sein, unter weniger idealen Bedingungen aber kann die Identifizierung der Führungskraft mit einem komplexen Wertesystem verhindern, daß sich ihre Entscheidungen ausschließlich an eng gefaßten Organisations- oder anderen Zielen orientieren. So gibt es in Krankenhäusern beispielsweise Behandlungssysteme, die finanziell ausgesprochen effizient, den menschlichen Bedürfnissen der Patienten aber abträglich sind. Menzies (1967) hat ein Pflegesystem in einem Krankenhaus beschrieben, das die Schwestern vor exzessiver Angst schützte, die emotionalen Bedürfnisse schwerkranker oder sterbender Patienten aber völlig mißachtete. Aus praktischen Gründen muß sich der Direktor einer Universitätsklinik mit den Wertesystemen der medizinischen Fakultät identifizieren, der die klinische und akademische Arbeit am Herzen liegt; er muß sich aber auch mit dem Rechtssystem und seiner entsprechenden Ideologie – mit den rechtlich notwendigen Voraussetzungen für die Funktionsfähigkeit des Krankenhauses und seine juristische Anerkennung – identifizieren sowie mit der professionellen Ideologie der Ärzte und seinem eigenen, persönlichen Wertesystem, das unter Bedingungen aktiviert wird, in denen die persönliche Ethik Einfluß auf Entscheidungsprozesse (etwa in der Frage, wann ein Patient wiederbelebt werden soll) ausübt.

Um funktionieren zu können, müssen alle Organisationen bürokratische Strukturen entwickeln, welche die Aufgabensysteme vor Willkür schützen, die Delegation von Autorität festlegen und die Grenzen der Subsysteme festigen, während sie zugleich eine Regression der Organisation in unstrukturierte Groß- und Kleingruppenprozesse verhindern. Diese bürokratischen Erfordernisse schützen, wie wir gesehen haben, auch Einzelpersonen vor Willkür und können einer Paranoiagenese innerhalb der Organisation entgegenwirken. Aber in denselben schützenden Strukturen kann sich in Form nicht gerechtfertigter Inflexibilität ein dissoziierter, organisationsinhärenter Sadismus manifestieren. Ein

Heer von Bürokraten kann kreative Entwicklungen bewußt oder unbewußt durch sadistisches Beharren auf bestimmten Verfahren untergraben; in dieser Situation kommt dem Leiter die Aufgabe zu, solchen subtilen, aber hartnäckigen Aggressionsäußerungen Grenzen zu setzen. Wenn ein autoritärer Führer eine unflexible Bürokratie leitet, besteht die Gefahr, daß die Funktionsfähigkeit des gesamten Systems zum Erliegen kommt, wie es zum Beispiel das zerstörte und paralysierte Wirtschaftsleben der Sowjetunion illustriert hat (Sinowjew 1989).

Ein Korrektiv gegen eine solche Bürokratisierung bieten flexible informelle Arrangements, die bürokratische Erfordernisse umgehen, auch wenn das System auf diese Weise von Korruption (in Form persönlicher Deals) infiltriert wird. Und tatsächlich ist die Verbindung bürokratischer Inflexibilität mit einer kompensierenden Korruption des Systems für viele diktatorische und totalitäre Staaten charakteristisch.

Dies leitet über zu der entscheidenden Frage, inwieweit das Wertesystem der Führungskraft ein reifes oder aber ein primitives Über-Ich widerspiegelt – mit anderen Worten: Es geht um die Frage, inwieweit sie die widersprüchlichen Wertesysteme, ideologischen Gegenströmungen und die Aufgabenerfordernisse der Organisation kritisch analysieren kann. Wenn man davon ausgeht, daß ein moderates Maß an narzißtischem und paranoidem Potential eine wichtige Eigenschaft eines effizienten Führers ist, muß man auch betonen, daß dieselben Persönlichkeitseigenschaften die individuelle Moral und die Verpflichtung gegenüber Wertesystemen untergraben können. Die Günstlingswirtschaft des Vorgesetzten, von der opportunistische Untergebene profitieren, die seinen Narzißmus stimulieren, und seine Antipathie gegenüber Mitarbeitern, die ihn kritisieren und infolgedessen seinen Narzißmus zu bedrohen scheinen, tragen die Gefahr moralischer Korruption in sich. Das Bedürfnis, sich gegen potentielle Feinde zu verteidigen, hat die gleichen Konsequenzen: Das Überleben wird zu einem wichtigen »moralischen« Ziel. Das Bedürfnis, jeden zu bestrafen, der zu rebellieren wagt, muß nicht bedeuten, daß sich der Führer bewußt ungerecht verhält; die Folgen seiner unangemessenen Aggression aber, die durch die paranoide Atmosphäre der Organisationsregression noch verstärkt werden, sind an sich bereits korrumpierend. Die Fähigkeit der Führungskraft, in der Äußerung ihres individuellen Wertesystems ideologisch konsequent zu bleiben, kann sie vor der Korruption in der Organisation schützen, sie kann es aber auch verlockend erscheinen lassen, Kompromisse zu schließen, die den Organisationszielen oder der Verpflichtung zu menschlicher interpersonaler Interaktion zuwiderlaufen.

Wie Sinowjew (1989) gezeigt hat, gibt die Führung von Großgruppen, in denen Autorität nach außen oder nach oben, auf Vorgesetzte, projiziert wird, eine Tendenz zu korruptem Verhalten zu erkennen, die den einzelnen Gruppenmitgliedern in ihrem Privatleben fernläge. Ebenso wie Sinowjew bin ich davon überzeugt, daß eine autoritäre Organisationsstruktur die Projektion von Über-Ich-Funktionen auf äußere oder hierarchisch übergeordnete Autoritäten fördert; die Folge ist eine Gruppenregression in der narzißtisch-abhängigen oder paranoiden Richtung; das Korruptionsverhalten breitet sich aus. Sinowjew zufolge fördern solche Bedingungen Karrieredenken, Selbstsucht, Vernachlässigung der Aufgaben, eine Freude am Scheitern anderer Menschen, Feindseligkeit gegenüber anderen, die vorankommen, die Suche nach Sühneopfern, eine Tendenz, moralische Werte und individuelle Differenzierung zu ignorieren und Ressentiments gegenüber denen zu entwickeln, die einen autonomen oder couragierten Eindruck machen; und schließlich fördern sie die Tendenz zu blinder Gleichmacherei und einer paradoxen Verstärkung der Macht autoritärer Führer als Abwehr des wechselseitigen Neides. Diese Schlußfolgerungen ergänzen sich mit Chasseguet-Smirgels (1975) und Anzieus (1981) Überlegungen zu regressiven Gruppenprozessen.

Man könnte sagen, daß ich hier die allgemeine Conditio humana beschrieben habe. Daß dieselben Individuen, die sich unter differenzierteren Bedingungen moralisch verhalten, solche Verhaltensweisen in Situationen zeigen, die durch eine Organisationsregression gekennzeichnet sind, kann für das Organisationsmanagement Konsequenzen haben. Eine Führungskraft darf sich durch konventionelle Forderungen, einem primitiven Gefühl für Gerechtigkeit und Strafe nachzugeben, nicht verleiten lassen, sondern sollte an ihrem individuellen moralischen Urteil festhalten.

Die moralische Integrität, die eine Führungskraft bewiesen hat, bevor sie Leitungsfunktionen übernahm, ist der beste Schutz der Organisation vor den Konsequenzen der narzißtischen und paranoiden Regression. Ein soziales System, das einer Führungskraft die Rechenschaftspflicht gegenüber der Organisation wie auch gegenüber ranghöheren sozialen, wirtschaftlichen und politischen Institutionen auferlegt, innerhalb deren sie operiert, schafft äußere Garantien für eine Struktur, welche die Funktionsfähigkeit der Führung adäquat zu schützen vermag. Die professionelle Bindung des Führers an den Beruf, für den er ausgebildet wurde, sein persönliches Gewissen gegenüber dem Personal, das für ihn arbeiten wird, und sein grundsätzliches Gefühl für soziale Verantwortlichkeit ungeachtet der spezifischen Aufgabe seiner Organisation sollten seine moralische Integrität nachhaltig schützen.

Die sorgfältige Analyse und Festlegung von Organisationsrichtlinien in allen Konfliktbereichen, die Führungsfunktionen potentiell beeinträchtigen, kann den Leiter in Zeiten akuter Regression schützen, in denen die narzißtische und die paranoide Dimension aktiviert werden und seine innere Freiheit, sich von seinen eigenen ethischen Systemen leiten zu lassen, bedrohen.

8 Paranoiagenese in Organisationen

Jaques (1976) unterschied zwischen zwei Typen sozialer Organisationen, nämlich erfordernisgerechten und paranoiagenen. *Erfordernisgerechte Organisationen* sind strukturell gesund – das heißt, Autorität und Rechenschaftspflicht sind aufeinander abgestimmt, und es ist möglich, die richtige Anzahl von Personen zur richtigen Zeit für die richtige Aufgabe einzusetzen; es handelt sich um Organisationen mit einer funktionalen administrativen Struktur. Jaques schreibt, daß solche Organisationen »es Menschen ermöglichen, vertrauensvoll aufeinander zuzugehen und Verdächtigungen und Mißtrauen fallenzulassen«. *Paranoiagene Organisationen*, so Jaques, »machen es ... Individuen unmöglich, normale, vertrauensvolle Beziehungen zu pflegen. Sie zwingen die sozialen Interaktionen in eine Form, die bestimmte Verhaltensweisen verlangt – Verhaltensweisen, die Mißtrauen, Neid, feindselige Rivalität und Angst wecken –, und lassen soziale Beziehungen ungeachtet der guten Absichten, die individuell vorhanden sein mögen, nicht zu« (S. 6).

Die Organisationstheorie der offenen Systeme, die Jaques vertritt, wurde ursprünglich von Kenneth Rice (1963, 1965, 1969; Miller und Rice 1967) entwickelt. Diese Theorie führt die Regression in organisationsinternen Gruppenprozessen (mit den paranoiden Verhaltensweisen einzelner Mitglieder und Gruppen und den parallel stattfindenden pathologischen Idealisierungen) auf den Mangel an einer gesunden administrativen Struktur zurück. Die Theorie der offenen Systeme betrachtet institutionelle paranoide Gruppenreaktionen als Symptome institutionellen Fehlfunktionierens. Dieses Fehlfunktionieren löst in den einzelnen Mitgliedern und in den Gruppen eine Regression aus und ist nicht lediglich als Konsequenz der Gesamtsumme individueller Psychopathologien zu betrachten.

Paranoiagenese: Beispiele und Symptome

Beispiele

Auf einer internationalen Versammlung einer professionellen Organisation behandelte ein prominentes Mitglied, das einer der um den wissenschaftlichen Vorrang rivalisierenden Fraktionen angehörte, die Repräsentanten eines anderen Landes bei einer privaten, informellen Zusammenkunft äußerst geringschätzig. Bei einem gemeinsamen Mittagessen mit jenen Repräsentanten, das eine Stunde später stattfand, sprach er sehr warmherzig über die wichtigen Beiträge, die sie auf dem Gebiet geleistet hatten, und über die Notwendigkeit, ihre Präsenz zu stärken, kurz: Er sprach so, als wolle er sich einschmeicheln. Nach allem, was man über ihn wußte, war dieser Mann ansonsten ehrlich und integer; seine auffällige Unehrlichkeit im Organisationskontext stand seinem üblichen Verhalten diametral entgegen.

Der Direktor einer Ausbildungseinrichtung übte scharfe Kritik an einem der Lehrer. Zwanzig Minuten lang ließ der Direktor, dessen aggressiver Stil bekannt und gefürchtet war, seiner Tirade freien Lauf, während der angegriffene Lehrer, der ebenfalls eine leitende Stellung innehatte, schwieg. Als die Versammlung beendet war, gingen einige der Anwesenden auf den Lehrer zu, den der Direktor attackiert hatte, um ihm privat ihre Sympathie zu bekunden und ihm zu sagen, daß sie den Angriff für ungerecht hielten. Darunter waren mehrere Kollegen, die für ihre unterwürfige und sogar kriecherische Haltung gegenüber dem Direktor bekannt waren.

Eine hohe Managerin, die bei einer staatlichen Behörde angestellt war, gab sich besondere Mühe, um ihre jüngeren Kollegen zu unterstützen. Sie half ihnen, sich in den organisationsinternen und politischen Feinheiten der Institution zu orientieren. Nachdem sie gehört hatte, daß an der Arbeit eines ihrer Protegés auf einer Geschäftsführungssitzung durch den Vorgesetzten seines Supervisors Zweifel geäußert worden waren, warnte sie ihren Schützling, der daraufhin sofort zu seinem »Kritiker« ging, um ihn um eine Erklärung zu bitten. Der Mann war überrascht, weil seine kritischen Fragen Informationen über Probleme gegolten hatten, die er für relativ unbedeutend hielt. Die leitende Managerin hatte ihrem jungen Schützling helfen wollen; in gutem Glauben wollte dieser daraufhin eine mutmaßliche Voreingenommenheit korrigieren; und ebenfalls in gutem Glauben gewann der Vorgesetzte nun den Eindruck, daß jene Managerin Mißtrauen säe und die funktionale administrative Struktur der Organisation schädige.

Ein Wissenschaftler von internationalem Ruf, der in leitender Position beschäftigt war, beschloß, sein Forschungsinstitut nach einer Reihe von Vorfällen zu verlassen, die ihm das Gefühl vermittelt hatten, unerwünscht zu sein: Im Laufe weniger Monate war die institutsinterne Finanzierung eines seiner Hauptprojekte abgelehnt worden; zwei durch Kündigung frei gewordene Sekretariatsstellen wurden mit Sekretärinnen besetzt, die man, wie er später herausfand, aus anderen Institutsprojekten entlassen hatte; und schließlich hatte der Direktor auf einer wissenschaftlichen Tagung scharfe Kritik an ihm geübt. Der Forscher wurde depressiv, zeigte ausgesprochen selbstkritische und selbsterniedrigende Verhaltensweisen und hoffte auf einen Neuanfang in einer anderen Organisation; als er seinen Entschluß, zu kündigen, am entsprechenden Termin bekannt gab, war er überrascht darüber, daß alle Kollegen ihr tiefes Bedauern zum Ausdruck brachten und die Organisation sich energisch bemühte, ihn zu halten.

Diese Beispiele sind keineswegs außergewöhnlich. Ich bin nicht der Meinung, daß sie gravierende Unzulänglichkeiten der Organisationen zu erkennen geben. Sie illustrieren lediglich verschiedene zentrale Aspekte institutioneller Paranoiagenese: eine Vielfalt individueller Verhaltensweisen – von unverfrorener Heuchelei über gewöhnliches Mißtrauen und normale Angst bis zu einer selbstentwertenden, demoralisierten und depressiven Reaktion. Die Beispiele schildern Organisationsangehörige, die sich innerhalb der Institution unaufrichtig, betrügerisch und antisozial verhalten – während sie diese Eigenschaften im Privatleben unter Umständen nicht zu erkennen geben; und sie schildern Organisationsmitglieder, die in gutem Glauben handeln und dennoch Verwirrung und Unruhe stiften.

Symptome

Im allgemeinen zeigen sich die Symptome der Paranoiagenese in Organisationen innerhalb eines breiten Spektrums zwischen einem psychopathischen und einem depressiven Pol. Bei einer paranoiagenen Regression in nicht erfordernisgerecht funktionierenden Organisationen befinden sich am psychopathischen Ende des Spektrums Mitglieder mit offenkundig betrügerischen, unaufrichtigen, antisozialen Verhaltensweisen – Verhaltensweisen, die sie in ihrem Privatleben nicht zeigen würden. Und Mitglieder, die in all ihren sozialen Interaktionen antisoziale Tendenzen zeigen und diese auch innerhalb der Organisation manifestieren, werden – wenn Bedingungen vorherrschen, die eine Paranoiagenese begünstigen – mit solchen Verhaltensweisen nicht nur akzeptiert, sondern ernten sogar Anerkennung, weil sie »damit durchkommen«: Ein bewunderter und sehr beliebter Organisationsführer war dafür bekannt, daß er zur Verbesserung seiner Stellung innerhalb der Organisation rücksichtslose, ja nahezu unmoralische finanzielle Operationen durchführte. Ein wegen seiner Warmherzigkeit und Sanftheit und wegen seines anschmiegsamen Wesens sehr beliebter Forscher, der in einem Universitätszentrum eine leitende Position bekleidete, war weithin dafür bekannt, daß er privat gehässige Gerüchte über politische Opponenten in die Welt setzte, denen er in der Öffentlichkeit ausgesprochen freundlich begegnete. Der leitende Angestellte einer Sozialbehörde wurde für seinen extravaganten Lebensstil bewundert, der in krassem Gegensatz zu seinen intellektuellen Fähigkeiten stand. Seine chronische Verlogenheit, die einer *Pseudologia phantastica* nahekam, wurde im Privatleben als couragierter Hohn auf die Realität gefeiert.

Die große Masse der Beschäftigten in den Organisationen, die von solchen Personen geführt wurden, gab in ihren Vorgehensweisen innerhalb der Institution jedoch ausgeprägt paranoide Merkmale zu erkennen, die im Widerspruch zu ihren Persönlichkeitseigenschaften außerhalb der Organisation standen. Paranoide Verhaltensweisen konstitutieren einen mittleren Bereich des Spektrums paranoiagener Regressionen und gehören zu den herausragenden Manifestationen des nicht erfordernisgerechten Charakters einer Organisation. Typischerweise ist die Beziehung des Personals oder der Arbeitnehmer zu den Supervisoren und Vorgesetzten durch Angst, Mißtrauen und Ressentiments charakterisiert, durch übertriebene Wachsamkeit und Vorsicht, eine Suche nach subtilen und verborgenen Bedeutungen und Botschaften sowie durch Bemühungen, Bündnisse mit Gleichgestellten zu schmieden, um die allen gemeinsam drohende Gefahr abzuwenden. Häufig machen die Personalangehörigen die furchterregende Erfahrung, daß diejenigen, mit denen sie sich heimlich gegen die autoritäre Führung verbündet haben, plötzlich überlaufen und sich bei den Vorgesetzten einzuschmeicheln beginnen. Die alles beherrschende Atmosphäre des Mißtrauens erinnert an die berühmte Geschichte über das kleine Dorf, in dem eines Tages jeder Bewohner von einem Witzbold ein Telegramm mit der Aufforderung erhielt: »Flieh, es ist alles aufgeflogen!« Daraufhin verließ die Hälfte der Dorfeinwohner Hals über Kopf Haus und Hof. Der Reaktion der Personalangehörigen entspricht das Gefühl des Führers, paranoide Organisationsmitglieder hätten begonnen, seine legitime Führung in einer feindseligen, aufmüpfigen, verächtlichen Weise herauszufordern, während die schweigende Mehrheit die Angriffe indirekt billige.

Am depressiven Ende des Spektrums der paranoiagenen Regression fühlen sich die einzelnen Mitarbeiter meist einsam, isoliert und nicht anerkannt. Sie betrachten ihre eigenen Fehler und Unzulänglichkeiten überaus kritisch. Sie zeigen unangemessen heftige Reaktionen auf Kritik, die sie als Gefährdung ihrer beruflichen Zukunft erleben. Ihre übertriebene Selbstkritik hemmt ihre Arbeitsfähigkeit, so daß ein Teufelskreis in Gang kommt, der ihre Arbeitsleistung beeinträchtigt, die Zufriedenheit bei der Arbeit schmälert und sie zu Bemühungen veranlaßt, der Organisation zu entfliehen. Es überrascht nicht, daß die reifsten oder am besten integrierten Organisationsangehörigen (diejenigen mit dem am besten integrierten Über-Ich) unter den depressiv reagierenden Mitarbeitern in der Mehrzahl sind. Normale Menschen entwickeln in paranoiagenen Institutionen die größte Entfremdung. Auch der schizoide Rückzug schützt das Individuum vor dem schmerzvollen Verfall der Menschlichkeit innerhalb der Institution.

Ätiologie

Sehr vereinfacht formuliert, besteht die Ursache einer institutionellen Paranoiagenese im Zusammenbruch der Aufgabensysteme von Organisationen, wenn deren primäre Aufgaben irrelevant werden oder nicht zu bewältigen sind oder durch unvorhergesehene, undiagnostizierte oder falsch behandelte innere

Zwänge paralysiert werden. Weitere Ursachen sind die Aktivierung regressiver Gruppenprozesse unter den Bedingungen institutionellen Fehlfunktionierens und die latente Prädisposition zur paranoiden Regression, die ein allgemeines Charakteristikum der individuellen Psychologie darstellt. In einer unzulänglichen Organisationsführung kann eine Hauptursache für den Zusammenbruch der Aufgabenerfüllung liegen, selbst wenn die äußere Realität eigentlich die erfolgreiche Durchführung der primären Organisationsaufgaben begünstigt und diesen keine gravierenden äußeren Hindernisse entgegenstehen. Unzulängliche Führung kommt in der inadäquaten Diagnose primärer Aufgaben und ihrer inneren Zwänge zum Ausdruck, in dem Unvermögen, optimale Kompromisse zwischen Aufgaben und Zwängen zu erarbeiten, und in der mangelhaften Organisationsstrukturierung, die den funktionalen Erfordernissen der Aufgabenerfüllung entgegenwirkt.

Unzulängliche Führung kann durch die Persönlichkeitseigenschaften von leitenden Vorgesetzten in Schlüsselpositionen bedingt sein. Allerdings scheinen der Zusammenbruch der Funktionsfähigkeit einer Organisation und die daraus resultierende Regression der Gruppenprozesse in der gesamten Organisation grundsätzlich zunächst auf die schwierigen Persönlichkeiten leitender Vorgesetzter zurückzugehen. Nur eine sorgfältige Organisationsanalyse kann solche Fälle, in denen die Persönlichkeitspathologie tatsächlich die Ursache für den Organisationszusammenbruch darstellt, von anderen Fällen unterscheiden, in denen die Persönlichkeitspathologie des Führers lediglich zum sichtbaren Symptom einer Führungsregression wird, die auf den Organisationszusammenbruch folgte, ihn jedoch nicht verursacht hat.

Jaques (1976) hat die Beziehungen zwischen den strukturellen Charakteristika sozialer Institutionen sowie der Individualpsychologie und -psychopathologie folgendermaßen zusammengefaßt: »Die ständige Gefahr ... besteht darin, daß die sozialen Organisationen den realen Erfordernissen so sehr entgegenwirken und in derart hohem Maße entfremdend werden, daß eine abfallende Spirale entsteht: Nicht erfordernisgerechte Institutionen wecken objektiv begründetes Mißtrauen und damit verbundene Verfolgungsangst; die Angst wiederum beeinträchtigt die individuelle Funktionsfähigkeit ... was zu einer weiteren Verschlechterung der Funktionsfähigkeit der sozialen Institution führt« (S. 8ff.).

Knappheit der Ressourcen

Die häufigste Ursache einer Paranoiagenese in sozialen Organisationen sind die Begrenztheit und insbesondere die Reduzierung der für die Aufgabendurchführung verfügbaren Ressourcen. In Phasen finanzieller Knappheit – wenn beispielsweise die Ausgaben spürbar gekürzt werden müssen – werden aufwallende Befürchtungen und realistische Ängste dadurch verstärkt, daß einzelne Mitarbeiter auf primitive Ängste regredieren, im Stich gelassen, zurückgewiesen, diskriminiert und ausgebeutet zu werden.

Insoweit Beförderungen auch das Rivalisieren um Positionen mit sich bringen, deren Anzahl geringer wird, je mehr einzelne Mitarbeiter die Führungsleiter hinaufklettern, setzt ein Kampf um begrenzte Ressourcen ein. Wenn Überprüfungskomitees mit der Konkurrenz verschiedener Bewerber befaßt sind, vergleichende Urteile über den Wert einzelner Mitarbeiter für die Organisation gefällt werden und ein politischer Prozeß die Beförderungen beeinflußt, geht es nicht mehr nur um die Frage der Verteilung von Ressourcen; vielmehr kommt zu den Bedingungen, die eine Paranoiagenese fördern, nun eine grundlegend neue Dimension, die Politik, hinzu.

Politik

Politische Prozesse, die Einfluß auf Entscheidungen ausüben, spielen für die Begünstigung der Paranoiagenese in Organisationen wahrscheinlich die zweitwichtigste Rolle. Masters (1989) beschrieb Politik als »Verhalten, das gleichzeitig die Eigenschaften der Bindung, der Herrschaft und der Unterwerfung aufweist. ... Politisches Verhalten, das diese Bezeichnung zu Recht trägt, besteht aus Aktionen, in denen die Rivalitätsform und die Kontinuität sozialer Herrschaft und Loyalität auf die rechtlichen oder gewohnheitsrechtlichen Regeln, denen eine Gruppe gehorcht, einwirken« (S. 140).

Unter dem Blickwinkel der Funktionsfähigkeit einer Organisation kann die Definition von Politik stärker auf das Verhalten eingegrenzt werden, das Individuen oder Gruppen manifestieren, um andere Personen oder Gruppen im Dienste individueller Interessen oder Ziele über institutionelle Grenzen hinweg zu beeinflussen. In dieser Hinsicht kann man die Politik einer Institution als »eine Form der Rivalität« betrachten, bei der es darum geht, »zu bestimmen, welche Menschen dem Rest der Gesellschaft ›autoritäre‹ Botschaften oder Befehle vermitteln dürfen« (Masters 1989, S. 140).

Wenn politischem Handeln Ziele zugrunde liegen, die mit den eigentlichen Aufgaben einer Organisation zusammenhängen, kann man sagen, daß solches Handeln im wesentlichen funktional ist und in einem rationalen Verhältnis zur Funktionsfähigkeit der Organisation steht. Politisches Handeln kann beispielsweise bestimmen, ob sich eine Schule, die Sozialarbeiter ausbildet, vorwiegend auf die Gemeindearbeit oder auf psychotherapeutische Interventionen konzentriert; ein politischer Prozeß ist hier an adäquate Prioritäten innerhalb des Gesamtrahmens der Ziele gebunden, die mit der Ausbildung von Sozialarbeitern realisiert werden sollen.

Wenn jedoch politisches Handeln für die funktionalen Ziele einer Institution lediglich eine untergeordnete Rolle spielt oder keinerlei Verbindung zu ihnen aufweist, hat dies negative Folgen für die institutionellen Aufgabensysteme und Aufgabengrenzen; die Folge sind unter Umständen nicht nur signifikante Beeinträchtigungen der Institutionsfunktionen, sondern auch eine Intensivierung der Paranoiagenese. Wenn die Entscheidung zwischen rivalisierenden Wertesystemen nicht länger rational im Hinblick auf optimale Institutionsziele getroffen wird, kann die Diskrepanz zwischen politischen Ambitionen und Organisationszielen sehr rasch eine zerrüttende Regression in den Gruppenprozessen nach sich ziehen. Die Konkurrenz zwischen verschiedenen Gruppen, die mit der Aufgabe überhaupt nichts mehr zu tun hat – zum Beispiel in einem Ausbildungsinstitut für angehende Künstler –, kann sich als verheerend erweisen.

Wenn Autorität als funktionale Machtausübung in einem institutionellen Setting definiert ist, dann kann man die Machtausübung als Bestandteil eines politischen Prozesses, der keinen Zusammenhang mit den Institutionsaufgaben hat, nicht als funktional bezeichnen. Und wenn die Machtausübung nicht funktional ist, besteht das Resultat in einem ganzen Spektrum institutioneller Dysfunktionen. Dieses Spektrum reicht vom Chaos bis zur Erstarrung – Chaos, wenn die mit funktionaler Autorität ausgestatteten Positionen nicht über angemessene Macht verfügen, und Erstarrung, wenn Institutionsleiter über exzessive Macht verfügen und Autorität in Autoritarismus verwandeln.

Was die Gruppenprozesse innerhalb einer Institution betrifft, so impliziert politisches Handeln immer eine wachsende Abhängigkeit aller Mitglieder von allen anderen; sämtliche anonymen Mitarbeiter der Organisation besitzen potentielle politische Entscheidungsmacht, die unter den durch demokratische Entscheidungsprozesse charakterisierten Bedingungen noch verstärkt wird. Die Abhängigkeit von allen anderen unter Bedingungen, die nicht objektiv durch Organisationsstrukturen reguliert werden, aktiviert augenblicklich eine Großgruppendynamik. Sie impliziert eine unstrukturierte Interaktion der Gruppenmitglieder, die einander zuhören und miteinander interagieren können, ohne in diesem Prozeß eine stabile Statusrollen-Beziehung zu bestätigen; alle interpersonalen Beziehungen bleiben unsicher, und defensive Operationen, die Konflikte unter Kleingruppen-Bedingungen oder in dyadischen und triadischen Beziehungen stabilisieren würden, versagen (Kernberg 1992).

Der politische Prozeß aktiviert augenblicklich die Psychologie der Großgruppenregression und weckt somit bei allen Beteiligten das Gefühl, die persönliche Identität zu verlieren, ein Gefühl, daß Aggression und Gewalt drohen, ein Gefühl der Ohnmacht, ein Bedürfnis, Subgruppen zu bilden, damit die Aggression auf andere Gruppen projiziert werden kann, den Versuch, persönliche und individuelle Gruppenmacht zu sichern, die Angst, durch denselben Prozeß in eine Opferrolle zu geraten, den Wunsch, der Situation zu entfliehen, und ein Gefühl der Lähmung und Ohnmacht, sobald man sich aus der Gruppe löst.

Jene Menschen, die sich einer Wahl stellen, um bestimmte Positionen innerhalb ihrer Organisation zu erlangen, haben ein Gefühl der Desorientierung und Angst; sie erleben eine vorübergehende Beeinträchtigung der normalen Arbeit und der persönlichen Beziehungen und sehen sich vor die Notwendigkeit gestellt, sich mit einer öffentlichen Rolle zu identifizieren, die sie als künstlich empfinden; darüber hinaus entwickeln sie eine verheerende Abhängigkeit von der Meinung, die andere Personen über sie haben. Die Situation ähnelt der Psychopathologie der narzißtischen Persönlichkeit, die von den Urteilen anderer in übertrieben hohem Maße abhängig ist. Selbst reife und gut integrierte Individuen pflegen eine Wahlniederlage als schwere narzißtische Kränkung zu erleben.

Unzulängliche Strukturen

Während mühelos einleuchtet, daß Ressourcenknappheit und politisches Handeln – insbesondere nicht funktionales und nicht erfordernisgerechtes politisches Handeln – einen fruchtbaren Boden darstellen können, auf dem die Paranoiagenese gedeiht, bildet die mangelnde Entsprechung zwischen den Zielen einer Organisation und ihrer realen administrativen Struktur eine wichtige, aber weit weniger deutlich erkennbare Quelle der Paranoiagenese. In den Zielen der psychoanalytischen Ausbildung etwa verbinden sich die Ziele einer Universität und einer Kunstschule (Psychoanalyse als Wissenschaft und als Kunst), die reale Ausbildungsstruktur aber ähnelt häufig den Modellen der Gewerbeschule und des theologischen Seminars (Psychoanalyse als Technik und Glaubensgemeinschaft). Wenngleich die Ursachen solcher Diskrepanzen in den historischen Entstehungsbedingungen der psychoanalytischen Ausbildung und im Charakter der primären Aufgabe – also der im Kontext institutioneller Grenzen durchgeführten psychoanalytischen Behandlung – zu finden sind, bestehen die realen Mechanismen, durch die sich diese Ursachen bemerkbar machen, genau in dem Widerspruch zwischen erklärten Zielen und impliziter Organisationsstruktur. Die Folge dieser Diskrepanz zwischen vorgeblichen Zielen und institutioneller Struktur ist ein ausgeprägtes Maß an Paranoiagenese und damit verbundene Spaltungen zwischen Idealisierung und Verfolgungsängsten in diesen Instituten.

Die typischsten Beispiele für solche nicht erkannten Diskrepanzen bieten Institutionen, deren Existenz offiziell mit der Erfüllung einer sozialen Funktion im Dienste des Gemeinwohls begründet wird, während ihre tatsächliche primäre Funktion darin besteht, für die sie konstituierenden Bürokratien befriedigende Jobs zu schaffen; ein anderes Beispiel ist die Klinik, die ihre vorgebliche Mission in der Gesundheitsversorgung sieht, während ihre reale Mission darin besteht, Geld zu machen. Eine Organisation hingegen, deren Ziel der finanzielle Profit ist und deren Struktur diesem Ziel zuarbeitet, sollte als optimal funktionierende Institution betrachtet werden.

In die allgemeine Kategorie von Störungen und Unzulänglichkeiten in Institutionen fällt eine Vielzahl begrenzter Probleme, die häufig nur Teile der Institution beeinträchtigen: ein Mangel an klarer Grenzkontrolle durch das leitende Management; ein Mangel an stabiler Grenzkontrolle; inadäquate, mehrdeutige Delegation von Autorität oder Delegationsüberschneidungen; und die Diskrepanz zwischen dem Grad an Autorität, mit der einzelne Führer ausgestattet werden, und der Macht, die sie tatsächlich besitzen; das letztgenannte Problem konstituiert eine Grenze zwischen Organisationsproblemen und einem Scheitern einzelner Führungskräfte innerhalb der gesamten Organisation.

Inkompetente Führungskräfte

Die Inkompetenz von Führungskräften hat nicht nur verheerende Folgen für die Funktionsfähigkeit einer Organisation, sondern ist auch in höchstem Maße paranoiagen. Da sich inkompetente Führungskräfte vor kompetenten Untergebenen zu schützen versuchen, entwickeln sie ein ausgesprochen mißtrauisches, defensives und unaufrichtiges Verhalten; sie werden autoritär gegenüber Untergebenen und unterwürfig gegenüber Höhergestellten. Diese Eigenschaften aktivieren eine paranoiagene Regression, die insbesondere die paranoiden und eindeutig psychopathischen Aspekte betrifft. Der korrumpierende Effekt der Unaufrichtigkeit von Führungskräften schafft eine Brutstätte für generelle psychopathische Reaktionen innerhalb der gesamten Organisation, und das zugrundeliegende paranoide Potential kann sich hinter einem vordergründigen, auf allgemeiner Korruption beruhenden Gleichgewicht verbergen.

Im dritten Kapitel habe ich fünf wünschenswerte Persönlichkeitseigenschaften rationaler Führungskräfte genannt: (1) Intelligenz; (2) persönliche Aufrichtigkeit und Unbestechlichkeit; (3) die Fähigkeit zur Entwicklung und Aufrechterhaltung intensiver Beziehungen; (4) ein gesunder Narzißmus; und (5) eine gesunde, gerechtfertigte antizipatorische paranoide Haltung, die den Gegensatz zur Naivität darstellt. Die beiden letztgenannten Eigenschaften mögen am ehesten überraschen, gleichwohl aber bilden sie die wichtigsten Voraussetzungen für eine leitende Position. Wie im sechsten Kapitel erläutert, schützt ein gesunder Narzißmus die Führungskraft vor übertriebener Abhängigkeit vom Beifall anderer und stärkt ihre Fähigkeit zu autonomem Handeln. Eine moderat paranoide Haltung sorgt dafür, daß eine Führungskraft wachsam bleibt gegenüber den Gefahren der Korruption und der paranoiagenen Regression sowie gegenüber dem Agieren diffuser, in sämtlichen Organisationsprozessen unbewußt aktivierter Aggression; darüber hinaus schützt sie den Führer vor einer Naivität, die ihn an der sorgfältigen Analyse der motivationalen Aspekte von Konflikten, die in der Institution zutage treten, hindern würde.

Es besteht die Gefahr, daß die narzißtischen und paranoiden Züge des Führers unter den Einwirkungen einer Organisationsregression verstärkt werden und dann ihrerseits machtvolle regressive Kräfte konstituieren, die eine Regression in narzißtisch-abhängiger und paranoid-sadistischer Richtung mobilisieren. Hier wird ein wichtiges Paradox institutioneller Führung erkennbar: Dieselben Persönlichkeitseigenschaften, die eine Führungskraft stärken können, solange sie moderat ausgeprägt sind, können auch regressionsfördernd wirken und verheerende paranoiagene Folgen für die Organisation insgesamt nach sich ziehen. Die moralische Dimension der Führung wird auch durch eine narzißtische und paranoide Regression des Führers und der Institution gefährdet; dies leitet über zu dem Mechanismus, der die Verbindung zwischen der Paranoiagenese und ihren psychopathischen Konsequenzen herstellt.

Projektive Identifizierung

Mittels projektiver Identifizierung wird die in institutionellen Konflikten ausgelöste Aggression auf Feinde innerhalb der Administration projiziert. Die Regression auf Großgruppen-Prozesse aber läßt die projektive Identifizierung scheitern (Turquet 1975). Der Verhaltensaspekt projektiver Identifizierung – das heißt der Versuch, das Objekt, auf das die Aggression projiziert wird, zu kontrollieren, während ebendiese Aggression unbewußt agiert wird – versagt. Wenn die Aggression nicht konsequent auf andere Menschen projiziert und in ihnen verankert werden kann und wenn diejenigen, auf die projiziert wird, nicht kontrollierbar werden, wächst die Furcht vor mutmaßlichen Feinden, und dies wiederum verstärkt die diffuse Projektion der Aggression.

Verrat

Wenn die Vergeltungsangst ein bestimmtes Maß an Intensität erreicht, kommt der »paranoide Drang zu Verrat und Treuebruch« (Jacobson 1971a) ins Spiel, das heißt, die moralische Kontrolle wird in einem kompromißlosen Überlebenskampf aufgegeben. Man wird alles, aber auch alles tun, um sich vor den Gefahren eines Angriffs – dessen Richtung, Form und Intensität man nur vage erahnen kann – zu schützen. Soziologen haben das Phänomen erforscht und vom

Dilemma des Gefangenen gesprochen: Zwei Häftlinge mit persönlichen Bindungen, die aber in getrennten Zellen einsitzen und so weit regrediert sind, daß sie jeden, selbst den unerreichbaren Kameraden, verdächtigen, werden einander vermutlich verraten. Auf einer breiten, nationalen Ebene wurde die vollständige Korruption eines politischen Systems in der ehemaligen DDR sichtbar, so daß selbst die Führung kurz vor dem Zusammenbruch des Regimes die Augen nicht mehr davor verschließen konnte (siehe zum Beispiel Schabowski 1991).

Maligner Narzißmus

Die extremste Form paranoiagener Führung verkörpern Führungskräfte, deren Persönlichkeit durch einen malignen Narzißmus charakterisiert ist – das heißt, sie weisen eine narzißtische Persönlichkeit auf, verbunden mit ich-syntonem Sadismus, paranoiden Tendenzen und antisozialen Merkmalen. Das Syndrom ist typisch für totalitäre Führer; klassische Beispiele sind Hitler und Stalin.

Projektionsprozesse

Die Aktivierung primitiver Aggression im Verhalten der Mitglieder sozialer Gruppen gibt die latente Disposition zur Regression auf präödipale Ebenen der intrapsychischen Organisation zu erkennen. Auf diesen Ebenen werden die Projektion der Aggression auf Elternfiguren, die Reintrojektion solcher durch die projizierte Aggression verzerrten Elternfiguren und der daraus resultierende Kreislauf der Projektion und Introjektion von Aggression durch massive Spaltungsmechanismen ermöglicht, die einerseits Idealisierung, andererseits paranoide, persekutorische Tendenzen auslösen. Diese psychischen Operationen wurzeln in der dyadischen Beziehung zur Mutter, lassen die späteren triangulären Probleme anklingen, in denen die ödipale Situation enthalten ist, und transformieren die Disposition zu multiplen präödipalen Übertragungen in eine Disposition zu den typischen triangulären ödipalen, die dann in der Beziehung der Gruppenmitglieder zur Autorität in den Vordergrund treten.

Die aus diesen Projektionsprozessen resultierende Verzerrung rationaler Autorität führt zu einer defensiven Aktivierung narzißtischer Selbstbehauptung und fördert regressive Beziehungen zu gefürchteten oder idealisierten Führern, die Elternfiguren verkörpern. Wie wir im dritten Kapitel gesehen haben, wird der Prozeß durch eine allgemeine Tendenz vervollständigt, die weiterentwickelten Aspekte der Über-Ich-Funktionen auf die Institution zu projizieren. Unter diesen Bedingungen droht nicht nur die Gefahr einer emotionalen und charakterlichen Regression, sondern auch einer Regression der moralischen Dimension individuellen Verhaltens. Der paranoide Drang zum Verrat ist eine logische Folge dieser Regression. Wenn ein Führer das Syndrom des malignen Narzißmus aufweist, breitet sich eine massive paranoide und psychopathische Regression rasch innerhalb der gesamten Organisation aus.

Korrekturmechanismen und ihre Grenzen

Bürokratie

Die wichtigste Methode, mit deren Hilfe sich Organisationen vor einer Paranoiagenese schützen können, besteht im Aufbau eines bürokratischen Systems. Eine gut funktionierende, in ein demokratisches System eingebettete Bürokratie kann potentiell als ideales Modell der Organisationsstruktur dienen. Masters (1989) hat die wichtigsten Charakteristika der Bürokratie zusammengefaßt: Erstens sorgt die Bürokratie für ein Element des Zwangs, das notwendig ist, wenn große Gruppen von Menschen mit widersprüchlichen Interessen zum Wohle aller tätig sein sollen. Zweitens kann das bürokratische System, indem es neue Kooperationswege zwischen seinen einzelnen Gruppen schafft, eine Effizienzsteigerung ermöglichen. Drittens bieten Bürokratien Vorteile für ihre Mitglieder und gewährleisten auf diese Weise ihre eigene Selbsterhaltung.

Innerhalb einer bürokratischen Organisation können interne Konflikte diagnostiziert, kontrolliert und rational durch Standardmechanismen bürokratischer Funktionsabläufe gelöst werden. Das dreistufige System zum Beispiel erlaubt es Untergebenen, sich an den Supervisor ihres Supervisors zu wenden und ihm ihre Klagen über jenen Supervisor mitzuteilen – unter der Bedingung, daß der Betreffende über die Beschwerde informiert wird; gleichzeitig können Arbeitnehmerorganisationen, die kollektiv die Interessen der Angestellten innerhalb der bürokratischen Organisation vertreten, den Rechten des individuellen Untergebenen Nachdruck verleihen.

Bürokratische Strukturen und Funktionen reduzieren die Regression auf Großgruppenprozesse und beschränken die paranoiagene Regression unter normalen Umständen auf ein niedriges Maß. Das effiziente bürokratische Funktionieren kann eine optimale Aufgabenerfüllung gewährleisten, die normale soziale Kommunikation aufrechterhalten und die Unterordnung unter die Ziele, die allgemein als Gemeinwohl anerkannt werden, durchsetzen. Bürokratien können Ressourcen effizient nutzen, und die Beteiligten können ihre Arbeit als befriedigend erleben.

Den positiven Auswirkungen bürokratischer Funktionsformen sind Grenzen gesetzt. Diese Grenzen ergeben sich aus der unvermeidlichen Infiltrierung sämtlicher Gruppenprozesse mit dissoziiertem Sadismus, die das gesamte Funktionieren der Institution einschließlich der Erfüllung funktionaler Aufgaben beeinträchtigt.

Alle Mitglieder einer Organisation erleben narzißtische Herausforderungen, ödipale Rivalitäten und Frustrationen des präödipalen Bedürfnisses nach Abhängigkeit und autonomer Kontrolle – und all dies erzeugt Aggression. Insofern diese Aggression in den direkten sozialen Interaktionen nicht geäußert oder in der Aufgabenerfüllung nicht sublimiert werden kann, wird sie entweder auf die Gruppenbildungen innerhalb der Institution projiziert – was in der Regel zu Spaltungen, Idealisierungen und Verfolgung führt – oder auf die Führung. Sie findet Ausdruck in ihren gemischt ödipalen-präödipalen Konflikten, die ebenfalls eine Idealisierung der Führung und Angst vor der Verfolgung durch Führungskräfte nach sich ziehen. Unzulängliche Führer einer bürokratischen Struktur, insbesondere Führungskräfte mit starken narzißtischen und paranoiden Tendenzen, können ein regrediertes bürokratisches System in einen sozialen Alptraum verwandeln. Solche Führer erwarten von ihren Angestellten unterwürfiges Verhalten und fördern es, belohnen die Idealisierung der Führung und neigen dazu, jeden zu verfolgen, der ihnen ihrer Meinung nach kritisch gegenübersteht.

Die furchtbaren Konsequenzen, die das effiziente Funktionieren der Bürokratien in Hitlers Deutschland und Stalins Sowjetunion für das alltägliche Leben großer Teile der Bevölkerung mit sich brachte, müssen hier nicht detailliert ausgeführt werden. In begrenztem Maße können gut funktionierende Bürokratien innerhalb demokratischer Staaten bei ähnlichen Formen regressiver Führung für Abhilfe sorgen.

Ein Staatssekretär im Gesundheitsministerium, der zu der Auffassung gelangt war, daß der Ärztestand seine Aufgaben nicht erfülle und nachhaltig an seine Pflicht erinnert werden müsse, entwickelte ein Strafsystem: Jeder Fehler, jeder Mißerfolg in einer Institution zog nun innerhalb des gesamten Staates verheerende Folgen nach sich. Jeder Vorfall, der nicht eindeutig dem Gesetz entsprach, wurde durch die Einführung zusätzlicher Regeln und Reglements erfaßt, die sowohl dem bürokratischen System selbst als auch sämtlichen staatlichen Gesundheitsdiensten enorme Belastungen auferlegten. Der Spiraleffekt dieser erhöhten Bürokratisierung bestand in einer allgemeinen Kostensteigerung, in der Verzögerung der Aufgabenerfüllung, einer Aufblähung der staatlichen Bürokratie und einer Vermehrung ihres Personals; gleichzeitig durchdrang nun eine paranoide Atmosphäre sämtliche Kontakte zwischen den für die Gesundheitsversorgung zuständigen staatlichen Institutionen und den staatlichen Inspektoren sowie zwischen den für die Kontrollsysteme Verantwortlichen und den übrigen Mitarbeitern dieser Institutionen. Narzißtische Selbsterhöhung und paranoide Entwicklungen an der Spitze verstärkten die Paranoiagenese und minderten die Ressourcen in sämtlichen beteiligten Organisationen.

Mechanismen an der Peripherie bürokratischer Systeme pflegen die Größe und den Umfang ihrer Operationen über den funktional gerechtfertigten Rahmen hinaus zu erweitern, so daß die Systeme nach und nach zerfallen. Wie Masters (1989) gezeigt hat, bedeutet gleiche Gerechtigkeit für alle, daß Einzelpersonen das Gefühl haben können, von Bürokratien auf unpersönliche, entmenschlichte, ignorante Art behandelt zu werden. Tatsächlich bekommen die Menschen, die sich mit bürokratischen Systemen in Verbindung setzen, als erstes deren negative Aspekte zu spüren. Diese Unpersönlichkeit veranlaßt viele zu dem Versuch, das System zu hintergehen und sich seiner Unflexibilität zu entziehen; dies wiederum hat eine paranoide Reaktion der Bürokratien zur Folge, die dann versuchen, die Betrüger zu fassen. Irgendwelche Versuche aber, das System zu humanisieren und einer einzelnen Person einen Gefallen zu tun, können eine Günstlingswirtschaft – besonders die Vetternwirtschaft – fördern und das System korrumpieren.

Die allmähliche Erweiterung eines bürokratischen Systems, das sich durch seine Expansion vor realen oder potentiellen Betrügern zu schützen versucht, kann zu einer Aufblähung der Bürokratie führen, die nicht nur Individuen, sondern ganze Institutionen, die bürokratisch reguliert werden, beeinträchtigt. Funktionale administrative Führer müssen unter Umständen Wege finden, um unerträgliche bürokratische Zwänge im Dienste optimaler Aufgabenerfüllung abzuschaffen. Kurz, die Gefahren der Erstarrung einerseits und des chaotischen Zusammenbruchs (wenn die Korruption die Oberhand gewinnt) andererseits konstituieren die entscheidenden Grenzen der potentiell korrektiven Wirkungsweise, die bürokratische Systeme in bezug auf die Verhinderung der Paranoiagenese haben können.

Wenn bürokratische Systeme in einem solchen Grad anwachsen, daß sie ihre Gesellschaft beherrschen, werden ihre selbstbezogenen Funktionen erkennbar: Die Bürokraten werden zu einer privilegierten Klasse, die die unterprivilegierten Bürger in ihrer Umwelt durch Zahlungen zu beschwichtigen sucht. Die Bürokratie ist nicht länger funktional; ihre Erstarrung und ihre chaotischen Merkmale dienen ihren eigenen Interessen. Hier scheint die Paranoiagenese eine gerechtfertigte Reaktion all derer darzustellen, die innerhalb wie auch außerhalb der Bürokratie von ihren Auswirkungen betroffen sind. Die nationalen bürokratischen Systeme mancher Länder scheinen ihr Gleichgewichtsniveau gefunden zu haben, das mit einem entsprechend hohen Grad an Paranoiagenese in ihren Gesellschaften einhergeht. Der wirtschaftliche Zusammenbruch der Sowjetunion, für den letztlich ein vollständig zentralisiertes System des Wirtschaftsmanagements verantwortlich war, fand seinen dramatischsten Ausdruck in der Entwicklung einer parasitären Bürokratie, die extreme Unbeweglichkeit mit weitverbreiteter Korruption vereinte und zu jener hochgradigen Paranoiagenese der Gesellschaft beitrug, die auch noch zu beobachten war, als der politische Terror nachließ (Roberts and LaFollette 1990; Todd 1990; Boukovski 1990).

Ein weniger deutlich sichtbarer, subtiler und doch alles beherrschender Verfall einer bürokratischen Organisation ist darauf zurückzuführen, daß einzelnen Mitgliedern die Aufgabe zugewiesen wird, als »Torwächter« zu fungieren, um das Gemeinwohl vor potentiell unberechtigten Forderungen, Erwartungen, Beförderungen oder Privilegien zu schützen. Auf die Komiteevorsitzenden, die über die Auswahl des Personals entscheiden, über die Angemessenheit verschiedener Anträge und Gesuche, über die Verteilung jeglicher Art von Ressourcen und über die Beurteilung von Personen innerhalb und außerhalb der bürokratischen Struktur, wird unbewußt der dissoziierte Sadismus übertragen, der die gesamte Organisation durchdringt. Mit anderen Worten: Die Gesamtsumme der narzißtischen und paranoiden Tendenzen, die in gewöhnlichen sozialen Interaktionen durch die bürokratische Struktur unter Kontrolle gehalten werden können, wird auf perverse Weise den Hütern des Tores zugeschrieben. Unter dem Deckmantel objektiver Gerechtigkeit machen sich diese »Torwächter« jene Rolle häufig zu eigen, so daß sie zu grandiosen (narzißtischen), sadistischen und mißtrauischen (paranoiden) Gebietern über menschliche Schicksale werden. Die Ohnmacht der Menschen, die durch ein gewaltiges bürokratisches System in ihrer autonomen Entscheidungsfähigkeit beschnitten werden, kann eine Explosion narzißtischer Bedürfnisse auslösen, wenn sich die Gelegenheit zur Machtausübung bietet; die Willkür und der Sadismus, mit denen einzelne Bürokraten – vor allem solche in untergeordneten Positionen – die Öffentlichkeit behandeln können, sind zur Genüge bekannt.

Menschlichkeit

Ein weiterer Mechanismus, der Institutionen vor der Paranoiagenese schützen soll, ist die Aktivierung einer menschlichen Ideologie, in deren Zentrum das Streben nach Gerechtigkeit, Chancengleichheit und Gleichheit vor dem Gesetz steht. Eingebettet in ein demokratisches Regierungssystem, vermag eine solche Ideologie die sozialen Kontrollen zu unterstützen, die zum Schutz erfordernisgerechter Organisationsstrukturen eingerichtet wurden. Außerdem können solche Kontrollsysteme die Organisationen vor der Korruption ihrer Führungskräfte und dem paranoiagenen Verfall schützen, der sich aus dem Machtmißbrauch herleitet.

Gleichwohl kann die im Kontext von Großgruppenprozessen erzeugte regressive Atmosphäre die Modelle der Gleichheit vor dem Gesetz und der Chancengleichheit untergraben. Die Aktivierung der primitiven Aggression sowie des Syndroms der Identitätsdiffusion im Kontext von Großgruppenprozessen nimmt die Gestalt eines unbewußten kollektiven Neides auf Personen, die sich der Regression entziehen, und auf deren Kreativität an. Unbewußter Neid, der mit einer egalitären Ideologie rationalisiert und generalisiert wird, kann funktionale Führung zerstören; er kann die Ernennung grandioser Führer mit narzißtischen Persönlichkeiten fördern, deren Proklamationen konventioneller Klischees jedem versichern, daß sie gar nicht beneidenswert seien. Die Wahl eines »Urhebers der Illusion« (Chasseguet-Smirgel 1975; Anzieu 1981) zum Führer ist weitgehend auf das Agieren von kollektivem unbewußten Neid auf reale Autoritäten, auf Werte und Kreativität zurückzuführen.

Soziale Ideologien, die für die institutionelle Funktionsfähigkeit zweitrangig sind, können sich auf die Institution ebenfalls destruktiv auswirken, und zwar vor allem dann, wenn sie durch einzelne Mitglieder geschickt mißbraucht werden – ein schmerzvoller Nebeneffekt gut gemeinter Bemühungen um die sozial vorgeschriebene und geschützte Beseitigung von Mißständen.

In einer Klinik in den Vereinigten Staaten wurde eine weiße Krankenschwester im Zuge von Bemühungen, soziale Ungerechtigkeit zu korrigieren und Vorurteile gegen Minderheiten abzubauen, von einem schwarzen Psychologen zu einem geselligen Beisammensein eingeladen; sie lehnte ab. Der Psychologe hatte das Gefühl, daß sie wegen seiner Hautfarbe nicht eingewilligt habe, und reichte eine Beschwerde beim Menschenrechtskomitee der Klinik ein. Was als eine persönliche Interaktion begann, die ganz von den Persönlichkeitseigenschaften des Psychologen geprägt war, wuchs sich zu einem Generalstreik aller schwarzen Krankenhausbediensteten aus. Der Konflikt griff auf die umliegende schwarze Gemeinde über und führte beinahe zum Ruin und zur Schließung der Klinik.

Im Zusammenhang mit sozialen Bemühungen, Vorurteile gegen Frauen in Organisationen zu korrigieren, beschuldigte eine Mitarbeiterin im Laufe der Zeit mehrere männliche Supervisoren, sich ihr gegenüber besonders streng zu verhalten, weil sie sich auf ihre sexuellen Annäherungsversuche nicht eingelassen hätte. Diese Mitarbeiter zogen sich vorsichtig von ihr zurück, und es entwickelte sich ein allgemeines Widerstreben, mit ihr in Kontakt zu kommen; niemand jedoch wagte es, das Thema in einem größeren Rahmen zur Sprache zu bringen. Jeder schien zu befürchten, daß seine Erörterung Konflikte und Uneinigkeit in der Organisation stiften könnte. Als diese Angestellte eine besonders gravierende Beschuldigung vorbrachte, wurde eine umfangreiche Untersuchung in Gang gesetzt, die zu dem Ergebnis kam, daß keinerlei sexuelle Belästigung stattgefunden habe. Die Untersuchung offenbarte aber auch, daß diese Frau bei ihren Kollegen und Kolleginnen angesichts ihrer Schwierigkeiten mit weiblichen wie auch männlichen Supervisoren und Mitarbeitern in der Organisation keine Hilfe gefunden hatte.

Demokratie

Ein weiterer wichtiger Mechanismus zur Kontrolle der Paranoiagenese ist ein demokratischer Prozeß der Entscheidungsfindung. Ein solcher Prozeß umfaßt auch die offene Diskussion über Themen, die jeden etwas angehen, die Gewährleistung gleicher Rechte zur offenen Kommunikation auf sämtlichen Hierarchieebenen, die öffentliche, stabile und sozial sanktionierte Verteilung der Autorität auf einer funktionalen Grundlage und die volle Mitbestimmung aller Untergebenen bei der Auswahl ihrer Führungskräfte.

Unglücklicherweise können paranoiagene Einflüsse hier auf zwei wichtige Ursachen zurückgehen: auf den Charakter politischer Prozesse sowie auf die Verquickung von demokratischen und funktionalen Entscheidungsmechanismen. Die Demokratie ist ein politisches Regierungssystem, das seinem Wesen nach optimal dazu geeignet ist, soziale Regulation in offenen Gesellschaften oder, systemisch formuliert, in offenen Systemen mit einer unendlichen Anzahl von Grenzen zu gewährleisten. Im Gegensatz dazu verlangen begrenzte soziale Organisationen – das heißt offene Systeme mit einer eingeschränkten Anzahl von Grenzen und spezifischen primären Aufgaben – eine funktionale Führung, die den primären Aufgabensystemen angemessen ist.

Der Fakultätsdekan einer lateinamerikanischen staatlichen Universität wurde Ende der sechziger Jahre in einer Phase politischer Unruhen auf demokratischem Wege gewählt. Jeder – von den Portiers bis zu den ordentlichen Professoren – stimmte ab. Dieser Prozeß wurde unter anderem damit gerechtfertigt, daß jeder, der in der Fakultät arbeitete, beurteilen könne, wer für den Job am besten geeignet sei. In Wahrheit wurde der demokratische Prozeß von einem Kampf zwischen politischen Gruppen beherrscht. Der Kandidat, der schließlich gewann, hatte diesen Sieg seiner »Bündnispolitik« zu verdanken und galt allgemein als mittelmäßig.

Ein anderes Beispiel ist ein Modell der therapeutischen Gemeinschaft, in dem auf der Vollversammlung über Patientenprivilegien abgestimmt wird. So beschloß die Gemeinschaft in einer Institution demokratisch, ob ein potentiell suizidgefährdeter Patient am Wochenende Ausgang bekommen sollte oder nicht. Ein funktionaler Entscheidungsprozeß hingegen würde eine solche Entscheidung der Person mit dem größten Fachwissen und der juristischen Verantwortung für die Beurteilung suizidaler Risiken überlassen.

In einigen psychoanalytischen Gesellschaften Europas und Lateinamerikas ist der Erwerb der ordentlichen Mitgliedschaft automatisch mit der Ernennung zum Lehranalytiker verbunden, dem eine sehr wichtige Ausbildungsfunktion obliegt. Die Tradition, ordentliche Mitglieder in geheimer Abstimmung zu wählen, scheint für eine Gesellschaft ein gerechtfertigter demokratischer Weg zu sein, neue Mitglieder dazu einzuladen, sich dem Institut anzuschließen; wenn man aber davon ausgeht, daß diejenigen gewählt werden sollten, die am besten qualifiziert sind, die Ausbildungsfunktionen der Institute wahrzunehmen, ist das Verfahren in hohem Maße fragwürdig. Eine seiner Konsequenzen nämlich besteht darin, daß psychoanalytische Gesellschaften, in denen verschiedene Gruppen um die Macht rivalisieren, tendenziell einen hohen Grad an Paranoiagenese entwickeln. Es gibt eine berechtigte allgemeine Angst, daß die Wahl mehr mit der Zugehörigkeit zu einer bestimmten Machtstruktur als mit der Befähigung zur Ausbildung zu tun hat.

Funktionale Entscheidungsprozesse aber beinhalten gleichwohl ein »Mitbestimmungsmanagement« – das heißt die Möglichkeit von Gruppendiskussionen und gemeinsamen Entscheidungen unter den Führungskräften einer bestimmten hierarchischen Ebene. Wenn das Mitbestimmungsmanagement mit der klaren und stabilen Delegierung von Autorität an jede beteiligte Gruppe einhergeht und die individuelle Autorität der Führungskräfte ihren Verantwortlichkeiten entspricht – Autorität kann delegiert werden, Verantwortung aber nicht –, dann kann es so aussehen, als sei eine solche funktionale Organisation demokratisch, letztlich aber entspricht sie den funktionalen Prinzipien der sozialen Organisation.

Altruismus

Ein scheinbar einfacher, mitunter hocheffizienter, aber leicht zu untergrabender Mechanismus zur Reduzierung der Paranoiagenese wird durch gut motivierte Personen repräsentiert, die integer sind, Anteil an der Organisation und deren menschlichen Werten nehmen und über die Organisationsgrenzen und Aufgabensysteme hinweg anderen helfen, die in Schwierigkeiten sind. Sie bringen zwei Feinde zusammen, damit diese ihre Konflikte beilegen; sie sprechen ausführlich mit jemandem, der in einem paranoiden, sich selbst perpetuierenden Netz falscher Wahrnehmungen und Vorstellungen gefangen ist; sie versammeln eine signifikante Gruppe Gleichgestellter, um ihren Vorgesetzten die Probleme vorzutragen, die von diesen ignoriert oder nicht effizient gehandhabt werden – unter den richtigen Umständen können all diese Aktionen hilfreich sein. Individueller Mut, das normale Gefühl, Werten verpflichtet zu sein, und ein altruistischer Zug können einzelne Mitglieder dazu veranlassen, eine paranoiagene Regression zu überwinden.

Eine solche Herangehensweise an institutionelles Management kann das Bewußtsein für die Paranoiagenese, für ihren universalen Charakter und für die Wichtigkeit von Korrekturmaßnahmen zu ihrer Bewältigung erweitern. Dieser in bester Absicht vorgenommene Korrekturprozeß kann aber auch umkippen. Die Eigenschaften individueller Bescheidenheit und hoher moralischer Werte können korrumpiert werden, wenn sie mit Naivität einhergehen, das heißt mit einer unbewußten Verleugnung der aggressiven und sadistischen Versuchungen der Institutionsmitglieder und Gruppen. Dies illustriert mein bereits erwähntes Beispiel der erfahrenen Managerin, die ihrem jüngeren Kollegen zu helfen glaubte, dabei aber unbewußt paranoide Entwicklungen innerhalb ihres administrativen Settings verstärkte.

In offenen Institutionen, in denen Feedback gefördert wird und eine funktionale Organisation vorherrscht, haben Personen mit gravierend antisozialen Tendenzen leichtes Spiel; sie können falsche Informationen in Umlauf setzen, die gerade deshalb Gewicht bekommen, weil alle Beteiligten einander respektieren.

Ein Mann mit einer schweren paranoiden und antisozialen Pathologie, der während eines institutionellen Konflikts zum Vertreter seiner Gruppe ernannt worden war, zweifelte an der Ehrlichkeit der Stimmenauszähler, die das Management im Zusammenhang mit einem politischen Prozeß – der Wahl von Personalvertretern, die Verhandlungen mit der obersten Leitung führen sollten – ernannt hatte. In einer öffentlichen Versammlung beschuldigte der Mann einen führenden Angehörigen des Managements, mit einem der Stimmenauszähler persönlich befreundet zu sein – dies berechtige zu Zweifeln am Wahlergebnis. Sowohl der Stimmenauszähler als auch der Manager fühlten sich durch diese ihrer Meinung nach ungerechtfertigte Infragestellung ihrer Ehrlichkeit angegriffen und paralysiert; in der Gruppensituation erlebten zahlreiche Organisationsmitglieder, die privat bereits von dem Vorwurf der Unehrlichkeit gehört hatten, das Verhalten jenes Anklägers als mutige Offenlegung eines allgemein bekannten Gerüchts. Die Beschuldigungen vergifteten die ohnehin bereits hoch paranoiagene Atmosphäre der Institution noch stärker. Die chronische Verlogenheit jenes Mannes, der die Anklagen erhoben hatte, kam erst viele Monate später ans Licht.

Wenn Personen mit ausgeprägten paranoiden, narzißtischen oder antisozialen Eigenschaften auf Führungspositionen befördert werden, kann dies an sich bereits zeigen, wie weit die Regression der organisationsinternen Gruppenprozesse vorangeschritten ist: Die Beherrschung des Gruppenprozesses durch paranoide Personen kann als indirekter Indikator für das Ausmaß gelten, in dem die Paranoiagenese entwickelt ist.

9 Führungsstile

Im achten Kapitel habe ich die paranoiagenen Auswirkungen erläutert, die sich beobachten lassen, wenn Personen mit starken paranoiden, narzißtischen oder antisozialen Eigenschaften in Führungspositionen aufsteigen. Ich habe jedoch auch die Ansicht vertreten, daß ein solcher Aufstieg unter Umständen ein Ergebnis der Regressionsebene von Gruppenprozessen innerhalb der Organisation darstellen kann. Ich habe die These formuliert, daß das Maß, in dem paranoide Individuen den Gruppenprozeß dominieren, indirekt immer auch zu erkennen gibt, inwieweit sich eine Paranoiagenese in der Organisation ausgebreitet hat.

Diese kurze Darstellung bildet den Hintergrund und Kontext für eine eingehendere Erforschung des Einflusses, den die Persönlichkeit der Führungskraft auf eine Zu- oder Abnahme der Paranoiagenese innerhalb der Institution ausübt. In den vergangenen Jahren hat es mich beeindruckt zu sehen, in welch hohem Maß gute Führer – ungeachtet der Herausforderungen, vor die Institutionen durch die äußere Realität oder sogar durch existenzbedrohende Krisen gestellt werden – dazu beitragen können, daß diese Organisationen ohne eine schwere paranoiagene Regression überleben und funktionsfähig bleiben. Umgekehrt kann eine Institution, die scheinbar klare und realisierbare Aufgaben und eine aufgabenorientierte Organisation besitzt, tatsächlich von einer schweren Paranoiagenese betroffen werden, die sich aus den Eigenschaften ihrer Führungskräfte herleitet. An früherer Stelle habe ich die Konsequenzen exzessiv narzißtischer, paranoider, zwangsneurotischer und schizoider Züge in der Persönlichkeit des Führers erläutert und dabei vor allem die negativen Auswirkungen des pathologischen Narzißmus auf seine unmittelbare Umgebung wie auch auf die Organisation insgesamt betont. Hier möchte ich bestimmte pathologische Führungsstile und ihre Folgen für die Organisation näher untersuchen.

Wenngleich positive Bindungen unter den Organisationsmitgliedern auf ihrer gemeinsamen Identifizierung mit einer gemeinsamen Aufgabe (Aufgabensystemen) und ihrer Identifizierung mit einer bestimmten Berufsgruppe (Empfindungssystem, Rice 1965) beruhen, sind solche libidinösen Bindungen doch auch darauf zurückzuführen, daß sich die Organisationsangehörigen auf ihren Führer verlassen und ihn bewundern (Freud 1921). Da jedoch menschliche Beziehungen grundsätzlich ambivalent sind und Organisationsmitglieder infolge ihres Wunsches, beruflich voranzukommen, angesichts administrativer Hierarchien besonders stark zu Rivalität neigen, spielt das Aggressionspotential im sozialen Leben der Organisation eine wichtige Rolle. Zudem aktivieren die einzelnen Mitglieder neben der Idealisierung ihrer Führungskräfte und der

Abhängigkeit von ihnen präödipale und ödipale Konflikte mit der elterlichen Autorität. Normalerweise werden diese Konflikte von der Realität der gemeinsamen Aufgabe (der Arbeitsgruppe, Bion 1961) absorbiert und kontrolliert, der Alltag der Institution aber aktiviert sie.

Diese subtilen Unterströmungen libidinöser und aggressiver Strebungen der Mitglieder werden durch die Aktivierung regressiver Gruppenprozesse verstärkt, das heißt, durch die Aktivierung der von Bion (1961) beschriebenen Kampf-Flucht- und Abhängigkeits-Gruppen-Grundannahmen sowie durch die von Turquet (1975) beschriebene, für Großgruppenprozesse charakteristische generalisierte Angst vor Aggression. Die durch solche regressiven Gruppenprozesse mobilisierte Aggression wird durch Abwehroperationen unter Kontrolle gehalten, zum Beispiel durch die allgemeine, unbewußte Verschiebung der Aggression auf die »Torwächter« der Organisation, das heißt auf die Personen, die den Zugang zur Organisation, die Befolgung von Regeln und Regelwerken, die Einstellungs-, Kündigungs- und Beförderungsverfahren kontrollieren. Auf diese Weise werden Aggression und – als Teil dieser Aggression – verdrängter oder dissoziierter Sadismus auf die Organisationsführung sämtlicher Ebenen verschoben und projiziert.

Eine gemeinsam entwickelte Ideologie, welche die Idealisierung der Aufgaben einer Institution widerspiegelt und häufig auf eine Mythisierung solcher Aufgaben hinausläuft (eine gemeinsam geteilte Phantasie über den Zweck und die Bedeutung der Institution), wird ebenfalls aggressiv wie auch libidinös besetzt. Die Autorität, mit der die Organisationsführung ausgestattet ist, wird durch die Macht verstärkt, die auf der durch die Mitglieder an sie delegierten Autorität und auf dem Machtstreben beruht, das in den Persönlichkeiten der Führungskräfte wurzelt. Reale und projizierte Aggression schlägt sich auf diese Weise in den administrativen Strukturen nieder und wird zur obersten Führung hinaufgeleitet.

Wenn die Führung mit einem sozial bedingten Übermaß an Macht ausgestattet ist oder ein historisch bedingtes Übermaß an Führungsmacht die funktionale Autorität in autoritäre Macht verwandelt, ist die Situation reif für einen Machtmißbrauch in Form der Abfuhr zusätzlicher Aggression, und dies kann paranoiagene Auswirkungen haben. Hier kommt der Persönlichkeit des Führers eine entscheidende Rolle beim Management dieses exzessiven, potentiell gefährlichen und explosiven, potentiell aber auch kreativen und die Arbeit schützenden Gebrauchs der Macht sowie bei der Bewältigung der Abfuhr der mit ihr verbundenen Aggression zu.

Die Macht, mit der die Führung der Institution ausgestattet wird, ist nicht stabil. Sie kann vergrößert oder verringert werden, und dies hängt von der fluktuierenden Delegation der Autorität an die oberste Führung durch äußere Instanzen ab, von der Angemessenheit oder Unangemessenheit der Organisationsstruktur in bezug auf die Aufgabe, von der Autorität, die alle Institutionsmitglieder den Führungskräften in Form ihres Vertrauens und ihrer Idealisierung (im Gegensatz zu Mißtrauen und Entwertung) zuschreiben, von der Starrheit oder dem Chaos der bürokratischen Arrangements der Institution und von der Art und Weise, wie die Führung ihre Macht und Autorität handhabt.

Der Organisationsführer steht im Zentrum starker aggressiver Kräfte, die auf seine Funktionsfähigkeit einwirken. Zu diesen Kräften zählen seine inneren aggressiven Strebungen, seine Fähigkeit, die eigene Aggression in den Führungsaufgaben zu sublimieren, der Versuch, projizierter Aggression Widerstand zu leisten, und die Fähigkeit, Entscheidungen auch unter ungewissen Bedingungen zu treffen. Gleichzeitig wirken die Einsamkeit der Führungsposition, die zwangsläufige Frustration der Abhängigkeitsbedürfnisse, die unbewußten ödipalen, sexualisierten Versuchungen, mit denen ihn die Organisation konfrontiert, und die Verführung zu »berechtigter Empörung«, in der er seinen eigenen dissoziierten Sadismus abreagiert, auf ihn ein – und all dies stimuliert die Aktivierung der Aggression und ihre Abfuhr auf die Institution. Ungelöste unbewußte Konflikte und Persönlichkeitsstrukturen verschiedener Art kolludieren mit diesen Versuchungen.

In komplementärer Weise wird die Aggressionsäußerung direkt durch die Autorität des Führers verstärkt, durch den Einfluß, den er auf die Gruppenprozesse in der Organisation ausübt, und durch seine unmittelbare Kontrolle, der er Aufgabensysteme, Gruppen und Individuen unterstellen kann. Eine derartige direkte Kontrolle über andere Menschen kann im Führer primitive Abwehroperationen aktivieren, und zwar vor allem die projektive Identifizierung. Der Führer befindet sich seinen Untergebenen gegenüber paradoxerweise in einer Position, die mit derjenigen des Patienten gegenüber seinem Psychotherapeuten vergleichbar ist. Die Aufgabe der Untergebenen besteht darin, die Botschaften des Führers zu verstehen und sie für die Erfüllung der Aufgabe nutzbar zu machen – so wie der Psychotherapeut offen ist für die Botschaften seines Patienten, weil sie ihm helfen, seine psychotherapeutische Aufgabe zu erfüllen. Die projektive Identifizierung des Patienten übt einen gewaltigen Einfluß auf die Gegenübertragung des Therapeuten aus; die projektive Identifizierung der Führungskraft übt einen starken Einfluß auf die Haltung seiner Untergebenen aus.

Unter optimalen Bedingungen werden diese Projektionsprozesse durch die Aufgabenorientierung der Führungskraft kontrolliert, durch ihre Intelligenz, Sicherheit und moralische Integrität, ihren Respekt vor den Untergebenen und ihre libidinöse Besetzung dieser Mitarbeiter, die einen Teil der gemeinsamen Hingabe an die Aufgabe bildet. Das Sicherheitsgefühl der Führungskraft hilft ihr, die unvermeidbare Ambivalenz zu ertragen, die Untergebene bei der Erfüllung ihrer Organisationsfunktionen entwickeln.

Unter pathologischen Bedingungen entfalten Projektionsmechanismen einen übergroßen, verstärkten Einfluß, und zwar aufgrund der konzentrierten Macht, mit der die Autorität der Führungskraft ausgestattet ist; und Prophezeiungen, die sich selbst erfüllen, beeinträchtigen die interpersonalen Beziehungen der Führungskraft, wenn die administrativen Strukturen von ihren Handlungen beeinflußt werden. Die Dynamik, die hier zumeist ins Spiel kommt, beinhaltet die Projektion der inneren Objektbeziehungswelt des Führers auf das ihn umgebende Organisationsmilieu. Er projiziert idealisierte und verfolgende Objektrepräsentanzen sowie realistische, idealisierte und entwertete Selbstrepräsentanzen auf seine psychosoziale Umwelt, und die intrapsychischen Beziehungen zu seiner internalisierten Objektwelt werden unbewußt in der interpersonalen Welt der Organisation agiert. Mit anderen Worten: Der Führer behandelt seine Mitarbeiter als innere Objekte und induziert in ihnen die Haltung seiner eigenen verdrängten und dissoziierten, projizierten Selbst- und Objektrepräsentanzen. Je pathologischer die Welt seiner inneren Objektbeziehungen beschaffen ist, desto stärker wird sie in der interpersonalen Welt der Organisation inszeniert. Wir wollen dies an einigen typischen Beispielen betrachten.

Der Führer, der nicht »Nein« sagen kann

Als erstes Beispiel möchte ich einen Führungsstil beschreiben, der tatsächlich paranoiagene Auswirkungen hat, obwohl er, oberflächlich betrachtet, einer Führung, die eine institutionelle Paranoiagenese begünstigt, diametral entgegenzustehen scheint. Verschiedenartige Persönlichkeitsstile können der Unfähigkeit, eine klare, feste Position zu beziehen, Vorschub leisten: narzißtische Persönlichkeiten, die von jedem geliebt werden und es unter allen Umständen vermeiden wollen, potentielle Bewunderer zu enttäuschen; oder narzißtische Persönlichkeiten mit einem übermäßig starken inneren Zwang, jeden zu »füttern«, weil sie ihre eigenen Abhängigkeitsbedürfnisse auf die Organisationsmitglieder projizieren; abhängig-infantile Persönlichkeiten, die hoffen, daß ihre Mitarbeiter ihr Verlangen nach Gratifizierung befriedigen werden, wenn sie deren Bedürfnisse ihrerseits befriedigen – all dies sind Persönlichkeitseigenschaften, die zu der Unfähigkeit, eine klare Haltung zu beziehen, beitragen.

Auf einer anderen Ebene kann die Furcht vor den Konsequenzen ihrer eigenen Aggression dieses opportunistische Verhalten von Führungskräften fördern. Eine komplexere grundlegende Dynamik weisen Führungskräfte auf, deren Reaktionsbildung gegen starke sadistische Bedürfnisse sich als Freundlichkeit im Umgang mit anderen manifestiert. Diese Führer versuchen, jedem zuzustimmen; unbewußt aber verstärken sie auf diese Weise die interpersonale Rivalität und fördern eine paranoide Atmosphäre im Kreis ihrer direkten Untergebenen. Diese Führer wirken möglicherweise sympathisch; jene Menschen jedoch, die mit ihnen zusammenarbeiten, erleben sie zwar als freundlich, aber auch als verwirrend, und wissen nie so recht, was von ihnen selbst erwartet wird.

Die Untergebenen solcher Führungskräfte geraten häufig in Konflikte mit anderen, die ähnliche Funktionen wie sie selbst ausüben, während ihr Vorgesetzter sorgfältig darauf achtet, sich herauszuhalten und seine besten Absichten zu bekunden (ohne jedoch sonderlich hilfreich zu sein). Mitunter können zwei Hierarchiestufen unter dem Führer, der den Konflikt unbewußt ausgelöst hat, starke paranoide Entwicklungen einsetzen. Seine verblüffte und faszinierte »Bekümmertheit« angesichts der »sinnlosen Auseinandersetzungen« zwischen seinen Untergebenen verrät unter Umständen seinen zugrundeliegenden verdrängten und dissoziierten Sadismus.

Natürlich gibt es Fälle, in denen jemand auf eine Position befördert wird, für die er einfach nicht qualifiziert ist. Eine solche Führungskraft bringt ihre Unsicherheit zum Ausdruck, indem sie versucht, die Gunst ihrer Untergebenen nicht zu verlieren; sie ist unfähig, den Rollenanforderungen ihrer Position gerecht zu werden, zeigt einen Mangel an konzeptueller Klarheit, neigt dazu, sich in Details zu verlieren oder sich durch Aufgaben paralysieren zu lassen. Dem entspricht ihre Tendenz, allzuviel Autorität zu delegieren, und ihr Unvermögen, sich den widersprüchlichen Charakter der Delegation an mehrere Mitarbeiter ihres Teams klarzumachen. Der inkompetente Führer, der nicht »Nein« sagen kann, weckt in den von ihm abhängigen Menschen allerdings eher ein Gefühl des Chaos und der Frustration als Mißtrauen. Der Führer hingegen, dessen unbewußter Sadismus in Streitereien zwischen seinen Untergebenen Ausdruck findet, wird vermutlich lange Zeit davor bewahrt bleiben, als der wahre Urheber der Konflikte erkannt zu werden.

Die Führungskraft, die nicht »Nein« sagen kann, reagiert grundsätzlich zustimmend auf die letzte Person, mit der sie gesprochen hat, so daß sich Konflikte zwischen Untergebenen auch aus den widersprüchlichen Schlußfolgerungen herleiten, die diese Mitarbeiter aus ihren Gesprächen mit dem Vorgesetzten ziehen. Dies trifft nicht auf den Führer zu, der mit der Unterstützung, die er seinen Untergebenen gewährt, unbewußt zugleich Konflikte zwischen ihnen sät; die Widersprüchlichkeit seiner Botschaften bleibt auf eine sehr viel subtilere Weise verborgen.

Eine weitere, pathologischere Variante dieser Konstellation verkörpert die Führungskraft, die ihre Untergebenen unbewußt nach der Devise »Teile und herrsche« manipuliert; ein solches Verhalten gibt zu erkennen, daß eine narzißtische Pathologie mit antisozialen Tendenzen im Vordergrund steht. Durch

Vermeidung offener Konflikte soll die Äußerung direkter Aggression in den Kommunikationsabläufen der Organisation vermieden werden – ein Versuch, sich keine Feinde zu machen und gleichzeitig die Kontrolle nicht aus der Hand zu geben. Das Ergebnis besteht darin, daß das Vertrauen innerhalb des gesamten Systems schwindet und paranoide Entwicklungen auftauchen. Ein gravierendes Mismanagement innerhalb der Institution und Skandale in der Administration können die zunächst harmonisch wirkende Interaktion mit diesem Führungstyp auf einen Schlag als Schein entlarven.

Der Führer, der bewundert und geliebt werden will

Dieses Muster ist typisch die Psychopathologie der narzißtischen Persönlichkeit, die eine Führungsposition innehat. Führer mit narzißtischer Persönlichkeit haben starke exhibitionistische Tendenzen, zeigen ihren Untergebenen deutlich, daß sie geliebt und bewundert werden wollen, haben große Schwierigkeiten, Kritik von ihnen zu akzeptieren, und neigen dazu, administrative Strukturen in einen inneren Kreis von Jasagern zu verwandeln, dem eine äußere Gruppe verärgerter, enttäuschter, grollender und verdächtiger »Feinde« gegenübersteht. Dieser Führertyp kann direkt und selbstsicher auftreten und den Rat solcher Untergebener akzeptieren, deren Bewunderung er sich sicher weiß; da er jedoch keinerlei Kritik erträgt, bekommt er unter Umständen nicht das Feedback, das er benötigt, um institutionelle Probleme angemessen handhaben zu können.

Auf lange Sicht kann die für die Psychopathologie des Narzißmus typische Unfähigkeit, Menschen wirklich grundlegend einzuschätzen, eine Verschlechterung der Führungsqualität auf allen Ebenen des mittleren Managements nach sich ziehen und der Organisation weiteren Schaden zufügen. Narzißtische Führungskräfte sind zwar häufig charismatisch, aber man darf diese beiden Eigenschaften keinesfalls verwechseln: Ein Führer mit großer konzeptueller Kompetenz, der voller Energie und Enthusiasmus steckt, Ziele aggressiv verfolgen kann und gleichzeitig über die Fähigkeit verfügt, andere Menschen intensiv zu besetzen, kann eine charismatische Führung verkörpern, ohne den für die narzißtische Persönlichkeit typischen negativen Einfluß auszuüben.

Die Führungskräfte, die nicht »Nein« sagen können, und solche, die bewundert und geliebt werden müssen, mögen auf den ersten Blick wie Konsens-Führer wirken; Konsens-Führung kann jedoch durch einen völlig anderen Persönlichkeitsstil realisiert werden, nämlich durch den Stil einer Führungskraft, die sich einer funktionalen, starken und entschiedenen teamorientierten Führung verpflichtet fühlt. Dem selbstbewußten Führer fällt es mitunter sogar leichter, Autorität unter spezifischen Umständen an andere Organisationsmitglieder zu delegieren, die besser als er darauf eingestellt sind, sich mit bestimmten Problemen auseinanderzusetzen.

Mit seiner mangelnden Fähigkeit, sich Meinungen anzuhören, die seinen eigenen Ansichten nicht voll und ganz entsprechen, und seinem Bedürfnis, den eigenen intensiven, unbewußten Neid abzuwehren, bereitet der narzißtische Führer seinen Mitarbeitern einen schweren Stand. Es reicht nicht aus, ihn zu bewundern; es ist wichtig, in ihm keine bewußten Neidgefühle zu erregen. Das unbewußte (oder bewußte) Gewahrsein dieser Dynamik in seinem engeren Kreis wird die Energie der kompetentesten Mitarbeiter in passive Zustimmung verkehren, so daß eine Situation entsteht, in der es so aussieht, als könne allein der Vorgesetzte eigenständig denken und entscheiden. Darüber hinaus kann seine Entwertung derjenigen, die nicht zu seinen Bewunderern zählen und deren Produktivität seinen unbewußten Neid weckt, die Entwicklung der Kreativität in anderen Bereichen der Institution hemmen. Typischerweise fällt es narzißtischen Führern leichter, qualifizierte Personen einzustellen, die von außerhalb kommen, als ihre Untergebenen zu befördern. Auf diese Weise hemmen sie die Entwicklung der Organisation. In Ausbildungseinrichtungen sind diese Führer sehr bewunderte Lehrer, die junge Schüler und Studenten, nicht aber andere erfahrene Mitarbeiter, in ihrer Entwicklung unterstützen.

Der Führer, der alles unter Kontrolle haben muß

Dieser Führungsstil entspricht der traditionellen autoritären Führung und ist von der objektiven Notwendigkeit zu unterscheiden, für eine angemessene Kontrolle der Institutionsgrenzen zu sorgen, Ziele zu setzen und zu realisieren und wirkliche Verantwortung zu übernehmen. Mir geht es hier um einen Führungsstil, bei dem Kontrolle um ihrer selbst willen ausgeübt wird. Diese Haltung zeigt sich typischerweise in Mikromanagement und Mißtrauen und Verärgerung, wenn Entscheidungen ohne das Wissen oder die Billigung des Vorgesetzten getroffen werden. Zudem müssen sämtliche Prozesse innerhalb der gesamten Organisation nichtfunktionale »Schleifen« durchlaufen, damit die Unterstützung von oben bereits gesichert ist, noch bevor auf einer lokalen Ebene ein Vorschlag ausgearbeitet werden kann.

Verschiedenartige Persönlichkeitsschwierigkeiten können zusammenwirken, um diesen Führungsstil hervorzubringen. Es gibt narzißtische Persönlichkeiten, die nicht nur geliebt und bewundert werden wollen, sondern auch absoluten Gehorsam verlangen, weil sonst, wie sie glauben, Feinde auftauchen könnten. Narzißtische Persönlichkeiten mit starken paranoiden Zügen tendieren zur Entwicklung eines solchen Führungsstils. Es gibt auch Führungskräfte mit starken paranoiden Tendenzen, die ihr mißtrauisches Wesen durch ihr Kontrollbedürfnis zum Ausdruck bringen, durch ihr Bedürfnis, sich fortwährend vor Manipulation, Täuschung und Betrug schützen zu müssen.

Wenn die dem Bedürfnis nach exzessiver Kontrolle zugrundeliegende Pathologie vorwiegend narzißtisch ist, kann sie auch unbewußte Ängste der Führungskraft widerspiegeln, ausgeschlossen zu werden, zu scheitern und zu versagen, wenn sie nicht die Verantwortung trägt – mit anderen Worten: das Bedürfnis, ein idealisiertes Selbstkonzept zu schützen und das Auftauchen eines entwerteten zu verhindern. Und da der narzißtische Führer seine entwerteten Selbst- und Objektrepräsentanzen auf seine Untergebenen projiziert, kann diese unbewußte Entwertung seiner Mitarbeiter verheerende Folgen für deren Kreativität und Selbstwertgefühl haben und überdies auch die Entwicklung der depressiven und übertrieben selbstkritischen Haltung fördern, die ich an früherer Stelle als typische Konsequenz der Paranoiagenese unter den gesunderen Institutionsmitgliedern beschrieben habe.

Bestimmte zwangsneurotische Persönlichkeiten sind auf vollständige Kontrolle angewiesen, um das Entstehen einer angsterregenden »Chaos«situation zu verhindern. Sie bringen so ihr Streben nach sadistischer Macht zum Ausdruck. Bei stärker gehemmten zwangsneurotischen Persönlichkeiten kann das Kontrollbedürfnis mit einer Unentschlossenheit einhergehen, welche die Funktionsfähigkeit der Organisation dramatisch herabsetzt. Hier beschreibe ich allerdings einen Stil, der exzessiv kontrollierend, gleichzeitig aber entschieden ist.

Wenn die zwangsneurotischen Tendenzen der Führungskraft im Vordergrund stehen, besitzt sie eine ausgeprägte Fähigkeit, intensive Objektbeziehungen zu entwickeln – die ihr eine realistische Beurteilung ihrer Mitarbeiter ermöglicht. Anders als bei der narzißtischen Persönlichkeit ist das Kontrollbedürfnis nicht mit einem unangemessenen Verlangen nach Liebe und Bewunderung verbunden. Wenn der Führer außergewöhnliche intellektuelle, kreative und moralische Qualitäten besitzt, kann die Neigung zu exzessiver Kontrolle sehr erfolgreich kompensiert werden; ein solcher Führungsstil kann ideal sein, wenn in der äußeren Umwelt »Turbulenzen« entstehen, wenn es rapide Veränderungen in der Organisation gibt oder eine Krisensituation auftaucht. In einer stabilen Organisation aber kann dieser Führungsstil langfristig in erheblichem Maße paranoiagen wirken und ihre Effizienz auf diese Weise mindern.

Wenn die zugrundeliegende Dynamik überwiegend paranoid ist, kann man bei der Führungskraft mit übermäßigem Kontrollbedürfnis Projektionsmechanismen, ein mit projektiver Identifizierung einhergehendes Bedürfnis nach omnipotenter Kontrolle und die Spaltung der Welt in Freunde und Feinde beobachten; vor allem aber werden Einzelpersonen oder einzelne Organisationsbereiche von der Führungskraft als feindlich definiert, und dies hat zur Folge, daß sie auf diese feindseligen Kräfte ihrerseits feindselig reagiert und ihre gesamte Aktivität in der Organisation von einer übertriebenen Wachsamkeit sowie einem grundsätzlichen Mißtrauen geprägt wird. Hier ist die wechselseitige Verstärkung der paranoiden Führungseigenschaften und der aus ihnen resultierenden Gruppenregression und intensivierten Paranoiagenese der Institution die Regel. Unter Umständen wird der Führer in den organisationsinternen Gruppenprozessen einen oder mehrere seiner Untergebenen attackieren, während die Betroffenen solche Angriffe duckmäuserisch über sich ergehen lassen. Eine schweigende Mehrheit scheint ihm den Angriff zu verzeihen; die übrigen Mitglieder der Managementgruppe reagieren schadenfroh (»Ich bin froh, daß ich's heute nicht abbekommen habe«) oder depressiv (als Ausdruck unbewußter Schuldgefühle, weil sie ihren Kollegen nicht beigestanden haben).

Langfristig kann eine Organisationsführung, die übermäßige Kontrolle ausübt, die mittleren Ebenen des Managements schwächen, denn deren Repräsentanten müssen ein ungeheures Maß an Energie aufbringen, um das Kontrollbedürfnis der Führungskraft zu befriedigen und zwischen den funktionalen Erfordernissen der Organisation und den Ansprüchen des Vorgesetzten Kompromisse zu finden. Führungskräfte auf der mittleren Ebene versuchen intuitiv, ihre eigenen Untergebenen vor den Auswirkungen der exzessiven Kontrolle an der Spitze zu schützen, dennoch aber breitet sich in der Organisation eine Atmosphäre der Vorsicht und Zurückhaltung aus.

Eine häufige Komplikation besteht darin, daß sich auf der mittleren Ebene zunehmend Individuen mit stark narzißtischen Zügen konzentrieren, die sich der exzessiven Kontrolle an der Spitze anpassen können und sich gleichzeitig eine innere Distanz bewahren, die sie vor der paranoiden Regression der Organisation schützt; sie lassen sich in einer Organisationsstruktur, der sie sich ohne tief empfundene Loyalität anpassen, sozusagen »narzißtisch treiben«. Solche Entwicklungen können bewirken, daß der paranoide narzißtische Führer sich mit einem Adjutanten verbündet, der antisoziale Eigenschaften aufweist und ihm als Instrument der Kontrolle über die Institution dient (ein typisches Beispiel war die Beziehung zwischen Stalin und Berija).

Der abwesende Führer

Die paranoiagenen Folgen der abwesenden Führung machen sich deshalb bemerkbar, weil immer dann, wenn Gruppenregressionen eintreten, keine aufgabenorientierte Absicherung oder Reorganisation der Aufgabensysteme und -grenzen verfügbar ist, kein korrigierendes Feedback erfolgt und Gerüchte nicht durch autoritative Information und Direktiven von oben im Keim erstickt werden. Da die abwesende Führung administrative Strukturen schwächt und

Chaos erzeugen kann, sind in der Regel gleichzeitig Gruppenregressionen und Autoritarismus zu verzeichnen. Wenn die Organisation relativ stabil ist, ihre Produkte einen sicheren Absatzmarkt finden und sich in der äußeren Umwelt keine gravierenden Veränderungen vollziehen, wird sich an den zugrundeliegenden Problemen möglicherweise viele Jahre lang nichts ändern. Abwesende Führung aber kann in Zeiten akuter Umweltveränderungen oder in einer Krisenphase das Vorspiel zu einem Organisationszusammenbruch sein.

Verschiedenartige Persönlichkeitsschwierigkeiten können für abwesende Führung verantwortlich sein: Eine Führungskraft mit schizoider Persönlichkeit kann ihre Führung durch schriftliche, an eine ausgewählte Gruppe gerichtete Direktiven ausüben, während es ihr widerstrebt, direkt mit dem gesamten Personal zu interagieren. Denkbar ist auch, daß der Betreffende auf eine Position befördert wurde, der seine fachliche Kompetenz nicht gewachsen ist oder sein Interesse nicht entspricht, so daß er die Position aus anderen Gründen – etwa wegen der finanziellen Vorteile oder des politischen Einflusses – übernommen hat. Und schließlich kann es auch sein, daß ein sehr narzißtisches Individuum stärker an dem mit der Position verbundenen Prestige interessiert ist als daran, sich für die Ziele und Aufgaben der Organisation zu engagieren. Mitunter erbt jemand die Führung eines Familienunternehmens, für das er keinerlei persönliches Interesse aufbringt.

Gelegentlich wird abwesende Führung bewußt zum Schutz eingerichtet, und man trifft Vorkehrungen, um Störungen der Organisation zu vermeiden. So kann sich eine auf einem hochspezialisierten Gebiet führende Wissenschaftlerin bereit erklären, zum Schutze dieses Gebiets die Leitung ihrer professionellen Einrichtung zu übernehmen, und die realen Führungsrollen dann delegieren.

Unter der Voraussetzung, daß sich der Führer der Gründe für die abwesende Führung bewußt ist, diese Gründe öffentlich bekannt sind und seine Handlungen allgemeine Zustimmung finden und eine stellvertretende Führungskraft bereitsteht, kann die Institution bemerkenswert gut funktionieren. Wenn die formale Organisationsstruktur und die realen Funktionsabläufe nicht aufeinander abgestimmt sind, droht die Gefahr eines funktionalen Scheiterns. Ein typisches Beispiele ist ein stellvertretender Führer, der mit den Organisationsaufgaben überfordert ist, sie in allzu hohem Maße an Untergebene delegiert, ohne klar zwischen strategischen und taktischen Aspekten zu differenzieren, Untergebene mit Problemen überstrapaziert, die sie nicht lösen können, und seine eigene Zeit mit Nebensächlichkeiten verbringt, statt die zentralen Aufgaben der Organisationsführung in die Hand zu nehmen.

Im Falle eines narzißtischen Führers, der sich einfach treiben läßt, kann das ritualisierte Erfüllen von Organisationsaufgaben in einer chronischen Unfähigkeit Ausdruck finden, seinen Verpflichtungen nachzukommen; eine solche Führung drückt sich vor Entscheidungen, und die spezifischen Aufgabensysteme der Organisation geraten in eine zunehmende Isolation. Infolgedessen bricht die Integration der einzelnen institutionellen Bereiche nach und nach zusammen, Ressourcen werden auf irrationale Weise verteilt, es entwickelt sich ein politischer Kampf zwischen verschiedenen Aufgabensystemens, und einzelne Abteilungen und Einheiten verstricken sich in ständige und oft unnötige Auseinandersetzungen.

Affektiv unzugängliche und instabile Führer

Bislang hat sich meine Beschreibung von Führern und den paranoiagenen Folgen ihres Versagens auf Personen konzentriert, die eine relativ stabile oder normale Fähigkeit zu affektiven Beziehungen besitzen. Mitunter können Führungskräfte mit außergewöhnlicher Intelligenz, moralischer Integrität, konzeptueller Klarheit und fachlicher Kompetenz gleichwohl unter Persönlichkeitsproblemen leiden, die in der Instabilität oder Unzugänglichkeit ihrer normalen affektiven Reaktionen zum Ausdruck kommen. Für gewöhnlich – aber nicht immer – handelt es sich hier um Führungskräfte mit einer signifikanten Pathologie ihrer internalisierten Objektbeziehungen.

Der charakteristischste Typ ist hier vielleicht der »Roboterführer«, ein Individuum, dem es ungeheure Schwierigkeiten bereitet, seine eigenen Gefühle auszudrücken und emotionale Äußerungen seiner Mitarbeiter zu akzeptieren. Personen mit ausgeprägt zwangsneurotischen oder schizoiden Tendenzen sowie bestimmte narzißtische Individuen können diese Eigenschaften aufweisen. Sie mögen zwar ausgesprochen effizient über fachliche Fragen kommunizieren, aber es fehlt ihnen an Menschlichkeit, so daß sie die emotionalen Bedürfnisse, insbesondere die Abhängigkeitsbedürfnisse, ihrer Untergebenen frustrieren und zugleich die paranoiden Tendenzen unter den Personalangehörigen verstärken, weil sie keine emotionalen Reaktionen zu erkennen geben. Die Aufgabensysteme einer Organisation können effizient funktionieren, ihre Mitarbeiter aber fühlen sich angesichts eines solchen undurchschaubaren Vorgesetzten möglicherweise isoliert, irgendwie verunsichert und paranoid.

Der Führer, der im Bereich der Gefühlsäußerung unsicher ist, kann den gleichen Einfluß ausüben wie der abwesende Führer. Wenn er jedoch klare Entscheidungen zu treffen vermag und seine Führungsfunktionen im allgemeinen konsequent erfüllt, kann er trotz seiner roboterähnlichen Eigenschaften gut funktionieren. Führer mit diesen Charaktermerkmalen versuchen unbewußt, intensive emotionale Konflikte zu vermeiden, weil diese die Gefahr mit sich bringen, daß erhebliche Aggression auftaucht; diese Furcht teilt sich der gesamten Organisation mit. Ein solcher Führungsstil beeinträchtigt die Gruppenprozesse oder, genauer, er fördert eine amorphe Masse gleichermaßen selbstkontrollierter Einzelgänger, die sich isoliert und ohnmächtig fühlen und den Eindruck haben, die Vorgänge innerhalb der Institution nicht beeinflussen zu können. Möglicherweise geht die Arbeit gut voran, aber sie wird in der Regel als erschöpfend erlebt, weil die Abhängigkeitsbedürfnisse des Personals unbefriedigt bleiben.

Im Gegensatz zu diesem Fehlen einer affektiven Beteiligung neigen Führungskräfte mit anderen signifikanten Persönlichkeitsstörungen – insbesondere abhängige, infantile oder histrionische sowie Borderline-Persönlichkeiten – zu schweren emotionalen Krisen oder Wutausbrüchen. Ein solcher Führungsstil wirkt sich auf die Untergebenen desorganisierend aus. Narzißtische, infantile und abhängige Führungskräfte betonen unter Umständen, wie überarbeitet und erschöpft sie sind, und geben ein großes Bedürfnis nach Trost und Unterstützung zu erkennen, das die Aufmerksamkeit ihrer Mitarbeiter von den realen Aufgaben ablenkt und in der gesamten Institution ein allgemeines und hartnäckiges Gefühl der Erschöpfung und Überlastung, den *Burnout*, erzeugt.

Burnout-Symptome können auch durch andere Führungsstile hervorgerufen werden, insbesondere durch den des narzißtisch-charismatischen Führers, der den Mitarbeitern implizit die vollständige Befriedigung all ihrer Bedürfnisse verspricht, die Erwartungen auf unrealistische Weise hochschraubt und es unterläßt, der Aufgabendurchführung realistische Grenzen zu setzen. Wenn die Phantasie vorherrscht, daß das gesamte Gefühlsleben des Personals am Arbeitsplatz zu befriedigen sei, ist der Burnout eine natürliche Folge. Die emotionalen Bedürfnisse der Führungskraft und die Aufmerksamkeit der Mitarbeiter für diese Bedürfnisse gewinnen Vorrang.

Die Wutausbrüche von Führungskräften mit einer infantilen oder histrionischen Persönlichkeit können aufgrund der direkten Aggressionsäußerung im Kontext organisationsinterner Gruppenprozesse wie ein gewalttätiger Angriff, ein akuter Überfall auf die Privatsphäre der Untergebenen wirken – eine traumatische Gruppenerfahrung, die sich unter Umständen wiederholt. Häufig ist es dem Führer gar nicht bewußt, daß er selbst der Verursacher ist. Ein dramatischer Verfall der Arbeitsmoral, eine starke Fluktuation des Personals, ein chronisches Gefühl der Frustration, des Versagens, des Chaos und der Angst kann sich in der Organisation ausbreiten. Die Verbindung solcher affektiven Exzesse mit einem paranoiden Führungsstil kann eine wahre »gaslight«-Atmosphäre erzeugen, die zu einem katastrophalen Funktionszusammenbruch der Organisation führt.

Nur selten werden Personen mit einem derart unreifen affektiven Verhalten in führende Positionen berufen; obwohl sie in anderen Bereichen über außergewöhnliche Fähigkeiten verfügen, bleiben sie zumeist dauerhaft auf einer mittleren Führungsebene. Da sich ihre Gefühlsausbrüche aber in erster Linie gegen

Untergebene richten, dauert es unter Umständen geraume Zeit, bis die oberste Führung dieses Verhalten überhaupt zur Kenntnis nimmt. Ein Individuum mit ausgeprägten narzißtischen, paranoiden, sadistischen und antisozialen Eigenschaften (wie beispielsweise Hitler) kann im Kontext einer Kampf-Flucht-Subgruppe in eine führende Position aufsteigen und sein unbeherrschtes Verhalten im Rahmen einer kontrollierten, totalitären Bürokratie stabilisieren – mit einem Höchstmaß an paranoiagenen Folgen.

Es gibt noch einen weiteren affektiven Stil, der sich auf die Funktionsfähigkeit einer Organisation schädlich auswirken kann, nämlich eine gewisse oberflächliche Jovialität, die eine tiefe emotionale Unzugänglichkeit maskiert. Bestimmte narzißtische Individuen passen sich der Hierarchiestruktur der Organisation nur allzugut an, klettern dank ihrer bemerkenswerten Flexibilität die Karriereleiter hinauf und gelangen schließlich in Autoritätspositionen, wo sie ein reibungsloses Funktionieren zu gewährleisten scheinen. Nach und nach aber beginnt ein Gefühl der Unwirklichkeit und der emotionalen Unzugänglichkeit die Institution zu erfüllen, Abhängigkeitsbedürfnisse werden frustriert, und das Vertrauen der Mitarbeiter wird untergraben. Häufig sind eine solche scheinbare Freundlichkeit und Flexibilität mit einem passiven und konventionellen Stil der Aufgabendurchführung verbunden. Plötzliche Krisen im administrativen Bereich dieser Führer können die ersten Hinweise darauf geben, daß sich unter der Oberfläche seit langem etwas zusammenbraut.

Der korrupte Führer

Hier denke ich an einen Führer, der die von ihm kontrollierten Organisationsressourcen bewußt und offen zu seinen eigenen Gunsten ausbeutet, seine Verantwortung gegenüber der Organisation und der Aufgabe ignoriert und die Ressourcen wie auch die Aufgabenerfüllung dadurch beeinträchtigt. Mitunter ist nichts anderes als der Wunsch, sich die Macht dauerhaft zu sichern, das beherrschende Motiv für korruptes Verhalten von Führungskräften, und diese Art der Korruption läßt sich häufig bei Personen mit einer starken paranoiden Orientierung und antisozialen Eigenschaften beobachten, die ihre Welt in Freunde und Feinde spalten und alle Maßnahmen, die dem eigenen Überleben dienen, für gerechtfertigt halten. Sie illustrieren den von Jacobson (1971a) beschriebenen »paranoiden Drang zu Verrat und Treuebruch«; den paranoiagenen Folgen dieses Führungsstils liegt weniger die Korruption des Führers als vielmehr sein paranoides Verhalten zugrunde.

Im Gegensatz dazu läßt sich korruptes Verhalten, in dem sich die persönliche Gier und Raffsucht des Führers manifestiert, bei Individuen mit vorwiegend antisozialem Verhalten beobachten, deren paranoide Tendenzen erst auftauchen, wenn sie sich in ihrem Eigennutz und ihrer Gier bedroht sehen. Häufig nehmen narzißtische Persönlichkeiten mit infantilen Tendenzen und unreifer Über-Ich-Entwicklung ihre Führungsrolle so wahr, als gäbe sie ihnen das Recht und die Gelegenheit, ihre persönlichen Vorstellungen zu realisieren, Reichtum anzusammeln, spezifische sexuelle Wünsche oder Abhängigkeitsbedürfnisse zu befriedigen und jene zu belohnen, die mit ihnen gemeinsame Sache machen. Die paranoiagenen Eigenschaften dieses Führungsstils beruhen auf der mit ihm verbundenen Verfolgung und Bestrafung derjenigen, die sich solchem ausbeuterischen Verhalten widersetzen oder dem Führer mit einer öffentlichen Bloßstellung drohen.

Ein Kader korrupter Anhänger kann eine komplette, korrupte Führungsschicht entstehen lassen. Die Gruppenmitglieder vertreten die Ideologie, eine führende Klasse zu konstituieren – zum Beispiel auf der Grundlage angemaßter historischer Rechte, aufgrund der Verdienste, die sie sich mit ihrem Aufstieg in die Führung erworben haben, oder weil ihre außergewöhnlich große Verantwortung ihnen das Recht zu gewissen Kompensationen geben soll. Die Skandale, die sich um korrupte Führungskräfte in Organisationen mit philanthropischen Zielen oder nicht gewinnorientierten Funktionen ranken oder auch um die politischen Eliten sozialer oder insbesonderer totalitärer Regime, bieten hierfür Beispiele.

Es sind gewöhnlich hierarchisch erstarrte Organisationen (wie etwa große Bürokratien) mit einer über enorme Macht verfügenden Führung, in denen der korrupte Führer einen Kreis gleichermaßen korrupter Mitarbeiter um sich scharen kann, die sich seinem Einfluß unterwerfen. Unter Umständen dauert es recht lange, bis die paranoiagenen Auswirkungen in der übrigen Organisation spürbar werden. Aber vor allem in großen Organisationen mit zahlreichen Hierarchieebenen entwickeln sich zwischen dem korrupten »inner circle« und dem ausgeschlossenen »outer circle« unsichtbare Grenzen, die eine scharfe Trennungslinie zwischen den entspannten Freundschaften an der Spitze und dem Groll, dem Mißtrauen und den paranoiden Ängsten der Ausgeschlossenen ziehen. Man könnte dies als Paradebeispiel für die Art und Weise betrachten, wie die psychopathische Regression einer bestimmten Ebene eine gewaltige paranoide Regression auf der nächsten Ebene auslöst. Die Beziehung, die innerhalb der administrativen Struktur der DDR zwischen dem Politbüro der kommunistischen Partei einerseits und den niedrigeren Hierarchieebenen der SED andererseits bestand, vermag dies zu illustrieren (Schabowski 1991). In kleinen Organisationen können korrupte Führer ohne größere innere Turbulenzen ersetzt werden; in großen Organisationen hat die weite Verbreitung der institutionellen Korruption zur Folge, daß eine korrigierende Organisationsveränderung überall eine intensive paranoide Regression auslöst; unter solchen Bedingungen ist das Überleben der Organisation in höchstem Maße gefährdet.

Bei den Persönlichkeiten, für die ein korrupter Führungsstil charakteristisch ist, handelt es sich um narzißtische Individuen mit infantilen und antisozialen Tendenzen. Die Versuchungen, die ich in einem früheren Beitrag (Kernberg 1991) beschrieben habe, erklären, weshalb sich in der Vorgeschichte vieler korrupter Führer – das heißt vor ihrem Aufstieg zur Macht – keine antisozialen Manifestationen finden und weshalb sie nach ihrer Entlassung aus der Führungsposition zu einem relativ normalen sozialen Verhalten zurückkehren können.

Diagnose und Management

Die Korrektur schlecht funktionierender Führung setzt zweierlei voraus: zunächst einmal eine Diagnose des Funktionsverhaltens der Führungskraft und der Organisationsstruktur und -dynamik, innerhalb deren es stattfindet, und sodann ein Management des persönlichen Fehlfunktionierens, damit die »Gesundheit« der Organisation wiederhergestellt werden kann. Der psychoanalytisch orientierte Berater muß darauf vorbereitet sein, diese Doppelfunktion zu erfüllen. Glücklicherweise ist es praktisch immer möglich, die Erfordernisse der Organisation mit individuellen Bedürfnissen zu verbinden. Eine unzulänglich funktionierende Führungskraft, die den entsprechenden Organisationsaufgaben aufgrund ihrer persönlichen Grenzen nicht gewachsen ist, benötigt Hilfe, um ihre Rolle verändern zu können. Dies kommt gleichzeitig der Reorganisation der Organisationsstruktur zugute. Die Reorganisation institutioneller Strukturen und Aufgaben wiederum bewirkt, daß der Kreislauf von individueller und Gruppenregression durchbrochen wird, in dem die Führungskraft ihre Funktionen nicht zu erfüllen vermag.

Man darf nicht vergessen, daß die Persönlichkeitsprobleme des Führers häufig das erste Symptom eines Fehlfunktionierens der Organisation darstellen und es durchaus möglich ist, daß sie tatsächlich nicht mehr als ein Symptom sind – daß die Ursachen des institutionellen Fehlfunktionierens anderswo liegen. Wenn aber die Unzulänglichkeiten der Führungskraft für das Fehlfunktionieren der Organisation tatsächlich eine bedeutsame Rolle spielen, was am Symptom einer exzessiven Paranoiagenese deutlich wird, dann können Organisations- und individuelle Beratung einander verstärken.

Es ist wichtig, die Organisationserfordernisse von den psychotherapeutischen Bedürfnissen des Führers zu trennen. Der Berater diagnostiziert die Aufgaben der Institution, die nicht erfüllt werden; er untersucht, ob der Führer versteht, welche Aufgaben er nicht durchgeführt hat, obwohl er sie hätte durchführen können, oder ob ein Test notwendig ist, um sicherzustellen, daß er die entsprechende Fähigkeit tatsächlich besitzt. Ob die Führungskraft, um diese Aufgaben zu erfüllen, zusätzlich zu dem beratend-erzieherischen Prozeß, den der Berater anbietet, eine persönliche Behandlung benötigt, muß unter Umständen von ihr selbst im Rahmen einer Erörterung der psychischen Konflikte entschieden werden, die mit dem institutionellen Management zusammenhängen.

Psychoanalytisch orientierte Organisationsberatung muß an der Spitze beginnen; sie setzt eine uneingeschränkte Autorisierung durch die Organisationsleitung voraus und widmet sich dann unter Berücksichtigung vorhandener oder neu auftauchender Zwänge der Analyse von Aufgaben und Strukturen sowie Erfolgen und Mißerfolgen in der Aufgabenerfüllung. Ergänzend zu den Interviews mit den Führungskräften in zentralen Managementpositionen sollte die Erforschung von Gruppenprozessen (durch Zusammenkünfte offener Gruppen, in denen auf jeder Hierarchieebene und innerhalb der Strukturen eines jeden Aufgabensystems Arbeitserfahrungen mit dem Berater erörtert werden) es dem Berater ermöglichen, eine Institutionsdiagnose zu stellen und in diesem Rahmen auch die persönlichen Führungsstile zu diagnostizieren.

Auf die Diagnose folgt als zweite Stufe die Organisationsberatung. Die Institutionsdiagnose hat Vorrang, da sie es dem Berater ermöglicht zu beurteilen, inwieweit die Führungskräfte nach Abklärung der Schwierigkeiten zu einer Verbesserung ihrer Aufgabenerfüllung in der Lage sein werden. Die Organisation sollte letztlich fähig sein, eine funktionale Führung einzuberufen und zu erhalten und Veränderungen in die Wege zu leiten, die dies gewährleisten können.

Eine Organisationsberatung kann die Paranoiagenese vorübergehend verstärken; glücklicherweise aber werden paranoide Entwicklungen durch den befreienden Effekt einer offenen Erörterung von Konflikten, die zuvor unterschwellig blieben oder nur in der Gerüchteküche thematisiert wurden, reduziert. Der Beratungsprozeß kann ein hohes Maß an Spannungen abbauen, allerdings besteht auch die Gefahr, daß durch ihn Hoffnungen auf sofortige Verbesserungen geweckt werden, während Veränderungen in Wirklichkeit Zeit benötigen und mitunter nur schwer zu realisieren sind. Ein wichtiger Teil der Organisationsberatung besteht darin, übertriebene Idealisierungen und messianische Hoffnungen abzuwenden und sich gleichzeitig auf die vorübergehende Verstärkung der paranoiagenen Regression zu konzentrieren und sie zu bearbeiten.

Falls grundlegende Veränderungen in der Organisation notwendig sind, die Folgen für das Leben zahlreicher Mitarbeiter haben werden, ist es unter Umständen erforderlich, daß der Berater zunächst eine vertrauliche Konsultation mit der obersten Leitung durchführt – die vorübergehend ebenfalls paranoiagen wirken kann. Sobald die Dinge jedoch geklärt sind, sollten alle verfügbaren Korrekturmaßnahmen so rasch wie möglich realisiert und so rasch wie möglich öffentlich bekanntgemacht werden. Wenn die Mitarbeiter über die Sachlage sowie über die Gründe und die Art der geplanten Veränderungen lückenlos informiert sind, verliert die Paranoiagenese an Intensität, selbst wenn die Organisation in einer Krise steckt.

Ich habe mich mit zwei Organisationen beschäftigt, die innerhalb eines kurzen Zeitraums eine große Anzahl von Mitarbeitern vorübergehend entlassen mußten; der Prozeß war schmerzhaft, verlief aber ohne eine weitere Regression der Organisation, da die Notwendigkeit der vorübergehenden Entlassungen nach Bekanntgabe der bevorstehenden Veränderungen allgemein anerkannt wurde. Die Fähigkeit von Individuen und Gruppen, ihren Führern zu vertrauen, wenn diese offen sind und Verantwortung übernehmen, ist ebenso groß wie ihre Fähigkeit zu schwerer paranoider Regression, wenn in der Organisation Ungewißheit herrscht und ungelöste Probleme nicht offen besprochen werden.

Dritter Teil

Therapeutische Anwendungen

10 Interventionen in Gruppen: Eine systemtheoretische Untersuchung der Prioritäten

Der »nicht-konzentrische« Charakter von Systemen, die auf die Gruppenleitung einwirken

Dieses Kapitel bildet die Fortsetzung früherer Versuche, einen systemtheoretischen Ansatz mit verschiedenartigen psychotherapeutischen Modalitäten, insbesondere verschiedenen Gruppenmethoden, innerhalb eines psychoanalytischen Bezugsrahmens zu integrieren (Kernberg 1973). Es konzentriert sich auf die Grenzfunktionen des Gruppenleiters, der als Berater einer kleinen Studiengruppe fungieren kann, in der die Gruppendynamik zu Lernzwecken erforscht wird, als Gruppenpsychotherapeut, der psychisch kranken Patienten zu helfen versucht, als Leiter einer Aufgabengruppe oder als Leiter einer administrativen Gruppenstruktur, die innerhalb einer Krankenhausorganisation arbeitet. In erster Linie aber konzentriere ich mich auf die Aufgabe des Gruppenpsychotherapeuten.

Die klinische Analyse der konkreten Grenzfunktionen des Gruppenleiters zeigt, daß man es nicht mit einem einzelnen Universum zu tun hat, das sich aus einer Hierarchie von Systemen aufbaut (in der jedes höhere System durch Einheiten konstituiert wird, die Systeme einer niedrigeren Ebene repräsentieren, wie Miller und Rice [1967] es im Zusammenhang mit lebendigen Systemen dargestellt haben); vielmehr finden fortwährend verwirrende Veränderungen in der Ordnung der Systemebenen statt, und man kann »nicht-konzentrische«, einander überschneidende Hierarchien verschiedener Systemebenen beobachten. Sie alle wirken auf den Gruppenleiter ein und verlangen eine ständig neu erfolgende Determinierung der Grenzfunktionen, die im jeweiligen Augenblick im Vordergrund stehen und somit die Prioritäten seiner Interventionen zu bestimmen haben. Eine Konsequenz besteht darin, daß der Gruppenleiter versucht sein wird, seinen Aufmerksamkeitsfokus willkürlich auf eine bestimmte, fixierte hierarchische Reihe von Systemen zu begrenzen, die ihm dann als mehr oder weniger ausschließlicher Bezugsrahmen dient; auf diese Weise vernachlässigt er sowohl die kreativen Möglichkeiten als auch die destruktiven Gefahren, die mit einem umfassenderen Gewahrsein der Gesamthierarchie der auf seine Entscheidungsprozesse einwirkenden Systeme verbunden sind.

Die Systemhierarchie, an deren Relevanz für die Gruppenprozesse die wenigsten Zweifel bestehen, ist wahrscheinlich diejenige, die das Individuum – oder seine Persönlichkeit – als Subsystem begreift, die Gruppe als das zu untersuchende Hauptsystem oder »Zielsystem« (pers. Mitteilung, Durkin u. Glatzer 1972) und die soziale Organisation, innerhalb deren die Gruppe funktioniert, als Suprasystem der Reihe. In der psychoanalytischen Objektbeziehungstheorie konstituieren internalisierte Objektbeziehungen das Subsystem des Zielsystems, das durch die psychischen Strukturen (Über-Ich, Ich und Es) repräsentiert wird, während die Persönlichkeit als ganze das Suprasystem der Reihe darstellt. All diese Systeme – von den internalisierten Objektbeziehungen bis zur sozialen Organisation – können innerhalb eines einzigen Hierarchiekontinuums lokalisiert werden. Wenn wir dieses Kontinuum graphisch darstellen wollten, könnten wir konzentrische Kreise zeichnen, die – vom Zentrum ausgehend hin zur Peripherie – internalisierte Objektbeziehungen, umfassende psychische Strukturen sowie Persönlichkeit, Gruppe und soziale Organisation repräsentieren. Dies ist eine typisch vereinheitlichte konzentrische Hierarchie. Die Situation in Gruppen ist jedoch komplexer.

Unter einem bestimmten Blickwinkel betrachtet, fördert die Aktivierung von Gruppen-Grundannahmen, die durch mangelnde Strukturierung (Mangel an klar definierten Rollen und Funktionen) und durch das Fehlen einer objektiven, in einer Beziehung zur äußeren Umwelt stehenden Aufgabe verstärkt wird, die Regression auf die persönliche Psychopathologie, so daß die Gefahr droht, daß die Gruppe von intrapsychischen und interpersonalen Konflikten der Mitglieder absorbiert wird; die persönliche Psychopathologie erweist sich somit als Subsystem der Dynamik der gesamten Gruppe. Auf der Ebene des Suprasystems repräsentieren die gemeinsamen kognitiven Beobachtungen der Gruppe über das, was geschieht, ein konzeptuelles System, das einen Zusammenhang zwischen dem Funktionieren dieser Gruppe und einem allgemeinen theoretischen System herstellt; eine rein intellektuelle Analyse von Gruppenprozessen, die durch den Gruppenleiter gefördert wird, kann die emotionale Realität dessen, was beobachtet wird, verdecken. Diese Hierarchie von Systemen erstreckt sich von einem theoretischen Suprasystem, welches das Funktionieren der Gruppe beschreibt (dem »zwanghaften« Pol des Kontinuums) über einen mittleren Bereich der Gruppendynamik – das »Zielsystem« – bis zur individuellen oder Gruppenpsychopathologie – dem Subsystem (individuelles Agieren oder Gruppenagieren, das den »hysterischen« Pol des Kontinuums repräsentiert).

Unter einem anderen Blickwinkel betrachtet, aktiviert die Untersuchung von Gruppenthemen und Gruppen-Grundannahmen machtvolle Gruppenprozesse, Gruppenkohäsion und magische Hoffnungen auf die Befriedigung elementarer emotionaler Bedürfnisse, die in der gewöhnlichen Realität frustriert werden. Da die Äußerung dieser Bedürfnisse auch ein Wertesystem widerspiegelt, das menschliche Offenheit, Liebe und Gemeinsamkeit bestätigt, steht sie in einem krassen Gegensatz zum realistischen Gewahrsein der Flüchtigkeit der Beziehungen zwischen den Gruppenmitgliedern sowie zur Einsicht in die sozialen und kulturellen Zwänge, die mit Diskretion, Intimität, Autonomie und individueller Verantwortlichkeit zusammenhängen. Mit anderen Worten: Diese Art der Gruppenaufgabe – die Erforschung der Gruppendynamik – findet an der Grenze zwischen einem Subsystem, das man als psychotherapeutische Kultur bezeichnen könnte, und einem Suprasystem alltäglicher sozialer Konventionen statt. Insofern ökonomische, politische, ethnische und andere ideologische Konflikte der äußeren Realität als Bestandteil der Gruppenprozesse untersucht werden, verstärken zudem die Konflikte zwischen idealen Wertesystemen, wie sie in der psychotherapeutischen Kultur Ausdruck finden, und den durch die soziale Realität vorgegebenen Zwängen den Gegensatz zwischen dem komplexen System universaler, in der emotionalen Kommunikation geteilter Werte einerseits und der rationalen Anpassung an die »reale Welt« andererseits.

An diesem Punkt wird deutlich, daß zwischen Suprasystem und Subsystem nicht mehr klar zu trennen ist. Die emotionale Regression auf Gruppen-Grundannahmen hängt, wie sich zeigt, eng mit den Persönlichkeitssubsystemen zusammen, während rationale, adaptive Erwägungen sozialer und kultureller Zwänge eng mit der sozialen Umwelt als Suprasystem verbunden sind. Der Versuch jedoch, sich der Aufgabe zu entziehen, die Gruppendynamik mittels einer intellektuellen Analyse dessen, was die »reale Welt« konstituiert, zu untersuchen, fördert die Individuierung innerhalb der Gruppe, die Bestätigung der individuellen Unterschiede und der Getrenntheit im Gegensatz zur gemeinsamen Gruppenkultur und die Aktivierung der charakteristischen, individualisierten Persönlichkeitsabwehr der Gruppenmitglieder. Im Unterschied dazu kann das emotionale Klima der gemeinsamen Gruppen-Grundannahmen die Gruppe überaus stark mit den emotionalen Realitäten sozialer Konflikte der »realen Welt« verbinden; dies ist etwa bei der Begegnung mit religiösen Vorurteilen der Fall, bei der irrationalen Unterordnung einer bestimmten sozialen Gruppe unter eine andere und bei einem Kampf gegen autoritäre Systeme.

In der Gruppenpsychotherapie ist die Situation komplexer als in Gruppendynamikgruppen, weil gerade die Tatsache, daß ein Gruppenleiter die Aufgabe übernimmt, Patienten bei der Bewältigung psychischer Krankheiten zu helfen, neue Systemhierarchien schafft; dies geschieht in Form der professionellen Verantwortung gegenüber einzelnen Patienten und der Gruppe insgesamt, in Form zeitlicher Dimensionen (der Beziehung zwischen der angestrebten Veränderung und der verfügbaren Zeit), und in Form des Einflusses, den die persönlichen Wertvorstellungen des Therapeuten auf das Gruppengeschehen ausüben. Was die Wertvorstellungen des Psychotherapeuten betrifft, kann seine Verpflichtung, jedem einzelnen Patienten als Individuum zu helfen, mitunter mit der technischen Notwendigkeit in Konflikt geraten, sich auf die dominanten Gruppenprozesse zu konzentrieren. Ein Patient, der sich als hilfreich erweist, indem er bestimmte emotionale Konflikte der Gesamtgruppe zum Ausdruck bringt, muß davon nicht zwangsläufig selbst profitieren. Es ist interessant, daß häufig ausschließlich »Abbrecher« als »Fehlschläge« der Gruppenpsychotherapie untersucht werden (Yalom 1970); die Möglichkeit, daß Patienten unter Umständen nicht profitieren, obwohl sie konsequent an den Gruppensitzungen teilnehmen, wird selten erforscht. Der Aspekt der Zeit als Einschränkung – insbesondere die Frage: »Inwieweit kann diesem Patienten realistischerweise innerhalb des begrenzten Zeitraums dieser spezifischen Psychotherapiegruppe geholfen werden?« – ist unter Umständen schwieriger zu handhaben als im Falle einer Individualtherapie; denn das Ausmaß, in dem sich die Konzentration auf einzelne Patienten richtet, ist von den Entwicklungen in der Gruppe als ganzer abhängig. Auch wenn das Durcharbeiten von Gruppenkonflikten das Durcharbeiten individueller Konflikte umfaßt und erleichtert, ist die Ungewißheit in Gruppen gleichwohl größer als in der sozusagen auf das Individuum zugeschnittenen Einzeltherapie.

Systemtheoretisch betrachtet, findet das Durcharbeiten von Gruppenwiderständen an der Grenze zwischen der Aktivierung primitiver, mit primitiven Ebenen der internalisierten Objektbeziehungen des Patienten zusammenhängender Gruppenphänomene einerseits und der Konzentration auf individuelle Übertragungsreaktionen und ihrem Durcharbeiten in der Gruppe andererseits statt (Astrachan 1970; Durkin und Glatzer 1972; Glatzer 1969). Auch in diesem Kontinuum ist es schwierig, Suprasystem und Subsysteme in bezug auf gemeinsame Gruppenthemen zu definieren. Insofern Gruppen-Grundannahmen in einzelnen Patienten primitive Objektbeziehungen aktivieren, können prägenitale Konflikte und Abwehrmechanismen mobilisiert und im Prozeß durchgearbeitet werden, so daß man die primitive individuelle Psychopathologie (insbesondere Borderline-Zustände) als das Subsystem der Gruppengrundannahmen betrachten könnte. Insofern die Konzentration des Therapeuten der Entwicklung individueller Übertragungen innerhalb des Übertragungsnetzwerkes der Gruppe insgesamt gilt, können andere Aspekte der individuellen Psychopathologie, vor allem »höhere Ebenen« pathologischer Charakterkonstellationen (Kernberg 1973), in der Gruppe erforscht und durchgearbeitet werden. Kurz, das Zielsystem der Gruppenprozesse befindet sich an der Grenze zwischen höheren Ebenen der individuellen Psychopathologie auf der einen Ebene und niedrigeren oder primitiveren Ebenen der individuellen Psychopathologie auf der anderen.

Bislang habe ich die These zu illustrieren versucht, daß die Aufgabe des

Gruppenleiters Grenzfunktionen zwischen verschiedenen Systemen umfaßt, die in einer veränderlichen Ordnung von Hierarchieebenen miteinander zusammenhängen. Zu diesen Hierarchien zählen eine Hierarchie der Wertesysteme, eine Hierarchie professioneller und technischer Erfordernisse im Hinblick auf die zeitliche Dimension sowie die komplexen Systembeziehungen zwischen Persönlichkeitsstruktur, Gruppenstruktur und sozialer Struktur. Ich behaupte, daß sich all diese Hierarchien nicht auf eine einheitliche Hierarchie von Systemebenen reduzieren lassen. Allgemeiner ausgedrückt, können die Ebenen der Systeme entlang den verschiedenen erwähnten Systemhierarchien nicht graphisch in konzentrischen Kreisen dargestellt werden; sie bilden eine »nicht-konzentrische« Überschneidung von Hierarchien. Kurz, die Systeme, zwischen denen der Gruppenleiter Grenzfunktionen erfüllt, sind nicht-konzentrisch. Sie variieren entsprechend der Hauptaufgabe, welche die Funktionen des Leiters bestimmt. Es können je unterschiedliche Ebenen von Subsystemen, Systemen und Suprasystemen aktiviert werden, so daß ein einfaches graphisches Modell, das Systeme so beschreibt, als tauchten sie entlang einer einzigen kontinuierlichen Dimension auf, nicht mehr zutrifft.

Diese Auffassung steht Ansätzen wie dem von Miller (1976) entgegen. In seinem Versuch, alle lebendigen Systeme in eine einzige, allgemeine Hierarchie zu integrieren, vertritt er die Ansicht, daß Sprache und Musik Beispiele für »Artefakte« seien, das heißt Einschlüsse in einigen Systemen – Inventionen, die einen kritischen Prozeß ausführen und für ein lebendes System eine wesentliche Rolle spielen, selbst aber keine lebendigen Systeme darstellen. Bedauerlicherweise läßt er Wertesysteme in diesem Zusammenhang unerwähnt. Wie dem auch sei – es scheint fragwürdig, ob kulturelle Wertesysteme tatsächlich schlicht als Artefakte betrachtet werden können. Kulturelle Systeme besitzen eine innere Veränderungsdynamik, und dies gilt insbesondere für Wertesysteme, die historische und soziale Grenzen überschreiten; im allgemeinen kann man multiple Grenzfunktionen unter kulturellen, sozialen und Persönlichkeitssystemen beobachten. Parsons (1964a, 1964b) hat überzeugend dargestellt, daß sich diese Systeme nicht auf ein Kontinuum hierarchischer Ebenen reduzieren lassen. Seine Beschreibung der dyadischen Interaktionen als gemeinsames Subsystem der kulturellen, sozialen und Persönlichkeitssysteme ähnelt allerdings sehr meiner hier vorgenommenen Betonung des beobachtenden Ichs des Gruppenleiters als Subsystem, das allen Hierarchien von Systemen, die auf die Gruppe einwirken, gemeinsam ist.

Illustriert werden diese Überlegungen durch die irreduzible Nicht-Konzentrizität von Systemen, die auf den Entscheidungsprozeß des Leiters einer psychiatrischen Organisation, etwa einer psychiatrischen Klinik oder Station, einwirken. Am Entscheidungsprozeß des Leiters sind Grenzfunktionen zwischen den folgenden Systemen beteiligt: (1) Wertesysteme hinsichtlich der menschlichen und technischen Eigenschaften, die zur Behandlung von Patienten mit psychischen Krankheiten erforderlich sind (was der Amalgamierung hochentwickelter technischer, professioneller und persönlicher Wertesysteme entspricht); (2) administrative Erwägungen bezüglich des optimalen Einsatzes der verfügbaren Personalressourcen; (3) politische Zwänge, welche die Umwelt widerspiegeln, innerhalb deren die Institution funktioniert und die den administrativen Leiter zur Suche nach Managementunterstützung und Loyalität drängen; und (4) ein für unsere Zeit entscheidender Gesichtspunkt, nämlich finanzielle Zwänge – wie die Kosten für »managed care« –, die den Charakter der Dienstleistungen prägen. Die Suche nach Mitarbeitern mit tiefen professionellen und persönlichen Überzeugungen kann zum Beispiel mit den Zwängen kollidieren, die sich aus der Knappheit finanzieller Mittel ergeben, von politischem Druck herrühren oder aus menschlichen Faktoren wie der unheimlichen administrativen Effizienz solcher Personen resultieren, deren einzige echte Überzeugungen ihr Bedürfnis betreffen, sich ihre eigene Stellung oder ihr eigenes Renommee zu sichern.

Gleichzeitig erfordert die funktionale Führung einer psychiatrischen Einrichtung, in der die Erforschung des gesamten sozialen Prozesses zu einer therapeutischen Technik wird, ein bestimmtes Niveau an offener Untersuchung der Führungsfunktionen, eine Untersuchung, die innerhalb eines bestimmten Zeitraums schonungslos die verschiedenen Konflikte zwischen Systemen, die sich an den Grenzen der administrativen Leitung überschneiden, zutage fördert. Versuche, diese Konflikte zu vereinfachen – zum Beispiel entlang einer vereinheitlichten Hierarchie von moralischen und anderen Werturteilen, einer Hierarchie von Statusrollenkonzepten, einer »Business-Management«-Hierarchie rational-technischer Erwägungen der sozialen Effizienz oder auch entlang einer Hierarchie von Persönlichkeitsstrukturen –, sind für sich allein genommen allesamt nicht ausreichend; gewöhnlich hat die administrative Führung einen hohen Preis zu zahlen, wenn sie eine dieser Dimensionen gravierend vernachlässigt.

Fragwürdigkeiten des Feedbacks der psychotherapeutischen Gruppe auf die Intervention des Leiters

Indem sie festlegen, was »angemessene« oder »unangemessene« Formen der Beteiligung einzelner Gruppenmitglieder sind, üben die Interventionen des Gruppenleiters einen erheblichen Einfluß auf die Entwicklung der Gruppenkultur aus. Dieses Thema soll hier in erster Linie untersucht werden. Yalom

(1970) hat das überaus reichhaltige Material zusammengefaßt, das die Vorbildfunktionen des Gruppenpsychotherapeuten zu erkennen gibt, und Astrachan (1970) hat gezeigt, wie der Therapeut, indem er als zentraler regulierender Agent handelt, durch seine Interventionen bestimmt, ob sich die Gruppe vorwiegend auf die Individualpsychopathologie konzentriert (die man als höhere Ebenen von Übertragungsentwicklungen bezeichnen könnte, die mit relativ hochentwickelten Charakterkonstellationen verbunden sind) oder aber auf Gruppenprozesse (die man als primitive Übertragungsdispositionen bezeichnen könnte, die mit den in den Grundannahmen der Gruppe aktivierten primitiven Objektbeziehungen zusammenhängen). Ich betone hier, daß das Feedback, das der Gruppentherapeut bekommt, aufgrund seiner zentralen Regulationsfunktion in erster Linie von seinen eigenen Interventionen abhängig ist, so daß der Wert dieses Feedbacks im Hinblick auf die Bestätigung oder Widerlegung der vom Therapeuten für seine Interventionen gesetzten Prioritäten begrenzt ist. Wenn der Gruppentherapeut lediglich eine Grenzfunktion zwischen zwei oder drei hierarchisch miteinander verbundenen Systemen erfüllte, die eine geordnete Reihe von Ebenen – von Subsystemen zu Suprasystemen – konstituieren, wäre der Entscheidungsprozeß einfacher.

Ginge es für den Leiter zum Beispiel lediglich darum zu entscheiden, ob er in bezug auf Gruppen-Grundannahmen, die zu besonders starken Widerständen gegen die Gruppenarbeit führen, oder aber bei spezifischen interpersonalen Interaktionen intervenieren sollte, die eine wichtige individuelle Psychopathologie zu erkennen geben (aufgrund deren die Gruppenmitglieder die Behandlung ursprünglich aufgenommen haben), dann könnte sich der Therapeut nach relativ einfachen behandlungstechnischen Erwägungen für eine dieser beiden Möglichkeiten entscheiden. Wenn es jedoch zutrifft, daß der Gruppentherapeut (und der Gruppenleiter generell) an einer Grenze operiert, die multiplen Hierarchiesystemen gemeinsam ist, wird die Aufgabe schwieriger, und der begrenzte Informationswert, den das Feedback auf seine vorangegangenen Interventionen für die aktuelle Prioritätssetzung besitzt, bedeutet, daß er sich bei seiner Entscheidung, wann und wie er sich dazu äußern sollte, auf dieses Feedback allein nicht verlassen kann.

Die gleiche Schwierigkeit hinsichtlich einer Überprüfung der Richtigkeit von Interventionen besteht auch in der Psychotherapie oder Psychoanalyse einzelner Patienten; die Entwicklung eines Sozialsystems innerhalb der Gruppe aber und deren dynamische Interaktionen mit größeren sozialen Systemen, denen die Gruppe als Bestandteil angehört, sowie die Entwicklung einer Gruppenkultur, die mit Wertesystemen der einzelnen Mitglieder, des Therapeuten und der Institution oder Gesellschaft insgesamt interagiert, erhöhen die Komplexität der Grenzfunktionen des Therapeuten und den Grad an Ungewißheit über die Aufgabe, die im jeweiligen Augenblick Vorrang besitzt, in höchstem Maße. In der psychoanalytischen Behandlung kann die Exaktheit von Abwehrdeutungen am Umfang des nun auftauchenden, zuvor abgewehrten unbewußten Materials beurteilt werden; die Gefahr, dem Patienten künstlich bestimmte Inhalte aufzuzwingen, ihn gemäß der theoretischen Hypothesen oder Präkonzeptionen des Analytikers einer »Gehirnwäsche« zu unterziehen, kann der Therapeut umgehen, indem er genau beobachtet, inwieweit neues Material vom Patienten rein intellektuell, abgelöst von anderen Konfliktbereichen, dargestellt wird oder aber unerwartete intrapsychische Veränderungen die Folge sind. Die allgemeine psychoanalytische Faustregel – die freien Assoziationen danach zu beurteilen, ob sie sich allzu stark entweder auf gegenwärtiges oder aber vergangenes Material konzentrieren, auf affektive oder intellektuelle Äußerung, auf die Beziehung zum Analytiker oder auf Dinge außerhalb der Sitzungen – dient als eingebaute Kontrolle hinsichtlich des Risikos, daß der Patient sein Feedback ganz einfach »frisieren« kann, um die Theorien des Analytikers zu bestätigen.

Astrachan (1970) beschreibt folgende Besonderheit des Gruppensettings: »Die Einsicht des Therapeuten in seine vielfältigen Möglichkeiten, als Regulator der Gruppe zu agieren, kann es ihm sogar erlauben, der Gruppe besser zuzuhören, sich durch seine eigene Therapietheorie (zum Beispiel eine individual- und gruppenpsychoanalytische oder eine sozialpsychologische) weniger einschränken zu lassen und sein regulierendes Verhalten in Reaktion auf eine mit der Gruppe vorgenommene Neubewertung ihrer Bedürfnisse und Ziele gelegentlich auch zu verlagern (im Bewußtsein der Konsequenzen, die eine solche Verlagerung nach sich ziehen wird)« (S. 116). Dieser Ansatz erfordert ein klares Verständnis der Grenzen der verschiedenen nicht-konzentrischen Systeme, die gleichzeitig auf den Gruppenleiter einwirken, und ein klares Verständnis des spezifischen »Zielsystems« (Durkin 1964) jeder dieser Hierarchien, das mit der Funktion des Gruppenleiters in der Gruppe zusammenhängt. Mit anderen Worten: Der Gruppenleiter muß sich der meisten, wenn nicht sogar aller Systeme bewußt sein, die in seinem unmittelbaren Grenzbereich wirksam sind.

Eine einleuchtende Aufgabe des Gruppenleiters besteht somit darin, sich die Hierarchien der Systeme, die auf die von ihm geleitete Gruppe einwirken, bewußtzumachen und sie zu definieren; zum Beispiel ist eine therapeutische Gruppe innerhalb einer psychiatrischen Institution in ein spezifisches soziales System eingebunden, das zusätzlich zu dem umfassenderen sozialen System, das Psychotherapiegruppen in der privaten Praxis wie auch in Institutionen beeinflußt, berücksichtigt werden muß. Das Setting einer therapeutischen Gemeinschaft enthält Subsysteme, die mit dem Personal, mit der Institution und mit der Hierarchie der Wertesysteme, die dieses spezifische Behandlungssetting in bezug auf umfassende Behandlungsziele repräsentiert, zusammenhängen. Allein das Bewußtsein für die Notwendigkeit, möglichst viele Grenzfunktionen zu definieren, kann das Beobachtungsfeld des Gruppenleiters bereits erweitern.

Die Persönlichkeit des Gruppenleiters als entscheidendes gemeinsames Organisationssystem

Die entscheidende Rolle des Gruppenleiters als zentraler Regulator all der Kräfte, die innerhalb der Gruppe aktiv sind und auf sie einwirken, entspricht – in der Terminologie der Theorie der offenen Systeme formuliert (Miller und Rice 1967; Rice 1963, 1965, 1969) – den Grenzfunktionen, die er für die Gruppe erfüllt. Infolgedessen besetzt der Gruppenleiter die Schnittpunkte zwischen sämtlichen beteiligten Systemhierarchien. Welcher Aspekt des Gruppenleiters aber diese Grenze besetzt, muß näher untersucht werden. Nicht sein Verhalten, sondern seine Persönlichkeit ist für diese Grenzfunktion ausschlaggebend.

Spezifischer formuliert, wird diese Grenzfunktion des Gruppenleiters durch seine Funktion der Selbsterforschung, durch den »beobachtenden Teil des Ichs«, repräsentiert – jenen Aspekt seiner Persönlichkeit, der sich auf sein Selbstkonzept und die damit verbundenen internalisierten Konzepte wichtiger anderer einschließlich (aber nicht nur) der Gruppenmitglieder konzentriert. Da das Selbstkonzept des Gruppenleiters bewußt vertretene Wertesysteme (allgemeine ethische sowie spezifische professionelle Wertvorstellungen) und seine persönliche Integration der verschiedenen Rollen, die er im Gruppenkontext erfüllt (oder erfüllen will oder glaubt, erfüllen zu sollen) umfaßt, gehören zum »beobachtenden Ich« Persönlichkeitsfaktoren, kulturelle Faktoren und soziale Faktoren (Statusrollen»bündel«). Anders formuliert: Die Aktivierung spezifischer, unterschiedlicher internalisierter Objektbeziehungen im Gruppenleiter spiegelt in Verbindung mit dem dominanten Aspekt seines Selbstkonzeptes und den dominanten Repräsentanzen beteiligter äußerer Objekte die Aktivierung seiner Ich-Identität wider. Man könnte auch sagen, daß das Subsystem individualisierter, integrierter Aspekte internalisierter Objektbeziehungen das dominante Persönlichkeits-Subsystem darstellt, das den Grenzbereich zwischen den verschiedenen Systemhierarchien besetzt, die sich an diesem Knotenpunkt überschneiden. Kürzer formuliert: Die Ich-Identität des Gruppenleiters und ihre differenziertesten Komponenten bilden den Knotenpunkt, an dem alle übrigen Systemhierarchien, welche die Aufgabendurchführung in der Gruppe beeinflussen, zusammentreffen. Es folgen nun Beispiele für die Grenzfunktionen, welche die Persönlichkeit des Gruppenleiters zwischen nicht-konzentrischen Hierarchien erfüllt, durch die Gruppenprozesse gewöhnlich beeinflußt werden.

Gruppenleiter werden von den Mitgliedern der Gruppe häufig beschuldigt, ihre eigenen inneren Konflikte auf sie zu »projizieren«. Wenn der Gruppenleiter zum Beispiel Gruppenübertragungen deutet, die mit Aggressionsabwehr zusammenhängen, erklärt die Gruppe möglicherweise übereinstimmend, daß der Therapeut offenbar ausschließlich eine gegen ihn gerichtete Aggression in der Gruppe sähe und die Realität aller anderen Dinge ignoriere. An diesem Punkt muß der Gruppenleiter tatsächlich untersuchen, inwieweit seine tieferen Persönlichkeitsfaktoren, vor allem die primitiveren Ebenen internalisierter Objektbeziehungen oder die Aktivierung pathologischer Charaktermuster, seine Wahrnehmungen verzerren oder inwieweit ein von Grundannahmen ausgeübter Druck innere Dispositionen in ihm aktiviert und sein Bewußtsein für das, was in der Gruppe geschieht, schärft. Ein masochistischer Therapeut kann das Anwachsen von Feindseligkeit, die sich gegen ihn selbst richtet, bisweilen fördern; ein paranoider Therapeut kann seine Aggression auf die Gruppe projizieren. Kurz, das beobachtende Ich des Therapeuten erfüllt eine Grenzfunktion zwischen seiner eigenen Psychopathologie und den Gruppenprozessen.

Probleme, welche die Entwicklung einer Gruppenkultur mit gemeinsamen Werten betreffen, die in scharfem Gegensatz zu denen des umgebenden sozialen Systems stehen, können als weiteres Beispiel dienen. Im ersten Beispiel stellte die gemeinsame Gruppendisposition das Suprasystem dar; hier nun bilden Gruppenwerte das Subsystem, während soziale Werte das Suprasystem darstellen. Das beobachtende Ich des Therapeuten befindet sich auch hier an der Grenze zwischen diesen beiden Ebenen (Gruppe und Gesellschaft) entlang der Hierarchie von Wertesystemen. Dies ist ein wichtiger Punkt, insbesondere wenn sich innerhalb der kohäsiven Gruppe eine allgemein humanistische Gruppenphilosophie der Offenheit, des gegenseitigen Respekts und der Erwartung von persönlichem Wachstum und mit individueller Autonomie verbundener Befriedigung entwickelt, während die Realität interpersonaler und sozialer Gewalt, die Beteiligung des Individuums an ökonomischen, politischen und sozialen Konflikten und seine Ohnmacht angesichts dieser Konflikte allesamt nach außen projiziert und (durchaus realitätsbezogen) den Werten der »äußeren« Welt zugeschrieben werden. Allgemeiner formuliert: Es besteht die Gefahr, daß sich ein idealistisches, utopisches Wertesystem innerhalb der Gruppe entwickelt, das dann für die ideale soziale Realität gehalten wird, der sich die Individuen anpassen sollten; Aggression, Ambivalenz und unvermeidbare intrapsychische, interpersonale und soziale Konflikte werden auf diese Weise ignoriert. Es besteht aber auch die entgegengesetzte Gefahr, daß »die Gruppe zu einem technokratischen Werkzeug wird, um Menschen an ein soziales System anzupassen, ohne die Werte dieses sozialen Systems in Frage zu stellen« (pers. Mitteilung A. Brocher, 1972). Was bedeutet zum Beispiel die Charakterisierung »gut angepaßte Menschen« unter einem totalitären Regime?

Diese Situation wird besonders akut in Gruppendynamikgruppen, kurzzeitigen Ausbildungsgruppen oder intensiven, aber kurzen Gruppentherapie-Erfahrungen (Encounter-Groups, Marathon-Gruppen usw.), in denen die rasche Entwicklung einer Gruppenkohäsion und eines Gefühls emotionaler Freiheit und Offenheit die Entwicklung einer messianischen Gruppenkultur, die Abspaltung der Aggression und deren Projektion auf die »äußere« Gesellschaft erleichtert und infolgedessen zum Verlust der Fähigkeit führt, elementare menschliche Konflikte gründlich zu erforschen. Der Gruppenleiter steht genau zwischen zwei aufeinanderprallenden, gegensätzlichen Ideologien. Es ist nicht einfach, die Widersprüche zwischen den Werten der Gruppe und denen der Gesellschaft im Hinblick auf die primären Aufgaben der spezifischen Gruppe zu tolerieren, vor allem wenn die ideologischen Überzeugungen und Konflikte, die der Therapeut selbst im Zusammenhang mit sozialen Werten hat, betroffen sind. Es gibt Gruppentherapeuten, die aufgrund eigener psychischer Bedürfnisse die Gruppenprozesse dazu ausnutzen, ihre Unzufriedenheit mit der Gesellschaft zu bekunden; andere fürchten sich vor den philosophischen Implikationen, welche die Entwicklungen in der Gruppe für sie selbst haben könnten. Wie dem auch sei – Persönlichkeitsfunktionen des Gruppenleiters spielen für seine Fähigkeit, die Grenzfunktionen zwischen konfligierenden Wertesystemen zu erfüllen, eine wichtige Rolle.

Ein drittes Beispiel ist der Widerspruch zwischen den Wertesystemen des Gruppenleiters und der Realität der sozialen Organisation, in der er Gruppenleitungsfunktionen ausübt. Typisch sind etwa Ausbildungsgruppen für Medizinstudenten oder psychiatrische Assistenzärzte, deren Leiter von einer demokratisch inspirierten, funktional-administrativen Theorie der Gruppen- und der Organisationsprozesse beeinflußt sind, das heißt von einer Theorie, die im Widerspruch zur Realität der streng hierarchischen und möglicherweise autoritären Organisationsweise steht, die für manche psychiatrische Abteilungen oder Medical Schools charakteristisch ist. Auch hier erfüllt das beobachtende Ich des Gruppenleiters die Grenzfunktion zwischen den sozialen Realitäten der Institution, wie sie sich in der Gruppenkultur und den in der Gruppe auftauchenden Konflikten widerspiegeln, und seinem eigenen, mit jenem sozialen System konfligierenden Wertesystem. Die Versuchung des Gruppenleiters, seine eigene innere Rebellion gegen die Institution, in der die Gruppe ausgebildet wird, zu agieren, ist unter diesen Umständen groß, und ein solcher Druck zum Agieren kann unbewußt oder bewußt die aufrührerische Haltung der Studenten gegenüber der Institution aktivieren – das heißt, eine Opposition, welche die Bedürfnisse des Gruppenleiters selbst zum Ausdruck bringt. Diese Rebellion ist von anderen Ursachen der Aktivierung von Kampf-Flucht-Grundannahmen innerhalb der Gruppe zu unterscheiden. Zu anderen Zeiten kann die Aktivierung einer aufrührerischen Haltung in einer solchen Gruppe vom Leiter irrtümlich ausschließlich in gruppeninternen oder intrapsychischen Zusammenhängen gedeutet werden, womit der reale Einfluß des sozialen Systems – der psychiatrischen Institution – auf die Gruppenprozesse vernachlässigt wird. Wenn es gefährlich ist, in einer bestimmten Organisation seine Meinung zu äußern, kann es grausam sein, in einer kleinen Gruppe zu offenem Sprechen ermuntert zu werden.

Ein letztes Beispiel betrifft die technische Kompetenz, die der Gruppentherapeut benötigt, um zu entscheiden, wann das Erleben und wann das Denken unterstützt werden soll. Das beobachtende Ich des Gruppentherapeuten steht auch hier an einer Grenze, nämlich an der Grenze zwischen einer kognitiven Analyse der Bedeutung dessen, was geschieht, und einer erlebten Entfaltung der emotionalen Realitäten der Individuen innerhalb der Gruppe sowie der Gruppe insgesamt. Dieses letzte Beispiel spiegelt die technischen Überlegungen in der psychoanalytischen Behandlung wider, die bestimmen, wann der Analytiker den Fokus von den Abwehrmechanismen auf den Inhalt und von der emotionalen Erfahrung auf intellektuelles Verstehen verlagert.

In all diesen Beispielen konstituieren der beobachtende Teil des Ichs des Gruppenleiters (die bewußteren Aspekte seines Selbstsystems) oder seine höhergradigen internalisierten Objektbeziehungen (Kernberg 1973) einen gemeinsamen Sektor der verschiedenen Systemhierarchien. Allgemeiner formuliert: Aspekte des Persönlichkeitssystems des Gruppenleiters konstituieren ein gemeinsames System verschiedener Hierarchien und ein zentrales oder Zielsystem für Subsysteme und Suprasysteme entlang nicht-konzentrischer, auf die Gruppenprozesse einwirkender Systeme. Mit anderen Worten: Die Persönlichkeit des Gruppenleiters, insbesondere seine selbstbeobachtende Funktion, spielt eine ausschlaggebende Rolle für die Entscheidung darüber, welche der zahlreichen beteiligten Grenzfunktionen zu einem bestimmten Zeitpunkt die höchste Priorität besitzt oder, einfacher formuliert, welche Art von Interventionen zum gegebenen Zeitpunkt in welcher Reihenfolge angesagt ist.

In der psychotherapeutischen Einzelbehandlung rückt das Gesamtverhalten des Patienten um so stärker in den Mittelpunkt der Therapeut-Patient-Interaktion, je regredierter der Patient ist. Das verbale und nonverbale Verhalten des Patienten wird vom Therapeuten untersucht, dessen gleichschwebende Aufmerksamkeit es ihm unter optimalen Bedingungen erlaubt, auf der Grundlage des gesamten verfügbaren verbalen und nonverbalen Materials Prioritäten für seine Deutungen zu setzen. Im Falle des psychotischen Patienten, bei dem sich Reste normaler verbaler und nonverbaler Kommunikation mit bizarren, fragmentarischen Aussagen, Einstellungen, Verhaltensweisen und emotionalen Äußerungen mischen, wird der Therapeut zu einem »Container« (Bion 1967), und die emotionalen Reaktionen des Therapeuten, der die fragmentierten Kommunikationen des Patienten in sich selbst zu integrieren versucht, liefern wichtiges Quellenmaterial, auf dessen Grundlage er über die Prioritäten für eine Intervention und die Art der Intervention entscheidet. Die Anwendung dieser Methode (der diagnostischen Integration fragmentierter Wahrnehmungen im Therapeuten) auf die Entwicklungen in kleinen, geschlossenen, unstrukturierten Gruppen ermöglichte es Bion, seine Theorie der für solche Gruppen charakteristischen Grundannahmen zu formulieren (Bion 1961; Rioch 1970 a). Die Schritte dieses diagnostischen Prozesses beinhalten nicht allein den Versuch des Gruppentherapeuten, die totale Gruppensituation, in die er eingetaucht ist, so umfassend wie möglich zu erleben und sich innerlich über die wesentlichen »Organisatoren« all dieser Informationen klar zu werden; vielmehr muß sich der Gruppentherapeut auch fragen, wie er sein Verständnis formulieren kann. Und er muß sich zudem fragen, ob eine solche Formulierung das Verständnis der Gruppe fördern wird, welche Kriterien ihm (indem er das Feedback auf seine verbalen Interventionen untersucht) Gewähr dafür geben, daß seine Hypothese im wesentlichen korrekt war, und welche Auswirkungen sie (ungeachtet ihrer Korrektheit) nach sich zieht.

Diagnostischer Gebrauch der Persönlichkeit des Gruppenleiters im Hinblick auf die primären Aufgaben und ihre Beschränkungen und inneren Zwänge

Um als »Container« zu fungieren, muß der Gruppentherapeut ein optimales Gewahrsein für den Ursprung der Stimuli, die auf sein selbst-erforschendes Gewahrsein einwirken, entwickeln. Wenn es stimmt, daß sein Selbstgewahrsein die Aktivierung verschiedener Ebenen nicht-konzentrischer Systemhierarchien widerspiegelt, dann kann die Aufgabe, auszusortieren, was woher kommt und was wichtiger ist, auf den ersten Blick überwältigend wirken. Je weniger die Aufgabe des Gruppenleiters definiert ist, desto eher besteht die Gefahr, daß es ihm nicht gelingen wird, rationale Prioritäten für seine Interventionen zu setzen. Im Extremfall wird jemand, dem die Leitung einer Gruppe übertragen wird, ohne daß er andere »Instruktionen« erhält als die, seine »Macht« zu sichern (ob er dies selbst angestrebt hat oder ob er in diese Position eingesetzt wurde), das Verständnis und die Arbeit in der Gruppe, die er leiten soll, zerstören. Je enger und präziser die Aufgabe definiert ist, desto einfacher wird es für den Leiter sein, Informationen, die aus zahlreichen Systemen eingehen, sowie ihre Bedeutung für diese Aufgabe und ihre inneren Zwänge zu erforschen.

Bion definierte es als seine Aufgabe, die in Gruppen stattfindenden Gruppenprozesse zu untersuchen, und arbeitete mit Gruppen, die zu diesem Zweck zusammengestellt waren; dabei grenzte er den Bereich seiner primären Beobachtungen und Interventionen erfolgreich auf bestimmte Konstellationen ein, die wir heute unter der Bezeichnung *Arbeitsgruppe* beziehungsweise *Grundannahmen-Gruppe* kennen (Bion 1961).

Ein Gruppenleiter, der seine Hauptaufgabe darin sieht, eine möglichst ungehemmte emotionale Äußerung und Interaktion zwischen den Gruppenmitgliedern zu fördern (indem er zum Beispiel einer naiven Persönlichkeitstheorie folgt, wonach die möglichst freie Gefühlsäußerung in Gruppen oder anderswo ein universales Gesundheitsideal für alle Individuen darstellt), orientiert seine Interventionen an einer relativ vereinfachten Prioritätenreihe. Komplexer gestaltet sich die Situation für Gruppenleiter, die innerhalb verschiedener Systeme operieren und verschiedenartige Aufgaben gleichzeitig erfüllen. Der administrative Leiter professioneller Arbeitsgruppen zum Beispiel, der in psychiatrischen Einrichtungen arbeitet, muß unter Umständen Aufgaben entlang administrativer, gruppendynamischer, technisch-professioneller und interpersonaler-intergruppenbezogener Dimensionen verbinden. Der Gruppenpsychotherapeut, der über einen langen Zeitraum mit dem Ziel arbeitet, individuellen Patienten zu helfen, hat mit Systemen individueller Psychopathologie zu tun, mit Gruppenprozessen, welche die umfassende Äußerung, Untersuchung und Auflösung der innerhalb der Gruppe aktivierten individuellen Psychopathologie fördern oder hemmen, und mit professioneller Verantwortung und Rechenschaftspflicht in bezug auf das Funktionieren der Patienten außerhalb der Gruppensituation. Seine Überlegungen hinsichtlich zeitlicher Dimensionen bekommen insofern einen komplexen Charakter, als er das unmittelbare Feedback der Gruppe in bezug auf seine langfristige Wirkung sowie die Fähigkeit unterschiedlicher Individuen, aus der Gruppenerfahrung zu lernen, beurteilen muß; und darüber hinaus hat er die realistischen zeitlichen Grenzen einer Behandlung nicht responsiver Patienten (die auf andere Behandlungsformen vielleicht ansprechen würden), gemessen an negativen Auswirkungen wie etwa Veränderungen in der Gruppenzusammenstellung, zu berücksichtigen.

Das dramatischste Beispiel für multiple Hierarchien von Systemen, die auf den Entscheidungsprozeß des Gruppenleiters in der psychiatrischen Praxis einwirken, bieten möglicherweise die Leiter therapeutischer Gemeinschaften. Wenn der Hauptzweck der therapeutischen Gemeinschaft in der offenen, therapeutischen Erforschung der sozialen Prozesse besteht, die das Patient-Personal-System innerhalb einer Institution beeinflussen, sollte die primäre Aufmerksamkeit der Gemeinschaftsversammlungen der Erforschung gemeinsamer, emotional signifikanter Wahrnehmungen und Reaktionen innerhalb des Sozialsystems der Gemeinschaft gelten. Wenn die Hauptaufgabe der therapeutischen Gemeinschaft aber in einer maximalen Aktivierung der Fähigkeit der Patienten besteht, einander durch Kommunikation ihrer wechselseitigen Beobachtungen und ihres gegenseitigen Verständnisses sowie durch die verantwortliche Teilnahme an Entscheidungsprozessen zu helfen, dann sollte die Aufmerksamkeit primär der vollständigen Interaktion des individuellen Patienten mit anderen Patienten und mit Personalangehörigen gelten, sodann den gemeinsam zu treffenden Entscheidungen hinsichtlich signifikanter, individuelle Patienten beeinträchtigender Probleme und einer grundsätzlich offenen Äußerung wechselseitiger Gefühle und Reaktionen unter den Patienten sowie – innerhalb bestimmter Grenzen – unter Mitarbeitern und Patienten. Wenn die Hauptaufgabe der therapeutischen Gemeinschaft schließlich als Wunsch nach einem demokratischeren, von größerer Gleichberechtigung geprägten sozialen System zum Ausdruck kommt, das es den Patienten ermöglicht, ihr Selbstwertgefühl, ihre Autonomie und ihre Effizienz zu verbessern, dann richtet sich die Hauptaufmerksamkeit der therapeutischen Gemeinschaft auf eine Demokratisierung des Entscheidungsprozesses und auf den Versuch, die Distanz zwischen Mitarbeitern und Patienten sowie zwischen verschiedenen Disziplinen mit traditionell hierarchischen Beziehungen zu verringern.

Natürlich ist es einfach, die potentiellen Widersprüche der Hauptzielsetzungen dieser verschiedenartigen Ansätze aufzulösen, indem man annimmt, daß sie allesamt primäre Aufgaben darstellen und einander ergänzen und daß das übergeordnete Ziel der therapeutischen Gemeinschaft darin bestehe, ihnen allen gerecht zu werden. In der Praxis aber schränken diese unterschiedlichen Hauptaufgaben einander ein, und deshalb müssen die Konflikte zwischen den Aktionen, die sich aus ihnen herleiten, erforscht werden; Entscheidungen sind zu treffen, und Prioritäten müssen gesetzt werden.

Leider werden die Prioritäten der Interventionen im Setting der therapeutischen Gemeinschaft häufig im Sinne einer simplizistischen Krisenorientierung gesetzt, so daß immer das, was außer Kontrolle zu geraten scheint, zuerst erforscht wird. Üblicherweise besteht das Ergebnis einer solchen Kontrolle durch Krisenintervention darin, daß die Behandlungsbedürfnisse einzelner Patienten zu kurz kommen – und damit der primäre Grund, der die Patienten überhaupt in die therapeutische Einrichtung geführt hat, vernachlässigt wird. Dies ist nicht auf eine absichtliche oder unabsichtliche Vernachlässigung der Patienten zurückzuführen, sondern auf die unkontrollierte Beschlagnahmung von Personalressourcen, Zeit und Kommunikationskanälen, wenn Gruppenleiter keine eindeutigen Prioritäten auf der Grundlage klarer Abgrenzungen der primären Aufgaben und inneren Zwänge mehr setzen.

Im folgenden schildere ich einige Beispiele für multiple Systeme aus verschiedenen Hierarchien, die auf die therapeutische Gemeinschaft einwirken, sowie für Symptome, die eine Vernachlässigung der Diagnose und des Managements kritischer Grenzfunktionen zwischen diesen Systemen illustrieren. Eine solche Vernachlässigung ist gewöhnlich auf die unzulängliche Setzung der primären Aufgaben und unklare Definitionen der Beschränkungen (Beschränkungen der primären und sekundären Aufgaben, Beschränkungen, die sich zwischen diesen Aufgaben ergeben, Beschränkungen infolge der Setzung von Prioritäten zwischen verschiedenen Aufgaben) zurückzuführen.

Die Leiterin der therapeutischen Gemeinschaft kann ihre Aufgabe als die einer »Beraterin« begreifen, die eine Abklärung des sozialen Systems und insbesondere der sozialen Zwänge anstrebt, deren Einwirken die therapeutische Gemeinschaft selbst unterliegt. Sie kann der Gruppe zum Beispiel dabei helfen, sich jener Widersprüche in der Krankenhauspolitik bewußt zu werden, die Patientenprivilegien oder den Umgang mit »verbotenen« Verhaltensweisen betreffen, ohne Verantwortung dafür zu übernehmen, daß sie als Verbindung zur Krankenhausleitung dient, oder ohne der therapeutischen Gemeinschaft bei der Klärung ihrer Aufgaben zu helfen, indem sie Verbindungen herstellt oder entwickelt, die zur Lösung des Problems beitragen können. Letztlich schafft diese Leiterin ein Bewußtsein für Probleme, ohne der Gruppe dabei zu helfen, funktionale Kanäle für deren Lösung zu finden. Auf diese Weise spaltet sie die Gruppe von dem umfassenderen sozialen System der Klinik ab. Dies ist ein Beispiel für das »Anstacheln« durch Weitergabe von unvollständigem »Wissen«. Ein solches Anstacheln erzeugt oder verschlimmert pathologische Reaktionen. Eine grundsätzlichere Konsequenz besteht darin, daß niemand die Realitäten des sozialen Systems, die auf eine Untereinheit der Institution einwirken, effizient untersuchen kann, wenn die Grundstruktur und die grundlegenden Funktionen (sowie Dysfunktionen) des administrativen Systems vernachlässigt werden.

Ein weiteres Beispiel für die Vernachlässigung primärer Aufgaben und Grenzfunktionen ist die Entwicklung eines Modells der therapeutischen Gemeinschaft, in dem gemeinsame Personal- und Patientenversammlungen so sehr betont werden, daß die spezifischen Bedürfnisse individueller Patienten durch das Netz der Gemeinschaftsorganisation »hindurchrutschen«. Die therapeutische Gemeinschaft ist dann zur Behandlung solcher Patienten nicht mehr geeignet. Ursprünglich als Methode zur Unterstützung der Behandlung entworfen, wird sie immer mehr zu einem Selbstzweck, der den Behandlungserfordernissen entgegenwirkt. Darüber hinaus kann die Verlagerung des Themas von den Gruppenprozessen auf individuelle Fälle – selbst wenn einzelne Fälle als allgemeine Gruppenthemen ausgewählt werden – so viel Zeit und Energie beanspruchen, daß Entscheidungen, die für einzelne Patienten wichtig sind, übereilt in informellen Meetings getroffen werden müssen; infolgedessen kann sich die Tendenz der Patienten manifestieren, das Personal zu spalten, lange bevor diese wirklich diagnostiziert und auf den Gruppentreffen diskutiert wird. Der Versuch, im Hier und Jetzt die wichtigen interpersonalen Themen zu besprechen, die für Entscheidungsprozesse eine Rolle spielen, kann zudem in solch hohem Maße vom Verhalten der Patienten in der Gruppe beeinflußt werden, daß konträre Hinweise (selbst krasse Widersprüche zwischen dem Verhalten des Patienten in der Gruppe und seinem Verhalten außerhalb) nicht wahrgenommen werden. Ein Beispiel: Ein sehr regredierter Patient beginnt sich zu erholen, paßt sich den Erfordernissen der therapeutischen Gemeinschaft an und verwandelt sich in einen Musterpatienten; dieses Verhalten wird belohnt und verstärkt, ohne daß irgend jemand untersucht, wodurch die Veränderung herbeigeführt wurde und in welchem Maße der Patient es durch seine Anpassung an die in der Gemeinschaft herrschenden Gruppenzwänge vermieden hat, Widersprüche in sich selbst anzuerkennen.

Häufige Illusionen und ihre Implikationen für die Gruppenleitung

Die Ausschließlichkeit des Hier und Jetzt

Konflikte, Verhaltensweisen und allgemeine Themen einzig im Hier und Jetzt der Gruppe zu analysieren kann sich als gefährliche, wenngleich verlockende, simplifizierende Methode erweisen, weil sämtliche Systeme und Systemhierarchien, die auf die Gruppe einwirken, ignoriert werden. Zudem kann auf diese Weise die Illusion entstehen, daß die Zwänge, denen die Erfüllung der primären Aufgabe unterliegt, nicht sonderlich zahlreich seien. In der Praxis kann die Konzentration auf das Hier und Jetzt bedeuten, daß ausschließlich Gruppen-Grundannahmen – die Verhaltensweisen der Gruppe und einzelner Mitglieder – oder manifestes (im Gegensatz zu verdecktem oder unbewußtem) Verhalten untersucht werden. Unter bestimmten Experimentalbedingungen kann dieser Ansatz gerechtfertigt sein, beispielsweise um mit Nicht-Patienten Gruppenphänomene in nicht-strukturierten Gruppen zu untersuchen, die nicht innerhalb einer organisierten Institution operieren und nicht über längere Zeiträume bestehen. (Die verschiedenen »nicht« verweisen auf andere Systeme, die aufgrund der spezifischen Experimentalbedingungen zu Recht vernachlässigt werden können.) Leider kann man eine ausschließliche Fokussierung auf das Hier und Jetzt häufig in verschiedenen Gruppen beobachten, die durch gruppeninterne sowie zwischen verschiedenen Gruppen stattfindende Prozesse mit allgemeinen institutionellen Konflikten zu tun haben, oder auch in Psychotherapiegruppen, die über einen längeren Zeitraum bestehen und aus Patienten mit verschiedenartigen Psychopathologien und unterschiedlichen Fähigkeiten zusammengesetzt sind, vom Gruppenprozeß zu profitieren.

Der unitäre Charakter des Zusammenbruchs

Die Illusion des unitären Charakters des Zusammenbruchs in ganzen Systemhierarchien kann fast als eine Karikatur der Systemtheorie selbst betrachtet werden. In der Praxis werden die Merkmale der Dysfunktion und der strukturellen Änderung innerhalb eines Systems als angemessen und ausreichend betrachtet, um Dysfunktion und strukturellen Zusammenbruch auf anderen Ebenen derselben Hierarchie oder sogar in anderen, weiter entfernten Hierarchien zu charakterisieren. Das häufigste Beispiel dafür ist die Situation, in der die Psychopathologie ausschließlich auf Konflikte in Gruppenprozessen zurückgeführt wird. Eine Psychose wäre demnach ausschließlich durch Störungen innerhalb der Familie, durch Zwänge in sozialen Gruppen oder durch den Gruppenzwang verursacht, dem das Individuum in der Klinik ausgesetzt ist. Das bedeutet auch, daß eine ausschließliche Konzentration auf Gruppenkonflikte, insbesondere auf Grundannahmen-Prozesse, die Psychose heilen würde. Dieser Sichtweise gemäß wären psychopharmakologische Methoden unnötig oder sogar kontraindiziert; eine Analyse der Psychopathologie, die sich auf die individuelle Persönlichkeitsstruktur konzentriert, wäre nicht gerechtfertigt – angemessene Veränderungen in unserer Kultur oder im sozialen System werden die Psychose auflösen.

Der schmerzhafte Charakter des Lernens, einschließlich des Bewußtseins für die Grenzen des Wissens (das der Student oder Beobachter oder Gruppenleiter entwickelt, wenn er sich von seinem jeweiligen Zielsystem fortbewegt und sich Systemebenen annähert, die sich von seiner ursprünglichen Basis immer weiter entfernen und daher die Zahl der Aufgaben und Zwänge bei der einfachen Klärung von Grenzfunktionen erhöhen), läßt es als verlockend erscheinen, eine einzige klärende Theorie oder ein einzigartiges Instrument zu finden, das alle Paradoxa und Widersprüche innerhalb eines mutmaßlich unitären Systems auflösen wird. Die primitive emotionale Erfahrung vollständiger Glückseligkeit, die mit der Aktivierung eines »ausschließlich guten«, verschmolzenen Selbst-Objekt-Bildes zusammenhängt, bildet eine mögliche Antwort auf alle Fragen in der Gruppe. Die Suche nach einem ekstatischen Gruppenerleben, das auf einen Schlag alle Widersprüche der Gesellschaft aufheben soll, wird durch die verschiedenen Gruppenbewegungen illustriert, die im Laufe der Geschichte immer wieder auftauchten, und, um im engeren Bezugsrahmen zu bleiben, durch die Sekten, die während der vergangenen Jahre in diesem Land entstanden sind. Sofortige Intimität als große Befreiung und als Heilung aller sozialen, kulturellen und individuellen Leiden oder »Körperharmonie« oder universale Liebe demonstrieren den unangemessenen Export eines einzelnen Subsystems menschlicher Erfahrung und psychischer Struktur auf verschiedene soziale und kulturelle Systeme.

Die Möglichkeit, widersprüchliche Anforderungen durch eine stabile, hierarchische Ordnung von Prioritäten zu lösen

Die psychoanalytische Gemeinschaft eines lateinamerikanischen Landes hatte sich wegen der Frage, ob die Ignorierung sozialer Konflikte durch Analysanden als wichtiger Sektor psychischer Verleugnung zu deuten sei, in zwei Lager gespalten. Eine der beiden Analytikergruppen hatte den Eindruck, daß die fehlende innere Anteilnahme an sozialen Auseinandersetzungen ein Ausdruck der Psychopathologie des Analysanden sei und durch eine kranke, notwendigen Veränderungen Widerstand leistende Gesellschaft noch gefördert werde. Eine andere Gruppe betrachtete dies als künstliche Einführung sozialer Aspekte in die psychoanalytische Situation, als Beeinflussung der Technik des Analytikers durch seine politischen Überzeugungen und als Verlust der technischen Neutralität; ein solches Vorgehen stehe im Widerspruch zu psychoanalytischen Grundsätzen. Wir wollen die erste Analytikergruppe als *politische Aktivisten* bezeichnen, die zweite Gruppe als *Techniker*. Was das reale politische Spektrum betrifft, das hier vertreten wurde, so waren die Aktivisten der Linken, die Techniker der Rechten zuzuordnen.

Die Regierung eines anderen lateinamerikanischen Landes entwickelte eine radikale, neue Sozialpolitik; diese Politik stellte nach Meinung einer Gruppe von Psychoanalytikern eine Bedrohung der individuellen Rechte und der Freiheit dar, die für eine psychoanalytische Behandlung unabdingbar sind. Die politischen Aktivisten planten in diesem Fall, die Sitzungen ihrer Patienten zu suspendieren, um sich an einem landesweiten Streik gegen die Regierung zu beteiligen. Die Techniker kritisierten den Verlust der technischen Neutralität, den sie bei den politischen Aktivisten zu beobachten glaubten, und erhoben Einwände gegen deren angeblichen Versuch, ihre Patienten politisch und ideologisch zu beeinflussen. Hier gehörten die politischen Aktivisten zur Rechten, die Techniker zur Linken. In beiden Ländern vollzog sich ein sozialer Wandel; meiner Meinung nach zeigt jedes dieser Beispiele die Grenzen technischer Antworten (»Neutralität«) auf, an die man unter Bedingungen, die durch rasch Verlagerungen gesellschaftlicher Wertesysteme charakterisiert sind, stößt. Neutralität wird durch soziale Stabilität geschützt und ist weniger klar definiert, als es unter normalen Umständen den Anschein hat. Sie kann nicht innerhalb eines ausschließlich behandlungstechnischen Systems verankert werden, sondern ist auch von einer »nicht-konzentrischen« Hierarchie kultureller Werte abhängig. Gleichzeitig kann es als einfache Möglichkeit erscheinen, das technische Konzept der Neutralität in bezug auf soziale oder politische Ideologie ganz fallenzulassen, um schmerzhafte und unlösbare Konflikte zu vermeiden – was jedoch bedeutet, daß die Persönlichkeit des Analytikers und seine Wertesysteme unkontrollierte und unkontrollierbare Einflüsse auf den Patienten ausüben.

Dies alles bedeutet, daß es multiple, irreduzible Systeme gibt, die auf die Wahrnehmungsfunktionen des Gruppenleiters, auf sein beobachtendes Ich einwirken; es gibt unlösbare Konflikte, die nur zu einem bestimmten Zeitpunkt und unter Berücksichtigung eines möglichst umfassenden Bewußtseins für die beteiligten verschiedenen Systeme, Subsysteme und Suprasysteme bearbeitet werden können. Daher ist eine intensive Ausbildung für Gruppenleiter unabdingbar, zumindest wenn sie in den Bereichen arbeiten, die zu jenen Ebenen von Hierarchiesystemen gehören, die mit der Hauptaufgabe am engsten verbunden sind. Ein Gruppenpsychotherapeut sollte über Kenntnisse der Individualpsychopathologie verfügen, über Kenntnisse der individuellen Psychotherapie, der Gruppenprozesse und – falls er im Kontext einer Institution gruppenpsychotherapeutisch arbeitet – der Intragruppen-Phänomene und der Administrationsstheorie. Ein Leiter von Trainingsgruppen sollte neben einem soliden Wissen über Gruppendynamik und Administrationsstheorie genügend Kenntnisse über seine eigenen psychischen Funktionsweisen und seine Psychopathologie besitzen, damit er in der Lage ist, den Ursprung seiner Wahrnehmung der Gruppenprozesse zu bestimmen. Der verantwortliche Psychiater einer therapeutischen Gemeinschaft muß solide klinische Kenntnisse im Bereich der Psychopathologie, Diagnose und Behandlung mit hinreichenden Kenntnissen über die professionelle Kompetenz anderer Ärzte verbinden, mit denen er zusammenarbeitet, er muß Kenntnisse über Gruppendynamik besitzen sowie mit seiner eigenen psychischen Ausstattung und mit der Administrationstheorie vertraut sein.

Es gibt viele hervorragende Psychotherapeuten, die schlechte Gruppenleiter sind, gleichgültig ob sie in administrativen Rollen oder als Gruppenpsychotherapeut tätig sind; es gibt Gruppenpsychotherapeuten, deren Verständnis der administrativen Theorie, der Prozesse zwischen Gruppen und der Charakteristika funktionaler Führung von Aufgabengruppen so minimal ist, daß sie als Berater in diesen letztgenannten Bereichen kaum etwas ausrichten können. Es gibt gute Leiter von Trainingsgruppen, die schlechte Psychotherapeuten und Administratoren sind. Gruppenleiter unterscheiden sich in ihren technischen und persönlichen Fähigkeiten und in ihrem Wissen über das Zielsystem, in dem sie arbeiten, und über die mit diesem zusammenhängenden Grenzsysteme; und sie unterscheiden sich in ihrem Bewußtsein für ihre eigenen Grenzen. Eine optimale Ausbildungssituation aber kann Gruppenleitern genügend Erfahrung in den Grenzbereichen ihres Spezialgebietes vermitteln, damit sie ihre eigenen Fähigkeiten und Grenzen besser kennenlernen.

Nur das breite und gründliche potentielle Wissen, das in jedem beliebigen Moment auf verschiedenen Dimensionen »abgerufen« werden kann, vermag eine bedeutungsvolle Antwort auf die Fragen zu geben, die sich ein Gruppenleiter fortwährend stellen muß: Was geschieht? Was ist der Grund dafür, daß mich die Diagnose dessen, was geschieht, verwirrt? Wie formuliere ich das, was geschieht, in bezug auf die Funktion, die ich hier zu erfüllen habe? Was ist nach meinem augenblicklichen Verständnis für die Gruppe wichtig und muß ihr, ebenfalls im Sinne meiner Hauptfunktion, mitgeteilt werden? Was behindert an diesem Punkt mein Verständnis oder meine Fähigkeit, meine Aufgabe zu erfüllen? Mit anderen Worten: Notwendig ist eine rasche und fortwährende Diagnose der primären Aufgabe des Gruppenleiters, seiner jeweiligen sekundären Aufgaben sowie der wichtigsten Zwänge, die sich der primären Aufgabe entgegenstellen. Auch die Art der Gruppenwiderstände, der Gegenübertragung auf den Leiter und der impliziten, aus verschiedenen Quellen stammenden Zwänge (Zeit, soziale Situationen, Mangel an Autorität des Leiters, fehlendes Wissen, versteckte Absichten) gilt es einzuschätzen.

Es ist leicht, mein Plädoyer für ein gründliches Wissen im Bereich der erwähnten Dimensionen in den Wind zu schlagen, wenn man die gewaltigen praktischen Anforderungen der Gruppenleitung betrachtet, den begrenzten Zeitraum, der zur Ausbildung von Psychotherapeuten zur Verfügung steht, und die sozialen Anforderungen, vor die alle Personen gestellt sind, die im Bereich der psychischen Gesundheit arbeiten. Unter der Voraussetzung aber, daß eine schlechte Gruppenleitung die Arbeit von Individuen, Gruppen und Institutionen beeinträchtigt und daß wir noch am Beginn der technischen wie auch konzeptuellen Erforschung von Grenzbereichen innerhalb sozialer Systeme stehen, wirkt es sich unter sozialem Blickwinkel in hohem Maße schädigend und selbstschädigend aus, wenn Gruppenleiter in zahlreichen Disziplinen und Gebieten nur unzulänglich ausgebildet sind.

Die Gefahren und die Voraussetzungen der Arbeit mit dem »eigenen Selbst«

Da die Selbsterforschung des Gruppenleiters von entscheidender Bedeutung für die Beantwortung der Frage ist, welche Systemhierarchien in seinen Wahrnehmungen dominieren und wie die Konflikte zwischen verschiedenen Ebenen dieser Hierarchien beschaffen sind, muß er über ein Höchstmaß an Selbstgewahrsein verfügen. Weil der auf den Gruppenleiter ausgeübte Druck zunimmt, sobald er Entscheidungen treffen muß, wird unter Umständen spezifische Persönlichkeitsabwehr gegen Streß aktiviert, die dann einen allzu starken Einfluß auf seine Entscheidungen ausübt und seine Fähigkeiten beeinträchtigt. Im folgenden schildere ich einige typische Beispiele für diese Entwicklung.

Gruppenleiter mit ausgeprägten narzißtischen Persönlichkeitseigenschaften (Kernberg 1970) erhalten möglicherweise besondere narzißtische Gratifikationen, wenn sie im Mittelpunkt von Gruppenprozessen stehen, in denen sie unbewußte (oder bewußte) Phantasien darüber fördern, daß sie die gottähnliche Fähigkeit besäßen, das Leben der Gruppenmitglieder zu beeinflussen. Narzißtische Persönlichkeiten fühlen sich zu Positionen hingezogen, in denen sie Gruppen leiten können, und machen ihre Sache für eine kurze Zeitdauer unter Umständen sogar gut. Ihre Unfähigkeit aber, zwischen verschiedenen Persönlichkeitsaspekten differenziert zu unterscheiden, und ihre fehlende Verpflichtung gegenüber Wertesystemen (ein Charakteristikum narzißtischer Persönlichkeiten) vermindern ihr Bewußtsein für den Einfluß von Konflikten zwischen den Wertesystemen und den Persönlichkeitssystemen der Gruppenmitglieder und ihren eigenen Werte- und Persönlichkeitssystemen. Gleichzeitig können Leiter mit narzißtischer Persönlichkeit primitive Prozesse in sich selbst und die Aktivierung dieser Prozesse durch Gruppenzwänge aufmerksam wahrnehmen, so daß sie die Entwicklung von Gruppen-Grundannahmen registrieren, besonders wenn diese Annahmen die emotionale Einstellung der Gruppe zu ihnen selbst betreffen. So können narzißtische Persönlichkeiten recht erfolgreich Gruppen-Grundannahmen diagnostizieren und durch Agieren der unbewußten Erwartungen der Gruppe – insbesondere der Erwartungen von Grandiosität und Macht – die Abhängigkeits-Grundannahmen und die messianischen Hoffnungen der Gruppe befriedigen – zu Lasten des kognitiven Lernens der Gruppenmitglieder (einschließlich des Lernens auf der Grundlage des Ertragens von Ungewißheit und Konflikten). Möglicherweise besitzen gute Leiter von kurzzeitigen Ausbildungsgruppen oder Encounter-Gruppen, die schlechte Psychotherapeuten oder schlechte Administratoren sind, im allgemeinen narzißtische Persönlichkeitsstrukturen.

Ein Gruppenleiter mit stark dominanten zwangsneurotischen Zügen ist vermutlich ungeeignet, umfassende, flexible, rasche Entscheidungen zu treffen, weil ihm nämlich die Fähigkeit fehlt, die emotionale Gesamtsituation, die auf sein beobachtendes Ich einwirkt, zu »containen«. Dies ist möglicherweise der Grund, weshalb exzellente Administratoren oder Psychotherapeuten, die hervorragende Individualbehandlungen durchführen, schlechte Gruppentherapeuten oder Leiter von Gruppendynamik-Gruppen abgeben.

Manche Psychotherapeuten mit einer schweren Charakterpathologie, die auf einem Borderline-Niveau funktionieren, kommen mit bestimmten, stark regredierten Patienten und auch mit komplexen Gruppensituationen unter bestimmten strukturierten Bedingungen unter Umständen gut zurecht. Sie sind dazu trotz ihrer offensichtlichen interpersonalen Schwierigkeiten in alltäglichen sozialen Situationen, in Führungsfunktionen auf Managerebene und in der psychotherapeutischen Behandlung relativ unregredierter Patienten in der Lage. Diese Gruppenleiter profitieren von ihrem Gewahrsein der primitiven Objektbeziehungen in sich selbst; sie sind auf primitive Prozesse in der Gruppe eingestimmt; und wenn die Gesamtstruktur der Gruppe Kontrolle und Containment gewährleistet (zum Beispiel in einer begrenzten Gruppendynamik-Situation oder im Setting einer gut strukturierten therapeutischen Gemeinschaft), dann kann ihre Funktionsfähigkeit größer sein, als man es in Anbetracht ihrer gravierenden Ich-Störungen erwarten würde.

Den am wenigsten geeigneten Gruppenleitertyp verkörpern vielleicht jene Individuen, die starke narzißtische Eigenschaften mit einer ich-syntonen Entwertung des Lernens, emotionaler Tiefe und moralischer Überzeugungen kombinieren; die Kombination von Ignoranz, Oberflächlichkeit und Opportunismus, die sich aus diesen Störungen herleitet, ist eine typische Basis für die Ausbeutung der messianischen Hoffnungen anderer, für das Schwelgen in der persönlichen Grandiosität und die endlose Suche nach sofortiger Intimität in Gruppenerfahrungen.

Damit ein Gruppenleiter seine Interventionsprioritäten korrekt und effizient setzen kann, benötigt er: (1) ein klares Verständnis der primären Aufgabe und der Aufgabenzwänge, denen die Gruppe ausgesetzt ist; (2) ein profundes Wissen über die verschiedenen Subsysteme und Suprasysteme, die auf das Zielsystem seines »beobachtenden Ichs« einwirken (die auf einer höheren Ebene internalisierten Objektbeziehungen, die in seiner Ich-Identität aktualisiert werden); und (3) Toleranz für den nicht-konzentrischen (oder irreduziblen) Charakter von Konflikten zwischen den verschiedenen sozialen, technischen, kulturellen und Wertesystemen, die seine Grenzfunktionen berühren.

Das Streben nach Wissen, nach emotionaler Tiefe und moralischer Verpflichtung macht die Aufgabe des Gruppenleiters nicht einfacher; es ist aber eine unverzichtbare Bedingung für die optimale Prioritätensetzung bei Interventionen in komplexen Gruppensituationen. Eine letzte Voraussetzung schließlich ist die Fähigkeit des Gruppenleiters, Ungewißheit zu tolerieren und sich der Widersprüche bewußt zu bleiben, für die es zwar unter Umständen sofortige Prioritäten, aber keine endgültige Lösungen gibt. Ungewißheit zu tolerieren bedeutet jedoch nicht, eine defensive Ambiguität gutzuheißen. Führungsrollen müssen klar definiert sein, und Ambiguität hat nichts mit einer technischen, neutralen Position des Psychotherapeuten zu tun. Die moderne Führungstheorie hat die traditionelle Annahme, daß Führer geboren würden, in Frage gestellt; Führung kann erlernt werden, aber nicht jeder Mensch besitzt die Fähigkeit, sie zu erlernen, und ebensowenig spiegelt ein Zusammenbruch der Führung grundsätzlich unlösbare Konflikte an der Grenze zwischen Systemen wider, die auf den Führer einwirken. Zuweilen ist schlechte Führung schlicht persönliches Versagen, das der Gruppenleiter ebenso wie alle Persönlichkeiten in Führungspositionen akzeptieren muß.

11 Die therapeutische Gemeinschaft – eine Neubewertung

In meiner über zwanzigjährigen Erfahrung mit therapeutischen Gemeinschaften in Kliniksettings konnte ich die therapeutische Effizienz und die potentiell schädlichen Einflüsse verschiedenartiger Behandlungsmethoden untersuchen. Die therapeutische Gemeinschaft hat die eher traditionellen Methoden der Klinikbehandlung verändert und neue Wege zur stationären Behandlung von schweren Charakterpathologien und zur Behandlung in Tageskliniken eröffnet. Sie warf auch neues Licht auf die optimalen verwaltungstechnischen Erfordernisse psychiatrischer Kliniken. Einige dieser Erkenntnisse waren nicht nur überraschend, sondern auch unwillkommen.

Whiteley und Gordon (1979) erläutern, daß der Begriff *therapeutische Gemeinschaft* zu den Termini der modernen Psychiatrie gehört, die häufig falsch verwendet und falsch verstanden werden, und formulieren eine eigene Definition. Die therapeutische Gemeinschaft, so sagen sie, »ist ein spezifischer, spezialisierter Behandlungsprozeß, der sich die psychologischen und soziologischen Phänomene zunutze macht, die der großen, begrenzten und stationären Gruppe inhärent sind« (S. 105). In dieser Hinsicht handelt es sich um eine intensivierte Erweiterung der Milieutherapie (die von denselben Autoren in einem früheren Kapitel beschrieben wird), »für die allgemeinere Implikationen und Anwendungen in bezug auf Patienten sämtlicher Kategorien in der Gemeinschaft der psychiatrischen Klinik charakteristisch sind« (S. 105). In dem exzellenten Kapitel ihres Buches, in dem sie die Geschichte und die Entwicklungen der therapeutischen Gemeinschaftsmodelle darstellen, ergänzen Whiteley und Gordon ihr eigenes Konzept der therapeutischen Gemeinschaft um einen zusätzlichen Aspekt, indem sie betonen, daß die Gemeinschaft über eine Ideologie verfüge. Sowohl Main als auch Jones – bedeutende Entwickler von Therapiegemeinschafts-Modellen – betonten ihre Überzeugung vom Wert demokratisierender Behandlungsprozesse, die »ein therapeutisches Setting mit einer spontanen und emotional strukturierten (statt medizinisch diktierten) Organisation« anstreben, »an dem sich alle Mitarbeiter und Patienten beteiligen« (Main 1946); solche Behandlungsprozesse tragen auch dazu bei, die Hierarchiepyramide abzuflachen, Rollenkonturen zu verwischen und Kommunikation als Ausdruck einer demokratischen therapeutischen Umwelt zu fördern (Jones 1953).

Vor dem Hintergrund dieser kombinierten technischen und ideologischen Konzeption der therapeutischen Gemeinschaft – als Behandlungsmodalität und als Demokratisierung des Behandlungsprozesses (im Gegensatz zu einer hierarchischen und autoritären sozialen Organisation der Klinik) – werden die therapeutischen Vorteile, Unzulänglichkeiten und Probleme dieses Ansatzes erkennbar.

Therapiegemeinschafts-Konzepte kann man auch definieren, indem man sie dem Teammodell der Diagnose und Behandlung gegenüberstellt, das in der zeitgenössischen Psychiatrie vorherrscht. Zwar stützen sich beide Modelle auf die Beteiligung und Mitarbeit unterschiedlicher Berufsgruppen im psychiatrischen Sektor, aber das Teammodell verteilt die Entscheidungsautorität funktional, je nach Aufgabe, auf verschiedene Disziplinen. In der therapeutischen Gemeinschaft hingegen ist der Widerstand gegen hierarchische Autoritätsaufteilung ein Ziel an sich. In der therapeutischen Gemeinschaft geht es darum, die hierarchischen Ebenen zu minimieren, die sich aus fachlicher Kompetenz, akademischen Titeln und Funktionsbezeichnungen herleiten, und den demokratischen Entscheidungsprozeß zu maximieren. Darüber hinaus sind die Vertreter dieses Modells davon überzeugt, daß der psychotherapeutische Nutzen für den Patienten, der von und in der therapeutischen Gemeinschaft behandelt wird, größer ist als beim gewöhnlichen Teammodell.

In ihrer klassischen Studie über die Auswirkungen eines Zusammenbruchs der Arbeitsmoral und unausgesprochener Meinungsverschiedenheiten beim Personal über die pathologische Erregtheit von Patienten, insbesondere die Aktivierung des Syndroms des »speziellen Falls«, betonten Stanton und Schwartz (1954) den Einfluß der sozialen und administrativen Struktur des Krankenhauses auf das Funktionieren einzelner Patienten: soziale Pathologie verstärkt individuelle Psychopathologie. Caudill (1958) illustrierte, auf welche Weise die Isolation der Patienten vom Personal, die durch die hierarchische Klinikstruktur gefördert wird, zur Herausbildung einer Kultur der Patientengruppe beiträgt, einer Kultur, die starke Einflüsse auf die Behandlung einzelner Patienten wie auch auf das Funktionieren der Patienten als Gruppe ausübt. Er beschreibt, wie die Induktion der Patientenrolle, der Peer-Druck, der unter den Patienten ausgeübt wird und den einzelnen drängt, sich gesellig zu verhalten und das Wertesystem der Ärzte zu akzeptieren – zusammen mit der allgemeinen Opposition der Patienten gegen Autorität (insbesondere die des Pflegepersonals) –, eine wechselseitige Ignoranz zwischen Patienten und Personal fördert; auch Stereotypisierungen und ein Schwanken zwischen Permissivität und Restriktion in Form kultureller Veränderungen, die einen nachhaltigen Einfluß auf die gesamte in der Klinik durchgeführte Behandlung ausüben, werden unter diesen Bedingungen verstärkt. Belknap (1956) und Goffman (1968) betonten noch schärfer die regressiven und entwertenden Auswirkungen des traditionellen hierarchischen Systems großer Kliniken, in denen eine willkürliche und autoritäre Kontrolle, die durch die rangniedrigsten Angehörigen des hierarchisch organisierten Personals ausgeübt wurde, zu einem Verfall der Selbstachtung der Patienten und einer allgemeinen Gefängnisatmosphäre führte.

Main (1957) lieferte ein wichtiges Pendant zu all diesen Beobachtungen; sein Artikel bildete insbesondere eine theoretische und klinische Ergänzung zu Stantons und Schwartz' Arbeit. Main gelangte zu dem Schluß, daß der »spezielle Fall« eine pathologische Aktivierung von Konflikten unter den Mitarbeitern, im interpersonalen Feld, induzieren könne, nämlich die Aktivierung und Projektion der unbewußten Konflikte, die der inneren Welt des Patienten entstammen. Diese Beobachtung schlägt die ungemein wichtige Brücke zwischen dem Verständnis der Klinik als soziales System und dem Verständnis der Aktivierung einer Pathologie der internalisierten Objektbeziehungen des Patienten innerhalb dieses sozialen Systems.

Das Konzept der Behandlung in der therapeutischen Gemeinschaft entwickelte sich als direkte Reaktion auf die regressiven und antitherapeutischen Auswirkungen der traditionellen, hierarchischen und nach einem medizinischen Modell organisierten psychiatrischen Klinik. Wenngleich verschiedene Autoren die Hauptelemente dieser Methode unterschiedlich beschrieben haben, betonte die auf Jones (1953) und Main (1946) gestützte Grundidee die folgenden Merkmale: (1) Gemeinschaftsbehandlung, in der die Mitarbeiter zusammen mit den Patienten als organisierte Gemeinschaft fungieren, um die Patientenbehandlung durchzuführen; (2) therapeutische Kultur, in der sämtliche Aktivitäten und Interaktionen auf das Ziel der Reedukation und sozialen Rehabilitation der Patienten ausgerichtet sind. Das optimale Funktionieren der Patienten in der therapeutischen Gemeinschaft wird als erste Phase der Förderung ihres optimalen Funktionierens in der Gemeinschaft außerhalb der Klinik betrachtet; und (3) Konfrontation in lebendigem Lernen, wobei ein offener Kommunikationsfluß zwischen Patienten und Mitarbeitern ein unmittelbares Feedback über beobachtete Verhaltensweisen und die darauf erfolgenden Reaktionen vermittelt. Eine Untersuchung der Auswirkungen dieses Verhaltens im Hier und Jetzt und alternative, experimentelle Verhaltensweisen helfen den Patienten diesem Modell zufolge, in der therapeutischen Gemeinschaft und in der Gemeinschaft außerhalb zurechtzukommen.

Die Behandlung in der therapeutischen Gemeinschaft stützt sich auf Gruppenversammlungen – Klein-, Groß- und Aufgabengruppen –, in denen die offene Kommunikation gefördert, Druck in Richtung Sozialisation und Rehabilitation ausgeübt und ein demokratischer Entscheidungsprozeß unterstützt wird.

Zusätzlich zu den Versammlungen der Klein-, Groß- und Aufgabengruppen sind den Modellen drei spezifische Versammlungsformen gemeinsam: erstens die Gemeinschaftsversammlung, an der sich alle Patienten und Personalangehörigen beteiligen. Ihr Ziel ist es, durch einen ungehinderten Kommunikationsfluß die gesamte soziale Umwelt zu untersuchen, an der Personal und Patienten teilhaben – alle Störungen und Beeinträchtigungen des sozialen Lebens in der Gemeinschaft. Die Gruppe geht auch der Frage nach, ob sich antidemokratische oder autoritäre Prozesse entwickeln und wie sich diese gegebenenfalls verändern lassen. Die zweite Versammlungsform ist die Patientenvertretung oder -versammlung. Ungeachtet der spezifischen Form dieser Zusammenkunft werden die Patienten durch die therapeutischen Gemeinschaftsmodelle angeregt, die sozialen Prozesse und Entscheidungsfindungen zu organisieren und sich aktiv an ihnen zu beteiligen. Die dritte Zusammenkunft ist die Mitarbeiterversammlung, die eine Ergänzung zur Patientenversammlung darstellt. Hier ermöglichen demokratische Entscheidungsprozesse den Personalangehörigen, zu untersuchen, auf welche Weise sie von administrativen und anderen Zwängen sowie durch ihre Interaktionen mit Patienten beeinflußt werden. Anstelle hierarchischer Entscheidungen »von oben« kann durch die Mitarbeiterversammlung eine demokratische Verteilung der Zuständigkeit und Verantwortung für die zu erledigenden Aufgaben erreicht werden.

Voraussetzungen für therapeutische Veränderung

Die verschiedenartigen Konzepte der therapeutischen Gemeinschaft enthalten eine Reihe von Grundannahmen in bezug auf therapeutische Veränderung. Erstens wird angenommen, daß Patienten als Individuen und als Gruppe fähig sind, einander zu helfen. Zweitens nimmt man an, daß Patienten imstande sind, in einem Gruppensetting auf »normale«, angemessene und verantwortliche Weise zu reagieren; die Gruppenreaktionen werden anders beschaffen sein als jene, die durch die Psychopathologie einzelner Patienten bei Interaktionen außerhalb des Gruppensettings hervorgerufen werden. Dementsprechend nimmt man drittens an, daß das Personal als Gruppe pathologisch und antitherapeutisch wirken kann, trotz der Reife und der Fähigkeiten, die individuelle Mitarbeiter in privaten Begegnungen zeigen. Im Einklang mit diesen Annahmen denke ich sogar, daß sich die Pathologie und soziale Effizienz von Gruppen nicht mit der Pathologie und sozialen Effizienz ihrer einzelnen Mitglieder deckt; und die klinische Erfahrung hat diese Annahmen bestätigt.

Die vierte Annahme lautet, daß Autoritarismus antitherapeutisch wirkt und daß Entscheidungen, die auf der Grundlage von Macht und nicht vernunftgeleitet getroffen werden, den Interessen der Patienten zuwiderlaufen. Diese Annahme ist korrekt, sofern man *Autoritarismus* als Übernahme der Verantwortung für solche Entscheidungen definiert, die über das, was funktional gerechtfertigt ist, hinausgehen. Ich vertrete jedoch die Meinung, daß es im Gegensatz zu einer übertriebenen oder unangemessenen oder nicht funktionalen Autorität auch eine funktionale Autorität gibt; daher besteht der eigentliche Gegensatz meiner Meinung nach nicht zwischen autoritären und demokratischen Entscheidungsprozessen, sondern zwischen autoritären und funktionalen Entscheidungen. Unter Berücksichtigung dieser Einschränkung schließe ich mich der allgemeinen, in der Literatur in Hülle und Fülle dokumentierten Annahme an, daß sich autoritäre Behandlungssysteme negativ und mitunter verheerend auf das Wohlergehen der Patienten auswirken können. Eine autoritäre Klinikleitung kann Behandlungsarrangements verändern und in solchem Maße beeinträchtigen, daß sie in dem Behandlungsteam, das sie praktisch umzusetzen versucht, Verwirrung stiften. Solche Beeinträchtigungen von Behandlungsarrangements können eine Pseudoanpassung des Patienten an das Kliniksystem fördern und die Entwicklung seiner Autonomie und seines Wachstums behindern. Eine autoritäre Klinikstruktur läuft einer offenen, kontinuierlichen Evaluation des Krankenhauses als soziales System beinahe per definitionem zuwider und macht die Möglichkeit, die Behandlung im Klinikmilieu durch eine therapeutische Nutzung des Krankenhauses als soziales System zu erweitern, praktisch zunichte.

Fünftens implizieren die Konzepte der therapeutischen Gemeinschaft im Gegensatz zu autoritären Behandlungssystemen, daß die Demokratisierung des Behandlungsprozesses an sich bereits therapeutisch wirkt. Die Demokratisierung verbessere das Selbstwertgefühl des Patienten, steigere die Effizienz seines Funktionierens und fördere die Aufrichtigkeit seiner Mitteilungen; sie wirke auf direkte Weise wachstumsfördernd. Vor dem Hintergrund meiner eigenen Erfahrung halte ich diese Annahme für fragwürdig. Eine Demokratisierung der Entscheidungsprozesse in Kliniken führt häufig zu komplexen und unvorhergesehenen sowohl therapeutischen als auch antitherapeutischen Konsequenzen.

Sechstens geht man davon aus, daß öffentliche, kollektive Entscheidungen therapeutisch wirkten, weil sie demokratische Prozesse förderten. Ich werde die in dieser Annahme enthaltenen Implikationen später untersuchen.

Siebtens nimmt man an, daß Patienten einander als Individuen helfen und dabei interpersonale Fähigkeiten, Kreativität und Ich-Stärke entwickeln können. Auf der Grundlage meiner Erfahrung glaube ich, daß dies gewöhnlich zutrifft; ebenso aber können Patienten einander destruktiv beeinflussen. »David und Lisa« mögen einander helfen, aber auf jedes Pärchen dieser Art kommt ein Psychopath, der andere Patienten potentiell in den Suizid treiben kann.

Die wichtigste Voraussetzung der therapeutischen Gemeinschaft besteht darin, daß sie funktional mit der administrativen Struktur der psychiatrischen oder allgemeinen Klinik verbunden sein muß, innerhalb deren sie operiert. Dies mag trivial erscheinen, in der Praxis aber sind die Leiter therapeutischer Gemeinschaften häufig naiv, was die Einflüsse der administrativen Strukturen,

Grenzen und Zwänge ihrer Institution betrifft. Selbst die einschlägige Literatur schenkt der Beziehung zwischen der therapeutischen Gemeinschaft und der Art, wie die Institution organisiert ist, insgesamt zu wenig Beachtung.

So beschreibt zum Beispiel Edelson (1970) in *Sociotherapy and Psychotherapy* zwar ausdrücklich die administrativen und professionellen Implikationen der Beziehung zwischen der Klinikleitung und dem Leiter der Soziotherapie; letztlich aber stellt er Modelle eines Organisationsfunktionierens vor, in denen es zum Beispiel keine klare administrative Struktur gibt, welche die der therapeutischen Gemeinschaft übertragene Autorität mit der Autorität der Klinikleitung verbindet. Zwar erkennt Edelson das in seinem Modell enthaltene Streß- und Konfliktpotential an, die von ihm vorgeschlagene Lösung aber stützt sich auf Beratung und nicht auf Veränderungen der Organisation oder Leitung. Ich erwähne Edelson, weil er zu den differenziertesten Theoretikern seines Gebietes gehört und ganz und gar nicht dazu neigt, eine Untersuchung administrativer Zwänge durch die Deklaration ideologischer Überzeugungen zu ersetzen.

Wenn die therapeutische Gemeinschaft das durch die Patienten-Mitarbeiter-Gemeinschaft verwirklichte soziale System offen erforschen soll, dann muß sie zwangsläufig auch all den Streß und die latenten Konflikte des Systems aktivieren – was Auswirkungen auf die politische Dimension des institutionellen Entscheidungsprozesses hat. Eine rein beobachtende, klärende und informierende Untersuchung der Konflikte innerhalb des sozialen Systems, die in fachlichen und neutralen Deutungen formuliert wird, kann nicht durchgeführt werden, ohne ihrerseits eine aktive Beteiligung an den Konflikten der Klinikleitung zu implizieren. Dies beweist die Häufigkeit, mit der man dem folgenden Szenarium begegnet: Eine begeisterte Gruppe entwickelt in einem Sektor des Krankenhauses ein therapeutisches Gemeinschaftsmodell; man bildet eine »ideale Gesellschaft«, die Befriedigung, Erregung, Hoffnung und vielleicht einen messianischen Geist vermittelt, der Mitarbeiter wie auch Patienten ergreift. Weil die Institution insgesamt kein Verständnis für diese ideale Gesellschaft hat und sie scheinbar ablehnt, folgt bittere Enttäuschung, bis das Projekt schließlich fallengelassen wird, die therapeutische Gemeinschaft kollabiert und die Leiter sich entweder in ein anderes System hineinbegeben, um den ganzen Kreislauf noch einmal von vorn zu beginnen, oder sich in die private Praxis zurückziehen.

In der Realität ist die Größe einer therapeutischen Gemeinschaft notwendigerweise begrenzt: Die aus Patienten und Mitarbeitern zusammengesetzte Gemeinschaft sollte etwa zwischen sechzig und achtzig Angehörige umfassen. Das bedeutet, daß therapeutische Gemeinschaften nur in kleinen psychiatrischen Kliniken oder im Zusammenhang mit relativ kleinen stationären Abteilungen oder insbesondere Tagesklinik-Abteilungen innerhalb größerer Krankenhäuser eingerichtet werden können. Es ist kein Zufall, daß einige der erfolgreicheren Modelle innerhalb kleiner psychiatrischer Kliniken operierten, in denen die Komplexität der Einbettung in größere administrative Strukturen weniger stark im Vordergrund steht.

Unter der Voraussetzung, daß der Leiter der therapeutischen Gemeinschaft die Organisationsstruktur der Institution sowie die Ebene und die Stabilität der an ihn – und daher auch an das seiner Verantwortung obliegende therapeutische System – delegierten Autorität wirklich umfassend versteht, können die Grenzen der an die gesamte Gemeinschaft und an ihre einzelnen Mitglieder übertragenen Autorität berücksichtigt werden, wenn Konflikte zu untersuchen sind, die sich innerhalb des therapeutischen Systems und über die Grenzen der therapeutischen Gemeinschaft hinaus abspielen. Eine authentische Grenzfunktion des Leiters der therapeutischen Gemeinschaft erfordert klare administrative Arrangements, welche die Gemeinschaft in eine Beziehung zu ihrer Umwelt setzen, und ihr Leiter sollte imstande sein, diese Arrangements zu definieren. Letztlich orientieren sich die Leiter therapeutischer Gemeinschaften und die Mitarbeiter häufig an ideologischen – und nicht an fachbezogenen – Vorstellungen von einer demokratischen, politischen Organisation, weil sie allesamt davon überzeugt sind, daß sie sich so verhalten sollten, als verkörperten sie eine Minderheit in einem autoritären Staat. Unbewußt verwechseln sie die Untersuchung des sozialen Systems mit den politischen Mitteln, die es verändern könnten. Das therapeutische Ziel der therapeutischen Gemeinschaft verschmilzt oft mit dem politischen Ziel der Demokratisierung einer Institution, deren Aufgabe die Gesundheitsversorgung ist. Schließlich müssen Mitarbeiter und Patienten den Preis für diese Verwechslung zwischen einem technisch-therapeutischen Setting und einem politischen System zahlen, das keine klar definierten Aufgaben oder differenzierten Grenzen besitzt.

Die Unterstützung der therapeutischen Gemeinschaft durch die Administration muß von den Gemeinschaftsleitern zusammen mit der Klinikverwaltung ausgearbeitet und fortlaufend neu definiert und neu verhandelt werden. Das bedeutet, daß die Einrichtung einer therapeutischen Gemeinschaft auf einer weiteren Voraussetzung beruht: Der Leiter muß imstande sein, eine politische Funktion in Form von Grenzverhandlungen zu erfüllen – nicht in bezug auf demokratische Konzepte, sondern in bezug auf effiziente Möglichkeiten, Individuen und Gruppen über institutionsinterne, aufgabendeterminierte Grenzen hinweg zu beeinflussen. Diese Voraussetzung läßt sich zu einer Definition der grundlegenden Fähigkeiten erweitern, die zur Leitung der therapeutischen Gemeinschaft erforderlich sind. Dazu gehören zum Beispiel solide Kenntnisse über das Funktionieren und das Management von Kleingruppen und Großgruppen sowie von Aufgabengruppen, des weiteren Kenntnisse über die Individualpsychopathologie und über die Art und Weise, wie sie Kleingruppenprozesse in der Umwelt verzerrt; und schließlich Kenntnisse über psychotherapeutische Grundsätze. Diese Voraussetzungen berühren die Probleme, die mit der Ausbildung guter Leiter zusammenhängen.

Eine weitere Voraussetzung für den Aufbau einer therapeutischen Gemeinschaft ist die klare Definition der Autorität, der Rollen und der Funktionen jedes einzelnen Mitarbeiters sowie der formal organisierten, miteinander verflochtenen Gruppen. Die an die therapeutische Gemeinschaft delegierte Autorität wiederum muß innerhalb der Gemeinschaft auf funktionale Weise verteilt werden. Obwohl Gruppenprozesse gemeinsame Entscheidungen erleichtern, besteht zugleich doch auch die Gefahr, daß sie die Zuweisung der Verantwortung für die Ausführung der in Gruppensettings getroffenen Entscheidungen verwischen und das System von Inspektion, Kontrolle und Monitoring der Gemeinschaftsfunktionen nicht mehr erkennbar werden lassen. Eine weitere Gefahr besteht darin, daß traditionelle Rollen und Sachkenntnisse, die in die therapeutische Gemeinschaft »importiert« wurden, zu wenig genutzt werden oder Autorität an Personen delegiert wird, die keine angemessenen fachlichen Fähigkeiten besitzen.

Es ist denkbar, daß sich ein egalitäres Vorgehen durchsetzt, das die unterschiedlichen Kenntnisse, Fähigkeiten und Ausbildungen der einzelnen Mitarbeiter ignoriert, aber zu Ineffizienz und zur Verschwendung verfügbarer menschlicher Ressourcen führt. Die Beeinträchtigung der Kompetenz, die sich in Klein- und Großgruppen unter dem Einfluß einer Regression auf das Funktionieren der Grundannahmen-Gruppe beobachten läßt, wird noch verschlimmert, wenn verfügbare Fähigkeiten nicht genutzt werden, weil es innerhalb der therapeutischen Gemeinschaft an administrativer Klarheit fehlt. Wie Rice (1969) in diesem Zusammenhang zeigte, hat die Aufrechterhaltung einer Spannung zwischen Aufgabengruppen und Aufgabenempfindung [task sentience] einerseits und professionellen Empfindungsgruppen [sentience groups] (repräsentiert durch die Loyalitäten innerhalb jeder einzelnen Gruppe von Mitarbeitern der psychiatrischen Klinik, die sich zu einem Team zusammengeschlossen haben) andererseits insofern einen Vorteil, als sie vor den regressiven Merkmalen schützt, die sich entwickeln, wenn Aufgaben- und Empfindungssysteme zusammenfallen.

Bedrohungen, Herausforderungen und Scheitern

Therapeutische Gemeinschaften sind von der traditionellen administrativen und ärztlichen Leitung psychiatrischer Kliniken häufig als Bedrohung erlebt worden. Wenn sie die an das ärztliche Personal delegierte Autorität im Namen einer egalitären Doktrin in Frage stellen, ist die Bedrohung real. Zudem hat eine funktionale Analyse der Beziehung zwischen den Fachkenntnissen und Fähigkeiten, über die verschiedenartige Berufsgruppen verfügen müssen, und dem Maß an Autorität, das an ärztliche und nichtärztliche Mitarbeiter delegiert wird, autoritäre Verzerrungen ins Licht gerückt und auf diese Weise auch traditionelle Machtstrukturen bedroht. Ebenso hat die offene Untersuchung des Funktionierens der Klinik als soziales System allzeit gegenwärtige Probleme in der administrativen Struktur und den Funktionsabläufen der Klinik offenbart. Eine solche Untersuchung gestaltet sich wohl oder übel als Überwachung des Administrationsprozesses – mit all den politischen Implikationen und Herausforderungen, die dies mit sich bringt. Man könnte natürlich den Standpunkt vertreten, daß ein solcher Prozeß für manche erstarrten Kliniksysteme eine gesunde Entwicklung darstelle; die Befürworter der therapeutischen Gemeinschaften sollten aber nicht überrascht reagieren, wenn sie auf aktiven oder subtilen Widerstand stoßen.

Die therapeutische Gemeinschaft stellt auch eine Bedrohung der traditionellen Beziehung zwischen Patient und Arzt sowie der traditionellen Beziehungen zwischen Personalangehörigen unterschiedlicher Disziplinen dar. Für die Demokratisierung des Lebens in einem psychiatrischen Krankenhaus ist dies von Vorteil; was jedoch die optimale Nutzung der therapeutischen Ressourcen angeht, lassen sich unter Umständen unvorhergesehene, zuweilen negative Folgen beobachten. Relativ unqualifizierte Mitarbeiter aus den unteren Rängen der Klinikhierarchie erhalten möglicherweise größere Autorität, werden gleichzeitig aber auch genauer kontrolliert. Infolgedessen werden sich ihre Beziehungen zu ihren administrativen und ärztlichen Supervisoren ambivalent gestalten. Die Widersprüche zwischen der sozialen Ungleichheit, ungleichen Gehältern und unterschiedlichen Arbeitserwartungen, die der Klinik von ihrer Umwelt vorgegeben werden, einerseits und der Entwicklung einer egalitären Atmosphäre in der therapeutischen Gemeinschaft andererseits schärfen das Bewußtsein für solche realen sozialen Konflikte und Widersprüche, welche die therapeutische Gemeinschaft nicht zu lösen vermag. Schwelende Ressentiments und ungelöste Schuldgefühle auf verschiedenen hierarchischen Ebenen können Spannungen zwischen den Mitarbeitern verstärken und die Analyse, geschweige denn Auflösung der Spannungen innerhalb des sozialen Systems der therapeutischen Gemeinschaft erschweren. All dies erhöht die Gefahr, daß die professionelle Effizienz in sämtlichen Bereichen Einbrüche erleidet.

Therapeutische Gemeinschaften können auch zu einer realen oder subjektiv wahrgenommenen Gefahr für die Patientenbehandlung werden. Aufgrund der Anzahl der beteiligten Individuen und des Versuchs, einen relativ offenen Informationsfluß aufrechtzuerhalten, können Patientenversammlungen, Mitarbeiterversammlungen und vor allem die Gemeinschaftsversammlung selbst leicht die Eigenschaften von Großgruppenprozessen annehmen; die regressiven Auswirkungen dieser Großgruppenprozesse können die Entwicklung einzelner Patienten antitherapeutisch beeinflussen. An anderer Stelle (Kernberg 1976, Kap. 9; 1980 b, Kap. 11) habe ich die Gefahr beschrieben, daß Patienten als Gruppe auf das Funktionieren von Grundannahmen-Gruppen regredieren, wenn keine funktionale, aufgabenzentrierte Leitung verfügbar ist, wenn die Aufgaben, die von Patienten erfüllt werden, nicht bedeutsam sind, wenn die Delegation von Autorität vom Personal an die Patienten nicht eindeutig und wenn die Führung der Patientengruppe selbst ineffizient ist. Unter diesen Umständen können Patientengruppen eine Intoleranz gegenüber Einzelnen entwickeln, eine Diktatur der Gruppe etablieren, welche die Eigenschaften einer primitiven Moral annimmt, und es zulassen, daß Persönlichkeiten mit narzißtischen und antisozialen Zügen Leitungspositionen übernehmen. Das Personal kann diese Regression durch eine ideologisch bedingte Verleugnung von Unterschieden zwischen individuellen Patienten begünstigen, das heißt durch die indirekte Erwartung, daß alle Patienten die gleichen Bedürfnisse haben und daß davon auszugehen ist, daß sie alle auf ähnliche Weise reagieren oder sich beteiligen werden. Patienten- und Mitarbeitergruppe können eine unbewußte Kollusion eingehen, welche die autonome Entwicklung individueller Patienten beeinträchtigt und unkontrollierte Übergriffe in die Privatsphäre fördert, die dem Agieren von Aggression gegenüber einzelnen Mitgliedern durch die Gesamtgruppe entsprechen.

Darüber hinaus können Gruppen ein übertriebenes Bedürfnis nach Förmlichkeit und Ritualen entwickeln, die als Abwehr gegen die (vor allem in Großgruppen hervorgerufene) Gewalt dienen, eine Abwehr, die für die Gruppe möglicherweise funktional ist, im Hinblick auf die Bedürfnisse individueller Patienten aber restriktiv wirkt. Die Kontrolle unstrukturierter Gruppenprozesse durch die am stärksten regredierten Patienten – die chronischen Monopolisierer, die Manipulierer oder diejenigen mit der größten Bereitschaft zur Gewalt – kann zunächst den Inhalt der Versammlungen und später dann die Verteilung der Ressourcen beeinträchtigen und auf diese Weise die Behandlungszeit vieler Patienten reduzieren.

Nicht anerkannte und dissoziierte sadististische Tendenzen Einzelner können in Form einer betonten bürokratischen Rigidität in den Gruppenprozeß eindringen, die zur Kontrolle von Gewalt dient, zugleich aber einen subtilen Ausdruck der Gewalt darstellt; in Verbindung mit einer rigiden Konventionalität (vor allem in bezug auf sexuelle Aspekte) kann diese exzessive Formalisierung von Gruppenprozessen die therapeutische Gemeinschaft auf restriktive Gruppenprozesse der Latenz und frühen Adoleszenz zurückwerfen. Unter den Bedingungen der von Bion (1961) beschriebenen Entwicklungen in der Grundannahmen-Gruppe werden all die negativen Auswirkungen der Gruppenprozesse verstärkt. Gerade die Konzepte der Gleichheit, der Demokratie und des Vertrauens in die positiven Auswirkungen einer offenen Kommunikation können die messianischen Erwartungen nähren, die der Entwicklung der abhängigen oder der Paarbildungs-Grundannahmengruppe inhärent sind, und ein unrealistisches Klinikmilieu entstehen lassen, das den funktionalen Wiedereintritt der Patienten in die Außenwelt erschwert. Wenn die Gruppe auf Kampf-Flucht-Bedingungen regrediert, kann sich die auf Spannungen zwischen den Personalangehörigen zurückgehende Verschärfung sozialer Auseinandersetzungen auf natürliche Weise mit der Suche der Patienten nach Ad-hoc-»Parteien« und militanten Ideologien verbinden, die Gewalt rationalisieren.

Wie bereits erwähnt, werden demokratische Entscheidungsprozesse in der Literatur und der klinischen Handhabung der therapeutischen Gemeinschaft nicht selten eindeutig favorisiert. Dem scheint die Annahme zugrunde zu liegen, daß die Entscheidungsautorität letztlich innerhalb der temporären, durch Personal und Patienten gebildeten Gemeinschaft liegen sollte. Diese Annahme läßt den Unterschied zwischen politischen Prozessen und administrativen Strukturen unberücksichtigt. Sie verwechselt die Entscheidungsfindung, die innerhalb einer offenen Gemeinschaft ohne fixierte institutionelle Grenzen durch politische Wahlen und Verhandlungen zwischen politischen Parteien stattfindet, mit den funktionalen Erfordernissen therapeutischer Institutionen, für die eine – für ihr Überleben unverzichtbare – gewisse Zahl von Grenzen, Aufgaben und Zwängen charakteristisch ist. Einfach formuliert: Das optimale Funktionieren einer psychiatrischen Einrichtung setzt keine demokratische, sondern eine funktionale Administration voraus. Der Austausch einer funktionalen durch eine demokratische Organisationsweise kann sogar zu Verzerrungen in der Beziehung zwischen Autorität, Verantwortung und Rechenschaftspflicht führen und auf diese Weise eine autoritäre Struktur wiedererschaffen, die einer funktionalen diametral entgegensteht.

Ein weiteres theoretisches Problem der therapeutischen Gemeinschaftskonzepte ist ihre implizite Annahme, daß die Gesellschaft als ganze von inneren Widersprüchen frei sei. Die Befürworter therapeutischer Gemeinschaften nehmen häufig nicht wahr, daß der Aufbau einer »idealen Gesellschaft« innerhalb eines Krankenhauses leicht mit den Bedürfnissen der Patienten verschmilzt, ihre eigenen – intrapsychischen und interpersonalen – Konflikte sowie die realen Widersprüche der Außenwelt zu verleugnen. Daher passen sich die Patienten dem Klinikleben an, schaffen es aber nicht, sich auf den Wiedereintritt in die äußere Umwelt vorzubereiten. Auf einer anderen Ebene kann die subtile Annahme vorherrschen, daß jeder Mensch von Grund auf gut sei und eine offene Kommunikation Verzerrungen der Selbst- und Fremdwahrnehmung aus der Welt schaffen könne, die als eigentliche Ursache pathologischer Konflikte und pathologischer psychischer Strukturen betrachtet werden. Dieses philosophische Konzept verleugnet die Existenz unbewußter, intrapsychischer Aggressionsquellen und steht in krassem Widerspruch zu dem, was die Mitarbeiter und auch die Kranken selbst an den Patienten einer psychiatrischen Klinik beobachten können.

Die Annahme, daß Patienten Opfer irrationaler sozialer Kräfte seien und diese Kräfte zum Ausdruck brächten, während eine rationale (von intrinsischen Widersprüchen freie) Gesellschaft die volle Wiederherstellung der Gesundheit ermögliche, ist verlockend, aber naiv. Es ist wahrscheinlich kein Zufall, daß die Idee der therapeutischen Gemeinschaft einen besonderen Anklang in der Gegenkultur der 60er und 70er Jahre des 20. Jahrhunderts fand. Ende der 90er gibt sich der utopische Charakter der Ideen und Grundannahmen zahlreicher solcher Modelle deutlicher zu erkennen.

Die Unfähigkeit, zwischen sozialen und intrapsychischen Faktoren zu unterscheiden, die Einfluß auf die Psychopathologie ausüben, kann zu einer fehlerhaften Anwendung der Systemtheorie in der psychotherapeutischen Situation führen. Die Annahme, daß die Psychopathologie der Patienten Widersprüche in der Umwelt unmittelbar reflektiere, kann zur Folge haben, daß der Therapeut die Ätiologie ausschließlich am sozialen System festmacht. Hier unterscheiden sich Mains Vorgehen und Bions Beschreibung der Gruppenprozesse sehr deutlich von Jones' Konzentration auf die Sozialpsychopathologie in psychiatrischen Gemeinschaftsmodellen, wie sie in den Vereinigten Staaten während der 70er Jahre Anwendung fanden.

Da Gruppenmethoden in einer psychotherapeutischen Gemeinschaft sehr leicht proliferieren, können letztlich die gleichen Themen und Probleme unter verschiedenen Blickwinkeln an verschiedenen Orten diskutiert werden, ungeachtet der Ökonomie der beteiligten menschlichen Ressourcen. Es besteht überdies jederzeit und überall die Möglichkeit, daß Spaltungsmechanismen durch die gleichzeitige Diskussion derselben Themen in verschiedenen Settings aktiviert werden. In der Theorie fließen sämtliche Informationen in den Gemeinschafts-, Mitarbeiter- und Patientenversammlungen zusammen; in der Praxis aber wird die Integration der Informationen durch überfrachtete Tagesordnungen und zunehmende Ungenauigkeit der Information erschwert. Gegenüber der auf die fehlende Differenzierung zwischen Behandlungsmodalitäten und -techniken zurückzuführenden Verschwendung von Zeit und menschlichen Ressourcen kann der Verlust der Privatsphäre langfristig das kleinere Übel sein.

Edelson (1970) hat versucht, das Problem der Beziehung zwischen Soziotherapie und Psychotherapie zu lösen, indem er beide vollständig voneinander trennte. Diese Lösung bedeutet eine künstliche Isolierung der Dynamik des Patienten, die sich in seiner Psychotherapie manifestiert, von den Beobachtungen jener Dynamik in der therapeutischen Gemeinschaft; sie schmälert die Möglichkeiten sowohl der Psychotherapie als auch der soziotherapeutischen Behandlungsmethoden.

Wenn die Beziehung zwischen den Konzepten der therapeutischen Gemeinschaft und der Administrationstheorie verleugnet wird, so hat dies für das Funktionieren der therapeutischen Gemeinschaft wichtige klinische Konsequenzen. Wenn der Leiter der therapeutischen Gemeinschaft keine administrativen Fähigkeiten besitzt, kann das System zusammenbrechen. In der Praxis zeigt sich der Mangel an administrativer Kompetenz in der Unfähigkeit des Leiters, therapeutische Funktionen zu überwachen, Ressourcen angemessen zu verteilen und vor allem Prioritäten bei den unterschiedlichen Versammlungen zu setzen. Die Unzulänglichkeit des Leiters in der Erfüllung von Administrationsaufgaben findet ihren Niederschlag in einer Verschlechterung der Moral seiner Mitarbeiter. Diese fühlen sich überlastet, klagen über zu große Verantwortung und haben den Eindruck, in einer Flut von Information zu ertrinken. Die »Torwächterfunktion« der Gruppenleiter verkümmert, wenn für die administrativen Aspekte der therapeutischen Gemeinschaft keine klaren Prioritäten gesetzt wurden. Dieses innere Chaos kann mit einem Zusammenbruch der Kommunikation zwischen therapeutischer Gemeinschaft einerseits und Klinikleitung andererseits einhergehen, was darauf zurückzuführen ist, daß in den Verhandlungen über die äußeren Gemeinschaftsgrenzen die Kenntnisse der Administration über die therapeutische Gemeinschaft ignoriert werden.

Das Zeitelement spielt für den Erfolg oder Mißerfolg der therapeutischen Gemeinschaft eine entscheidende Rolle. In Abteilungen für akut regredierte Patienten – Abteilungen mit einer durch die gewöhnlich kurze Aufenthaltsdauer bedingten hohen Fluktuation und akuten medizinischen Problemen, die sofortige Aufmerksamkeit verlangen – scheinen Ansätze, die sich an therapeutischen Gemeinschaftsmodellen orientieren, weniger gut zu funktionieren. Für Patienten mit chronischen charakterlichen Schwierigkeiten, die stationär in Abteilungen mit einer niedrigen Fluktuation oder in Tageskliniken mit längerer Verweildauer behandelt werden, können therapeutische Gemeinschaften ihren größten Nutzen entfalten. In diesem Punkt stimme ich mit Jones überein, der ursprünglich betonte, daß die Methoden der therapeutischen Gemeinschaft für Patienten, die unter diesen Bedingungen behandelt werden, angezeigt seien.

Ebenfalls mit der zeitlichen Dimension hängt es zusammen, daß sich die kurzfristigen (innerhalb eines Zeitraums von einem bis zu sechs Monaten zu beobachtenden) Auswirkungen therapeutischer Gemeinschaften auffällig von ihren langfristigen unterscheiden können; die Vorteile therapeutischer Gemeinschaften machen sich vor allem im Laufe einer kürzeren Phase bemerkbar, während sich die Probleme erst langfristig manifestieren. Kurzfristig wird das Potential der Patienten, einander zu helfen, aktiviert, innere Widersprüche des soziotherapeutischen Systems treten deutlicher zutage und lassen sich häufig als Teil dieser Diagnose lösen, die erregenden und enthusiasmierenden Einflüsse der Gruppenprozesse festigen die Bindungen zwischen den Patienten, zwischen den Mitarbeitern sowie zwischen den Patienten und dem Personal und erweitern die potentiell therapeutischen Kenntnisse, die sich über Patienten recht rasch gewinnen lassen. Langfristig (nach sechs Monaten bis zu einem oder zwei Jahren) aber treten die folgenden Phänomene zutage:

Die Tagesordnungen der Gemeinschaftsversammlungen und sämtlicher Gruppen, die Entscheidungen treffen, werden überfrachtet. Versuche, Patienten und Mitarbeiter zu einer ungezwungenen Beteiligung anzuregen, wecken Gruppenwiderstände und führen zur Entwicklung von Grundannahmen-Gruppen, zur Entwicklung von Passivität unter Patienten wie auch Mitarbeitern, zu langen Schweigephasen und zur Vergeudung von Zeit oder zur Eruption einer solchen Fülle an primitivem Material, daß die Festsetzung der Prioritäten der Gemeinschaft übertrieben viel Zeit in Anspruch nimmt. Versuche, diese Probleme zu lösen, indem man die Versammlungen formeller gestaltet, können eine Bürokratisierung nach sich ziehen, die den Entscheidungsprozeß verlangsamt – und wieder wird die Tagesordnung überfrachtet. Nach und nach lassen die Notwendigkeit administrativer Entscheidungen und die Verhandlungen zwischen der therapeutischen Gemeinschaft und der äußeren Umwelt, die Realitätszwänge mit sich bringen, ein neues, informelles Entscheidungsnetzwerk entstehen. Paradoxerweise kann diese ad hoc gebildete administrative Struktur unter Umständen sehr gut funktionieren, sie kann aber auch so wahrgenommen werden, als widerspräche sie der Idee gemeinsamer Entscheidungsprozesse; daher werden eine weitere Analyse und langwierige Verhandlungen über offenkundige Bedürfnisse und Erfordernisse der Gemeinschaft notwendig.

Patienten mit einem hohen manipulativen und Gewaltpotential, die gezwungen sind, die Grenzen ihrer Macht und Kontrollfähigkeit auszutesten, werfen ein anderes Problem auf. Inwieweit sind die Mitarbeiter dafür verantwortlich, diese Patienten sowie die übrigen Mitglieder der Gemeinschaft vor Gewalt zu schützen? Die Machtkämpfe beispielsweise, die sich gewöhnlich im Umkreis von Patienten mit Anorexia nervosa beobachten lassen, oder bei Patienten, die ihre Umwelt durch Suizidversuche zu kontrollieren versuchen, konfrontieren das Pflegepersonal mit quälenden Konflikten und verschärfen die Widersprüche zwischen den Versuchen, die Idee der Permissivität zu schützen, und der Notwendigkeit, lebensgefährliches Agieren unter Kontrolle zu halten. Was im individuellen Fall wie eine funktionale Entscheidung aussehen mag –

im Sinne eines allmählichen, schmerzvollen Prozesses rationaler Analyse und Klärung sowie des Entwurfs und der Umsetzung eines Behandlungsplanes –, kann in Verbindung mit ähnlichen Prozessen, an denen andere Patienten beteiligt sind, einen unmöglich zu bewältigenden Zeitdruck erzeugen.

All dies kann die Mitarbeiter überstrapazieren; weil die Erschöpfung zunächst durch den messianischen Geist, die Erregung und hohe Moral, die therapeutische Gemeinschaften kurzfristig erzeugen, maskiert wird, bleibt die gefährliche Überbeanspruchung der Mitarbeiter unter Umständen eine Zeitlang verborgen. Schließlich aber kann die Erschöpfung der Mitarbeiter, vor allem des Pflegepersonals, die Forderung laut werden lassen, daß zusätzliche Mitarbeiter eingestellt werden und daß die leitenden Ärzte den Schwestern und Pflegern mehr Zeit widmen sollen. Unter den Personalangehörigen breitet sich Passivität aus – auch wenn sie weiterhin an Versammlungen teilnehmen; Mitarbeiter wie auch Patienten mit narzißtischen Persönlichkeitszügen können nun in leitende Positionen innerhalb der therapeutischen Gemeinschaft aufsteigen. Der Mangel an Verpflichtung gegenüber festen Überzeugungen, der für narzißtische Persönlichkeiten charakteristisch ist, und ihre daraus resultierende Unfähigkeit, intrapsychischen Streß und die durch ihn verursachten Konflikte wahrzunehmen, sowie die Leichtigkeit, mit der sie sich – besonders wenn sie im Mittelpunkt der Aufmerksamkeit stehen – oberflächlich an Gruppenprozesse anpassen, dies alles veranlaßt sie zu einem Führungsstil, der eine Pseudointimität fördert, tiefe Gefühle zerstört und die Qualitätskontrolle der Patientenversorgung untergräbt (Kernberg 1980b, Kap. 11).

Erschöpfung und Regression des Personals zeigen sich außerdem in einer wachsenden Beschäftigung der Mitarbeiter mit sich selbst. Auf längere Sicht betrachtet, verbringen sie weniger Zeit im direkten Umgang mit den Patienten, während die Häufigkeit der Gruppenversammlungen für das Personal zunimmt. Gleichzeitig fühlen sich oft auch die Leiter »ausgebrannt«: Stationsleiter, die an therapeutischen Gemeinschaften interessiert sind und in ihnen arbeiten, pflegen ihre Stellen in der Regel nach drei bis fünf Jahren wegen Erschöpfung aufzugeben.

Eine Frage, der man gewöhnlich ausweicht, betrifft das Kosten-Nutzen-Verhältnis der therapeutischen Gemeinschaft im Vergleich zur traditionellen psychiatrischen Klinikbehandlung. Die gleichzeitige Entwicklung alternativer Modelle in autonomen Diensten erlaubt eine Reihe typischer Beobachtungen. Frühere Erkenntnisse zeigten, daß Gruppenmethoden die Kontakte zwischen Patienten und Personal intensivieren und die hierarchisch erstarrten Kanäle ihrer Kommunikation humanisieren können, wenn zur Patientenbehandlung nicht genügend Mitarbeiter zur Verfügung stehen, wie es in stark vernachlässigten großen staatlichen Einrichtungen der Fall ist. Der Notwendigkeit der individualisierten Patientenbehandlung aber wird durch eine solche organisatorische Veränderung nicht Rechnung getragen; vielmehr vollzieht sich ein Prozeß der »natürlichen Auslese«, in dem manchen Patienten mit schwerer Charakterpathologie geholfen werden kann, während sich andere sogar noch weiter von jedem therapeutischen Engagement zurückziehen.

Im Gegensatz dazu können therapeutische Gemeinschaften in einer modernen psychiatrischen Klinik, in der es genügend Mitarbeiter gibt, multidisziplinäre Ansätze realisieren und erfahrene psychiatrische Fachärzte in genügender Zahl zur Verfügung stellen, um intensivere, individuelle Patientenbehandlungen zu ermöglichen und das Verständnis der Abteilung für die Patienten zu verbessern; dies kommt zugleich ihren Behandlungen und den Methoden, mit denen man ihnen zu helfen versucht, zugute. Dieser positive Effekt wird jedoch langfristig eher neutralisiert, da Gruppenversammlungen die Zeit der erfahrensten Mitarbeiter auf Kosten des individuellen Kontakts zu den Patienten in Anspruch nehmen. Darüber hinaus verhalten sich die Personalangehörigen mit der niedrigsten Qualifikation in Gruppenversammlungen recht passiv; weder beteiligen sie sich, noch können sie viel lernen; dabei werden ihre Fähigkeiten im Umfang mit einzelnen Patienten nicht voll ausgenutzt. Kurz, die menschlichen Ressourcen werden auf irrationale und unökonomische Weise verteilt.

Verschlimmert wird dieses Phänomen dann, wenn die therapeutische Gemeinschaft die äußere institutionelle Umwelt der Klinikabteilung ignoriert und sich von ihr zurückzieht – eine Entwicklung, die sich häufig beobachten läßt. Die Arbeit in der therapeutischen Gemeinschaft erzeugt eine emotional intensive, aber geschützte Atmosphäre, so daß die Mitarbeiter bei ihren Patienten bleiben wollen, statt sich am offenen Austausch mit anderen Institutionsangehörigen und Auszubildenden zu beteiligen, durch den diese die neue Behandlungsform kennenlernen und ihr neu erworbenes Wissen auch nach außen tragen könnten. Therapeutische Gemeinschaften bringen gegenüber Studenten und Auszubildenden, die sich nur vorübergehend in ihnen aufhalten, mitunter nicht die mindeste Toleranz auf.

Ein weiterer Faktor der ungleichen Verteilung von Ressourcen ist die Tatsache, daß es einige der am stärksten zur Gewalt oder Manipulation neigenden Patienten schaffen, die Aufmerksamkeit in dramatischer Weise konsequent auf sich zu lenken, so daß ihnen ein übertriebenes Maß an Behandlungsressourcen zugute kommt. Tatsächlich handelt es sich hierbei um eines der auffälligsten Merkmale therapeutischer Gemeinschaften. In der Theorie bietet man allen Patienten das gleiche Modell der sozialen Behandlung an; in der Praxis aber wird unangemessenes Verhalten unter Umständen mit erhöhter Aufmerksamkeit belohnt, während andere Patienten zurücktreten müssen. Und aufgrund der chronischen Überfrachtung der Tagesordnung stehen auch keine Kompensationsmechanismen zur Verfügung, von denen die vernachlässigten Patienten profitieren könnten.

Einzelne Mitarbeiter übernehmen möglicherweise keine Verantwortung für das, was den Patienten zwischen den Gruppenversammlungen widerfährt. Diese Gefahr wächst, je mehr Entscheidungen über einzelne Patienten auf diesen Versammlungen getroffen werden. Die Vernachlässigung individueller Patienten beruht auch auf einer Vernachlässigung der Analyse der äußeren Umstände, die für die Behandlung eines Patienten relevant sind. Die Familie des Patienten wird häufig als intrusive äußere Kraft wahrgenommen; Gespräche mit Familienangehörigen werden möglicherweise seltener, je stärker die Mitarbeiter in die innere Welt der therapeutischen Gemeinschaft eintauchen. Dies kann den Wiedereintritt des Patienten in die Gesellschaft schwieriger gestalten.

Die Qualitätskontrolle erleidet tendenziell Abbruch, wenn die Mitarbeiter einen derart engen Kontakt zueinander haben, daß es den leitenden Angestellten unangenehm ist, Entscheidungen über Beförderungen, Entlassungen usw. zu treffen. Ebenso wird es schwierig zu beurteilen, ob die Mitarbeiter genügend Lernerfahrungen machen. Man könnte annehmen, daß auch relativ junge oder unerfahrene Personalangehörige irgendwann imstande sein müßten, die Funktionen in der therapeutischen Gemeinschaft zu übernehmen, so daß die leitenden Mitarbeiter ihre Zeit der individuellen Arbeit mit Patienten, der Forschung und ihren Ausbildungsaufgaben widmen können. Dies aber geschieht nur selten.

Aufgrund des Enthusiasmus und der Begeisterung, die durch die Zusammenarbeit von Personal und Patienten anfänglich erzeugt werden, gehen Persönlichkeitskonflikte zwischen einzelnen Mitarbeitern gewöhnlich in dem Bemühen um gemeinsame Ziele unter. Langfristig aber machen sie sich nachdrücklich bemerkbar. Sie können in der Analyse von Konflikten unter den Mitarbeitern jedoch oft nicht berücksichtigt werden, weil die der therapeutischen Gemeinschaft und ihren demokratischen Entscheidungsprozessen zugrunde liegende Theorie keinen Raum für unlösbare persönliche Zusammenstöße läßt; so können sich, weil der Frieden gewahrt bleiben soll, Störungen des administrativen Prozesses ergeben. Paradoxerweise gewinnen persönliche Konflikte nun unter Umständen größeres Gewicht, als es ihnen unter den Gegebenheiten einer hierarchischen Klinikleitung zukäme, bei der strenge Regeln, Reglementierungen und bürokratische Erwartungen den direkten Einfluß individueller Persönlichkeiten eher schmälern.

An früherer Stelle habe ich bereits die Spannungen zwischen der Leitung der therapeutischen Gemeinschaft und der Klinikadministration erwähnt, die sich entwickeln, weil die Theorie der therapeutischen Gemeinschaft einerseits und die Verwaltungstheorie andererseits nicht integriert werden. In der Praxis benutzen die Angehörigen der therapeutischen Gemeinschaft diese Konflikte, um eine Phantasiestruktur zu entwickeln, in der die Gemeinschaft ein geschütztes, ideales Eiland innerhalb der Institution darstellt, eine Insel, auf der Personal und Patienten einander helfen und die Mitarbeiter sich gegenseitig vor der Anerkennung von Unzulänglichkeiten, Fehlern und äußerer Kritik schützen. Diese Idealisierung verwandelt die Grenzen der Gemeinschaft in Barrieren (pers. Mitteilung von Robert Michels, 1980). Projektionsprozesse haben zur Folge, daß die kritische Sorge der Institution um die Effizienz der therapeutischen Gemeinschaft als Angriff äußerer Kräfte wahrgenommen wird – als Attacke durch Feinde, die in Wahrheit Kosten-Nutzen-Analysen vorzunehmen haben sowie die Leistungen der Mitarbeiter und die Arbeitsmoral kontrollieren müssen. Im Hinblick auf die sozialen Ressourcen betrachtet, die zu Behandlungszwecken zur Verfügung gestellt werden, kann die therapeutische Gemeinschaft nun den Eindruck erwecken, vor allem an den Bedürfnissen der Mitarbeiter und weniger an den Patientenbedürfnissen interessiert zu sein. Wenn die Unzulänglichkeiten der therapeutischen Gemeinschaft zuerst von außen statt von innen kritisiert werden, wird dies den Mythos der Gemeinschaft stärken, eine ideale Welt darzustellen, die durch eine neidische, materialistische und autokratische Organisationsumwelt zerstört wird.

Ein Entwurf für die Zukunft

Wie können wir die überaus großen Vorteile der therapeutischen Gemeinschaft erhalten? Ihre therapeutische Umsetzung in der Klinik oder Tagesklinik als soziales System; die Aktivierung des Potentials der Patienten, an ihrer eigenen Behandlung mitzuwirken; die Entwicklung von Fähigkeiten und Verantwortlichkeiten unter den rangniedrigen Mitarbeitern; die wachsenden Kenntnisse über die Interaktion zwischen der inneren Welt der Patienten und den strukturierten Konflikten in der Umwelt; die korrigierenden emotionalen Erfahrungen, die durch die therapeutische Gemeinschaft ermöglicht werden; schließlich die Erhöhung der Arbeitsmoral – wie kann man verhindern, daß all dies von den gravierenden und mitunter verheerenden Nachteilen dieses machtvollen therapeutischen Instruments zunichte gemacht wird?

Es ist vor allem notwendig, die Indikationen für die Settings der therapeutischen Gemeinschaft strenger zu definieren. Schwere Charakterpathologien, Borderline-Persönlichkeitsorganisation, Patienten mit starken, chronischen regressiven Tendenzen, die zwar nicht psychotisch sind, aber keinen psychotherapeutischen Prozeß auf ambulanter Grundlage durchhalten könnten, sind für die Behandlung in der therapeutischen Gemeinschaft ideal geeignet. Es ist ungemein vorteilhaft, wenn spezialisierte Dienste, die solche Patienten behandeln, mit therapeutischen Gemeinschaftsmodellen arbeiten. Der Nutzen dieser Modelle für chronisch regredierte schizophrene Patienten ist schon fragwürdiger; sie sollten zweifellos einem sorgfältigen experimentellen Vergleich mit stärker standardisierten Kombinationen von psycho-phänomenologischer und rehabilitativer Behandlung sowie Psychotherapie und Management der Schizophrenie unterzogen werden. Bei akuten psychotischen Erkrankungen aber, die eine Hospitalisierung erfordern, ist die therapeutische Gemeinschaft zur Zeit nicht gut geeignet.

Zur Organisation und Einrichtung einer therapeutischen Gemeinschaft gehören unabdingbar eine klare administrative Struktur, eine klare Verbindung zur administrativen Struktur der psychiatrischen Institution, innerhalb deren sie funktioniert, und eine klare Definition der Aufgaben, der Autorität, Verantwortung und Rechenschaftspflicht aller Beteiligten. Die Personalangehörigen sollten aufgrund ihres spezifischen Fachwissens und professionellen Hintergrundes ausgewählt werden; sie sollten, was ihre Leistungen und ihre Lernerfolge betrifft, in regelmäßigen Abständen beurteilt werden und sich auf die ihnen angemessenen Rollen beschränken.

Alle Mitarbeiter haben in der Interaktion mit Patienten eine gemeinsame, nicht spezifische menschliche Funktion: Sie benutzen ihre eigene Persönlichkeit als Resonanz für die Persönlichkeit der Patienten; sie sollen ihre eigenen emotionalen Reaktionen auf Patienten verstehen und dieses Verständnis einer Diagnose des Gesamtmusters der inneren Welt der Patienten und der Aktivierung ihrer intrapsychischen Konflikte im interpersonalen Feld zuführen. Diese nicht spezifische Reaktion muß jedoch ergänzt werden um eine differenzierte, spezifische Funktion, die sich je nach Disziplin unterscheidet und der professionellen Kompetenz entspricht, die für die Behandlung der Patienten insgesamt notwendig ist. Auf einer anderen Ebene sollte der Teamgeist (Aufgabenempfindung) die Loyalität innerhalb der unterschiedlichen Berufsgruppen nie vollständig verdrängen: Er ist wichtig, weil er die Getrenntheit und die Interaktion von Aufgabenempfindung und professionellem Empfinden schützt.

Eine Konsequenz der von mir beschriebenen Vorschläge besteht darin, daß die hierarchische Struktur der Autoritätslinien zugunsten der funktionalen Entscheidungsprozesse, der Zuweisung von Verantwortlichkeiten und Rechenschaftspflicht, der Bewertung der Arbeitsleistung, Programmeffizienz sowie alternativer Behandlungsformen und administrativer Arrangements erhalten bleiben muß. Personalangehörige sollten entweder lernen und bei der Erfüllung ihrer Aufgaben selbständiger werden oder aber eine Zurückversetzung auf relativ unqualifizierte Stellen akzeptieren, auf denen sie weniger intensiv in komplexe Diskussionen über Patienten und über die Gemeinschaftsdynamik involviert sind.

Die Arbeitsbeziehungen zwischen den Mitarbeitern sollten von dem Respekt vor privaten Grenzen geprägt sein – im Gegensatz zu dem erregenden, erotisierten und erschöpfenden Offenlegen, das Teil der Intimität und der Selbstbeurteilung der Mitarbeiter in der therapeutischen Gemeinschaft werden kann. Zugleich müssen die hierarchischen Leiter eine interne, kritische Mitarbeiterbeurteilung unterstützen, statt die »inneren« Personalangehörigen automatisch gegen »äußere« Kritik zu verteidigen. Der Widerspruch zwischen gemeinsamen Entscheidungsprozessen einerseits und der Erhaltung hierarchischer Autoritätslinien andererseits spiegelt neben der Rücksichtnahme auf unverzichtbare administrative Erfordernisse die gesunde Erhaltung einer realen dynamischen Spannung in der Welt insgesamt wider.

Aus praktischen Gründen ist es außerordentlich hilfreich, zwischen den von Rice (1963) beschriebenen *Leitungskonferenzen* und *Leitungsversammlungen* zu unterscheiden. An Leitungskonferenzen nimmt neben den eigentlichen Entscheidungsträgern jeder teil, der entscheidungsrelevante Informationen vermittelt; Leitungsversammlungen werden ausschließlich von den Entscheidungsträgern abgehalten. Diese Klärung kann eine ausschlaggebende Rolle dabei spielen, Regressionsprozesse zu verhindern, insbesondere in Gemeinschafts- und anderen Großgruppenversammlungen. Wenn jeder weiß, ob die letzte Entscheidung auf der gerade stattfindenden Versammlung getroffen oder aber aufgeschoben werden wird, lassen sich unnötige Erwartungen und Enttäuschungen verhindern; auf rationale Weise kann die Autorität, die für eine bestimmte Entscheidung verantwortlich ist, bestätigt werden. Dies verhindert den bestürzenden Verfall therapeutischer Gemeinschaftssettings, in denen zum Beispiel eine Patientengruppe mit darüber »abstimmt«, ob ein potentiell suizidgefährdeter Patient am Wochenende Ausgang bekommen soll oder nicht. Das bedeutet, daß demokratischen – im Gegensatz zu funktionalen – Entscheidungsprozessen innerhalb optimaler therapeutischer Gemeinschaften nur ein sehr geringer Stellenwert zukommen kann.

Was die tatsächliche Funktionsweise von Gruppenprozessen betrifft, so ist es unbedingt erforderlich, daß für die zu diskutierenden Themen klare Prioritäten gesetzt und die Themen mit der niedrigsten Priorität fallengelassen werden, sobald festgelegte Zeitgrenzen erreicht wurden. Eine Rechtfertigung für das Delegieren einer bestimmten Entscheidungsbefugnis – die eine breitere Diskussion überflüssig macht – an individuelle Mitarbeiter ist die niedrige Priorität der betreffenden Themen. Aus demselben Grund sollten sämtlichen Aktivitäten strenge zeitliche Grenzen gesetzt werden, und dies bedeutet, daß man die Zahl aller Gruppenversammlungen einschließlich der Gemeinschaftsversammlungen strikt auf das Minimum reduziert, das zur Erfüllung von Funktionen mit hoher Prioritätsordnung notwendig ist. Die graphische Darstellung aller Versammlungen, auf denen Patienten ihre Zeit verbringen, macht unnötige Überschneidungen verschiedener Behandlungsmethoden schlagartig deutlich.

Allgemeiner formuliert, befürworte ich eine systematische Betrachtung der individuellen Entwicklung aller Patienten und eine Untersuchung der Frage, ob jedem einzelnen tatsächlich ein angemessener Anteil an der Gesamtbehandlungszeit zukommt. Ein Grund für die Begrenzung der Patientenzahl besteht darin, den Mitarbeitern freie Zeit für andere Aktivitäten einzuräumen, die für die Patienten generell von unverzichtbarer Bedeutung sind; der gesamten therapeutischen Gemeinschaft muß klar bewußt sein, daß die Arbeitszeit des Personals ihr höchstes Gut ist und umsichtig eingeteilt werden muß. Um die gegenläufige Tendenz zu illustrieren: Mitarbeiter fühlen sich oft nur allzu wohl dabei, mit Patienten, die sich unbedingt mit einem bestimmten Mitarbeiter unterhalten wollen, Einzelgespräche zu führen. Solche intensiven Einzelkontakte können leicht Spaltungsprozessen Vorschub leisten und die Aufteilung der Gesamtarbeitszeit des Personals verzerren. Sie sollten in der Beurteilung der Zeit, die individuellen Patienten zur Verfügung gestellt werden muß, berücksichtigt werden.

Jeder Patient benötigt immer einen Mitarbeiter, der letztlich über den Verlauf seiner Behandlung entscheidet, die letzte Verantwortung trägt und rechenschaftspflichtig ist. Autorität und Verantwortung können flexibel an andere Individuen und sogar an die Gruppe delegiert werden, die Rechenschaftspflicht aber ist nicht delegierbar. Dies schränkt die Grenzen, innerhalb deren die Gemeinschaft Entscheidungen über den individuellen Patienten treffen kann, zwangsläufig ein. Grundsätzlich sollten Entscheidungen über einzelne Patienten, die vom Personal und von den Patienten auf Gruppenversammlungen getroffen werden, die Ausnahme von der üblichen Praxis darstellen.

Eine der größten potentiellen Stärken der therapeutischen Gemeinschaft besteht darin, daß sie eine Analyse der funktionalen Aufgabenerfordernisse für die beste Patientenbehandlung ermöglicht, so daß Aufgaben funktional umverteilt werden können. Dieser funktionale Entscheidungsprozeß sollte und kann im Kontext einer administrativen Analyse der Gesamtbedürfnisse der Patienten erfolgen, einer Analyse sämtlicher verfügbarer Ressourcen und ihrer optimalen Nutzung. Zum Beispiel kann ein Beschäftigungstherapeut größeres Interesse an der Gruppentherapie (unter dem Stichwort Resozialisierung oder lebendiges Lernen) haben als daran, Patienten spezifische Fähigkeiten zu vermitteln; ebenso kann sich ein psychiatrisch spezialisierter Sozialarbeiter stärker für intensive Familientherapie interessieren als dafür, sich an der Rehabilitation eines Patienten in verschiedenen Unterstützungssystemen zu beteiligen. Alle Mitarbeiter sollten dazu angeregt werden, sich auf Funktionen zu konzentrieren, die von den Patienten benötigt werden, und nicht auf solche, die ihre eigenen Vorlieben widerspiegeln.

Schließlich ist es von großem Vorteil, wenn von derselben Institution alternative, konkurrierende Therapiesysteme finanziert werden. Im Gegensatz zu einer monolithischen Doktrin, die ein grundsätzlich ähnliches Behandlungsmodell in der gesamten Klinik befürwortet, sollten hochspezialisierte, relativ autonome Einheiten eingerichtet werden, die mit unterschiedlichen Behandlungsphilosophien und -arrangements experimentieren können und auf diese Weise die Untersuchung der therapeutischen Effizienz und der Kosteneffizienz sowie die kreative Entwicklung neuer Behandlungsmodelle fördern. Das bedeutet, daß in die Modelle der therapeutischen Gemeinschaft eine Forschungsaufgabe eingebaut werden muß. Zu ihr gehört auch die Untersuchung der therapeutischen Effizienz und des Kosten-Nutzen-Verhältnisses. Studien, die sich ausschließlich auf die Kosten-Nutzen-Effizienz beschränken, gehen häufig zu Lasten optimaler Behandlungsmethoden, die Zeit und eine außergewöhnliche Spezialisierung der Betreuung erfordern; eine Vernachlässigung der finanziellen und administrativen Zwänge von Behandlungsmethoden wiederum hat häufig ein Behandlungskonzept zur Folge, das den Bezug zur sozialen Realität verliert.

Vierter Teil

Anwendung auf die psychoanalytische Ausbildung

12 Institutionelle Probleme der psychoanalytischen Ausbildung

Die psychoanalytische Ausbildung leidet unter gravierenden Störungen, die man wie eine Erkrankung untersuchen kann, von der die Ausbildungsstrukturen psychoanalytischer Institute und Gesellschaften befallen sind. Im Anschluß an eine Beschreibung der Symptome dieser Krankheit werde ich ihre Ursachen erforschen und einen möglichen Behandlungsplan entwerfen. Mein Ziel besteht nicht darin, ideale Lösungen vorzulegen, sondern darin, einen theoretischen Rahmen zu skizzieren, der solche Lösungen ermöglichen könnte.

Die Symptome

Die psychoanalytische Ausbildung erfolgt heutzutage allzu häufig in einer Atmosphäre, die durch Indoktrination statt durch die Offenheit wissenschaftlicher Untersuchung geprägt ist. Kandidaten, Analytiker und sogar Lehranalytiker neigen dazu, ausschließlich ihre eigenen Lehrer zu studieren und zu zitieren, wobei sie alternative psychoanalytische Ansätze oft ignorieren. Das Ausmaß an Zeit und Energie, das man Freud widmet, während andere Theoretiker – einschließlich zeitgenössischer psychoanalytischer Beiträge (die nicht von den tonangebenden lokalen Autoritäten verfaßt wurden) – kurz und oberflächlich abgehandelt werden, sowie die eingefahrene Darstellung von Freuds Werk und seinen Theorien und die angesichts des heutigen Wissens unkritische Diskussion darüber gestalten den Ausbildungsprozeß eintönig und langweilig.

Die Kandidaten werden systematisch daran gehindert, einen detaillierten Einblick in die analytische Arbeit ihrer Lehrer zu gewinnen. Sie werden normalerweise sogar gegen scharfe Auseinandersetzungen in ihrem eigenen Institut abgeschirmt, so daß sie bestenfalls bei Zusammenkünften der Gesellschaft von solchen Meinungsverschiedenheiten erfahren, sie aber nicht als Teil ihres offiziellen Ausbildungsprogramms kennenlernen. In Fallseminaren und in der persönlichen Supervision lernen Kandidaten ausschließlich anhand von Fällen, die sie selbst und andere Kandidaten behandeln; die in diesen Fällen benutzten psychoanalytischen Techniken spiegeln vermutlich die Unerfahrenheit der behandelnden Person wider. Je erfahrener der Analytiker ist, desto geringer ist seine Bereitschaft, diese Erfahrung mit den Studenten zu teilen. Die Illustration der Technik mit Hilfe ausgewählter Vignetten ist etwas anderes als eine umfassende Darstellung von aktuellem klinischem Material. Wie man eine Psychoanalyse am besten durchführt, erfahren die Kandidaten lediglich aus ihrer eigenen Psychoanalyse und aus ihrer Lektüre. Wenn es zutrifft, daß die eigene

Analyse der Kandidaten von ihrer Übertragung in hohem Maße kontaminiert ist und das in der Literatur dargestellte Fallmaterial durch eine Vielzahl von Faktoren verfälscht wird, so daß sein Wert als Modell der psychoanalytischen Technik fragwürdig erscheint, dann ist die Tatsache, daß den Kandidaten keine Möglichkeiten geboten werden, Erfahrungen mit optimalen Techniken zu sammeln, der erstaunlichste Aspekt der psychoanalytischen Ausbildung – der zudem kaum diskutiert wird.

Ein Kandidat, der von seinem Lehranalytiker real abhängig ist, wird sich mit dessen analytischer Haltung unter Umständen identifizieren. Aber selbst unter optimalen Bedingungen wird der Kandidat nichts über die allgemeine Technik lernen. Auch wenn er Gelegenheit hat, den Stil seines Analytikers kennenzulernen und sich mit ihm zu identifizieren, ist er noch weit davon entfernt, etwas über die Theorie der Technik, die sein Analytiker vertritt, zu lernen. Und wenn diese Lernmethode nicht dadurch verbessert wird, daß der Kandidat in seiner eigenen Lehranalyse eine optimale psychoanalytische Technik erlebt, ist das Resultat schließlich ein ritualisiertes und klischeehaftes Herangehen an Patienten. Kandidaten mit einer narzißtischen Pathologie, die auf sämtliche Interventionen und Denkprozesse ihres Analytikers, so wie sie in dessen letztlich vorhersehbarem Verhalten zutage treten, abgestimmt sind, erhalten keine Möglichkeit, durch ihr eigenes Unbewußtes etwas über die Psychoanalyse zu lernen.

Es muß kaum betont werden, daß alle publizierten klinischen Daten ein sorgsam ausgewähltes Segment der betreffenden Psychoanalysen wiedergeben, das für jene Aspekte charakteristisch ist, die der Psychoanalytiker entweder unmittelbar erfolgreich bewältigte oder aber nach einem vorübergehenden Scheitern, aus dem er lernen konnte. Diese Selektivität vermittelt eine idealisierte und unrealistische Vorstellung vom wahren Charakter der psychoanalytischen Arbeit.

Das Widerstreben älterer Analytiker, vor jüngeren Kollegen über ihre klinische Erfahrung und ihre Technik zu sprechen (etwa in ausführlichen, detaillierten Falldarstellungen), tritt gegenüber Kandidaten in extremer Form zutage. Es mag gute Gründe haben, weshalb sich ein Lehranalytiker mit einem Kandidaten nicht über andere klinische Erfahrungen austauschen sollte; die allgemeine Praxis von Lehranalytikern aber, über ihre aktuelle klinische Arbeit weder mit Kandidatengruppen noch mit einzelnen Kandidaten in der Supervisionsbeziehung zu sprechen, läßt sich mit der Ausbildungssituation meiner Meinung nach nicht begründen.

Wenn Kandidaten daran gehindert werden, die Schwierigkeiten und Unwägbarkeiten der psychoanalytischen Praxis und Technik kennenzulernen, führt dies im besten Fall zu einem Nebensymptom: zu einer unrealistischen Idealisierung der psychoanalytischen Technik und der Lehranalytiker des Instituts. Es kann passieren, daß ältere Lehranalytiker, die nie einen Fall diskutiert, nie ein Paper vorgelegt und ihre Arbeit nie öffentlich dargestellt haben, gerade deshalb um so stärker idealisiert werden.

In den meisten Instituten verfügen die Lehranalytiker über die höchste Autorität; die Autorität der übrigen Dozenten ist vergleichsweise geringer. Diese Aufteilung führt in der gesamten Ausbildung eines Kandidaten zu einer Fragmentierung des Supervisions- und Kontrollprozesses. Besonders in großen Instituten ist es so, als arbeite jeder Seminarleiter und jeder Supervisor in einem Vakuum. Gelegenheiten, bei denen sich die Dozenten über das Vorankommen des Kandidaten verständigen können, sind selten. Einzelne Lehrende haben das Gefühl, kaum Einfluß auf die Gesamtbeurteilung und den Fortschritt des Kandidaten ausüben zu können. Eine solche Fragmentierung der Dozentenschaft kann zwar manche Kandidaten vor der willkürlichen Verfolgung durch einen einzelnen, unangemessen einflußreichen Lehranalytiker schützen, die öffentliche Diskussion des gesamten Lehrkörpers über abweichende Ansichten in bezug auf einen bestimmten Kandidaten aber gewährleistet einen größeren Schutz vor willkürlichen Beurteilungen. In großen Instituten werden Informationen von Seminarleitern und Supervisoren in der Regel an einen Ausschuß weitergegeben statt an den gesamten Lehrkörper; dadurch werden die Supervision und Beurteilung der Ausbildung des Kandidaten zusätzlich fragmentiert und depersonalisiert. In kleinen Instituten, in denen die Lehranalytiker auch unterrichten und supervidieren, läßt sich im allgemeinen eine vorsichtige Haltung gegenüber dem Lehranalytiker des betreffenden Kandidaten beobachten, so als träfe jede Kritik, die an diesem geübt wird, auch seinen Lehranalytiker oder als sei jede negative Beurteilung des Kandidaten als Angriff auf den Lehranalytiker zu verstehen.

Die Annahme, daß der Kandidat die Macht oder den Einfluß seines Lehranalytikers widerspiegele, ist tatsächlich so fest verankert, daß Greenacre (1959) schreibt, es sei eine Art »Konvoisystem« entstanden, in dem Lehranalytiker die Reise ihrer Analysanden durch die gefährlichen Meere der Ausbildungsjahre überwachen. Diese Lehranalytiker geben einen Verlust der analytischen Haltung und die institutionelle Korruption des analytischen Prozesses zu erkennen.

Mit diesem Phänomen hängt die implizite Annahme zusammen, daß die »eigentliche« psychoanalytische Ausbildung die Lehranalyse sei, während die Supervision einen zweit- und die Seminare lediglich einen drittrangigen Bestandteil darstellten. Indirekt ist dies häufig mit der Annahme verbunden, daß sich die Kontrolle der Lernentwicklung und der Fähigkeiten eines Kandidaten lediglich auf seine eigene Lehranalyse stützen sollte und jede andere Beurteilungsform von zweifelhaftem Wert sei; die Folge ist eine Selbstentwertung der Supervisoren und Dozenten, die nicht genügend Informationen besitzen und über keine angemessene Autorität verfügen. Wenn Seminarleiter, die keine

Lehranalytiker sind, selbst zu einer Unterschätzung ihrer eigenen didaktischen Funktionen beitragen, fördern sie indirekt diese Selbstentwertung.

Die traditionelle Annahme, daß Lehranalytiker über die Fortschritte des Kandidaten Bericht erstatten sollten – eine äußerst fragwürdige alte Tradition –, wurde mittlerweile als Hauptursache der Verzerrung des psychoanalytischen Prozesses in der Lehranalyse selbst und als Ursache der nach wie vor bestehenden Praxis erkannt, daß Kandidaten eine »Erstanalyse« für das Institut und nach Abschluß der Ausbildung eine »Zweitanalyse« für sich selbst machen. In einer Literaturübersicht vertritt Lifschutz (1976) überzeugende Argumente für das System des nicht-berichtenden Lehranalytikers. Die allgemeine Tendenz psychoanalytischer Institute, die Berichterstattung durch Lehranalytiker einzuschränken oder abzuschaffen, stellt eine ermutigende Entwicklung dar.

Der Tradition der Berichterstattung durch Lehranalytiker liegt die Annahme zugrunde, daß Supervision, Seminare, Gruppendiskussionen und Beurteilung durch Dozenten weniger wichtig seien als die Meinung, die sich der Lehranalytiker über den Wert und die Fähigkeiten seiner Analysanden bildet. Der selbstschützende Rückzug der Dozenten von Kandidaten, die als besonders privilegiert oder unberührbar betrachtet werden, und die »mitleidige Graduierung« von Kandidaten mit unzulänglichen Leistungen, die aber viele Jahre in Ausbildung verbracht haben, sind weitere typische Symptome dafür, daß die Dozentenschaft insgesamt nicht über angemessene Autorität verfügt.

Der mangelnden funktionalen Autorität der Dozenten entspricht ihre fehlende Rechenschaftspflicht in bezug auf die Kandidatenbeurteilung. Unter dem Einfluß von Veränderungen in den Ausbildungssystemen der Universitäten und medizinischen Fakultäten stehen den Kandidaten als Gruppe heutzutage mehr Befugnisse und spezifische Kanäle zur Verfügung, über die sie Beschwerden weiterleiten können, aber nach einem Bericht der nationalen [amerikanischen] Kandidatenorganisation (Franzen 1982) legen psychoanalytische Institute die Kriterien, nach denen sie Kandidaten aufnehmen, ihre Fortschritte beurteilen und ihre Graduierung anerkennen, ebenso vage und zurückhaltend dar wie die zur Verfügung stehenden Kommunikationskanäle und Beschwerdeinstanzen.

Noch komplizierter wird diese Situation durch ein spezifisches Merkmal der psychoanalytischen Ausbildung, das man gewöhnlich ignoriert. Ich denke an die paranoide Atmosphäre, von der psychoanalytische Institute häufig durchdrungen sind, und deren verheerende Auswirkungen auf die Lebensqualität während der psychoanalytischen Ausbildung. Mitglieder bestimmter südamerikanischer psychoanalytischer Institute sprechen von einem Phänomen des »heimlichen Mithörens« (»unhooked telephones«, »offene Telefone«) und meinen damit die Tatsache, daß die Kritik der Kandidaten an den Dozenten, bei denen es sich zum größten Teil um Lehranalytiker handelt, unterdrückt wird, weil die Kandidaten bei ebendiesen Lehranalytikern in Analyse sind. Kandidaten sind deshalb ebenso wie Graduierte und Dozenten gezwungen, sich über Lehranalytiker in Gegenwart von Seminarteilnehmern oder Kollegen, die noch (oder wieder) bei diesen Lehranalytikern in Analyse sind, extrem zurückhaltend zu äußern. Und natürlich sind Lehranalytiker in der unglücklichen Lage, durch ihre Kandidaten (vor allem in Phasen einer starken negativen oder abgespaltenen negativen Übertragung) zu erfahren, was ihre Kollegen und Seminarteilnehmer über sie sagen. Die Annahme, der Lehranalytiker verfüge über einen so gesunden Narzißmus, daß er an bestimmten Äußerungen keinen Anstoß nehme, ist, wie wir alle wissen, eine Illusion.

Verschiedenartige Phänomene wirken zusammen und verstärken die paranoide Atmosphäre, die in vielen psychoanalytischen Instituten herrscht. Verschiebung und Spaltung sowie das Agieren der negativen Übertragung durch Kandidaten können in unterschwelliger Kritik an den Dozenten zum Ausdruck gebracht werden, vor allem dann, wenn das Institut keine geregelten Kanäle bereitstellt, über die Seminarteilnehmer und Dozenten zu einer gemeinsamen Beurteilung des Ausbildungsprozesses gelangen können. Die narzißtischen Kränkungen, denen Lehranalytiker durch das Phänomen des »heimlichen Mithörens« ausgesetzt sind, können ihre Gegenübertragungsreaktionen auf ihre eigenen Kandidaten und die Verschiebung dieser Reaktionen auf andere Lehranalytiker und Kandidaten intensivieren – mit dem Ergebnis, daß deren paranoide Reaktionen auf die Institution noch verstärkt werden.

Das Agieren von Gegenübertragungsreaktionen durch Lehranalytiker erfolgt häufig in Form vertraulicher, durch subtile Gesten oder vielsagendes Schweigen ausgedrückter Mitteilungen über Kandidaten an andere Lehranalytiker. Dulchin und Segal (1982 a, 1982 b) haben ein bestimmtes psychoanalytisches Institut beschrieben, in dem die Schweigepflicht, welche die Analysen der Kandidaten schützen sollte, verletzt wurde; man darf zu Recht annehmen, daß es sich hierbei um ein weitverbreitetes Phänomen handelt, und zwar vor allem in Instituten, die nach wie vor an der Berichterstattungspraxis festhalten. Obwohl diese Berichte mittlerweile offiziell aus den psychoanalytischen Instituten verschwinden, bestehen sie auf eine solch informelle Weise weiterhin fort.

Derartige Entwicklungen haben unter anderem die Konsequenz, daß die Lehranalytiker mit Leitungsfunktionen sich selbst als Ingroup betrachten, als Geheimnisträger, und die übrigen Dozenten, die den Lehranalytikerstatus nicht besitzen, sowie die Kandidaten für sie die Outgroup bilden. Wie Roger Dorey (pers. Mitteilung 1983) zeigte, verwirklicht sich hier die in psychoanalytischen Instituten vorherrschende Phantasie vom geheimnistuerischen ödipalen Paar und den ausgeschlossenen Kindern. Die paranoiagene (Jaques 1976) Atmosphäre psychoanalytischer Institute, die Gefahr der Verfolgung, die überall in ihnen spürbar ist, bildet die Entsprechung zu der ebenfalls in ihnen vorherrschenden institutionell sanktionierten und geförderten Idealisierung (insbesondere der führenden Lehranalytiker).

Die scheinbare oder reale Willkür, die bei der Aufnahme in den Lehrkörper oder der Ernennung zum Lehranalytiker herrscht, ist ein weiteres unschwer erkennbares Problem der psychoanalytischen Ausbildung. Es ist ein offenes Geheimnis, daß der Ernennung zum Lehranalytiker häufig politische Motive zugrunde liegen, das heißt, die Qualifikationen des Analytikers spielen oft eine weniger wichtige Rolle als seine Zuverlässigkeit in Fragen der Institutspolitik. Dieser korrumpierende Aspekt der psychoanalytischen Ausbildung wird häufig entschuldigend als eine unvermeidbare Wiederholung des »Familienlebens« (beispielsweise mit Konflikten zwischen den Generationen, Geschwisterrivalität und Urszenenmaterial) in psychoanalytischen Instituten rationalisiert. Die Unfähigkeit aber, zwischen einer Ausbildungsinstitution und einer Familie zu unterscheiden, spiegelt auch die Unfähigkeit wider, eine Organisationsstruktur zu entwickeln und zu bewahren, die an den zu erfüllenden Aufgaben orientiert ist. Dies hat eine direkte paranoiagene Beeinträchtigung des sozialen Lebens und der sozialen Funktionen der Institution zur Folge.

Man könnte mein Anliegen – die Kritik an der Willkür bei der Ernennung von Dozenten und Lehranalytikern – mißverstehen und glauben, daß ich die zwangsläufig subjektiven Kriterien, die über die Ernennung von Lehranalytikern mit entscheiden, also das persönliche Urteil, nicht gelten lassen wolle. Das aber ist nicht gemeint.

Was ich in Frage stelle, sind der Mangel an expliziten, öffentlichen Vorgehensweisen und Kriterien zur Auswahl der Lehranalytiker und der Mangel an expliziter, öffentlicher Information über die Instanzen, die solche Entscheidungen treffen und zu verantworten haben. Die formale Instanz und die reale Instanz der Entscheidungsprozesse unterscheiden sich häufig erheblich voneinander. Die Strategie, bei ausgewählten Analytikern »freundlich anzuklopfen«, statt Kollegen, welche die notwendigen Voraussetzungen erfüllen, ausdrücklich zu ermutigen, ihr Interesse zu bekunden, illustriert die soziale Heuchelei, die solche Ernennungen umgibt, eine Heuchelei, welche die Atmosphäre psychoanalytischer Institute vergiftet.

Das Fehlen expliziter Kriterien für die Ernennung von Dozenten im allgemeinen sowie der Mangel an expliziten Methoden und Kriterien zur Kontrolle der Qualität der Lehre und insbesondere der Aufgabenerfüllung der Lehranalytiker offenbaren den politischen Charakter dieser Ernennungen. Daß es vermieden wird, explizite Kriterien dafür festzulegen, wann Dozenten und vor allem Lehranalytiker in den Ruhestand treten sollten, ist ein ebenso bekanntes Problem wie die berüchtigten Verschwörungen, durch die inkompetente Lehranalytiker in den Instituten geschützt werden. Dies ist eine weitere negative Konsequenz der fehlenden Diskussion über die reale klinische Arbeit von Lehranalytikern.

Als Symptom der Krankheit psychoanalytischer Institute sei abschließend die Einschränkung des kreativen Denkens und der wissenschaftlichen Produktivität bei Dozenten, Kandidaten und Graduierten erwähnt. Ein enger intellektueller Rahmen, der durch die am Institut vorherrschenden, aus dem breiten theoretischen Spektrum der Psychoanalyse ausgewählten Ansichten bestimmt wird, intellektuelle Kriecherei oder Demutsgesten gegenüber ehrwürdigen »Vätern« der lokalen Gruppe, eine kleinliche, gegenseitige intellektuelle Sterilisation und die Beeinträchtigung originellen Denkens geben schmerzlich zu erkennen, daß es um die psychoanalytische Ausbildung nicht zum Besten bestellt ist.

Die gegenseitige intellektuelle Sterilisation zeigt sich in dem Mißtrauen und den Neidgefühlen, mit denen neue Ideen aufgenommen werden, in der Angst der Dozenten, neue Ideen vorzutragen, die das Institutsdogma in Frage stellen könnten, und in der allgemeinen Kollusion, wenn es darum geht, wieder aufgewärmten Formulierungen öffentlich zu applaudieren, während man das monotone Wiederholen von Konzepten – das den Lehrenden allerdings auch versichert, daß nichts Neues ihre augenblicklichen Überzeugungen bedroht – im privaten Kreis verächtlich macht. Das Resultat ist ein Niedergang wissenschaftlicher Arbeit und eigenständigen Denkens. Man könnte fragen, ob das allgemeine wissenschaftliche Gebiet der Psychoanalyse tatsächlich nichts Neues zu sagen habe. Die aufregenden Entwicklungen aber, die sich an den Grenzen der psychoanalytischen Theorie und Technik vollziehen, widerlegen eine solche enge und pessimistische Sicht.

Unmittelbare Ursachen: primäre Aufgabe und Organisationsstruktur

Soviel zu den Symptomen. Nun zur Bestimmung ihrer Ursachen. Ich will mich mit dem Problem zunächst in Form einer Untersuchung der Organisationsstruktur psychoanalytischer Institute auseinandersetzen und daran anschließend deren primäre Aufgaben (oder Ziele) untersuchen; denn wenn zwischen den primären Aufgaben und der Struktur einer Organisation eine Diskrepanz besteht, sind Probleme die logische Konsequenz. Im folgenden untersuche ich die Beziehung zwischen den primären Aufgaben und der administrativen Struktur psychoanalytischer Institute.

Worin bestehen die primären Aufgaben eines psychoanalytischen Instituts? Und in welcher Beziehung stehen unterschiedliche Konzepte dieser Aufgaben zu einer funktionalen administrativen Struktur? Ich werde vier Ausbildungsmodelle beschreiben; jedes von ihnen entspricht expliziten Zielen, die als anzustrebende primäre Aufgaben psychoanalytischer Institute formuliert worden sind. Diese vier Modelle erfordern eine je spezifische Organisationsstruktur, die auf ihre besonderen Ziele abgestimmt ist. Die Modelle sind eine Kunstakademie, eine technische Gewerbeschule, ein theologisches Seminar oder religiöses Refugium sowie ein Universitätsinstitut. Ich werde die theoretischen Implikationen dieser Modelle und die funktional mit ihnen verbundenen entsprechenden Organisationsstrukturen untersuchen und die tatsächliche Struktur der psychoanalytischen Ausbildung im Lichte dieser Modelle betrachten.

Im ersten Modell, dem der Kunstakademie, besteht die primäre Aufgabe der psychoanalytischen Ausbildung darin, spezialisierte Handwerker und Künstler auszubilden. Dieses Modell geht davon aus, daß die Psychoanalyse mehr ist als lediglich eine Technik, nämlich eine Kunst, und daß die spezialisierte Ausbildung in diesem Kunsthandwerk es den »Lehrlingen« ermöglichen wird, ihre Kreativität zu entfalten. Dieses Modell steht im Einklang mit der ausgesprochen individualisierten Form der psychoanalytischen Ausbildung, mit dem System der Tutoren- und Mentorenschaft, was die psychoanalytische Ausbildung und die Kriterien betrifft, anhand deren die Entwicklung der Kandidaten beurteilt wird, und mit der (für viele Institute) charakteristischen Annahme, daß es eine einzige ideale Technik gebe, die man beherrschen müsse, weil sie jeder späteren Kreativität innerhalb dieser Kunst als Grundlage diene. Eine Diskussion verschiedener Theorien würde sich darauf beschränken, die Beziehung dieser Theorien zu der idealen Technik zu bestimmen. Manche psychoanalytischen Institute gehen tatsächlich so vor, als gäbe es eine solche, von den lokalen »Meistern« zur Perfektion vervollkommnete, ideale Technik und als bestünde die optimale Art und Weise, wie Kandidaten sie in sich aufnehmen und sie zu beherrschen lernen können, darin, sie von ihren Meistern zu erlernen.

Allerdings läßt sich ein auffallender Widerspruch zwischen dem Modell der Kunstakademie und der realen Funktionsweise der Institute beobachten. Anders als der Kunstlehrer in der Akademie arbeitet der Lehranalytiker im privaten Raum, und seine Techniken bleiben von Geheimnissen umgeben. Um dem Ziel der Kunstakademie gerecht zu werden, müßte die psychoanalytische Ausbildung es den Kandidaten ermöglichen, den Prozeß einer von ihren Institutsmeistern durchgeführten psychoanalytischen Behandlung zu beobachten und zu beurteilen. Zudem müßte das Hauptaugenmerk der Beschaffenheit des Produkts oder Ergebnisses der realen psychoanalytischen Arbeit gelten und nicht der Beschaffenheit der Persönlichkeitsstruktur, die diese Arbeit ermöglicht. Den Supervisions- und Seminarstrukturen käme für die Beurteilung der Arbeit des Kandidaten eine weit größere Bedeutung zu.

Im zweiten Modell, dem der technischen Gewerbeschule, besteht die primäre Aufgabe der psychoanalytischen Ausbildung darin, eine klar definierte Fertigkeit oder ein Gewerbe zu erlernen; künstlerische Kreativität spielt dabei keine besondere Rolle. Die Lehrer wären imstande, ihre Beherrschung psychoanalytischer Fertigkeiten zu dokumentieren, ohne vorauszusetzen oder vorzugeben, daß hierfür persönliche Inspiration oder Kreativität erforderlich sei. Psychoanalytische Institute wären, diesem Modell entsprechend, hochspezialisierte Gewerbeschulen mit einem Curriculum, das die effiziente Ausbildung des Studenten und die Kontrolle seiner Fortschritte bis zur Erreichung des optimalen Leistungsniveaus vorschriebe. Eine im wesentlichen bürokratische Struktur der Institutsorganisation könnte derjenigen anderer spezialisierter technischer Schulen ähneln, zum Beispiel Einrichtungen, die sich auf industrielle und technische Fertigkeiten im Bereich der angewandten Künste konzentrieren.

Die meisten Psychoanalytiker würden dieses Modell vermutlich ablehnen und es als Entwertung ihrer Persönlichkeitseigenschaften sowie der persönlichen Kreativität und der künstlerischen Aspekte psychoanalytischer Arbeit betrachten. Es ist jedoch darauf hinzuweisen, daß das Institut in gewisser Weise tatsächlich einer Gewerbeschule ähnelt, in der ein Schüler Buchhaltungstechniken, Budgetierung und Finanzanalyse erlernen kann, ohne zu sehen, wie seine Lehrer diese Aufgaben bei ihrer eigenen Arbeit erfüllen – die Betonung nämlich liegt gegenwärtig auf der sorgfältigen Überwachung der praktischen Fortschritte des Kandidaten, ohne daß einer öffentlichen Demonstration der entsprechenden Fertigkeiten ihrer Lehrer besonderes Gewicht beigemessen wird.

Weniger offenkundig, aber bedeutsamer ist der Umstand, daß das Modell der Gewerbeschule die Vorteile einer bürokratischen Organisation mit expliziten Kriterien und professionellen Normen für Lehrer wie auch Schüler betont. Ein solches Modell gewährleistet ein System der objektiven Kontrolle und Qualifikationen, das willkürlichen, subjektiven, privat gefällten Urteilen Grenzen setzt; es praktiziert ein einfaches System von Prüfungen und Kontrollen zwischen Schülern und Lehrkräften und gibt beiden Gruppen die Möglichkeit, bei Mißständen um Abhilfe nachzusuchen. Die Verantwortung der Gewerbeschulleitung, Diplome nur an Schüler auszuhändigen, die über gesellschaftlich anerkannte und sanktionierte fachliche Sachkenntnis verfügen, gewährleistet ebenfalls eine klare Berechenbarkeit der Institution. Dies schützt ihre Mitglieder vor willkürlichen Neudefinitionen der Arbeit oder der Qualifikationen, die für Zulassung, Weiterkommen und Ausbildungsabschluß notwendig sind.

Dieses Modell illustriert Jaques' (1976) These, daß bürokratische Organisationssysteme im optimalen Fall paranoiagene Merkmale in der Organisation reduzieren. Eine solche Reduzierung kann psychoanalytischen Instituten, die – wie bereits erwähnt – in besonderem Maße zur Paranoiagenese neigen –, zuträglich sein. Da Psychoanalytiker die Psychoanalyse jedoch eher als Kunst und als Wissenschaft zu konzeptualisieren pflegen, würden sie dieses Modell wahrscheinlich ablehnen.

Das dritte Modell betrachtet psychoanalytische Institute als theologische Seminare oder religiöse Refugien und die Psychoanalyse als ein System religiöser Glaubenssätze. Auch wenn Psychoanalytiker gegen ein solches Modell vermutlich heftig protestieren und den wissenschaftlichen – im Gegensatz zum religiösen und ethischen – Charakter der psychoanalytischen Theorie verteidigen würden, sind der psychoanalytischen Ausbildung, so wie sie real erfolgt, wichtige Merkmale zu eigen, die eine solche Kennzeichnung rechtfertigen.

Erstens weisen der religiöse Glaubenssatz von der Existenz einer Gottheit und der von Grund auf irrationale Charakter eines solchen Glaubens eine gewisse Ähnlichkeit mit der psychoanalytischen Überzeugung von der Wahrheit der psychoanalytischen Theorie, insbesondere der Theorie des Unbewußten auf. Dieses Gefühl der Überzeugung wird gewöhnlich auf eine emotionale Erfahrung zurückgeführt, die mit der Entdeckung des Unbewußten im eigenen Selbst und dem Erleben psychischer Veränderung im Anschluß an diese Entdeckung zusammenhängt. Im Falle der Religion wie auch der Psychoanalyse liegt dem Ausbildungscurriculum daher keine rationale Analyse, sondern eine in hohem Maße subjektive persönliche Erfahrung – eine emotionale Begegnung mit dem Unbekannten – zugrunde.

Darüber hinaus erfolgt diese zutiefst verändernde Erfahrung im Kontext einer intensiven Beziehung zu einer anderen Person, die als geistiger Führer erlebt und idealisiert wird. Diesem spirituellen Mentor stehen weitere Mentoren zur Seite, die ihr Augenmerk auf die Grenzen, Unvollkommenheiten, Fehler und Unzulänglichkeiten der Leistungen des Schülers richten und gleichzeitig die Annahme bestätigen, daß sie von einer höheren Ebene aus sprechen, die der Schüler durch kontinuierliche Selbsterforschung sowie durch die Aufnahme der Lehren seiner Meister, vor allem des Urmeisters Freud, anstreben muß.

Die Idealisierung Freuds in der psychoanalytischen Ausbildung wird durch das detaillierte, häufig obsessive und relativ unkritische Studium seines Werks illustriert, durch das Herbeizitieren seiner Überlegungen, wann immer diese durch neue Entwicklungen bedroht erscheinen, und durch die genealogische Zurückführung der psychoanalytischen Ausbildung vom Lehranalytiker des Kandidaten über dessen Lehranalytiker auf einen direkten Freud-Schüler und schließlich auf Freud selbst. All diese Merkmale geben eine außerordentliche emotionale Besetzung des Gründers der Psychoanalyse und seiner Überzeugungen zu erkennen, die der religiösen Praxis durchaus ähnelt.

Vor allem der Glaube, der notwendig ist, um sich einem Prozeß zu unterziehen, dessen Funktion explizit in der Konfrontation eines Individuums mit dem

Unbekannten besteht, und die Geheimnisse, welche die Arbeit und die Persönlichkeit derer umgeben, die dem Schüler zur Seite stehen, erzeugen die emotionale Atmosphäre von Klöstern und Refugien. Auch der Umstand, daß die Persönlichkeit des Auszubildenden genauestens erforscht wird, während seine Lehrer ihre Persönlichkeit zu verbergen suchen, ist ein Charakteristikum der religiösen Ausbildung.

Aber obwohl die Organisationsstruktur psychoanalytischer Institute den theologischen Ausbildungsstätten ähneln mag, sollte die Psychoanalyse kein System emotionaler Glaubenssätze darstellen, sondern als Wissenschaft siegen oder untergehen.

Dies bringt uns zu meinem vierten Modell, dem des psychoanalytischen Instituts als Universitätsfakultät, als Einrichtung, deren Funktion in der Vermittlung, Erforschung und Erzeugung von Wissen besteht, einschließlich der Vermittlung methodologischer Werkzeuge zur Generierung neuen Wissens. Daß dieses Wissen auch zur praktischen Anwendung kommen, nämlich dazu dienen sollte, Menschen zu helfen, die Schwierigkeiten haben, und vor allem psychisch kranke Menschen psychologisch zu behandeln, nähert die psychoanalytische Ausbildung dem Modell der medizinischen Fakultäten und anderer helfender Berufe an und steht mit Freuds (1923 a) Definition der Psychoanalyse als Theorie des »seelisch Unbewußten«, als Methode zur Erforschung unbewußter Prozesse und als Behandlungsmethode in Einklang. Im folgenden beschreibe ich einige wesentliche Organisationserfordernisse dieses Modells.

Erstens muß der Kandidat Persönlichkeitsmerkmale besitzen, die es ihm ermöglichen, sein eigenes Unbewußtes zu erforschen und zu lernen, wie er das Unbewußte von Patienten ohne unangemessene Risiken für sich selbst oder andere erforschen kann. Darüber hinaus sollte seine Ausbildung von einer kritischen Haltung geprägt sein, die auch sämtliche zu erlernenden Theorien und Techniken betrifft; der Kandidat sollte kein geschlossenes Glaubenssystem übernehmen, sondern sich die neuesten Entwicklungen in der Theorie der Behandlungstechnik aneignen und die Ungewißheit akzeptieren, die sich aus einer kritischen Überprüfung aller Kenntnisse, Theorien und Verfahren im Lichte des gesamten verfügbaren Materials ergibt. Er sollte sich nicht nur mit Freuds Schriften vertraut machen, sondern auch mit den Werken von Psychoanalytikern, die zu anderen theoretischen oder technischen Schlußfolgerungen gelangt sind als Freud selbst.

Die Dozenten sollten die wissenschaftliche Debatte tolerieren und ihre Theorien sowie ihre tatsächliche klinische Arbeit der kritischen Analyse durch die Studenten zugänglich machen. Die Auswahl der Lehrkräfte, die zwangsläufig ein subjektives, persönliches Element beinhaltet, sollte auf öffentlich bekannten Kriterien und sanktionierten Verfahrensweisen beruhen, die durch eine offiziell ernannte Autorität überwacht werden; das Institut wäre für die Auswahl, Kontrolle und kontinuierliche Wiederbestätigung der Lehrkräfte verantwortlich.

Sowohl die Dozentenschaft als auch die Studentengremien sollten über unabhängige Organisationen verfügen, die berechtigt sind, die tatsächliche administrative Umsetzung der Verfahren an solchen öffentlich sanktionierten Regelungen zu messen, und die hierarchische Beziehung zwischen dem Direktor des Instituts und seinen Mitarbeitern sollte durch eine offiziell geregelte Autorität der Dozenten ausgeglichen werden. Dieses Modell mag den Zielvorstellungen der meisten Psychoanalytiker am ehesten entsprechen, mit der realen Struktur psychoanalytischer Institute aber steht es kaum im Einklang.

Ich ziehe die Schlußfolgerung, daß zwischen den vorherrschenden, explizit formulierten oder implizit anerkannten Zielen der psychoanalytischen Ausbildung und den vorherrschenden, für psychoanalytische Institute charakteristischen Organisationsstrukturen eine gravierende Diskrepanz besteht. Wenngleich psychoanalytische Lehrer glauben, eine Kunst und Wissenschaft zu lehren, haben sie ihre Institute so strukturiert, daß diese vor allem einer Kombination von Gewerbeschule und theologischem Seminar ähneln. Wenn psychoanalytische Lehrer statt dessen ein Modell übernähmen, das die Merkmale der Kunstakademie und des Universitätsinstitutes in sich vereinte, könnten sie dem Erreichen ihrer Ziele näher kommen und die von mir aufgezählten Probleme aus der Welt schaffen.

Zugrundeliegende Ursachen: psychoanalytische Behandlung im institutionellen Setting

Nachdem ich die Beziehungen zwischen den primären Aufgaben und der Organisationsstruktur der psychoanalytischen Ausbildung untersucht habe, wende ich mich nun einer Analyse der Motive zu, die den Störungen dieser Beziehungen zugrunde liegen. Man könnte sie als die unbewußten Motivationen bezeichnen, welche die Psychopathologie psychoanalytischer Institute determinieren. Die einfachste Erklärung, die sich aufdrängt, wenn man die Diskrepanz zwischen primärer Aufgabe und Organisationsstruktur in psychoanalytischen Instituten analysiert, wäre die, daß die sich selbst fortzeugende Machtelite der Lehranalytiker die Verstärkung des der psychoanalytischen Ausbildung inhärenten Idealisierungsprozesses ausnutzt, um ihre Macht zu konsolidieren und die mit ihr verbundene narzißtische Befriedigung zu erlangen, indem sie sich die Kontrolle über eine kleine soziale Organisation sichert.

Insofern das Bedürfnis nach Macht eine universale menschliche Eigenschaft darstellt, kann die Macht, die durch Ausbildungskomitees – vor allem wenn diese gleichzeitig die Vorstandskomitees psychoanalytischer Institute bilden – ausgeübt wird, eine bedeutsame menschliche Antriebskraft befriedigen. Man könnte spekulieren, daß das Machtmotiv in Anbetracht der Tatsache, daß Lehranalytiker mit Leitungsfunktionen in der Regel im fortgeschrittenen Alter sind (spätes mittleres bis hohes Alter), auch dadurch verstärkt wird, daß die Gratifikation durch Kreativität, Produktivität und Sexualität mit den Jahren schwindet. Die finanzielle Sicherheit älterer Lehranalytiker und ihr Abgelenktsein von den üblichen Unsicherheiten des Älterwerdens können hier ebenfalls eine wichtige Rolle spielen.

Dies aber sind universale Konflikte und Motivationen, und sie können nicht ausschließlich Psychoanalytikern zugeschrieben werden; die funktional unangemessen große oder autoritäre Macht, die einer Gruppe avancierter Lehranalytiker von ihrer Institution übergeben wird, muß weitere Gründe haben. Wenn alt gewordene Analytiker von ihren Macht- und Autoritätspositionen zurücktreten, sind sie häufig sofort in der Lage, die negativen Auswirkungen ihrer früheren Position zu benennen (siehe zum Beispiel Keisers [1969] und Arlows [1972] Analysen der Probleme in der psychoanalytischen Ausbildung, die auf vielerlei Weise die von mir bereits erwähnten Symptome beschreiben).

Darüber hinaus können politische Minderheiten innerhalb eines Instituts Protest gegen die autoritäre Struktur der Einrichtung erheben; sobald sie jedoch selbst in Machtpositionen gelangen, werden sie häufig ebenso autoritär wie jene, deren Stellen sie eingenommen haben.

Neben den Problemen, die mit dem individuellen Wunsch nach Macht zusammenhängen, mit der weitverbreiteten Vernachlässigung der großen Bedeutung einer Organisationsstruktur und mit den regressiven Konsequenzen von Gruppenprozessen, die unter den durch nicht funktionale administrative Strukturen entstehenden Bedingungen aktiviert werden, gibt es weitere, grundlegende Quellen der Unsicherheit, die psychoanalytische Institute und die Psychoanalyse als Profession durchdringen. Diese Unsicherheiten sind auf den Charakter der Arbeit psychoanalytischer Institute zurückzuführen, das heißt auf die Offenlegung des Unbewußten im Kontext institutioneller Grenzen, und auf die spezifischen Folgen, die eine solche Arbeit für Kandidaten und Lehranalytiker gleichermaßen mit sich bringt. Eine beliebte zeitgenössische Analogie bemühend, könnte man sagen, daß der therapeutische Prozeß der Psychoanalyse gleichsam radioaktive Produkte freisetzt; die Verteilung dieses radioaktiven Fallouts, die normalerweise in der innerhalb eines offenen sozialen Settings durchgeführten psychoanalytischen Behandlung erfolgt, wird durch die einschränkenden und verstärkenden Effekte der geschlossenen Umwelt der psychoanalytischen Institution behindert.

In der gewöhnlichen psychoanalytischen Behandlung wird ein Großteil der

Übertragung und Gegenübertragung verteilt, nämlich durch Verschiebung und Durcharbeiten sowie durch die Verdünnung der emotionalen Wirkungskraft der psychoanalytischen Sitzung, wenn sich Patient und Analytiker zwischen den Stunden in vollständig voneinander getrennten sozialen Umwelten aufhalten. Die Vorteile dieses Arrangements, das die technische Neutralität der Behandlungssituation schützt und das Potential des Übertragungs- und Gegenübertragungsagierens reduziert, liegen auf der Hand. Im Gegensatz dazu findet die Behandlung von Kandidaten durch Lehranalytiker innerhalb der Grenzen eines gemeinsamen sozialen Settings und einer gemeinsamen Organisationsstruktur statt; dies schafft Gelegenheiten und Versuchungen zum Übertragungs- und Gegenübertragungsagieren und zur Verstärkung dieser mächtigen emotionalen Kräfte innerhalb der Institution.

Lehranalytiker und Kandidat-Analysand sind einander in höherem Maße ausgesetzt, als es bei einer gewöhnlichen psychoanalytischen Behandlung der Fall ist; sie sind für ihre direkt zum Tragen kommende wie auch für die indirekt ausgedrückte wechselseitige Beeinflussung anfälliger, und dennoch wird jeder der beiden vom jeweils anderen als unangemessen mächtig erlebt. Der Lehranalytiker ist insofern exponiert, als der Analysand ihn direkt beobachten und Informationen über ihn sammeln kann, während der Analysand auf direktere Weise exponiert ist, weil ihn der Lehranalytiker unmittelbar beobachten und indirekt Informationen über ihn sammeln kann.

Verschiebungen der Übertragung, Abspaltung der Übertragung auf andere Lehrkräfte und das Agieren der negativen und positiven Übertragung in Seminaren und in der Supervision – all dies macht den Lehranalytiker für das Agieren seiner Kandidaten verwundbarer. Tatsächlich übt der Analytiker in Instituten mit Berichterstattung Macht aus, aber er wird auch in Instituten ohne Berichterstattung als außerordentlich mächtig erlebt, denn als leitendes und einflußreicher Mitglied ist er Teil der administrativen Institutsstruktur.

Dieser »radioaktive Fallout« bildet die Grundlage für Störungen im psychoanalytischen Institut und für die Aktivierung entsprechender, primitiver Abwehroperationen innerhalb der Institution. Warum primitive Abwehroperationen? Weil sich, wann immer Menschen in Gruppen – und besonders in Gruppen innerhalb einer Organisation, deren Strukturen nicht auf ihre primären Aufgaben abgestimmt sind – funktionieren, regressive Gruppenprozesse entwickeln (siehe 1., 4. und 8. Kapitel). Die in zahllosen therapeutischen Psychoanalysen innerhalb einer sozialen Organisation durchgeführte Erforschung des dynamischen Unbewußten verstärkt das Regressionspotential der Gruppenprozesse bis zu einer Intensität, die wahrscheinlich nur durch Institutionen aufgefangen werden kann, die der unnachgiebigen Kontrolle einer autoritären Führung unterliegen.

Idealisierungsprozesse und eine Atmosphäre der Verfolgung gibt es in so gut wie allen psychoanalytischen Instituten. In ihrem Zusammenhang betrachtet, verweisen diese Mechanismen auch auf das Vorherrschen von Spaltungsoperationen: die Aufteilung der institutionellen Welt in idealisierte und verfolgende Objekte. Obwohl diese regressiven Merkmale durch eine Organisationsstruktur reduziert, wenn nicht sogar eliminiert werden könnten, die den Aufgaben der Organisation optimal angepaßt ist, passiert gewöhnlich genau das Gegenteil. Da psychoanalytische Institute nicht versucht haben, funktionale administrative Strukturen zu entwickeln, tragen die vorherrschenden Abwehrmechanismen der Idealisierung und die Verfolgungsgefühle dazu bei, daß die Organisationsstruktur solche Abwehroperationen weiter verstärkt.

Im Zentrum der Aktivierung dieser vorherrschenden Abwehroperationen steht die Idealisierung der Lehranalyse und des Lehranalytikers. Sehr vereinfacht und verallgemeinert gesagt, erfüllt das Modell der Gewerbeschule in Kombination mit dem des theologischen Seminars oder des religiösen Refugiums unbewußt die Funktion, die offene Untersuchung der Arbeit der Lehranalytiker oder die offene Erforschung ihrer theoretischen Systeme und Techniken zu verhindern. Die Idealisierung der Lehranalyse spiegelt das unbewußte Bedürfnis nach persönlicher und institutioneller Sicherheit, Kontrolle und Gewißheit wider, die alle Beteiligten vor dem »radioaktiven Fallout« des psychoanalytischen Prozesses schützen sollen.

Ich räume ein, daß es auch äußere Quellen der Unsicherheit gibt, die einen wichtigen Einfluß auf die psychoanalytische Ausbildung ausüben. Aber ich konzentriere mich hier auf die inneren Ursachen. Sie beruhen zum großen Teil auf der wechselseitigen Beeinflussung von psychoanalytischer Institution und Lehranalyse.

Zunächst einmal hat die Tatsache, daß der Lehranalytiker gegenüber seinem Kandidaten-Analysanden eine Position der technischen Neutralität aufrechterhalten muß, erhebliche und unvorhersehbare Konsequenzen für den Charakter der psychoanalytischen Ausbildung. Ein Teil der folgenden Beobachtungen wurde in der psychoanalytischen Literatur, die sich den Problemen des dualen Charakters der Lehranalyse, das heißt ihrer Verbindung von therapeutischen und Ausbildungszielen, widmet, bereits beschrieben. Ich möchte insbesondere die Konsequenzen dieses dualen Charakters der Lehranalyse für die psychoanalytischen Institute und die psychoanalytische Ausbildung hervorheben.

Die Bemühungen des Lehranalytikers, seine persönlichen Eigenschaften, seine Standpunkte, Idiosynkrasien und seine Konflikte innerhalb der Institution vor seinem Lehranalysanden zu verbergen, veranlassen ihn, seine institutionellen Aktivitäten in höherem Maße geheimzuhalten. Es gibt eine ständige Verwirrung zwischen dem Bedürfnis des Lehranalytikers, im Zusammenhang mit seinem persönlichen Leben, seinen emotionalen Reaktionen und seiner Gegenübertragung Diskretion zu wahren, und einer angemessenen öffentlichen Stellungnahme in Fragen der Organisation und der Ausbildung, in klinischen und professionellen Angelegenheiten. Diese Verwirrung nährt das Ideal des »anonymen« Analytikers, eines Menschen, der über vollkommene moralische Normen, eine vollständig neutrale Persönlichkeit, grenzenloses menschliches Verständnis und umfassendes psychoanalytisches Wissen zu verfügen scheint, aber keinerlei Überzeugungen oder Meinungen zu nicht-psychoanalytischen Themen vertritt.

Im Falle des berichtenden Lehranalytikers führt die Geheimhaltung zu Heuchelei und unehrlicher Manipulation, selbst wenn der Lehranalytiker im übrigen aufrichtig ist: Der Widerspruch, der darin liegt, daß er seine eigene Persönlichkeit verbergen muß, um die Analyse des Kandidaten *nicht* zu beeinflussen, während er auf dessen akademisches Vorankommen hinter seinem Rücken einen realen Einfluß ausübt, war immer einer der problematischsten Aspekte der psychoanalytischen Ausbildung. Glücklicherweise wird diese Praxis selbst von den Instituten, die den Traditionen am stärken verhaftet sind, allmählich abgeschafft. Dennoch versucht der Lehranalytiker weiterhin, seine professionellen Funktionen vor dem Lehranalysanden zu verbergen. Solche unrealistischen Bemühungen, als eine Nicht-Person wahrgenommen zu werden, sind nicht gerechtfertigt.

Daß der Lehranalytiker auf der professionellen Ebene sozusagen in den Untergrund geht, ist als eine gut rationalisierte Manifestation der Unsicherheit in bezug auf seine Methode zu betrachten; hier liegt eine unbewußte Kollusion mit der Annahme des Kandidaten vor, daß der Analytiker sein Unbewußtes »kenne« – während sich der Kandidat in Wirklichkeit selbst als denjenigen betrachten sollte, der sein Unbewußtes mit Hilfe des Lehranalytikers kennenzulernen versucht. Roustang (1982) weist zu Recht darauf hin, daß die Phantasie des Analysanden, sein Analytiker sei derjenige, »der Bescheid wisse«, analysiert werden solle, bis dem Analysanden klar werde, daß alle Deutungen lediglich als Hypothesen dienen. Der Analysand muß lernen, daß neues Wissen auf unerwartete Weise aus seinem Unbewußten auftaucht, und zwar durch die freie Assoziation und die Erforschung der Übertragung; die Deutungen seines Analytikers mögen diesen Prozeß gefördert haben, im wesentlichen aber handelt es sich um eine überraschende – und häufig bewegende und verblüffende – Entdeckung des Unbekannten in einem selbst.

Die Idealisierung des Lehranalytikers zu einem Wissenden wird zudem ganz real durch die Tatsache verstärkt, daß der Lehranalytiker als Teil der Ausbildungsinstitution eine wichtige Rolle spielt. Nicht analysierte Idealisierungen des Lehranalytikers, die sich in der Identifizierung des Analysanden mit ihm und seinem damit einhergehenden Wunsch niederschlagen, selbst Analytiker und Lehranalytiker zu werden, bleiben für immer unaufgelöst. Arlows (1970) Beschreibung dieses Problems in der psychoanalytischen Ausbildung ist hier ebenso relevant wie seine Feststellung (Arlow 1972), daß sich Kandidaten in der Britischen Psychoanalytischen Gesellschaft, die dort die Wahl zwischen Seminaren der Schulen von Melanie Klein beziehungsweise Anna Freud haben, beinahe unweigerlich für Veranstaltungen entscheiden, die der Orientierung ihrer eigenen Lehranalytiker entsprechen.

Wie sowohl Arlow als auch Roustang zeigen, findet die unanalysierte Ambivalenz des Kandidaten, die durch die Idealisierung abgewehrt wird, Ausdruck in der Abspaltung der negativen Übertragung auf andere Lehranalytiker und schließlich auf andere psychoanalytische Schulen und Orientierungen; so wird die Idealisierung des eigenen Lehranalytikers, des eigenen Instituts und letztlich die Idealisierung Freuds aufrechterhalten. All dies sorgt dafür, daß die blinden Flecken bezüglich solcher Idealisierungen – ebenso wie der »Familienroman« ganzer Generationen von Kandidaten – erhalten bleiben. Mir geht es hier darum, daß der Lehranalytiker die »technische Neutralität« unbewußt als Maskierung benutzen kann, als Rationalisierung seines unbewußten Wunsches, die Idealisierung seiner Person durch den Kandidaten aufrechtzuerhalten.

In früheren Zeiten war man der Ansicht, daß der Behandlungsraum des Analytikers nichts enthalten solle, das Hinweise auf seine Person geben könnte; vielmehr sollte das Zimmer einer Mönchszelle ähneln, um dem Konzept der technischen Neutralität Nachdruck zu verleihen. Diese Exzesse gehören mittlerweile der Vergangenheit an. Dennoch scheint sich im Verhalten vieler Lehranalytiker nach wie vor die Phantasie zu manifestieren, technische Neutralität bedeute, keine Persönlichkeit zu besitzen. Steht hinter dem Lehranalytiker als Mensch ohne Eigenschaften die Phantasie vom Lehranalytiker als dem Menschen, der behauptet, nicht Gott zu sein?

Dieser Aspekt hängt mit der gegenwärtigen Kontroverse über das Ausmaß zusammen, zu dem die Übertragung in der Vergangenheit des Patienten sowie in der Realität der Beobachtungen, die er am Analytiker macht, gründe oder aber ausschließlich in der Vergangenheit. Diese Kontroverse läßt die Tatsache unberücksichtigt, daß sich die Übertragung gewöhnlich um reale – infolge der unbewußten Übertragung von Erfahrungen aus der Vergangenheit des Patienten übersteigert und verzerrt wahrgenommene – Aspekte der Persönlichkeit des Analytikers kristallisiert. Die Unterscheidung zwischen der Realität des Übertragungsstimulus einerseits und der Übertragung an sich als Verzerrung oder als Übertreibung jenes Stimulus war immer eine vorrangige technische Aufgabe.

Daß ein Analytiker die Realität des Stimulus, den er der Übertragung des Patienten liefert, defensiv verleugnen kann, ist ein Ergebnis der Gegenübertragung. Wenn man die Neigung zu Gegenübertragungsreaktionen als komplementär zur Entwicklung der Übertragung betrachtet, ist dies etwas ganz anderes, als wenn man die Übertragung selbst als Kompromißbildung zwischen Beiträgen des Patienten und des Analysanden bezeichnet. Der Wunsch des Lehranalytikers, sich als Angehörigen der Unterrichtsgremien des psychoanalytischen Instituts auszublenden, dient einzig dazu, die unaufgelöste Idealisierung seiner Person, des Instituts und der Psychoanalyse selbst durch den Analysanden aufrechtzuerhalten.

Ein weiterer wichtiger Punkt, der sich aus der Beziehung des Lehranalysanden zu seinem Lehranalytiker herleitet, betrifft die während der psychoanalytischen Exploration automatisch erfolgende Rollenzuschreibung. In dem Maße, wie der Kandidat seine unbewußten Motive erforscht – seine verdrängten oder dissoziierten libidinösen und aggressiven Impulse –, übernimmt der Lehranalytiker die entscheidende Funktion eines vernunftgeleiteten und reifen Ichs, während im Kandidaten das Es oder die unbewußten Aspekte des Über-Ichs aktiviert werden.

Diese Entwicklung, die sich in jeder psychoanalytischen Behandlung vollzieht, wird für den Kandidaten-Analysanden zu einer Gefahr, weil auch sie seine Idealisierung des Analytikers-Lehrers als eines ungewöhnlich reifen Menschen fördert; und sie wird zur Gefahr für den Lehranalytiker, weil sie ihn innerlich unter Druck setzt, solchen Erwartungen auch in seinen übrigen Ausbildungsfunktionen gerecht zu werden. Die Idealisierung korrumpiert ihr Objekt. Die Dozenten stehen kollektiv unter dem Druck, das Bild der rationalen und vernunftgeleiteten Übermenschen zu nähren, zu denen die Kandidaten sie in ihrer kollektiven Phantasie machen – und sie werden unbewußt zu dem Versuch veranlaßt, diesem Bild in der Realität zu entsprechen.

Zudem wird der Lehranalytiker durch die Kontrolle, die er über die Behandlung des Kandidaten ausübt, dazu verleitet, diese Kontrolle nach und nach auch auf den Ausbildungsprozeß auszudehnen. In der Regel unterschätzen wir, wie groß die Versuchung für den Lehranalytiker ist, die Kontrolle über seine Kandidaten, die derselben sozialen Institution angehören wie er selbst, zu erweitern. Die frühe Geschichte der Psychoanalyse ist nicht allein auf die paternalistischen Strebungen der Vorväter zurückzuführen.

Konflikte, die im Seminarraum auftauchen, werden häufig als Übertragungsagieren gedeutet, und der erste Rat, den man zu hören bekommt, lautet dann: »Zurück auf die Couch!« Diese Einstellung verstärkt die Idealisierung der Lehranalyse; sie verschleiert auch mögliche Unzulänglichkeiten des Ausbildungsprogramms des jeweiligen Instituts. Lehrbeauftragte und Kandidaten entwickeln so gemeinsam ein unbewußtes Bild vom Institut als riesiger Couch – hinter ihr sitzt der Kollektivkörper der Lehranalytiker, und auf ihr liegt der Kollektivkörper der Kandidaten.

Man kann die Omnipotenzphantasie der Lehranalytiker, die in der Aufforderung »Zurück auf die Couch!« Ausdruck findet, auch in der Tendenz der Dozenten erkennen, den Lehranalytiker für die Unzulänglichkeiten seines Kandidaten verantwortlich zu machen. Ausbildungs- und Zulassungsausschüsse haben die Angewohnheit, dem Lehranalytiker, dessen Kandidat sich unangemessen verhält, fragende Blicke zuzuwerfen; der Lehranalytiker wahrt das obligatorische Stillschweigen und kämpft mit seinen auftauchenden Schuldgefühlen. In seltenen Fällen wird sich ein hoch narzißtischer Lehranalytiker versucht fühlen, die Analyse eines besonders »berüchtigten« Kandidaten vorzeitig zu beenden. Andere narzißtische Lehranalytiker möchten ihre Lehranalysanden am liebsten nie gehen lassen, weil das Arbeitsergebnis, das sie dem Institut präsentieren, absolut perfekt sein muß. Viele Institute versuchen mittlerweile, Diskussionen über die Entwicklung eines Kandidaten in Gegenwart seines Lehranalytikers zu vermeiden. Gleichwohl kommen dem Lehranalytiker gewöhnlich Informationen zu Ohren, besonders wenn es an anderer Stelle Ressentiments gegenüber dem Kandidaten gibt oder wenn es sich um ein kleines Institut handelt.

Als Mitglied einer Ausbildungsinstitution erfüllt der Lehranalytiker indirekte und direkte administrative Funktionen. Wenn er Supervisionen gibt, ein Seminar leitet, an der Arbeit eines Ausschusses teilnimmt oder das Institut gegenüber der lokalen psychoanalytischen Gesellschaft oder auf nationaler Ebene repräsentiert, nimmt er eine Grenzfunktion wahr, das heißt eine Kommunikationsfunktion zwischen zwei miteinander zusammenhängenden Systemen, an deren Grenze er steht. Als Lehrer steht der Lehranalytiker beispielsweise an der Grenze zwischen der Kandidatengruppe, die er unterrichtet, und dem Institut; er sollte daher die Bedürfnisse, Erwartungen und Verzerrungen, die in die wechselseitige Wahrnehmung beider Seiten eingehen, abklären. Diese Management- oder Leitungsfunktion ist für alle sozialen Organisationen unverzichtbar; sie wäre gar nicht erwähnenswert, stünde sie nicht ausgerechnet im Konflikt mit den Erfordernissen der Lehranalyse.

Der Lehranalytiker muß striktes Schweigen über das, was ihm sein Patient-Kandidat von den Geschehnissen im Institut mitteilt, wahren, um die Gefahr des bereits erwähnten Syndroms des »heimlichen Mithörens« zu verringern. Gleichzeitig erhält der Lehranalytiker aus vielerlei Quellen Informationen über seinen Kandidaten-Analysanden, besonders wenn sich dieser unbewußt provozierend verhält. Der Lehranalytiker muß nun auch in der Lage sein, solche Informationen aufzunehmen, zu »containen« und zu tolerieren, ohne sein Verhalten von ihnen leiten zu lassen. Er muß selbst offen bleiben, um seine inneren Reaktionen auf solche Informationen im Lichte des Materials und der Übertragungsentwicklungen seines Kandidaten-Patienten zu erforschen. Mit anderen

Worten: Der Lehranalytiker muß im Zusammenhang mit diesen doppelten Vektoren des Agierens eine *Schranke* zwischen seinem Kandidaten-Patienten und dem Institut aufrechterhalten, obwohl er zwischen anderen Kandidaten und dem Institut als *Verbindung* fungieren muß.

Es ist nicht überraschend, aber bedauerlich, daß Lehranalytiker dazu neigen, diese Grenzfunktion auf ihre übrigen Ausbildungsfunktionen im Institut auszudehnen. Dies verursacht einen Zusammenbruch der Grenzen zwischen Gruppen, Aufgabensystemen sowie Dozenten und Kandidaten, selbst wenn der Lehranalytiker es zuläßt, daß seine Funktionen als Mitglied der Dozentenschaft die Grenzen zwischen ihm selbst und dem Kandidaten kontaminieren. Das Ergebnis besteht darin, daß sich der Lehranalytiker in bezug auf seinen Kandidaten Indiskretionen zuschulden kommen läßt oder emotionale Reaktionen auf Dritte entwickelt, über die sein Lehranalysand gesprochen hat.

Der Analytiker in privater Praxis ist mit den normalen Grenzen der persönlichen Autorität gegenüber anderen Menschen, die in normalen sozialen Organisationen erforderlich sind, nicht konfrontiert. Darüber hinaus ist er vor dem regressiven Sog geschützt, den gelegentlich sogar recht gut funktionierende Organisationen auf ihre Mitglieder ausüben. Diese besonderen Umstände können ein trügerisches Gefühl der persönlichen Reife und Autonomie begünstigen. Der Lehranalytiker, der ausschließlich in privater Praxis arbeitet, lebt in einer Art Elfenbeinturm, besonders wenn seine Patienten im großen und ganzen nicht sehr pathologisch sind und sich einige »normale« Kandidaten unter ihnen befinden. Die Reanalyse von Kollegen, ein häufig zu Recht als schwierig betrachtetes Unterfangen, unterscheidet sich gleichwohl erheblich von der Analyse des üblichen Patientenspektrums der Nicht-Lehranalytiker. Die Versuchung, sich nach und nach auf ein immer gesunderes Patientenspektrum zu konzentrieren, kann eine solche elitäre Haltung renommierter Psychoanalytiker noch verstärken, so daß sie in einen krassen Widerspruch zu den Erwartungen geraten, die das psychoanalytische Institut an sie stellt.

Das Gefühl der Macht und Sicherheit, das der Analytiker in seinem Behandlungszimmer empfindet, ist insofern berechtigt, als seine technisch angemessene Kontrolle über die psychoanalytische Situation auch sozial sanktioniert wird. Es ist nur natürlich, daß der Analytiker die gleiche Gratifikation durch Macht und Sicherheit auch in seinem Institut sucht. Wenn aber der Wunsch oder das Bedürfnis nach Kontrolle in ein psychoanalytisches Institut hineingetragen wird, verstärkt dies augenblicklich ein hierarchisches System der sozialen Kontrolle und des autoritären Managements, das dann durch die Lehranalytiker als Gruppe mit der Begründung, ihre Anonymität schützen zu müssen, rationalisiert wird.

Ein weiterer und damit zusammenhängender Aspekt betrifft die Tatsache, daß der Lehranalytiker versucht ist, verdrängte oder dissoziierte sadistische und narzißtische Bedürfnisse auf das psychoanalytische Institut zu verschieben. Vernunft und Rationalität hinter der Couch zu repräsentieren ist das eine – die Äußerung frustrierter, dissoziierter, verdrängter oder projizierter narzißtischer und aggressiver Impulse während der Interaktionen in der Organisation zu vermeiden das andere. Wir gehen davon aus, daß Psychoanalytiker ihre sexuellen Bedürfnisse außerhalb der professionellen Situation befriedigen, so daß diese innerhalb des Instituts keine Probleme hervorrufen. Ebenso wie zwischen Analytikern und Patienten besteht natürlich auch zwischen Lehranalytikern und Kandidaten in psychoanalytischen Instituten eine sexuelle Schranke. Was die Äußerung der narzißtischen Bedürfnisse, des frustrierten Exhibitionismus des »schweigenden« Analytikers hinter der Couch und der in zahlreichen Quellen wurzelnden sadistischen Bedürfnisse betrifft, sehen die Dinge jedoch anders aus. Dissoziierte sadistische Bedürfnisse, die in dyadischen und triadischen Beziehungen normalerweise gut kontrolliert bleiben, werden in sozialen Organisationen häufig agiert. Psychoanalytische Institute bieten spezifische Kanäle für narzißtische Befriedigung und Kränkung.

Die mit der Auswahl, dem Vorankommen und der Graduierung von Kandidaten und mit der Ernennung von Lehranalytikern verbundenen Unsicherheiten sind real. Sie werden jedoch durch vage und diffuse institutionalisierte Perfektionsideale und deren Entsprechungen, also Mißtrauen und Unflexibilität an sämtlichen Übergängen, zusätzlich verstärkt. Arlow (1972) lenkte die Aufmerksamkeit auf die ödipalen Wurzeln der Initiationsriten psychoanalytischer Institute. Ich möchte seine Formulierung erweitern und auch die kollektive institutionelle Versuchung mit einbeziehen, dissoziierten Sadismus auf die »Torwächter« zu projizieren – das heißt auf Personen, denen die Durchführung von Auswahlverfahren und die Kontrolle über andere Initiationsriten obliegt. Ein ehemaliger Vorsitzender des Ausschusses, der über den Erwerb der Mitgliedschaft durch Kandidaten der Amerikanischen Psychoanalytischen Vereinigung entschied, erzählte mir, daß seine Rolle als Vorsitzender ihn im Unterschied zu seinem sonstigen Verhalten streng und mißtrauisch gemacht habe und daß er sich selbst im Rückblick als den »Polizisten« der Organisation sehe, obwohl ihm nie ausdrücklich die »Anordnung« erteilt worden war, sich in dieser Weise zu verhalten.

Arlow vertrat die Ansicht, daß der unaufgelösten Idealisierung des Lehranalytikers eine durch den Status des neu ernannten Lehranalytikers hervorgerufene unbewußte Phantasie entspreche: Er hat erfolgreich gegen den Vater rebelliert, und das Ergebnis sind eine von Schuldgefühlen determinierte Identifizierung mit diesem Vater als Aggressor und die daraus resultierende Versuchung, die Kandidaten, Graduierten und Nicht-Lehranalytiker der nächsten Generation als potentiell gefährliche Usurpatoren allesamt zu unterdrücken.

Verstärkt werden kann diese unbewußte Identifizierung mit einem Aggressor durch unbewußten Neid auf den Kandidaten als den unreifen, regredierten und daher schuldfreien Repräsentanten der Befriedigung von Triebbedürfnissen, die dem mutmaßlich reifen und rationalen Lehranalytiker untersagt ist. Die übertriebene Konventionalität, ja der Puritanismus, der die Atmosphäre älterer und größerer Institute zuweilen prägt, und die unangemessene Entrüstung (und implizite sexuelle Erregung), die durch jegliche Verletzung sexueller Grenzen innerhalb der psychoanalytischen Organisation ausgelöst wird, vermag diese Entwicklung zu illustrieren.

Die bewußte Angst und die wahrscheinlich weitgehend unbewußte Freude an Krise und Chaos in Zeiten von Organisationskonflikten im Institut könnten ebenfalls mit der Projektion unannehmbarer Triebimpulse auf das Institut zusammenhängen. Das durch »Dissidenten« erregte Mißtrauen, die Erleichterung, wenn eine Spaltung innerhalb des Instituts schließlich »äußere« Feinde schafft, und die Transformation der psychoanalytischen Theorie in ein sich selbst tragendes Glaubenssystem, das zur Ideologie einer Ingroup (des von Schuldgefühlen geprägten Bündnisses der Brüder) avanciert, enthalten sowohl ödipale Elemente als auch die präödipalen Abwehrmechanismen und Gruppenvalenzen, die für die Regression in den von Bion (1961) beschriebenen Grundannahmen-Gruppen charakteristisch sind.

So entstehen infolge der durch den Charakter der Arbeit psychoanalytischer Institute – das heißt durch die Aktivierung des dynamischen Unbewußten in der Lehranalyse – bedingten Probleme zusätzliche Komplikationen. Dazu zählen unbewußte Ängste vor unkontrollierbaren Triebkräften, die sich der Institution bemächtigen könnten, Ängste, welche die leitenden Lehrkräfte in ihrem Gefühl bestärken, auf eine autoritäre, hierarchische Organisation als Sicherheitssystem angewiesen zu sein. Hier erkennen wir die Gründe, die das Modell eines theologischen Seminars oder eines religiösen Refugiums so verlockend erscheinen lassen. Hierarchische Organisation und religiöse Ideologie schützen auch die Omnipotenzphantasie der leitenden Lehranalytikergruppe.

Trotz der unter Psychoanalytikern vorherrschenden expliziten und aufrichtigen Konzeption der Psychoanalyse als Wissenschaft und Kunst, die ihre optimale Umsetzung in entsprechenden institutionellen Organisationsmodellen finden sollte, wird die Ideologie psychoanalytischer Institute durch überaus starke Kräfte tendenziell in die einer religiösen Organisation verwandelt, genauer: die Institutsstruktur wird in eine Organisationsstruktur verwandelt, die am ehesten für ein theologisches Seminar geeignet wäre.

Durch diese Transformation ist die Psychoanalyse keine wissenschaftliche Theorie mehr, die es kontinuierlich zu überprüfen gilt, sondern eine Doktrin, die auch als Weltanschauung von Nutzen ist, eine Weltsicht, welche die unbewußten Motive und Widerstände derer, die nicht mit ihr einverstanden sind, ohne weiteres zu erklären vermag. So wird die Psychoanalyse zu einem machtvollen ideologischen Instrument im Kampf gegen die »Ungläubigen«, indem sie die unbewußte Motivation anderer als soziale Waffe benutzt. Persönliche Unvollkommenheiten im Verhalten einzelner innerhalb der psychoanalytischen Institution werden als Zeichen einer Regression verstanden, die es durch eine Rückkehr auf die Couch zu heilen gilt. Die institutionell aktivierte Aggression der Mitglieder dieser psychoanalytischen Gemeinschaft wird durch den Angriff auf Outgroups agiert; ihre Abhängigkeitsbedürfnisse werden durch die beharrliche Idealisierung ihrer Lehranalytiker-Lehrer früherer Generationen – bis hinunter zu Freud – befriedigt; und ihre sexuellen, insbesondere ödipalen Bedürfnisse werden symbolisch in den von Arlow (1972) beschriebenen Familienroman-Phantasien gratifiziert.

Man könnte einwenden, daß in all diesen Eigenschaften psychoanalytischer Institutionen die historischen Umstände der Ursprünge der »psychoanalytischen Bewegung« nachwirken, die Spätvolgen sozusagen von Freuds Bemühungen, seine revolutionären Entdeckungen gegen die Feindseligkeit der organisierten akademischen »Wissenschaft« seiner Zeit zu schützen. Roustang (1982) erwähnt Freuds paternalistische Persönlichkeit, den Kult, den seine unmittelbaren Anhänger um diese Persönlichkeit betrieben und der sich in den Bemühungen zeigt, aus Freuds privatem Leben ein Geheimnis zu machen. Roustang spricht auch von der historischen Inszenierung einer Abfolge ödipaler Dramen, an denen Freuds Schüler und Verwandte mitwirkten. Er verweist auf den engen Zusammenhang zwischen diesen historischen Aspekten psychoanalytischer Institute und der gegenwärtigen Pathologie ihrer unaufgelösten Idealisierungen in der Übertragung. Mahony (1979) lenkte die Aufmerksamkeit auf den engen Zusammenhang zwischen ebendiesen historischen Umständen und bestimmten Aspekten der Schriften Freuds. Ich halte diese historischen Analysen für interessant, denke aber, daß sich die Störungen in psychoanalytischen Instituten selbst perpetuieren, daß sie auf aktive institutionelle Prozesse zurückzuführen sind, die durch eine ausschließlich historische Erklärung nicht erfaßt werden. Ich habe hier versucht, einige dieser Prozesse genauer zu beschreiben.

Wir können annehmen, daß in Reaktion auf neue Entwicklungen an den Grenzen der Psychoanalyse als Wissenschaft und Profession neue Herausforderungen und Schwierigkeiten auftauchen, wenn die Organisationsstörungen der psychoanalytischen Ausbildung bearbeitet, das heißt die administrativen Strukturen psychoanalytischer Institute so verändert würden, daß sie einem expliziten Konzept der von der psychoanalytischen Ausbildung angestrebten Ziele entsprächen. Die revolutionären Entwicklungen, die sich zum Beispiel in der Neurochemie, in der Säuglingsbeobachtung, der Kleingruppen-Psychologie und der philosophischen Forschung vollziehen, stellen die psychoanalytische Theorie vor potentielle Herausforderungen, die neue Forschungen und Entdeckungen in der Psychoanalyse selbst anregen könnten. Wenn sich die psychoanalytische Ausbildung jedoch weiterhin zu sehr mit dem Schutz von Idealisierungsprozessen innerhalb der Institution beschäftigt, können Verfolgungsängste leicht auf die äußere Umwelt projiziert und neue wissenschaftliche Entwicklungen in anderen Bereichen als Gefahren für die Psychoanalyse wahrgenommen werden.

Die vorherrschende allgemeine Ausbildungskultur – zum Beispiel die unterschiedlichen Ausbildungssysteme in anderen Ländern – kann in den internationalen psychoanalytischen Instituten auch entsprechende Ausbildungsstrukturen entstehen lassen; häufig wird dieser Zusammenhang weder bewußt angestrebt noch auch nur wahrgenommen (Edward Joseph, pers. Mitteilung). Es fällt auf, daß psychoanalytische Institute in vielen Ländern und in sehr unterschiedlichen sozialen und kulturellen Milieus und Ausbildungssystemen trotz dieser potentiellen Umwelteinflüsse unter sehr ähnlichen Problemen hinsichtlich der inneren Struktur und der konflikthaften Aspekte leiden, die ich untersucht habe. Die Lösung dieser inneren Zwänge könnte ebenfalls einen kreativeren Austausch der Ausbildungsphilosophie über die institutionellen Grenzen der psychoanalytischen Institute hinweg fördern.

Einige allgemeine Behandlungsgrundsätze

Im folgenden beschreibe ich Strategien zu einer Neuorganisation der Institution, die sich auf die unmittelbaren und grundlegenden Ursachen der Stagnation unserer psychoanalytischen Ausbildung konzentrieren. Diese Richtlinien bedeuten nicht, daß es für sämtliche Institute nur eine einzige, bestimmte Lösung gäbe; vielmehr entwickle ich einen theoretischen Rahmen als Grundlage, auf der alternative Lösungen und ihre jeweiligen Vor- und Nachteile untersucht werden können. Wenn es zutrifft, daß die der psychoanalytischen Ausbildung zugrundeliegenden Probleme mit intrinsischen Merkmalen der psychoanalytischen Situation zusammenhängen, dann müssen wir bereit sein, mit Konflikten und mit der begrenzten Wirksamkeit aller Korrekturmaßnahmen zu leben. Ich halte es jedoch für gerechtfertigt anzunehmen, daß eine signifikante Verbesserung der Ausbildungsfunktionen psychoanalytischer Institute realisierbar ist.

Erstens erscheint es mir wesentlich, daß das Administrationsmodell oder die Administrationsmodelle den expliziten Zielen der psychoanalytischen Ausbildung entsprechen. Das Modell einer Verbindung von Universitätsinstitut und Kunstakademie scheint, was die psychoanalytische Ausbildung angeht, am besten geeignet zu sein. Zweifellos gibt es technische Aspekte der Ausbildung, die auf eine Integration bestimmter Aspekte des Gewerbeschulmodells gut ansprächen. Wenn die Psychoanalyse unter anderem eine helfende Profession ist, bilden technische Perfektionsstandards einen wichtigen Aspekt der psychoanalytischen Ausbildung.

Ebenso sind bestimmte Aspekte, die für das Modell des theologischen Seminars mit seiner Konzentration auf den Glauben charakteristisch sind, wahrscheinlich unvermeidbar, weil der Kandidat vor allem in den Anfangsphasen des Erwerbs psychoanalytischen Wissens viel Arbeit an sich selbst und mit Patienten leisten muß, ohne einen unmittelbaren Nachweis für die spezifische Effizienz dieser Arbeit zu erhalten. Sich selbst einer Erforschung des eigenen Unbewußten zu öffnen setzt einen Akt des Vertrauens voraus, dem ein religiöser Aspekt eignet (man könnte auch sagen, daß eine religiöse Haltung eine Ausdrucksform des Grundvertrauens sei).

Unter diesen Vorbehalten aber erscheint mir ein vorwiegend am Universitätsinstitut oder an der Kunstakademie orientiertes Modell optimal. Ich erinnere daran, daß ich von *Modellen* spreche und nicht vom tatsächlichen Funktionieren der Universitäten oder Kunstschulen. Konflikte finden sich immer und in sämtlichen Einrichtungen von Menschen, und dies gilt auch für Universitäten und Kunstakademien. Wenn die primäre Aufgabe und die Organisationsstruktur übereinstimmen, dann können die selbstregulatorischen Funktionen von Instituten und Kunstakademien die auf unvermeidlichen menschlichen Faktoren beruhenden Störungen *begrenzen*. Das an einem Universitätsinstitut orientierte Organisationsmodell sieht uneingeschränkte Freiheit für die Dozenten und Belohnungen ihrer wissenschaftlichen Produktivität vor (im Gegensatz zur Belohnung von Unterwürfigkeit und Gehorsam gegenüber lokalen Ideologen und dem Kotau vor den Meistern); es würde bei Dozenten wie auch bei Studenten ein Interesse an wissenschaftlicher Arbeit und Forschung wecken, das die psychoanalytischen Seminare beflügeln und sie in Zentren der Erzeugung neuen psychoanalytischen Wissens verwandeln würde.

Die Delegation funktionaler Autorität an die Lehrenden – Supervisoren, Seminarleiter und Dozenten – würde die pathologische Idealisierung von Lehranalytikern langfristig reduzieren. Die Kandidaten wüßten, daß ihr Weiterkommen von ihrer Leistung im Seminarraum, unter der Supervision und im offenen Austausch mit ihren Lehrern abhängt.

Dieses Modell böte klare, präzise Kriterien für Zulassung, Weiterkommen und Graduierung. Entscheidungen, die Ausschüsse über die Kandidaten fällen, würden öffentlich bekanntgemacht, und es gäbe öffentliche Kanäle für die Einreichung von Beschwerden. Die Dozenten wären verpflichtet, ihre Beurteilungen mit den Kandidaten zu besprechen; und ein klares Beurteilungssystem könnte einiges dazu beitragen, die paranoide Atmosphäre innerhalb der Institute zu verringern.

Auch die Auswahl der Dozenten sollte nach eindeutigen, öffentlich bekannten Kriterien und durch Komitees erfolgen, die über ihre Entscheidungen Rechenschaft ablegen müssen. Insbesondere die Ernennung von Lehranalytikern sollte sich auf explizite Kriterien und einen Auswahlprozeß stützen, der es allen qualifizierten Psychoanalytikern ermöglicht, sich zu bewerben und eine gerechte Chance zu bekommen. Daß subjektive Urteile an der Auswahl der Dozenten, vor allem der Lehranalytiker, beteiligt sind, bedeutet nicht, daß die Kriterien, anhand deren diese Urteile gefällt werden, nicht öffentlich bekanntgemacht werden sollten oder daß diejenigen, denen die Beurteilungen obliegen, über sie keine Rechenschaft ablegen müßten. Im Rahmen eines Universitätsmodells sollte es nicht schwer sein, Systeme zu entwickeln, die eine faire Auswahl und Kontrolle der Dozenten garantieren. Dies allein würde bereits dazu beitragen, der paranoiagenen Atmosphäre psychoanalytischer Gesellschaften und Institute entgegenzuwirken. Ich plädiere nicht dafür, die Gründe, weshalb ein bestimmter Analytiker nicht ernannt wird, öffentlich zu machen; vielmehr müssen die Methode, das Verfahren und der Ort der Diskussion und Entscheidung öffentlich sein, damit die Person, welche die Entscheidung betrifft, weiß, wer entschieden hat und warum so und nicht anders entschieden wurde. Die Diskussion des Ausschusses selbst wäre nicht öffentlich, der Ausschußvorsitzende aber oder ein Repräsentant sollte autorisiert sein, gemeinsam mit dem Bewerber über die Sache zu sprechen, wenn dieser es wünscht.

Die Aufgabe besteht darin, die Wahrnehmung – und die Realität – zu korrigieren, daß es eine privilegierte Gruppe von Lehranalytikern gibt, deren Auswahl gleichermaßen von persönlichen und politischen Faktoren wie von ihrer beruflichen Kompetenz abhängt. Ein damit zusammenhängendes Problem ist die Anzahl der Lehranalytiker, die von einem Institut ernannt werden. In verschiedenen Ländern haben die Institute mit der Auswahl von Lehranalytikern auf der Grundlage expliziter Standards und Erfordernisse experimentiert; sie ernennen eine große Zahl von Lehranalytikern und überlassen es den Kandidaten, sich ihren Lehranalytiker aus einer vom Institut zusammengestellten Liste selbst auszuwählen.

In anderen Ländern haben sich einige Institute für »demokratische« Methoden bei der Auswahl von Lehranalytikern entschieden. Lehranalytiker sind alle »ordentlichen Mitglieder« der jeweiligen Gesellschaft, die durch Abstimmung der Mitglieder ernannt werden; auf diese Weise werden streng akademische Kriterien durch einen rein politischen Mechanismus ersetzt. Diese Methode beruht aber auf einem Trugschluß. Die Erwartung, daß demokratische Lösungen das Problem der Willkür aus der Welt schaffen können, zeugt von einer Verwechslung zwischen den Organisationserfordernissen eines Ausbildungssystems und der politischen Regierung eines Gemeindewesens.

Demokratische Entscheidungsprozesse können Individuen in Institutionen vor Willkür schützen, sie gewährleisten aber nicht, daß die Ziele oder primären Aufgaben mit der Organisationsstruktur in Einklang stehen. Die Qualität des »Produkts« – in diesem Fall die Kompetenz des Lehranalytikers – kann beeinträchtigt werden, gleichgültig ob die Institution autoritär geführt wird oder demokratisch. Die Ernennung einer großen Zahl von Lehranalytikern, die festgelegten Standards gerecht werden müssen, ist wahrscheinlich der beste Weg, um die Funktion von Lehranalytikern zu entmystifizieren und sie zu einer gesunden Konkurrenz um herausragende akademische Leistungen zu stimulieren.

Ebenso sollte die Regelung, daß ein Lehranalytiker nur eine begrenzte Zahl von Kandidaten gleichzeitig in Analyse nehmen darf, dazu beitragen, das »Konvoi«phänomen aus der Welt zu schaffen, bei dem ein Lehranalytiker über eine ganze Kohorte von Kandidaten-Analysanden gebietet. Lehranalytiker sollten also ein breiteres Patientenspektrum behandeln. Allgemein formuliert: Wenn eine große Zahl von Dozenten Seminare und Supervision anbietet, verringert dies auch die Gefahr, daß die Kontrolle über bestimmte zentrale Veranstaltungen in den Händen einer kleinen, sich selbst fortzeugenden Gruppe liegt. Und auch die Auswahl der Seminare und Seminarleiter sollte auf Ausbildungskriterien beruhen und sich nicht an politischen, demokratischen Verfahren orientieren.

Klare Linien der Organisationsstruktur sind das wesentliche Charakteristikum des Universitätsmodells: Es gibt eindeutige administrative Grenzen, aber keine Grenzen oder Restriktionen in bezug auf die Vermittlung, Erforschung und Entwicklung neuer Ideen.

Die Praxis, daß Analytiker über ihre Analysanden-Kandidaten berichten, befürworte ich nicht. Lehranalytiker sollten lediglich mitteilen, an welchem Tag die Lehranalyse begann, wie viele Sitzungen monatlich oder jährlich stattgefunden haben und wann die Analyse von einem oder beiden Beteiligten unterbrochen oder wann sie abgeschlossen wurde. Diese Regelung wäre ein vertretbarer Kompromiß zwischen der notwendigen Information, ob ein Kandidat als Teil der Ausbildungserfordernisse eine Analyse gemacht hat oder macht, und einer im übrigen vollständigen Trennung zwischen Lehranalyse und allen anderen Ausbildungsfunktionen des Instituts.

»Wie kommt man einem Psychopathen auf die Schliche?«, – unter diesem Stichwort könnte man die Argumente zusammenfassen, die zur Rechtfertigung der Berichterstattung des Lehranalytikers geltend gemacht werden. Ein echter Psychopath aber kann psychopathisches Verhalten auch vor seinem eigenen Lehranalytiker verbergen. Gegen das Argument, daß einzig der Lehranalytiker eine schwere Psychopathologie des Kandidaten erkennen könne, spricht die Tatsache, daß in Instituten mit Berichterstattung sehr vieles geheimgehalten wird – was sich darin zeigt, daß Kandidaten nach der Graduierung eine zweite Analyse »für sich selbst« machen. Die Befürworter der Berichterstattung führen ins Feld, daß man durch diese Praxis herausfinden könne, welche Kandidaten nicht geeignet seien. Mir leuchtet jedoch nicht ein, weshalb ein Lehranalytiker nicht in der Lage sein sollte, die Analyse eines Kandidaten, den er für ungeeignet hält, abzubrechen und es dem Betreffenden anheimzustellen, sich einen anderen Lehranalytiker zu suchen. Der Schaden, den das Berichterstattungssystem anrichtet, ist meines Erachtens zehnmal größer als der Schutz, den es bietet, und ich pflichte Lifschutz' (1976) Analyse dieses Themas nachdrücklich bei.

Indem sich Lehranalytiker strikt aus dem Ausbildungs- und Supervisionssystem ihrer eigenen Kandidaten heraushalten, wird den Supervisoren und Seminarleitern die Verantwortung übergeben, deren Fortschritte zu beurteilen, und dies ist eine begrüßenswerte Verantwortung. Supervisoren und Seminarleiter entwickeln so ein Gefühl größerer Autorität und Verantwortung, das an sich bereits einen positiven Einfluß auf die Ausbildungsatmosphäre ausüben kann. Und sobald sich die Lehranalytiker sicher sein können, daß sie ausschließlich ihren Kandidaten-Analysanden verantwortlich sind, können sie die Übertragung und Gegenübertragung freier handhaben.

Ein Universitätsmodell impliziert wissenschaftliche Tagungen, an denen Graduierte ebenso wie auch Kandidaten teilnehmen, Veranstaltungen mit offenen wissenschaftlichen Diskussionen und Präsentationen eigener Fälle durch die Lehranalytiker. Wahrscheinlich sollten Lehranalytiker ihre Fälle nicht in Seminaren vorstellen, in denen ihre eigenen Kandidaten sitzen, aber dieses Problem stellt sich nur in sehr kleinen psychoanalytischen Instituten. Lehranalytiker sollten jedoch nicht darauf verzichten müssen, Technikseminare zu leiten, an denen ihre eigenen Kandidaten teilnehmen. Die Supervisionssituation kann erfahrenen Analytikern eine besonders günstige Gelegenheit bieten, ihre Erfahrungen mit ihren Supervisanden zu teilen. Gleichzeitig wären die Supervisoren verpflichtet, ihren Kandidaten-Supervisanden ihre Beurteilung aufrichtig mitzuteilen – ein wesentlicher Aspekt eines funktionalen Ausbildungssystems.

Das Modell einer Kunstakademie würde für die Psychoanalyse bedeuten, daß Kandidaten die Möglichkeit erhielten, zusätzlich zu ihrem Erwerb der psychoanalytischen Technik durch ihre eigenen Fälle und jene anderer Kandidaten, die in der Supervision und in Seminaren vorgestellt werden, auch aus der analytischen Arbeit der Dozenten und Lehranalytiker zu lernen. Die Tendenz, daß Fallmaterial lediglich von jüngeren Dozenten in Veranstaltungen vorgestellt wird, an denen nur jüngere Kollegen teilnehmen, würde nach und nach verschwinden. Auch die Unterwürfigkeit gegenüber den erfahrenen, avancierten Lehranalytikern ließe sich so vermeiden, weil die Ernennung von Lehranalytikern institutionalisiert und formalisiert wäre und den Prüfungen einer akademischen Institution unterläge; der gegenseitige Austausch über die universalen Schwierigkeiten der analytischen Arbeit trüge dazu bei, die irrationale Idealisierung älterer Kollegen zu reduzieren.

Die Einführung einer gewissen bürokratischen Organisation mit formalen Strategien und Verfahren, öffentlich bekannten Beschwerdemechanismen und sozial sanktionierter Autorität und Rechenschaftspflicht auf sämtlichen Ebenen ist eine schwierige, aber nicht unmögliche Aufgabe. Diese Strategien und Verfahren könnten die besten Aspekte eines Universitätsmodells mit denen einer Gewerbeschule vereinen.

Die von mir beschriebenen Veränderungen in der Struktur der psychoanalytischen Ausbildung, die auf Kosten des Modells der Gewerbeschule und vor allem des theologischen Seminars oder religiösen Refugiums die Universitätsinstituts- und Kunstakademiemodelle stärken, könnten erheblich dazu beitragen, den allgegenwärtigen Idealisierungs- und Verfolgungsprozessen entgegenzuwirken, unter denen psychoanalytische Institute leiden. Der sichere Schutz der Grenzen der Lehranalyse, eine offene Teilnahme der Lehranalytiker an allen übrigen Aspekten des Ausbildungsprozesses sowie ein faires, rationales und offenes System der Auswahl, Überwachung und beruflichen Weiterentwicklung von Kandidaten und Dozenten wird die durch die institutionelle Psychoanalyse erzeugten Probleme nicht aus der Welt schaffen; gemeinsam aber könnten diese Veränderungen den kreativen Umgang mit dem Bewußtsein für solche Konflikte im Dienste einer Vertiefung des psychoanalytischen Verstehens und Wissens und der Entwicklung der psychoanalytischen Technik fördern. Die Realisierung dieser Maßnahmen trüge in erheblichem Maße dazu bei, die Begeisterung für die psychoanalytische Ausbildung neu zu aktivieren und neues Wissen auf unserem Gebiet zu generieren.

13 Autoritarismus, Kultur und Persönlichkeit in der psychoanalytischen Ausbildung

Einem fortgeschrittenen Kandidaten wurde an einem psychoanalytischen Institut eine Patientin zugewiesen, die ihr Baby, einen kleinen Jungen, ermordet hatte. Der Kandidat hielt den Fall für nicht analysierbar, während sein Supervisor, der zugleich Leiter des Instituts war und eine sehr starke Persönlichkeit besaß, darauf beharrte, daß es sich um einen akzeptablen Analysefall handele. Die übrigen Psychoanalytiker, die als Berater zur Verfügung standen, hatten der Einschätzung des Kandidaten zugestimmt, daß eine Psychoanalyse kontraindiziert sei. Daher weigerte sich der Betreffende, die Analyse fortzuführen, und überwies die Patientin zur psychotherapeutischen Behandlung. In der Folgezeit erhob sein Supervisor wiederholt Einwände gegen die Graduierung des Kandidaten, obwohl dieser nach Meinung aller übrigen Lehrenden die Anforderungen erfüllt hatte. Es fanden zahlreiche inoffizielle Sitzungen statt, auf denen die älteren Angehörigen des Lehrausschusses sich darum bemühten, für den Kandidaten eine Möglichkeit zu finden, das Veto des Institutsleiters gegen seine Graduierung zu umgehen. Die langwierige Verzögerung wurde schließlich im ganzen Institut zu einem offenen Geheimnis und verstärkte die ohnehin bestehende Atmosphäre der Angst und die zynische Einstellung gegenüber der psychoanalytischen Ausbildung.

Wenn sich Individuen in Gruppen befinden – und besonders in Gruppen innerhalb einer Organisation, deren Strukturen nicht auf ihr Mandat abgestimmt sind –, werden regressive Gruppenprozesse aktiviert. In der Beziehung zwischen den Lehranalytikern als Gruppe und den Kandidaten-Analysanden als Gruppe wirken sich die gleichzeitig auf alle Beteiligten einwirkenden multiplen Übertragungen und Gegenübertragungen so aus, daß sie das Bedürfnis beider Gruppen nach schützenden, defensiven Operationen verstärken, nach Aktionen, die diese Gruppen in nicht-aufgabenorientierte Empfindungsgruppen ([sentience groups] Miller und Rice 1967) verwandeln. (»Empfindung« bezieht sich hier auf die emotionalen Bindungen, die Einfluß auf Gruppenformierung und -kohärenz ausüben.) Insofern diese Gruppenkohärenz nicht direkt auf die Aufgabe – in diesem Fall die psychoanalytische Ausbildung – bezogen ist, entwickeln die nicht-aufgabenorientierten Gruppen Abwehrprozesse, die den Ausbildungsfunktionen der Organisation zuwiderlaufen.

Idealisierungsprozesse und eine Atmosphäre der Verfolgung – ein Niederschlag des projektiven Umgangs mit Aggression – bilden die unmittelbarsten, praktisch universalen Konsequenzen der Gruppenregression in psychoanalytischen Instituten. Gemeinsam geben diese Mechanismen auch das Vorherrschen von Spaltungsoperationen – oder die Aufteilung der Institution in idealisierte und verfolgende Objekte – zu erkennen. Diese regressiven Merkmale könnten durch eine Organisationsstruktur reduziert, wenn nicht beseitigt werden, die optimal auf die Aufgaben der Organisation abgestimmt ist; infolge der administrativen Verzerrungen jedoch, die ich im zwölften Kapitel beschrieben habe, geschieht genau das Gegenteil.

Im Zentrum der Aktivierung dieser vorherrschenden Abwehroperationen steht die Idealisierung der Lehranalyse und des Lehranalytikers. Verstärkt wird eine solche Idealisierung durch die Unsicherheit des Lehranalytikers, die sich aus zahlreichen Quellen herleitet: aus der Verwechslung des technisch neutralen Analytikers mit dem »anonymen« Analytiker, aus den Konsequenzen, die sich daraus ergeben, daß der Lehranalytiker in Ausübung seines Berufes sozusagen »in den Untergrund« geht, und schließlich aus den Grenzen, die einer Analyse der Idealisierung des Lehranalytikers durch die Kandidaten-Analysanden gesetzt sind, einer Idealisierung, die auf der nicht analysierten Identifizierung der Kandidaten mit ihren Lehranalytikern als beruflichen Vorbildern beruht. Dieses Problem wurde von Arlow (1972) und Roustang (1982) eingehend untersucht.

Im zwölften Kapitel habe ich die Entwicklung von Strategien zur institutionellen Reorganisation empfohlen, um diese Symptome zu reduzieren. Meine Empfehlungen beruhen auf einem Modell, das Aspekte der Kunstakademie und des Universitätsinstituts miteinander verbindet und eine entsprechende administrative Struktur besitzt.

Als Beteiligter konnte ich das Geschehen in mindestens drei psychoanalytischen Instituten verfolgen: im Chilenischen Psychoanalytischen Institut in Santiago, im Institut für Psychoanalyse in Topeka (Kansas) und im Zentrum für psychoanalytische Ausbildung und Forschung an der Columbia University. Darüber hinaus war ich Gasthörer und Dozent an anderen Instituten und Berater für institutionelle Probleme psychoanalytischer Institute in Europa, Lateinamerika und Nordamerika. Diese Erfahrungen liegen meinen Beobachtungen zugrunde.

Als Hauptursache des in psychoanalytischen Instituten herrschenden Autoritarismus betrachte ich die *motivierte* Diskrepanz zwischen den expliziten Ausbildungszielen und der administrativen Struktur. Die nicht anerkannte Beeinflussung durch die umgebende Kultur – starke politische Gegenströmungen (insbesondere totalitärer Ideologien) und das Ausbildungssystem im allgemeinen – und die Persönlichkeiten psychoanalytischer Führungsgestalten können den Autoritarismus auf subtile und weniger subtile Art und Weise verstärken. Mitunter kann sogar gewöhnliche soziale Konventionalität in gezielte Unterdrückung verwandelt werden.

Die unmittelbarste Folge einer nicht funktionalen administrativen Struktur ist die Entwicklung autoritärer Tendenzen unter dem Personal. Ein weiteres Resultat ist das Chaos, aber da Organisationen weiterhin arbeiten, geht dieses Chaos gewöhnlich mit Autoritarismus einher oder zieht ihn nach sich. Als direkte Symptome des Autoritarismus können Ängstlichkeit, Unterwürfigkeit, Rebellion und Passivität zutage treten. In psychoanalytischen Instituten gewinnen unter solchen Bedingungen Idealisierung und Paranoiagenese die Oberhand.

Autoritarismus hängt von dem Grad ab, in dem die Macht der Lehrenden und ihre Ausübung dieser Macht angemessen auf ihre Funktionen abgestimmt sind. Dies gilt insbesondere für die Lehranalytiker als Gruppe. Das heißt, Autoritarismus hängt davon ab, wie funktional diese Macht und Autorität tatsächlich sind. Die Lehrenden können »machtlos« sein, das heißt, nicht die Macht besitzen, die zur Durchführung ihrer Aufgaben erforderlich ist, ihre Macht kann aber auch größer sein, als ihre Aufgaben es tatsächlich erfordern. Dies ist die Definition von *Autoritarismus*. Im Idealfall muß die Macht einer legitimen Autorität entsprechen, die wiederum durch das Maß an Macht definiert wird, das zur Durchführung notwendiger Aufgaben erforderlich ist (Kernberg 1979). Am Anfang dieses Kapitels habe ich ein Beispiel für Autoritarismus beschrieben.

Umweltkultur und blinde Flecken in Institutionen

Es ist leicht zu beobachten, daß die Konzepte der technischen Neutralität und des Agierens in den verschiedenen Kulturen unterschiedlich verstanden werden, und diese Unterschiede üben Einfluß darauf aus, wie man agierendes Verhalten jeweils definiert. In Santiago de Chile stellte ich während der 50er und 60er Jahre fest, daß es gesellschaftlich akzeptiert war, nach Möglichkeit keine Steuern zu zahlen. Es bestand auch eine recht liberale, europäische Einstellung zur Sexualmoral: das heißt, eine Doppelmoral, welche die Autorität einer paternalistischen Gesellschaft mit derjenigen der katholischen Kirche verband. Eine Scheidung gab Anlaß zu Stirnrunzeln, während außereheliche Affären, vor allem von Männern, toleriert wurden. Diese kulturellen Normen spiegelten sich in der Einstellung des Instituts gegenüber dem sexuellen Verhalten von Patienten und Kandidaten wider.

Hingegen hatte Topeka, Kansas, das Zentrum des amerikanischen »Bible Belt«, während jener Jahre eine vollkommen andere Kultur. Zum Beispiel erwartete man von den Bürgern, daß sie ihre Steuern zahlten, ja, dieser sozialen Verantwortung lag – wie in den Vereinigten Staaten generell – eine strikte moralische Einstellung zugrunde. Auch was die Sexualmoral betraf, spiegelte das Institut in Topeka strenge Ansichten wider: Scheidung war nicht nur akzeptiert, sondern wurde häufig als angemessen reife Lösung für eheliche Konflikte betrachtet. Über außereheliche Affären hingegen runzelte man die Stirn. Diese Haltung war im Einklang mit der in der direkten Umgebung vorherrschenden Kultur. Die kulturellen Unterschiede lagen den konträren Haltungen der Analytiker in Santiago beziehungsweise Topeka gegenüber dem klinischen Material ihrer Patienten zugrunde. Unter den psychoanalytischen Kandidaten in Topeka, die aus verschiedenen lateinamerikanischen Ländern eingewandert waren, machte gar der Witz die Runde, daß ein Mann in den Vereinigten Staaten die Frauen seines Lebens nacheinander habe, während sie ihm in Lateinamerika alle gleichzeitig zur Verfügung stünden. Und eine Lehranalytikerin aus Topeka, die mir einen Gefallen tun wollte, wies mich einst darauf hin, daß sie gesehen habe, wie ich am Tag zuvor meiner Frau im Kino einen Kuß gab. Sie wollte mich warnen und brachte ihre Sorge zum Ausdruck, daß eine solche Gefühlsäußerung in der Öffentlichkeit meine Ernennung zum Lehranalytiker in Frage stellen könne!

Politische Ideologie

In Chile kam es während der Präsidentschaft von Salvador Allende zu einer tiefen Spaltung zwischen den linken Anhängern der Allende-Regierung und der gemäßigten und rechten Opposition (einschließlich der Christlichen Demokraten, die der gemäßigten Linken angehörten). Diese Spaltung erstreckte sich auch auf marxistisch orientierte Lehranalytiker, die sich mit dem Allende-Regime identifizierten, und nicht-marxistische Lehranalytiker, die mit der Opposition identifiziert waren. Ein Kandidat, der den Christlichen Demokraten angehörte, war zufällig bei einem marxistischen Lehranalytiker in Analyse. Der Lehranalytiker deutete die Teilnahme des Kandidaten an einem gegen die Allende-Regierung gerichteten Ärztestreik als Unterwerfung unter die kapitalistische, den ödipalen Vater repräsentierende Ideologie. Der Kandidat protestierte und erklärte, mit seinem Lehranalytiker nicht über Politik diskutieren zu wollen. Der Lehranalytiker schlug nun vor, die Analyse zu beenden, und erklärte sich erst nach einer langwierigen und schmerzhaften Diskussion mit dem Ausbildungsausschuß des Instituts bereit, die Behandlung fortzusetzen. Als der Kandidat jedoch hörte, daß er nach wie vor jenem Analytiker zugeteilt war, ergriff ihn die Panik, und er verließ das Land, um seine psychoanalytische Ausbildung an einem anderen Ort zu beenden.

Technische Neutralität beruht auf der impliziten Annahme, daß der Analytiker und der Patient einen gemeinsamen kulturellen und ideologischen Hintergrund besitzen. Die Reproduktion ideologischer Konflikte der politischen Kultur, die diesen zugrundeliegenden Konsens zerstören, kann in der analytischen

Situation zuerst zu einem Zusammenbruch der funktionalen Voraussetzungen der analytischen Arbeit und daran anschließend zu Autoritarismus führen. Die Verwandlung der Psychoanalyse in eine Weltanschauung kann die technische Neutralität des Analytikers gefährden.

Ausbildungssysteme

In den Vereinigten Staaten gibt es einige psychoanalytische Institute, die an Universitäten, insbesondere an psychiatrische Abteilungen angeschlossen sind. Diese Verbindung kann die Ausbildungsverfahren signifikant beeinflussen. In der Universität können Kenntnisse aus anderen wissenschaftlichen Feldern in psychoanalytische Seminare »eindringen«. Wenn es jedoch keine Verbindung zur Universität gibt und die Dozenten in großen privaten Praxen arbeiten, kann das psychoanalytische Institut in die Isolation geraten. Dadurch erhöht sich das Risiko eines verengten und gegen die Umwelt abgeschirmten Ausbildungsprogramms. An manchen Orten gibt es in psychiatrischen Abteilungen mit biologischer Orientierung praktisch keinen Dozenten, der psychoanalytisch orientiert ist, während es psychoanalytischen Instituten, die keiner Universität angehören, unter Umständen an den Herausforderungen durch die Entwicklungen in den naturwissenschaftlichen Nachbardisziplinen fehlt. Diese Trennung kann die wissenschaftliche Forschung und Diskussion einengen und die psychoanalytische Ausbildung »verflachen«.

Darüber hinaus können psychoanalytische Institute in psychiatrischen Abteilungen von Universitäten Schaden nehmen, wenn sich die Haltung der Abteilungsleiter gegenüber der Psychoanalyse verändert. Wenn aber der Leiter einer psychiatrischen Abteilung die Beiträge der Psychoanalyse anerkennt, kann das der Abteilung angeschlossene psychoanalytische Institut, das für die Herausforderung und Stimulierung durch eine akademische Atmosphäre offen ist, sein Curriculum durch spannende Programme erweitern, eine vom Geist der Wissenschaft geprägte Atmosphäre entwickeln und Neuerungen in seinen Ausbildungsprogrammen einführen. Einer der Gründe für die wachsende Attraktivität, deren sich das zur Columbia University gehörende Zentrum für Psychoanalytische Ausbildung and Forschung in den vergangenen Jahren bei Kandidaten erfreut, sind die Förderung eines wissenschaftlichen Dialogs innerhalb der Abteilung für Psychiatrie und die gemeinsam mit der Columbia University veranstalteten interdisziplinären Symposien und Tagungen.

Die Persönlichkeit des Leiters

Roustang (1982) betont das Paradox, daß derselbe Freud, der die irrationale Beziehung zwischen Führern und ihren Anhängern in organisierten Institutionen kritisch beschrieben hat, auch die Abhandlung »Zur Geschichte der psychoanalytischen Bewegung« (Freud 1914 b) verfaßte. Freuds Arbeit gibt Roustang zufolge deutlich seine Überzeugung zu erkennen, daß eine wissenschaftliche Verpflichtung gegenüber der Psychoanalyse gleichbedeutend sei mit der Loyalität gegenüber seinen (Freuds) Ideen, während jede Infragestellung zentraler psychoanalytischer Konzepte unbewußt determinierte Widerstände gegen die Wahrheit repräsentiere. Wir könnten Freuds Beziehung zu seinen direkten Schülern als irrelevante historische Kuriosität ad acta legen, hinge sie nicht aufs engste mit der späteren Geschichte der Psychoanalyse zusammen. Roustang macht auf einen Widerspruch aufmerksam, der psychoanalytischen Bewegungen inhärent ist: Das Ziel der Psychoanalyse ist die Auflösung der Übertragung. Die psychoanalytische Ausbildung aber ist bestrebt, die Übertragung aufrechtzuerhalten, welche die Psychoanalyse aufzulösen versucht. Wenn die Treue zu Freud, dem charismatischen Begründer der Psychoanalyse, eine Voraussetzung dafür wäre, Psychoanalytiker zu werden, könnten die Mitglieder psychoanalytischer Gesellschaften keine wissenschaftliche Unabhängigkeit wahren. Diese widersprüchliche Tradition besteht, wie Roustang im Zusammenhang mit Lacan nachweist, nach wie vor.

Man könnte einwenden, daß in erster Linie die traditionellen strukturellen Arrangements der psychoanalytischen Bewegung, wie sie von Freud eingeleitet und in den charakteristischen Merkmalen psychoanalytischer Institute konsolidiert wurden, für die von mir im zwölften Kapitel beschriebenen autoritären Entwicklungen verantwortlich seien. Obwohl mir die historischen Ursprünge autoritärer Merkmale der psychoanalytischen Ausbildung durchaus bewußt sind, behaupte ich, daß das Mißverhältnis zwischen Aufgabe und Struktur letztlich gerade durch die Natur der Aufgabe – psychoanalytische Behandlung in einem institutionellen Kontext – und infolge der Aktivierung von Abwehroperationen in der Organisation, insbesondere der Gruppenregression von Lehranalytikern und Kandidaten, perpetuiert wird. Gleichwohl übt die Persönlichkeit des Leiters in jeder psychoanalytischen Institution einen bedeutsamen Einfluß auf das Geschehen in der Institution aus.

Der Leiter der psychiatrischen Abteilung einer führenden lateinamerikanischen Universität, der seine Position von Ende der 40er bis Mitte der 60er Jahre innehatte, war gleichzeitig Gründer der lokalen psychoanalytischen Vereinigung und ihres Instituts. Als starke Führungspersönlichkeit kümmerte er sich in erster Linie um die Entwicklung neuer Ideen; er war in bemerkenswerter

Weise frei von dem Bedürfnis, seinen Mitarbeitern diese Ideen (und seinen Willen) aufzuzwingen. Im Grunde konzentrierte sich die Dynamik des Instituts auf die Bemühungen der Dozenten, die psychoanalytische Ausbildung zu systematisieren und zu vereinheitlichen, während der Leiter den Schwerpunkt auf den revolutionären Inhalt des psychoanalytischen Denkens und die Notwendigkeit legte, die Erforschung neuer Territorien voranzutreiben. Infolgedessen ging eine starke persönliche Leitung Hand in Hand mit einer informellen Struktur der psychoanalytischen Ausbildung. Es trifft zwar zu, daß der Enthusiasmus und das Verantwortungsgefühl dieser ersten Psychoanalytikergeneration für eine hohe Moral des Instituts sorgten, die Formlosigkeit aber, welche die Beziehung des Leiters zu den Dozenten wie auch zu den Kandidaten prägte, schuf ein Gegengewicht zu der natürlichen Trennung zwischen Lehranalytikern und Kandidaten. Während seiner Amtszeit blieb das Maß an Idealisierung und Paranoiagenese bemerkenswert gering.

Ein psychoanalytisches Institut, das der psychiatrischen Abteilung einer bedeutenden nordamerikanischen Universität angeschlossen war, stand in den 50er und 60er Jahren unter der Leitung eines älteren Lehranalytikers, der als medizinischer Direktor zugleich auch die Abteilung für Psychiatrie leitete. Dieser Chef war eine starke, bewunderte und gefürchtete Persönlichkeit, und seine straffe persönliche Leitung der psychoanalytischen Community schloß das Institut mit ein. An diesem Institut herrschte in den Seminaren und in der Kandidatensupervision eine ausgesprochen angespannte Atmosphäre. Die zurückhaltende und bisweilen ängstliche Einstellung der Kandidaten, als einzelne wie auch in den Gruppen, war auffallend. Dem Leiter lag weniger die spezifische Orientierung der psychoanalytischen Ausbildung am Herzen (das Institut war unerschütterlich mit der amerikanischen Ich-Psychologie identifiziert) als vielmehr die Loyalität gegenüber seiner eigenen Person und der Institution. Die starke Gewichtung der Institutsstruktur führte zu der üblichen hierarchischen Organisation der Lehre und zu einer latenten Kluft zwischen Dozenten und Kandidaten sowie Lehranalytikern und Mitgliedern ohne Lehranalytikerstatus.

Der Gründer und Leiter einer anderen nordamerikanischen psychoanalytischen Einrichtung, die ebenfalls einer Universität angegliedert war, hatte seine Arbeit in einem sehr traditionellen, unabhängigen Institut aufgegeben, um innerhalb der psychiatrischen Abteilung einer renommierten Medical School ein neues psychoanalytisches Institut aufzubauen. Er hatte seine starke Bindung an die Psychoanalyse als Wissenschaft bekundet und glaubte an eine strenge, zentralisierte Führung. Der Grad an autoritärem Druck, den er erzeugt hatte, wurde mir viele Jahre, nachdem er in den Ruhestand getreten war, auf konkrete Weise vor Augen geführt. Zu diesem Zeitpunkt arbeitete eine neue Generation von Lehranalytikern, die sich unter seinem Einfluß entwickelt hatte, daran, eine autoritäre administrative Struktur in eine funktionale umzuwandeln.

Unter der Leitung eines jungen Direktors entwickelte das Institut eine administrative Struktur, die den Erfordernissen des Modells einer Verbindung von Universitätsinstitut und Kunstakademie, das ich bereits als ideale Kombination beschrieben habe, hervorragend gerecht wurde. Dieser Leiter besaß ein Verantwortungsbewußtsein gegenüber der psychoanalytischen Ausbildung, das einen Geist lebendiger Forschung und eine offene Diskussion über die ganze Bandbreite des psychoanalytischen Denkens förderte, die Forschung unterstützte und vor allem die an Lehranalytiker und Dozenten delegierte Autorität begrenzte; auf diese Weise übernahm jenes Institut eine zentrale Rolle im intellektuellen Leben der amerikanischen psychoanalytischen Community. Im Gegensatz zu dem nordamerikanischen Institut, das ich als erstes beschrieben habe, war der Grad an Idealisierung und Paranoiagenese hier ebenso niedrig wie an dem zuvor erwähnten lateinamerikanischen Institut.

Ähnliche Unterschiede hinsichtlich des Maßes an Idealisierung, Paranoiagenese und autoritärer Struktur aber lassen sich in Instituten beobachten, in denen eine strenge, personalisierte Leitung nicht vorhanden ist oder durch bürokratische oder politische Arrangements verhindert wird. In den 60er und 70er Jahren bekämpften sich an einem dritten nordamerikanischen psychoanalytischen Institut eine Gruppe leitender Psychoanalytiker, die das Institut fest unter Kontrolle hatte, und eine »Outgroup«, zu der neben einer Minderheit von Lehranalytikern eine große Zahl von Dozenten gehörte, die nicht Lehranalytiker waren. Diese Gruppe stellte die strenge Kontrolle ihres Instituts, vor allem das Verfahren zur Ernennung von Lehranalytikern – das zu einem hoch politisierten System geworden war – in Frage. Der Grad an Idealisierung und Paranoiagenese war in diesem Institut hoch, und sowohl unter den Kandidaten als auch unter den Dozenten ohne Lehranalytikerstatus herrschten erhebliche Spannungen und Angst. Hier entwickelte sich eine autoritäre Struktur ohne eine starke, personalisierte Leitung.

Eine autoritäre Struktur kann sich in einem System herausbilden, das durch kollektive Führung charakterisiert ist, und eine funktionale Institution kann sich innerhalb eines Systems mit stark individualisierter Leitung entwickeln. Der Versuch, eine autoritäre Institutionsstruktur durch den Aufbau demokratischer Prozesse zu korrigieren, wird sich unter bestimmten Umständen als Fehlschlag erweisen, denn wenn politische Entscheidungsprozesse an die Stelle aufgabenorientierter Entscheidungen treten, kann die funktionale Autorität, wie ich bereits zeigte, ebenfalls Schaden erleiden. Zum Beispiel mag die Ernennung von Mitgliedern der Dozentenschaft durch geheime Abstimmung aller Mitglieder einer psychoanalytischen Gesellschaft demokratisch sein, sie ist aber nicht der beste Weg zur Auswahl von Lehrkräften. Sie kann die Mitgliedschaft politisieren, so daß diese sich einer Ideologie verpflichtet, die für die funktionalen Erfordernisse der psychoanalytischen Ausbildung nebensächlich ist. Unter diesem Problem leiden einige psychoanalytische Institute in Europa.

Im zwölften Kapitel habe ich mehrere wichtige Korrekturmaßnahmen angesprochen, die dazu beitragen können, die negativen Folgen der Entwicklung von Paranoiagenese und Idealisierung einzugrenzen. Zu diesen Maßnahmen gehören die Abschaffung der Berichterstattung durch den Lehranalytiker, die Entwicklung einer öffentlichen, funktionalen Methode zur Ausbildung, Auswahl und Überwachung der Lehrenden, die Diskussion über die klinische Arbeit der Lehranalytiker, Beziehungen zwischen Lehrenden und Kandidaten, die so organisiert sind, daß sie offene Kommunikation, Beschwerdemöglichkeiten und Korrekturen der Verzerrungen des Ausbildungsprozesses erleichtern, die Entmystifizierung sämtlicher Aspekte der Auswahl, Weiterentwicklung und Graduierung von Kandidaten und die Ermutigung der Kandidaten, sich individuell und in Gruppen an der Erforschung und Erweiterung des psychoanalytischen Wissens zu beteiligen.

Die schlimmste Folge des Autoritarismus für die psychoanalytische Ausbildung und die Psychoanalyse überhaupt besteht in der Einschränkung und »Verflachung« der Lehre und des Erlernens der Psychoanalyse. Eine Bereitschaft, sich mit alternativen Theorien und Praktiken auseinanderzusetzen, ist für die wissenschaftliche Entwicklung und Ausbildung unabdingbar.

14 Dreißig Methoden zur Unterdrückung der Kreativität von Kandidaten der Psychoanalyse*

Vor einigen Jahren sagte eine Kollegin bei einem Gespräch über Möglichkeiten zur Förderung der Kreativität von Ausbildungskandidaten lachend: »Die Förderung der Kreativität ist nicht das Hauptproblem; wir müssen uns bemühen, die Kreativität, zu der unsere Arbeit unvermeidlich führt, nicht zu unterdrücken« (Lore Schacht, persönliche Mitteilung um 1991). Bei dieser Bemerkung kamen mir Erinnerungen und Beobachtungen aus meiner eigenen Ausbildung, Ausbildungstätigkeit und Mitarbeit in verschiedenen psychoanalytischen Gesellschaften und Instituten wieder in den Sinn. Ich beschloß, diese Beobachtungen zusammenzutragen, sie mit Kollegen zu diskutieren und schließlich als Appell zur Förderung der psychoanalytischen Kreativität in *negativer* Form zusammenzustellen. Die *positive* Version liefere ich an anderer Stelle in diesem Buch (vgl. besonders das 12. und 13. Kapitel). Wenn die Situation aus einem völlig anderen Blickwinkel heraus betrachtet wird, so kann das, wie ich hoffe, kreatives Denken – und, darüber hinaus, Handeln – unter meinen Kollegen anregen, die in der psychoanalytischen Ausbildung tätig sind. Der ausgezeichnete Überblick über die heutigen Probleme der psychoanalytischen Ausbildung in Wallersteins (1993) Zusammenfassung der fünften IPA-Konferenz der Lehranalytiker in Buenos Aires ist eine wichtige Grundlage für die folgenden Ausführungen.

Die Liste der Möglichkeiten zur *Unterdrückung* der Kreativität von Ausbildungskandidaten erhebt keinerlei Anspruch auf Vollständigkeit, deckt aber, wie ich hoffe, die wichtigsten Probleme ab. Hier also mein Rat, wie sich im Ausbildungsprozeß unserer Institute die Kreativität effektiv unterdrücken läßt:

1. Verzögern Sie den Bewerbungsprozeß; schieben Sie die Annahme der Kandidaten hinaus, verschleppen Sie die Information der Kandidaten: das trägt dazu bei, die Kandidaten ihrerseits zu bremsen. Kandidaten, deren Fortkommen systematisch erschwert und verlangsamt, deren schriftliches Fallmaterial zahlreichen Revisionen unterzogen wird und die vor allem die Erfahrung gemacht haben, daß mit ihren Fortschritten lange Phasen des Wartens und der Unsicherheit verbunden sind, neigen zu schwerfälligen Reaktionen und ergreifen kaum noch selbst die Initiative. Je schwerfälliger der Aufnahmeprozeß und das Weiterkommen, desto eher neigen Kandidaten dazu, die letzten Schritte zur

* Dieses Kapitel wurde von Irmgard Hölscher übersetzt; Abdruck als Aufsatz in Psyche, 52. Jg., H. 3, März 1998, 1999–213. Leichte Abweichungen vom dortigem Abdruck erklären sich aus Änderungen, die der Autor am Original für die Wiedergabe in diesem Buch vorgenommen hat.

Graduierung, Autonomie und zum Erwerb der Mitgliedschaft der psychoanalytischen Vereinigung zu verzögern, und desto länger wird es dauern, bis sie eigene wissenschaftliche Beiträge leisten, falls sie das überhaupt noch vorhaben.

2. Seminarleiter sollten auf eine gründliche, vollständige und erschöpfende Lektüre der Freudschen Schriften in der Reihenfolge ihres Erscheinens dringen und sicherstellen, daß die Kandidaten sich mit dem jeweiligen Stand seiner Theorie detailliert vertraut machen. Freuds Schriften lassen sich gut dazu einsetzen, die Lust der Kandidaten am eigenständigen Denken zu dämpfen. Es sollte kein Zweifel daran bestehen, daß eine kritische Analyse der Freudschen Schlußfolgerungen erst dann möglich ist, wenn die Kandidaten Freuds komplettes Werk studiert (und viel mehr Erfahrung und Kenntnisse in der Psychoanalyse gesammelt) haben. An erster Stelle müssen sie sich in das Freudsche Denken einarbeiten, und das so umfassend wie möglich: Hier hilft es, Freuds Schriften von zeitgenössischer Kritik und Kontroversen sowie von brennend aktuellen klinischen Problemen abzukoppeln. Der Schutz der Freudschen Schriften vor einer Kontaminierung durch andere Theorien oder kritische Überlegungen wirkt Wunder, wenn man das Interesse der Kandidaten an einer Weiterentwicklung des psychoanalytischen Denkens zum Schwinden bringen will. Seminarleiter sollten auch nie vergessen, daß die *Schlußfolgerungen*, zu denen Freud kam, gelehrt und auswendig gelernt werden müssen, nicht etwa der *Prozeß des Freudschen Denkens*: Tatsächlich könnte das Verständnis der Methodik dieses Denkens, die zwangsläufig revolutionär war, die Kandidaten zu gefährlichen Identifikationen mit dessen Originalität führen und damit die reine, ausschließliche Konzentration auf die Ergebnisse gefährden (Green 1991).

3. Die mögliche Begeisterung für die Freudschen Schriften läßt sich noch wirksamer in Schach halten, wenn man einige der kreativsten und wichtigsten Werke Freuds an den Anfang jedes neuen Seminars stellt, sich intensiv mit den Einzelheiten dieser vertrauten Texte beschäftigt und seine Folgerungen hervorhebt. Eine solche beruhigende Wiederholung bleibender Aspekte des Freudschen Werkes wird in Verbindung mit ihrem besonders hohen Stellenwert im Lehrplan die Kandidaten für seine Beiträge desensibilisieren. Dieser Einschläferungsprozeß läßt sich noch verstärken, wenn man ihnen ausführliche schriftliche Inhaltsangaben abverlangt oder ihnen aufgibt, im Seminar mündlich zusammenzufassen, was alle bereits kennen. Ein weiterer Schritt in diese Richtung sind Prüfungen über den Inhalt des Freudschen Werks als Zugangsvoraussetzung für weiterführende Seminare.

4. Achten Sie besonders auf Kandidaten, die dazu neigen, die Auffassungen der von Ihrem psychoanalytischen Institut bevorzugten wichtigen Autoren in Frage zu stellen. Machen Sie klar, daß kritisches Denken begrüßt wird, solange

es die maßgeblichen Ansichten Ihres jeweiligen Vordenkers bestätigt. Achten Sie darauf, die Kandidaten zu belohnen, die von den vorgegebenen Texten begeistert sind und voll dahinterstehen (ausgenommen sind natürlich Texte »abweichender Schulen«, bei denen man angemessene Ungläubigkeit und Indignation erwarten sollte). Wenn Sie taktvoll, aber beharrlich Ihre Wertschätzung solcher Kandidaten deutlich machen, die die offizielle Sichtweise des Instituts teilen, nimmt die Versuchung, neue, unterschiedliche, kritische oder divergente Auffassungen zu entwickeln, allmählich ab (Giovannetti 1991; Infante, 1991; Lussier 1991).

5. Bewahren Sie Ihre Kandidaten nach Kräften davor, vorzeitig an wissenschaftlichen Konferenzen Ihres Instituts teilzunehmen oder zu Diskussionsveranstaltungen eingeladen zu werden, bei denen angesehene Kollegen gravierende Meinungsunterschiede ausfechten. Das läßt sich mit dem Hinweis rechtfertigen, daß die persönliche Lehranalyse nicht durch vorzeitige äußere Einflüsse gestört werden sollte, vor allem dann nicht, wenn dadurch die Anonymität des Lehranalytikers gefährdet werden könnte. In den kleinen psychoanalytischen Instituten läßt sich der Ausschluß der Kandidaten von den Treffen in jedem Fall damit rechtfertigen, weil sich in einer so kleinen Gruppe Kontakte unter den Kandidaten und zu den Lehranalytikern außerhalb der Sitzungen kaum vermeiden lassen; damit hat man eine perfekte Begründung dafür, daß der Lehrbereich des Instituts von der aktiven psychoanalytischen Diskussion isoliert werden muß.

6. Fakultative Seminare sollten Sie sehr genau kontrollieren, da jüngere Seminarleiter dort gern neue, problematische Konzepte vorstellen. Sämtliche fakultativen Kurse sollten genauestens überwacht werden, weil immer die Möglichkeit einer Gefährdung des harmonischen, integrierten psychoanalytischen Ansatzes besteht, der den vorherrschenden Auffassungen Ihres Instituts entspricht.

7. Seminare für Anfänger und Fortgeschrittene sollten strengstens getrennt bleiben. Die meisten psychoanalytischen Institute spüren zum Glück instinktiv, wie wichtig es ist, die unterschiedlichen Ausbildungsstufen nicht vorzeitig in denselben Seminaren zusammenzubringen, könnten doch die Anfänger nur allzu leicht bei den Fortgeschrittenen die Unsicherheiten und kritischen Einstellungen bemerken, die sie bei sich zu verdrängen lernen. Das gefährdet unter Umständen die gesunde Idealisierung der Effektivität psychoanalytischer Ausbildung und zerstört die Illusion, daß zwischen Kandidaten und Examinierten enorme Unterschiede bestehen.

8. Ein gesunder Respekt der Kandidaten vor den erfahrenen Experten läßt sich dadurch erzielen, daß man einige Seminare von einem Team aus erfahrenen Lehranalytikern und jungen Analytikern, die Lehranalytiker werden wollen,

leiten läßt. Die Altershierarchie der Institutsmitglieder sollte unübersehbar sein. Junge Analytiker, die sich respektvoll vor den Auffassungen der älteren verneigen, durch ihr Verhalten deutlich machen, daß sie deren Autorität fraglos akzeptieren, ja sogar zu erkennen geben, daß sie unsicher sind, ob und inwieweit sie im Seminar überhaupt aktiv werden sollten, betonen die Notwendigkeit, die etablierte Autorität zu akzeptieren und nicht zu kritisieren. Diese Hierarchie läßt sich mit einfachen Mitteln akzentuieren, zum Beispiel, indem man bei Veranstaltungen des Instituts die Plätze in der ersten Reihe für erfahrene Lehranalytiker reserviert.

9. Verstärken Sie die Rituale der Prüfung durch alle nur denkbaren Mittel. Hier gibt es große Spielräume. So kann man zum Beispiel eine schriftliche Falldarstellung für die Prüfung verlangen, die dann zahlreichen Revisionen und Korrekturen unterzogen wird. Durch diese Erfahrung erwerben die Kandidaten eine heilsame Hochachtung vor den ungeheuerlichen Schwierigkeiten, die mit dem Schreiben eines Aufsatzes verbunden sind, der sich für eine Veröffentlichung eignet. Sinnvoll ist auch ein Vortrag des Kandidaten am psychoanalytischen Institut, wobei sich nur die ältesten Institutsmitglieder (die vielleicht schon seit längerer Zeit keine Vorträge mehr ausgearbeitet und gehalten haben) an der Diskussion beteiligen sollten. Diese können dann durch erschöpfende Kritik dem Kandidaten ihre sehr hohen Erwartungen an einen wissenschaftlichen Vortrag vermitteln. Denselben Zweck kann auch der Vortrag vor einem Ausschuß erfüllen, der sich aus den ältesten Mitgliedern des Instituts zusammensetzt. In manchen Ländern wird dieses Ergebnis auch dadurch erzielt, daß sämtliche Institutsmitglieder in geheimer Abstimmung entscheiden, ob der Vortrag eines Kandidaten die Kriterien für die Zulassung erfüllt. Wenn schwerwiegende politische Spaltungen im Institut dazu führen, daß sich die neu zugelassenen Analytiker automatisch auf die Seite der mächtigen Gruppe ihrer individuellen Lehranalytiker schlagen, kann der qualifizierende wissenschaftliche Vortrag sinnvolle Ängste vor den mit wissenschaftlicher Arbeit verbundenen Gefahren auslösen (Bruzzone et al. 1985).

10. Machen Sie immer wieder deutlich, daß bereits das Verständnis der psychoanalytischen Theorie und Methode, von ihrer Anwendung auf andere Gebiete ganz zu schweigen, erst nach jahrelanger klinischer Erfahrung die nötige Tiefe erreicht, die das Bemühen um einen eigenen wissenschaftlichen Beitrag rechtfertigen könnte. Fragen Sie taktvoll, aber frühzeitig, inwieweit der Wunsch der Kandidaten, Vorträge nicht nur zu halten, sondern sie auch zu veröffentlichen, ungelöste ödipale Konkurrenz oder narzißtische Konflikte spiegelt. Falls die neu zugelassenen Psychoanalytiker Aufsätze veröffentlichen, sollten sie ihre Manuskripte vor der Veröffentlichung in jedem Fall von älteren Mitgliedern ihrer Institution absegnen lassen; man sollte dafür sorgen, daß sich

diese Gepflogenheit unter den Kandidaten verbreitet, damit ihre Angst vor Veröffentlichungen verstärkt wird. Auf keinen Fall darf man die Kandidaten dazu anregen, neue und originelle eigene Gedanken niederzuschreiben, denn Schreiben soll ja eine lästige Pflicht sein, keinesfalls ein Vergnügen oder gar eine frühe Quelle des Stolzes darüber, bereits als Kandidat einen Beitrag zur Wissenschaft der Psychoanalyse geleistet zu haben (Britton 1994).

11. Hilfreich ist auch der Hinweis, daß Psychoanalyse nur an vom eigenen Institut sehr weit entfernten Orten und vorzugsweise in einem Land mit einer einer Sprache, die nur wenige Kandidaten beherrschen, richtig verstanden und in die Praxis umgesetzt wird. Wenn dann die Ausbildung so angelegt ist, daß die Kandidaten keine Zeit haben, um sich länger in diesem weit entfernten idealen Land aufhalten zu können, wächst ihre Überzeugung von der Sinnlosigkeit jedes Bestrebens, die Psychoanalyse so weit von den Quellen der wahren und einzigen Theorie und Praxis weiterzuentwickeln – eine Überzeugung, die von Dauer sein wird.

12. Verfrühte Kontakte der Kandidaten zu anderen Instituten, Beteiligung an deren Kongressen, Konferenzen oder gar deren analytischer Arbeit sollten nach Möglichkeit unterbunden werden, vor allem bei Instituten aus der eigenen Stadt, der eigenen Region oder dem eigenen Land. Das dient der Abrundung der Idealisierung weit entfernter und fremdsprachiger Institute, zu denen die Kandidaten kaum Zugang haben. Zum Glück haben sich viele psychoanalytische Institute wirkungsvoll gegen ein Eindringen fremder Besucher abgeschottet, mit Ausnahme einiger weniger, die dann in einer gut vorbereiteten Konferenz zur Strecke gebracht werden; zudem stehen einem Wechsel der Kandidaten von einem Institut, einer Stadt oder einem Land fast überall zahlreiche, schwer zu überwindende Hindernisse entgegen. Dadurch werden potentiell abträgliche Vergleiche, Informationen über Experimente mit neuen Ausbildungsmethoden und ein fragwürdiger frischer Wind der Innovation und Veränderung mit seinen potentiell kontaminierenden Folgen vermieden.

13. Geben Sie den Kandidaten stets mindestens doppelt soviel an Lektüre auf, wie sich realistischerweise von einem Seminar zum nächsten bewältigen läßt. Fordern Sie mündliche Zusammenfassungen im Seminar, prüfen Sie detailliert, ob und wie gründlich die Texte gelesen wurden, und vergessen Sie, wie schon erwähnt, dabei keinesfalls die Aufsätze von Freud, die die Kandidaten bereits aus zahlreichen Seminaren kennen. Sinnvoll ist auch der Ausschluß aller Texte, die in den letzten zwanzig Jahren veröffentlicht wurden, denn damit wird klargestellt, daß alles wirklich Wichtige bereits erarbeitet wurde und daß von neueren oder gar neuen Entwicklungen in Theorie und Praxis wenig zu erwarten ist, was selbstverständlich auch alle Gedanken einschließt, die in den Köpfen der Kandidaten heranreifen könnten.

14. Anders als manche Institute, die diese Entscheidung von der gemeinsamen Exploration in der Analyse abhängig machen, sollten Sie darauf bestehen, daß Kandidaten grundsätzlich nicht an Seminaren ihrer Lehranalytiker teilnehmen. Tatsächlich sollten Kandidaten auch nie bei Konferenzen, Podiumsdiskussionen oder anderen beruflichen Treffen anwesend sein, um die Übertragung nicht durch objektive Information über die berufliche Arbeit des Lehranalytikers zu stören und um die für die analytische Ausbildung so wichtige Anonymität aufrechtzuerhalten. Diese Anonymität fördert eine der Analyse nicht zugängliche Idealisierung und gesunde Unsicherheit (vgl. das 12. Kapitel).

15. Hilfreich ist es auch, bei der Lektüreliste das Gewicht auf die Arbeiten der führenden Mitglieder Ihres Instituts zu legen, wobei entsprechende Seminare im Idealfall nicht von diesen selbst, sondern von deren gegenwärtigen oder früheren Schülern gehalten werden sollten. Lassen Sie begleitend dazu unbedingt Texte lesen, die die Perspektiven der führenden Institutsmitarbeiter bestätigen und verstärken, und nehmen Sie höchstens einen oder zwei Texte auf, die einen abweichenden Standpunkt vertreten, um dessen Schwächen zu entlarven. Ergänzt werden kann dieser Schwerpunkt noch, wenn die Kandidaten als Voraussetzung für die Teilnahme an weiterführenden Seminaren eine wissenschaftliche Arbeit oder Fallstudie abliefern müssen, die einen Rückgriff auf die Arbeiten der am Institut maßgeblichen Wissenschaftler zur Unterstützung der eigenen Beobachtungen notwendig macht.

16. Im Idealfall sollte jeder Kontakt der Kandidaten zu alternativen psychoanalytischen Schulen so lange wie möglich unterbleiben. Texte über abweichende Ansätze sollten in weiterführenden Seminaren im Kontext eines Ausgleichs entgegengesetzter Auffassungen kurz vorgestellt und entsprechend kritisiert werden. Es ist sehr sinnvoll, führende Vertreter anderer Perspektiven zu kurzen Seminaren einzuladen, an denen ausnahmsweise Kandidaten, Examinierte und Seminarleiter gemeinsam teilnehmen, wobei letztere dafür zu sorgen haben, daß die Kandidaten Zeuge der erbarmungslosen Demontage der Eingeladenen werden. Tagesseminare mit einem führenden Dissidenten, dessen Auffassungen respektvoll, aber unerschütterlich kritisiert werden, tragen dazu bei, den Kandidaten die Sicherheit zu vermitteln, daß ihre eigene Schule im Recht ist, daß sie sich nicht länger den Kopf zerbrechen müssen und daß neue Ideen zwar gefährlich sind, aber ihres subversiven Potentials beraubt werden können.

17. Sorgen Sie dafür, daß Kandidaten mit der geringsten Erfahrung ihre Fälle immer in Anwesenheit erfahrener Kandidaten und der Seminarleiter vorstellen. Auf gar keinen Fall sollte der Analytiker mit der meisten Erfahrung einen Fall vor einer Gruppe von Kandidaten präsentieren, denn die Schwächen der Arbeit und die unvermeidlichen Fehler langjähriger Analytiker könnten die Selbstkritik, die Angst vor Vorwürfen und die natürliche Bescheidenheit der Kandida-

ten am Beginn ihrer beruflichen Laufbahn schwinden lassen. Schließlich ist es gerade die Überzeugung, Analytiker leisteten nach der Zulassung sehr viel bessere Arbeit als Kandidaten und langjährige Lehranalytiker seien den jüngeren deutlich überlegen, welche die Selbstzweifel der Kandidaten wachhält.

18. Wichtig ist auch, ungewöhnlich kritische oder rebellische Kandidaten, die die harmonische Atmosphäre der Seminare gefährden, Seminarleiter kritisieren oder es gar wagen, in Anwesenheit von Lehranalysanden (die solche Gespräche natürlich meist in ihren Sitzungen erwähnen) öffentlich Stellung gegen deren Lehranalytiker zu beziehen, sachte zu zügeln oder ihnen den Austritt nahezulegen. Man erreicht das unschwer, indem man zum Beispiel die Zustimmung zu ihren Kontrollanalysen auf lange Zeit verzögert oder auch Sitzungen mit ihren Seminarleitern arrangiert, auf denen solche problematischen Kandidaten dann kritisch diskutiert werden. Der Kandidat erfährt von dem, was auf solchen Sitzungen besprochen wurde, nur indirekt durch persönliche Berater oder Schiedsmänner, die ihm auf freundliche Weise die negative Einstellung des Instituts vermitteln. Hat ein Kandidat aus zweiter und dritter Hand in ausreichendem Maße erfahren, was man über ihn denkt, wird sich entweder seine Einstellung zum Institut in die gewünschte Richtung verändern, oder er wird aufgeben. Scheidet ein Kandidat freiwillig oder auf Aufforderung aus, sollten Sie dafür sorgen, daß sein Name nie mehr erwähnt und die ganze Affäre in diskretes Schweigen gehüllt wird: Es hat eine sehr starke Wirkung auf die anderen Kandidaten, wenn sie wissen, daß etwas Schreckliches und Gefährliches geschehen ist, über das barmherzigerweise niemand reden will.

19. In den letzten Jahren ist ein Instrument entstanden, mit dem man die Begeisterung für die psychoanalytische Ausbildung hervorragend dämpfen kann: ein einführendes, informelles Vorbereitungsjahr. In diesem Jahr läßt sich die gesamte psychoanalytische Theorie und Methode auf dem schlichten Niveau eines Proseminars kurz umreißen, wobei man sich stets auf die Höhepunkte des Freudschen Denkens beziehen sollte, mit dem Hinweis, daß darauf später ausführlich eingegangen werde. Zudem wird eine kurze Einführung in die Geschichte der Psychoanalyse von den Anfängen bis zur Gegenwart geboten, wobei auch hier der Hinweis auf die spätere Vertiefung nicht fehlen darf. Da viele Kandidaten mit den psychoanalytischen Theorien auf verschiedensten Ebenen bereits vertraut sind, setzt der Dämpfungsprozeß schon in dieser Einführung ein. Auf diese Weise entsteht das Gefühl, man wisse im Grunde nicht, was zukünftig gelehrt wird, sowie ein ungeduldiges Bedürfnis nach Vertiefung; gleichzeitig verlieren die Grundkonzepte durch die routinemäßige Vereinfachung jede Spannung, wenn man sie erst später detaillierter behandelt. Diese Methode zur Dämpfung des Interesses eignet sich natürlich für jede »Einführung«, die zu verstehen gibt, daß alles »wirklich Interessante« an anderer Stelle behandelt wird.

20. Kein psychoanalytisches Methodenseminar sollte vom aktuellen Stand ausgehen, sondern vielmehr stets von Freuds Einführungstexten und Fallstudien: Selbstverständlich sind der Rattenmann, der Wolfsmann, Dora und der Kleine Hans in der umfasssenden Auseinandersetzung mit Freuds Werk bereits behandelt worden, aber für das Erlernen allgemeiner Prinzipien der psychoanalytischen Methode müssen diese Aufsätze erneut gelesen werden. Wenn sich Kandidaten an anderer Stelle über neue Entwicklungen und alternative Ansätze zum psychoanalytischen Prozeß (was heute ja leider unvermeidlich ist) informieren müssen, führen Ängste über die möglicherweise nicht hinreichenden Kenntnisse etwa der Ichpsychologie, der französischen und britischen Schule etc. zu einer wachsenden Unsicherheit in bezug auf die eigene Arbeit. Dadurch verlieren sie den Glauben, mit eigenständigen Arbeiten zur Lösung der Probleme beitragen zu können, mit denen die heutige Patientenpopulation sie konfrontiert. Bei gleichzeitiger taktvoller Vermittlung der Botschaft, psychoanalytische Arbeit sei in Wirklichkeit eine Kunst, die man nur mit Intuition beherrschen könne und deren Wachstum von den Fortschritten in Lehranalyse und Supervision abhinge, entfalten solche Ängste ihre sinnvoll dämpfenden Wirkungen über eine lange Zeit (Arlow 1991).

21. Sprechen Sie als Supervisor auf jeden Fall so wenig wie möglich mit den Kandidaten. Es hilft ungemein, wenn die Kandidaten die Erfahrung einer selbstverständlichen Kontinuität von ihrer Rolle als Patienten in der Analyse zu ihrer Beziehung zum Supervisor machen. Wenn ein Supervisor der Falldarstellung des Kandidaten intensiv lauscht und sein Schweigen nur bricht, um in einem kurzen Kommentar den Fehler des Kandidaten zu erläutern, verharrt dieser in Unsicherheit und Bescheidenheit, was seine Arbeit angeht. Seine Bemühungen, das Denkgerüst zu erfassen, das die Ansichten des Supervisors bestimmt, beschäftigen ihn so sehr, daß die Arbeit mit seinem eigenen Patienten maßgeblich beeinflußt wird. Kandidaten sollten das Gefühl entwickeln, es bewahre ihre Arbeit vor schweren Fehlern, wenn sie sich kritiklos an den Rat ihres Supervisors halten und diesem demonstrieren können, daß sie genau die Deutungen gegeben haben, die der Supervisor, wie sie glauben, ebenfalls gegeben hätte.

Dadurch beugt man dem gefährlichen Prozeß einer individuellen Integration von Theorie und persönlichem Methodenrahmen vor, wie sie Kandidaten kreativ entwickeln könnten, wenn sie ihre Auffassungen unter Respektierung der autonomen Entwicklung des Patienten in der Behandlungssituation ausprobieren. Wenn die Supervisoren ihre pädagogischen Ansätze zur Supervision nie gemeinsam diskutieren und das Institut eine strikte Trennung von Methodenseminaren und Supervision der Kontrollanalysen beibehält, kommen die Kandidaten durch produktives Chaos und Verwirrung zu der Einsicht, daß sie erst nach vielen Jahren die analytischen Fertigkeiten gut genug beherrschen werden, um sie kreativ weiterentwickeln zu können.

22. Berichten Sie als Lehranalytiker über die Entwicklung ihrer Lehranalysanden, um so zunehmend paranoide Ängste zu erzeugen. Ein gewisses Maß an paranoider Furcht, Gegenstück des durch die Lehranalyse genährten Idealisierungsprozesses, durchzieht die meisten psychoanalytischen Institute, wobei man allerdings nicht vergessen sollte, daß alle gesellschaftlichen Organisationen mit solchen Entwicklungen konfrontiert sind. Eine solche paranoide Furcht kann dazu beitragen, die Kandidaten von eigenständiger Arbeit, mutiger Initiative und spannenden Untersuchungen abzuhalten.

Die Tradition des »berichterstattenden« Lehranalytikers, also die Information des Ausbildungsausschusses über die Eignung der Analysanden für bestimmte Kurse oder den Beginn der ersten Kontrollanalyse etc., ist das wohl stärkste paranoiagene Instrument der psychoanalytischen Ausbildung. Es ist sehr schade, daß die meisten psychoanalytischen Institute dieses Instrument jetzt aus der Hand gegeben, ja sogar als unethisch gebrandmarkt haben. Zum Glück wird die nicht zu unterdrückende Neigung vieler Lehranalytiker, mit kleinen Gesten auszudrücken, was sie wirklich über die Kandidaten denken, immer noch am Leben gehalten: Fördern läßt sich diese Neigung durch das System des »heimlichen Mithörens«, das heißt die Nutzung von Bemerkungen eines Kandidaten über Äußerungen anderer Kandidaten über ihre Lehranalytiker als Inspirationsquelle für Vergeltungsmaßnahmen. Schon die Angst vor den Konsequenzen solch unbedachter Bemerkungen kann paranoide Entwicklungen sinnvoll unterstützen (Dulchin und Segal 1982a, 1982b; Lifschutz 1976).

23. Vermeiden Sie es, die Kandidaten hinreichend und umfassend über Anforderungen, Erwartungen, Regeln, Vorschriften und Beschwerdemöglichkeiten zu informieren. Setzen Sie die Kandidaten zunächst einmal nicht regelmäßig über ihre Fortschritte und die Beurteilungen ihrer Lehrer und des Lehrkörpers insgesamt in Kenntnis, sondern informieren Sie sie nur auf die bereits beschriebene indirekte Weise über ihre Mängel und Fehler. Auch der Verzicht auf klare und direkte Kommentare in der Supervision mit dem Ergebnis, daß die Kandidaten die Einschätzung ihrer Supervisoren nur indirekt durch Berater, den Institutsleiter oder die Gerüchteküche erfahren, kann paranoide Einstellungen maßgeblich verstärken. Es ist völlig legitim, bei allen Fragen der Kandidaten nur auf die offizielle Broschüre hinzuweisen und regelmäßige Zusammenkünfte zum Zwecke der Information und des Informationsaustausches zu vermeiden. Es gibt einige Institute, deren Direktoren sich mit der gesamten Kandidatengruppe treffen – was potentiell zu so hochgefährlichen Entwicklungen wie einer gelockerten Atmosphäre, Autonomie und eventuell sogar Angriffen gegen die Autoritäten führt!

24. Ungeheuer wichtig sind die Botschaften, die die führenden Persönlichkeiten der örtlichen psychoanalytischen Gemeinschaft vermitteln. Manifeste, freimütige Bekundungen großer Formulierungsunsicherheiten und Schreibängste der erfahrensten und mächtigsten Analytiker fördern eine gesunde Identifikation. Ein noch besseres Beispiel bietet das altmodische, aber glücklicherweise immer noch existierende »Konvoisystem«, das heißt: eine kleine Anzahl der erfahrensten und begehrtesten Lehranalytiker des Instituts hat so viele Kandidaten in Lehranalyse, daß ihre Kraft nicht einmal mehr für den Besuch wissenschaftlicher Konferenzen ausreicht, von einer aktiven Beteiligung an der wissenschaftlichen Arbeit des Instituts ganz zu schweigen. In der Öffentlichkeit sagen sie nie ein Wort, um die Übertragung rein zu halten. Die Freundschaften, Bündnisse und Rivalitäten der Kandidaten, die das Glück haben, bei einem dieser großen Meister in Analyse zu sein, stützen dann eine stabilisierende Idealisierung und Passivität. Dieses Modell hat sich bei der Unterdrückung des unabhängigen und kritischen Denkens der Kandidaten ausgesprochen gut bewährt.

25. Bemühen Sie sich bei der Auswahl der Kandidaten um eine möglichst große Homogenität der Berufsziele. Der wahre Analytiker strebt nach nichts anderem als der psychoanalytischen Praxis, will nichts weiter als die Freiheit, in seiner Praxis mit Patienten analytisch zu arbeiten. Er lehnt es ab, echte analytische Arbeit durch andere Aspekte seiner früheren Berufstätigkeit zu verwässern, zum Beispiel durch Psychotherapie mit schwer regredierten Patienten, Kindern oder Psychotikern, oder auch durch die Beteiligung an wissenschaftlichen Projekten außerhalb des psychoanalytischen Settings, durch Forschung oder durch Anspruch auf die Institutsleitung.

Da die großen Herausforderungen für die psychoanalytische Theorie und Praxis an den Rändern des Berufsfeldes liegen, wahrt die Vermeidung jedes Engagements in solchen Grenzbereichen nicht nur die Reinheit der psychoanalytischen Arbeit, sondern verhindert auch wichtige und potentiell subversive Fragen zu diesen Grenzbereichen genauso wie zu den Anwendungsbereichen der Psychoanalyse. Deswegen sollten Sie keine Außenseiter als Kandidaten akzeptieren und ausbilden, die die Psychoanalyse auf andere Berufsfelder anwenden wollen, mit anderen Worten: keine Philosophen, die sich für die Grenzen zwischen dem philosophischen und psychoanalytischen Denken interessieren, und keine empirischen Wissenschaftler, die ihre neurophysiologische Ausrichtung ergänzen wollen.

Wenn man sich bei der Kandidatenauswahl konsequent an solche Schutzmaßnahmen hält, kann man einige wenige »Ausnahmen« tolerieren, die sich für die intellektuellen Aspekte der Psychoanalyse interessieren. Halten Sie diese Ausnahmen aber von den echten Kandidaten getrennt, beschränken Sie deren

Beteiligung an klinischen Seminaren, kurz: Zeigen Sie unübersehbar, welcher Abgrund zwischen echter analytischer Ausbildung und »Sekundärprojekten« klafft. Eine »klinische Teilausbildung« für Wissenschaftler aus anderen Bereichen ist zu vermeiden; diese sollten stets Ihren Zorn über unautorisierte klinische Arbeit spüren und begreifen, daß die Psychoanalyse ohne eine volle klinische Ausbildung nie wirklich zu verstehen ist.

26. Alle interdisziplinären Fragen sollten überdies in die letzten Phasen der Ausbildung verwiesen und auf fakultative Seminare im letzten Ausbildungsjahr beschränkt werden; die grundlegende Identität der Kandidaten ist dann so weit stabilisiert, daß sie der Verwässerung und den potentiell destruktiven Konsequenzen der Anwendung eines psychoanalytischen Ansatzes auf Kunst, gesellschaftliche Probleme, Philosophie oder Neurologie standhält. Vermeiden Sie es insbesondere, die Verbindungen zu verwandten Wissenschaften bereits an den Anfang der Sondierung der psychoanalytischen Theorie zu stellen; zum Beispiel sollen Kandidaten sich die Triebtheorie einverleiben, ohne sich von alternativen Modellen und Motivationstheorien verseuchen zu lassen. Zu vermeiden wäre ferner ein Weg, bei dem die psychoanalytische Methode mit anderen psychotherapeutischen Methoden verglichen würde. Ein anderes Beispiel wäre, wenn die Lehre der psychoanalytischen Depressionstheorie durch die verfrühte Einführung der Beziehung zwischen Psychodynamik und biologischen Determinanten der Depression die authentische psychoanalytische Überzeugung gefährden würde.

27. Verweisen Sie alle Probleme, die zwischen Lehrern und Kandidaten, in Seminaren und Supervisionen auftauchen, sowie alle Konflikte zwischen Kandidaten und Lehrkörper zurück »auf die Couch«: Man darf nie vergessen, daß das Ausagieren der Übertragung zu den schwerwiegenden Komplikationen der psychoanalytischen Ausbildung zählt und daß jede Unzufriedenheit der Kandidaten Elemente der Übertragung aufweist. Die ungewöhnliche Hartnäckigkeit, mit der ein Kandidat auf problematischen Fragen, phantasiereichem Denken oder alternativen Formulierungen beharrt, wurzelt in der Regel in der Übertragung und sollte entsprechend in der individuellen analytischen Situation gelöst werden. Das erfordert die Geschlossenheit des Lehrkörpers; die Lehrkräfte, die mit Einwänden von einzelnen Kandidaten oder den Kandidaten als Gruppe konfrontiert sind, müssen zusammenhalten. Ein Lehrkörper mit geschlossener Haltung bietet eine feste, solide Struktur, vor deren Hintergrund die Übertragungsregressionen der Kandidaten diagnostiziert und an die individuelle psychoanalytische Erfahrung zurückverwiesen werden können.

28. Unterdrücken Sie möglichst die Kreativität der Lehrkräfte. Lehrkräfte, deren Kreativität unterdrückt wurde, sind die besten Garanten für eine unbewußte Reproduktion dieses Prozesses in der Beziehung zu den Kandidaten. All

die hier umrissenen Prinzipien und Empfehlungen können ihren Zweck dann nicht erfüllen, wenn die Lehrkräfte ihrerseits der Kreativität anheimgefallen sind.

Ihre größte Herausforderung besteht also in der Frage: Wie kann man in Ihrem psychoanalytischen Institut die Kreativität der Mitglieder dämpfen? Glücklicherweise zeigt die langjährige Erfahrung, daß die hierarchische Ausdehnung des Ausbildungsprozesses auf die sozialen Strukturen der psychoanalytischen Vereinigung so problemlos machbar wie höchst effektiv ist. Eine große Hilfe hierzu ist es, gewaltige Hürden vor den einzelnen Stufen in der Laufbahn des Kandidaten zum außerordentlichen Mitglied, zum vollen Mitglied, dann zum Lehranalytiker und schließlich zum Mitglied des Ausbildungsausschusses und/oder Verantwortlichen für ein wichtiges, kontinuierliches Seminar aufzubauen. Jeder sollte wissen, daß die Förderung dieses Aufstiegs weit mehr von der Zugehörigkeit zu politischen Machtgruppen abhängt als von der beruflichen und wissenschaftlichen Leistung. Der Weg von einer Stufe zur nächsten sollte unbedingt so unsicher und unklar bleiben, daß eine permanente Atmosphäre von Unsicherheit und Paranoia am Institut gewährleistet ist. Durch häufige geheime Abstimmungen über das Fortkommen auf allen Ebenen wird der Einfluß der politischen Prozesse auf diese Abstimmungen für jeden ersichtlich.

29. Vor allem aber sollte diskretes Schweigen und permanente Unsicherheit darüber herrschen, welche Voraussetzungen für den Aufstieg zum Lehranalytiker erforderlich sind, wie, wann und von wem diese Entscheidung getroffen wird und welche Feedbackmöglichkeiten und Hilfen es für Bewerber gibt, die die traumatischen Folgen fürchten, zu denen es kommen kann, wenn man als Lehranalytiker vorgeschlagen und abgelehnt wird. Je stärker die Lehranalyiker sich als mit Autorität und Prestige ausgestattete Gruppe isolieren und zusammenhalten, desto stärker bestimmen die dämpfenden Auswirkungen des Auswahlprozesses die gesamte Ausbildung. Das gibt Ihnen das zuverlässigste und effektivste Instrument an die Hand, um nicht nur die Kandidaten, sondern auch die Ausbilder und das gesamte Institut bei der Stange zu halten.

30. Falls Sie angesichts von Entwicklungen, die die bewährten Methoden zur Unterdrückung der Kreativität der Kandidaten in gefährlicher Weise bedrohen, einmal unsicher werden, sollten Sie immer daran denken, daß die psychoanalytische Ausbildung nicht darauf abzielt, den Kandidaten den Wissenstand zu vermitteln, damit sie dann selbst neue Fertigkeiten entwickeln, sondern daß es in erster Linie darum geht, den bewährten Wissensstand der Psychoanalyse zu bewahren und jede Verwässerung und Verzerrung, jeden Verfall und jeden Mißbrauch zu verhindern.

Vergessen Sie nie, daß jeder Funke einen Flächenbrand auslösen kann, vor allem, wenn er inmitten toten, morschen Holzes aufflammt. Löschen Sie ihn, bevor es zu spät ist!

FÜNFTER TEIL

Ideologie, Moral und der politische Prozeß

15 Die Versuchungen der Konventionalität

In diesem Kapitel möchte ich unter psychoanalytischem Blickwinkel die Anziehungskraft der Massenkultur, und zwar vor allem der durch die Massenmedien verbreiteten Massenkultur, untersuchen. Ich konzentriere mich dabei auf die Beziehung zwischen den strukturellen Charakteristika der Massenkultur und den latenten Erwartungen und Dispositionen ihrer Konsumenten. Ich werde die regressiven Auswirkungen von Gruppenprozessen auf die Konsumenten der Massenkultur sowie die auffällige Entsprechung zwischen den konventionellen Aspekten der Massenkultur und den psychologischen Charakteristika des Latenzalters erläutern.

Einige charakteristische Eigenschaften der Massenkultur

Ich komme noch einmal auf Freuds Definition der Massenpsychologie zurück, weil sie Überlegungen enthält, die für meine These relevant sind. Wie im dritten Kapitel erwähnt, schlug Freud (1921), als er die Massenpsychologie beschrieb, vor, »die gleichzeitige Beeinflussung des Einzelnen durch eine große Anzahl von Personen, mit denen er durch irgend etwas verbunden ist, während sie ihm sonst in vielen Hinsichten fremd sein mögen, als Gegenstand der Untersuchung abzusondern« (S. 66f.).

Ich definiere *Massenkultur* als jene kulturellen Ausdrucksformen, die Individuen unter den Bedingungen einer auf sie einwirkenden Massenpsychologie, das heißt unter der Beeinflussung durch reale oder phantasierte Massen, attraktiv erscheinen. Mir geht es weniger um die Frage nach den »Operatoren« – wer oder was manipuliert die Massenkultur (eine Frage, die unter anderem von Horkheimer und Adorno [1971], Bourdieu [1979] und Brantlinger [1983] detailliert erforscht wurde) – als vielmehr um eine Untersuchung der typischen Charakteristika der Massenkultur und der Grundlage ihrer Anziehungskraft.

Meine Definition der Massenkultur stimmt mit der traditionellen Definition überein, wie sie in der amerikanischen und europäischen soziologischen Literatur der 40er und 50er Jahre des 20. Jahrhunderts gebräuchlich war (Rosenberg und White 1957; Brantlinger 1983), als der Begriff *Massenkultur* industrialisierte, in Massen fabrizierte und für den Massenkonsum bestimmte Produkte kennzeichnete (Howe 1948; MacDonald 1953; Rosenberg 1957). Untersuchungen der Massenkultur konzentrierten sich bisher etwa auf die Frage, ob sie ein Produkt der zeitgenössischen, industrialisierten Gesellschaft darstelle, die eine Pseudokultur »verkaufe«, um die ökonomischen Bedürfnisse der Produzenten zu befriedigen, und in diesem Prozeß den Geschmack des Konsumenten verderbe; oder auf die Frage, ob die Massenkultur ein Instrument der sozialen Kontrolle darstelle, indem sie gratifizierende, nicht beunruhigende Unterhaltung verkaufe, um die herrschende Ideologie der Gesellschaft zu festigen; ob sie die Konsequenz des Aufstiegs ungebildeter und nicht unterscheidungsfähiger Massen darstelle, die allein durch ihre Größe und wirtschaftliche Macht sowohl die Hochkultur als auch die traditionelle Volkskunst verwässerten; oder ob sie die sich wandelnden soziologischen Eigenschaften der modernen urbanen Gesellschaft widerspiegele, die eine »Orientierung auf andere« statt eine »Orientierung nach innen« (Riesman 1950) oder, so eine aktuellere Version, die Eigenschaften einer »Kultur des Narzißmus« fördere (Lasch 1978).

Meine Betrachtung gilt in erster Linie der von Presse, Rundfunk, Film und Fernsehen angebotenen Unterhaltung, deren Inhalte sich an weite Teile der Bevölkerung richten. Obwohl die Unterhaltung nicht die einzige Form der Massenkultur ist, wird sie allgemein als deren dominierende Erscheinung anerkannt (Rosenberg und White 1957; Horkheimer und Adorno 1971). Die Unterhaltung gibt die psychologischen Charakteristika der gesamten Massenkultur am deutlichsten zu erkennen.

Der Aspekt der *Gleichzeitigkeit der Kommunikation*, den diese Unterhaltungsformen gemeinsam haben, ist von großer Bedeutung. Ich beziehe mich hier auf reale und phantasierte Gleichzeitigkeit. Freuds oben zitierte Aussage unterstreicht die Gleichzeitigkeit als zentrale Bedingung der Massenpsychologie. Während das Individuum in einer Ansammlung von Menschen, die sich als passive Zuschauer in einem Theater oder Kino befinden, in eine reale, temporäre Menge versetzt wird, stellt die Unterhaltung durch Presse, Radio und Fernsehen Gleichzeitigkeit ohne körperlichen Kontakt her. Diese Medien erzeugen in der Phantasie jedes einzelnen Zuschauers, der allein zu Hause sitzt, automatisch eine unsichtbare Menge. Das in manchen Fernsehkomödien zu hörende Gelächter vom Tonband akzentuiert nicht nur die Witze, sondern läßt auch eine illusorische Zuschauermenge entstehen, die ein ebenso illusorisches Gefühl der Gemeinschaft erzeugt (Moscovici 1981). Verstärkt wird dieses Gefühl, wenn man in einem fremden Land, dessen Sprache man versteht, fernsieht – ein Erleben, das zuerst ein merkwürdiges Gefühl der Einsamkeit wecken kann, so als sei man ein Eindringling in eine Gemeinschaft, der man nicht angehört.

Auch die Lektüre der Zeitungsnachrichten oder das Verfolgen der Nachrichten am Bildschirm weckt die Illusion, Mitglied einer Masse zu sein; sie konzentriert sich darauf, daß eine zentrale Gestalt vermittelt, was wichtig ist und wie man es betrachten sollte, und bringt uns zu einem weiteren Aspekt der Massenkultur: dem Vergnügen nämlich, das man daraus bezieht, Spannendes und Wichtiges passiv aufnehmen zu können, ohne intellektuellen Anforderungen genügen zu müssen. Zeitungen müssen »frisch« gelesen werden: Sie verlieren ihre Anziehungskraft, sobald die implizite Masse der Mitleser mit ihnen fertig ist. Und obwohl sie eher informieren denn unterhalten, wird ihre Attraktivität durch jede intellektuelle Anforderung, die sie an den Leser stellen, geschwächt. Die Idee, daß eine Autorität zu einer Vielzahl passiver, implizit gleicher, uninformierter Leser spreche, erhöht die Massenanziehungskraft, die von der Mitteilung ausgeht.

Die typischen Gestalten in Seifenopern, Sitcoms und Filmen, die für Jugendliche oder die Familie bestimmt sind, in Kriegsfilmen, Thrillern und Softpornos (der Grad oder die Direktheit der Pornographie ist relativ unbedeutend; ihre Charakteristika bleiben die gleichen) sind überaus vereinfacht: Sie sind ausschließlich gut oder ausschließlich böse, ohne innere Vielschichtigkeit, sie gehen ganz in ihrer unmittelbaren Realität auf und haben klar ersichtliche Gründe für ihr interpersonales Verhalten. All dies erlaubt es dem Zuschauer, der schon ähnliche Shows gesehen hat, ihr Handeln vorherzusagen. Ja, die Entwicklungen zwischen den Personen auf dem Bildschirm oder im Skript zu beobachten, die man vollständig zu kennen scheint, deren Motive und Aktionen man vorhersieht, vermittelt ein Gefühl der Lust und Macht, der Überlegenheit und des Amüsements: Hier erkennen wir in der Selbsterhöhung des Zuschauers eine narzißtische Dimension.

Das Drama wird durch Gefahr eingeleitet, und diese Gefahr droht den guten Gestalten durch das offenkundig Böse, durch Kriminalität, Gewalt oder Unehrlichkeit einer oder mehrerer Figuren. Dies bereichert die emotionale Beteiligung des Zuschauers um eine paranoide Dimension. Die Schurken entwickeln sich schließlich in eine von zwei Richtungen: Sie werden entweder sympathisch, wenn ihre Beweggründe zutage treten und die Gemeinschaft sie wieder aufnimmt, oder sie werden, da »unheilbar« böse, zum Schluß bestraft, so daß der Zuschauer moralisch befriedigt zurückbleibt.

Unglück zeigt sich in dramatischer, aber nicht verstörender Form: Freude, Kummer, Wut und Angst werden so dargestellt, daß sie eine beruhigende Wirkung ausüben. Expressivität dominiert über den Inhalt, Sentimentalität über Empfindung. Sentimentalität wird häufig durch eine indirekte oder direkte Nostalgie vermittelt, ein Festhalten an der Vergangenheit, den vertrauten Formen des Glücklichsein, wobei eine besondere Betonung auf universalen Symbolen der Unschuld, des Vertrauens und der Zärtlichkeit liegt, die mit der Sicherheit der frühen Kindheit (oder eines glücklichen, sicheren und zufriedenen hohen Alters) assoziiert sind. Nostalgie – das bittersüße Schmachten nach einem verlorenen oder ersehnten Zustand des Glücks, der Wiedervereinigung oder Erfüllung – evoziert ein idealisiertes Objekt des Begehrens und bestätigt implizit die Möglichkeit seiner Wiederkehr.

In Kriegsfilmen müssen zwar einige Helden sterben, aber es überleben dennoch genügend Charaktere von zentraler Bedeutung, so daß sich der Zuschauer zufrieden mit einem Überlebenden identifizieren kann. Der Feind ist immer böse, außer in Filmen, die nach einem Krieg und in einer Situation entstanden, in der eine reale historische Veränderung dazu geführt hat, daß ein zuvor feindliches Land zu einem Verbündeten geworden ist. In dieser Situation gibt es im Lager des Feindes weise und kluge Personen, die ebenfalls der Meinung sind, daß der Krieg von Grund auf böse ist und universale Liebe und Freundschaft an seine Stelle treten sollten. In dem deutschen Film *Das Boot* zum Beispiel, der in zahlreichen Staaten der ehemaligen Alliierten zu einem Riesenerfolg wurde, wird die Identifizierung der Zuschauer mit der Besatzung eines deutschen U-Bootes im Zweiten Weltkrieg dadurch erleichtert, daß der Kommandant das Naziregime offensichtlich verabscheut.

Thriller und Filme, in denen es um psychopathische Killer geht, sind von besonderem Interesse für die Erforschung der Massenkultur, weil die durch die Gefahr erzeugte Erregung, die panische Angst der Opfer, die aufregende Verfolgung des Verbrechers und die implizite Identifizierung mit dem Helden, der den Schurken schließlich vernichtet, die aggressiven Impulse im Leser oder Zuschauer befriedigen. Die kaum verhüllte phantasierte Befriedigung aggressiver Impulse, die einen Bestandteil der Massenkultur bildet, ist für deren Attraktivität von zentraler Bedeutung. Dies gilt, gewöhnlich allerdings ohne die intensive Erregung der Identifizierung mit einem bestimmten »Jäger«, auch für Kriegsfilme.

Während Gewalt unter diesen Umständen stellvertretend agiert wird, aber ungeschmälerte Lust bereitet, gilt dies für die Sexualität nur zum Teil. Die Dissoziation von Sexualität und Zärtlichkeit erfolgt in der Massenkultur strikt und konsequent und bildet ein weiteres ihrer zentralen Charakteristika. Auf die erotischen Aspekte der Liebe gibt es kaum direkte Hinweise. Direkter Sex findet, wenn er denn gezeigt wird, typischerweise zwischen Individuen statt, die keine emotionale Beziehung zueinander haben, oder aber als Ausdruck von Aggression (wie etwa Vergewaltigung oder eine von der Gruppe tolerierte sexuelle Rebellion gegen konventionelle Sitten). Die Protagonisten haben unter Umständen Sex mit anderen Personen, nicht aber mit der einen, der sie sich romantisch verbunden fühlen. Bisweilen werden die sexuellen Aspekte der Beziehung zwischen zwei zärtlichen Liebenden auch in verhüllter und romantisierter Weise dargestellt. In *The Breakfast Club* beispielsweise, einem Film, der sich bei seinem Zielpublikum, Jugendlichen und Heranwachsenden, größter Beliebtheit erfreute, beschränken sich die Details auf grobe sexuelle Begegnungen: Als sich aber zwei der Protagonisten verlieben, bleiben die sexuellen Einzelheiten ihrer Beziehung vollständig ausgeblendet.

Die grundlegenden Merkmale der filmischen Darstellung von Sexualität wurden von der scheinbaren Lockerung der Filmzensur nicht beeinflußt. Pornographische Filme wiederum beschränken sich gewöhnlich auf hohle Darstellungen mechanischer sexueller Aktivitäten zwischen Personen, die fast wie Roboter wirken. Die auffälligste Abtrennung der Sexualität von der Zärtlichkeit läßt sich im Zusammenhang mit der polymorph-perversen Sexualität beobachten: Dieser Aspekt der Sexualität wird beinahe ausschließlich in der Pornographie dargestellt und fehlt in der Massenunterhaltung vollständig, sogar in den wenigen Fällen, in denen die Protagonisten zusammen im Bett gezeigt werden.

Wenn sich die Kino- und Fernsehunterhaltung, die ich hier beschreibe, mit sogenannten »philosophischen« Fragen beschäftigt, bleiben die diskutierten Ideen trivial: Klischees und Banalität stehen im Vordergrund. Die Komplexität des Lebens und der Menschen wird verleugnet. Konventionelle Grundannahmen dominieren über individuelles Denken. Solche Formen der Unterhaltung haben dem Underdog Liebe und Mitgefühl zu bieten, sie spenden demjenigen Trost, der in einer Konkurrenzsituation unterliegt, und halten Beifall für den bereit, der nach langem und schwierigem Bemühen triumphiert; in der Regel siegt die Gerechtigkeit. Die Welt ist ein sicherer und unkomplizierter Ort, zumindest aber hält sie für jedermann einen »sicheren Hafen« bereit.

Ähnliche Merkmale finden sich in den Nachrichtenmedien. Die fortgesetzte Konzentration auf das Verbrechen vermittelt uns durch dissoziierte Aggression und Gewalt ein befriedigendes Erregungsgefühl und verschafft natürlich auch den prickelnden Horror angesichts von Sexualdelikten. Der subtil selbstgerechte, moralistische Ton der überaus vereinfachten Berichte über das Weltgeschehen tritt weniger deutlich zutage, ist aber gleichwohl spürbar. Nachrichtenreporter teilen die Welt implizit in gute und böse Menschen, Länder und Ereignisse auf. Die Storys spiegeln die latente Grundannahme wider, daß die Ansichten des Kommentators und seines Massenpublikums moralisch überlegen seien.

Es gibt noch einen weiteren Aspekt der Nachrichtenpräsentation, der von besonderem Interesse ist: Innerhalb der allgemeinen Flachheit der vermittelten Informationen läßt sich an der Programmgestaltung die Tendenz beobachten, zwischen dem Trivialen (zum Beispiel der leicht ironischen Beschreibung eines Vorfalls, der sonderbar, unbegreiflich, amüsant oder unterhaltsam wirkt) und dem Gefährlichen (dem Bericht über ein Geschehen an einem nahegelegenen Ort, das im Widerspruch zu dem Wertesystem steht, welches dem Publikum unterstellt wird, etwa eine Tat, die sofortige Korrekturmaßnahmen erfordert – sagen wir, ein Verbrechen in unmittelbarer Umgebung) – abzuwechseln.

Wir erkennen auch hier, daß im Zuhörer/Zuschauer eine narzißtische Dimension (unsere amüsierte Überlegenheit) und eine paranoide Dimension (unser berechtigtes Mißtrauen, unsere Empörung und unser Rachebedürfnis) stimuliert werden. Nachrichten, die Angst, Mißtrauen und Empörung wecken, wechseln in sehr rascher Folge mit Meldungen über Geschehnisse, die trivial, unterhaltsam und beruhigend wirken. Die Anwendung einer simplizistischen Moral auf politische und soziale Angelegenheiten, die sozusagen auf den gesellschaftlichen Bereich bezogene Philosophie der Sitcom, nimmt die Form eines ideologischen Klischees an: Wenn Menschen, die guten Willens sind, zusammenarbeiten, werden sie jedes Problem lösen; zumindest wird die weitere Untersuchung einer spezifischen Frage es uns ermöglichen, zu der »richtigen« Sichtweise zu finden.

Wenn wir vom Inhalt einmal absehen und uns der künstlerischen Ausdrucksform massenmedialer Kommunikation zuwenden, kann man mehrere miteinander zusammenhängende Phänomene beobachten. Die Präsentation gehorcht einem charakteristischen Stil. Bei Ausstattung, Hintergrund und Kunstgegenständen handelt es sich gewöhnlich um Artikel der Massenproduktion, die dem konventionellen Geschmack entsprechen: Sie geben eine Vorliebe für grelle Farben als Indikatoren einer dramatischen Atmosphäre oder aber für ein langweiliges Einheitsbraun an Orten der Behaglichkeit zu erkennen, präferieren sentimentalistische Kunstobjekte und lassen insbesondere in der Hintergrundmusik vorzugsweise Symbole anklingen, die an sorgenfreies Glück, an Unschuld und Kindheit erinnern. Gemälde zeigen stimmungsvolle Landschaften oder tragikomische Clowns oder trivialisierte Imitationen überholter künstlerischer Ausdrucksformen. Die Illustrationen der serienmäßig hergestellten Weihnachtskarten sind ein typisches Beispiel für diesen Stil.

Insgesamt betrachtet, definieren die von mir hier aufgezählten Charakteristika auch den Kitsch: Ansprechende, behagliche, beruhigende, sentimentale und überladene Ausdrucksformen eines kulturell dominanten Stils, der mit konventionellen Symbolen des Reichtums, Glücks, der märchenhaften Phantasterei oder verklärten Kindheit überfrachtet ist (Greenberg 1946; Adorno 1954; Moles 1971; Deschner 1980; Friedländer 1984).

Die Massenkultur und das Latenzkind

Unter psychoanalytischem Blickwinkel zeigt sich in der Massenkultur das Bild einer Welt, die der inneren Welt des Kindes im Latenzalter auffallend ähnelt. In der psychoanalytischen Theorie der kindlichen Entwicklung bezeichnet der Begriff »Latenz« die Phase, die mit der Konsolidierung des ödipalen Über-Ichs beginnt und mit der psychodynamischen Reorganisation zu Beginn der Pubertät endet. Sie entspricht ungefähr dem Alter zwischen fünf und zehn Jahren.

Ein erstes, wichtiges Merkmal des Kindes im Latenzalter ist die Unflexibilität und Starrheit seines Über-Ichs und dessen ungemein hohe Abhängigkeit von vereinfachten konventionellen Moralvorstellungen. Das Moralsystem des Latenzkindes bestätigt die elterliche Autorität, der es vertraut, und ist durch eine von jeglicher Ambiguität freie Trennung zwischen Gut und Böse (guten und bösen Taten wie auch Menschen) charakterisiert, durch die Transformation des Sadismus in (über-ich-integrierte) berechtigte Empörung, die Freude an moralisch gerechtfertigter Aggression, die Anpassung an eine soziale Peer-Umwelt, die eine erste Erfahrung fester, einfacher, stabiler Gruppennormen vermittelt (einschließlich der Normen akzeptabler Unterhaltung), und die unzweideutige Dissoziation von (entwerteter) analer Sexualität und zärtlicher Liebe (zu den ödipalen Eltern). Es ist die beruhigende Moral eines hinreichend gut betreuten Kindes, das sich nach einer Missetat mit seinen vorübergehend zornigen Eltern wieder versöhnt, bevor es zu Bett geht. Allgemein formuliert, haben wir es mit einer Moral kurzer, zeitlich begrenzter Phasen von Fehlverhalten, Schuldgefühlen, Bestrafung und Vergebung zu tun. Das Kind ist jedoch »im Bilde«, was die genitale Sexualität und ihre – wenn auch ferne – Erfüllung in der Zukunft angeht.

Gleichzeitig hegt das Latenzkind auch Wunschphantasien über Unabhängigkeit und Macht, die mit der Illusion einhergehen, von den Eltern unabhängig zu sein. Es interessiert sich für Abenteuergeschichten mit Helden und Idealen, die ihm Identifizierungsmodelle für die Zukunft aufzeigen und zudem seine Bedürfnisse befriedigen, die Triebwelt durch reale und phantasierte Beherrschung der sozialen Umwelt unter Kontrolle zu bringen; das Latenzkind findet Ersatzbefriedigungen für aggressive und sexuelle Selbstbestätigung. Die »Beobachtung« des Erwachsenenlebens in der Realität und anhand von Kulturerzeugnissen ist eine neue Errungenschaft. Illusionen der Unabhängigkeit und Macht werden befriedigt, wenn das Kind mit einem Gefühl der Überlegenheit dem vorhersagbaren Leben der »komischen« Erwachsenen zusieht, während durch die Identifizierung mit »Superman« oder »Superfrau« – wagemutigen Helden, die gefährliche Monster vernichten – gleichzeitig Phantasien einer narzißtischen Bestätigung agiert werden. Wenn Berman (1987) die Psychologie von James Bond analysiert und zeigt, wie diese den Latenzkonflikten Ian Flemings entspricht, illustriert er einen psychoanalytischen Ansatz zur Erklärung der Struktur kommerzieller Thriller. Sich von markanten Bildern und auffälligen Farben, Formen und Bewegungen unterhalten zu lassen, sich an Gewalt zu erregen, ohne von ihr bedroht zu werden, und sexuelle Erregung zu empfinden, ohne der Gefahr der potentiellen Verbindung zwischen Erotik und Liebe ausgesetzt zu sein – all dies ist charakteristisch für die innere Welt des Latenzkindes.

Diese Merkmale wurzeln sowohl im Ich (narzißtische, erotische und aggressive Impulse, die in die durch ich-syntone Phantasien und Wünsche gekennzeichnete Perspektive des Latenzkindes eingebunden werden) als auch im Über-Ich (der unbewußten Moral des Latenzkindes, die ödipale Verbote respektiert und Sexualität und Zärtlichkeit voneinander trennt). Genau besehen, ist das Latenzkind als Zuschauer der Massenunterhaltung wahrscheinlich der Prototyp des befriedigten Konsumenten der Massenkultur.

Als passiver Zuschauer kann sich der Konsument der Unterhaltung im Einklang mit seinem Über-Ich hingeben, er fühlt sich von seinen Eltern geliebt und akzeptiert (unbewußt) die ödipalen Verbote, während er gleichzeitig die Phantasie einer vollständigen Befriedigung seiner Bedürfnisse nach Abhängigkeit hegt und Behagen an einem illusionären Gefühl der – von sexuellen und generationsbedingten Unterschieden unberührten – Gleichheit mit seinen Mitkonsumenten findet. Die oralen Wünsche und Abhängigkeitsbedürfnisse des Latenzkindes werden direkt gratifiziert, während andere sexuelle und aggressive Strebungen durch Projektion auf das filmische Geschehen sowie durch die gesellschaftlich sanktionierte und unterstützte Identifizierung mit den Akteuren befriedigt werden. Seine psychischen Bedürfnisse entsprechen den Charakteristika der Massenunterhaltung, dem massenkulturellen Merkmal der vollständigen Harmonie, das ich beschrieben habe.

Für das Latenzkind sind aufregende Geschichten oder Abenteuer, die diese allgemeinen Charakteristika aufweisen, nicht lediglich Unterhaltung. Sie bieten gesellschaftlich sanktionierte, kulturell vermittelte Bestätigungen und Erweiterungen des kindlichen Universums. Derartige Erfahrungen stellen bedeutsame Ereignisse dar, welche die Über-Ich-Struktur verstärken, kognitive Lernerfahrungen ermöglichen sowie Ich-Fähigkeiten konsolidieren und die Kontrolle über Triebabkömmlinge festigen (Sarnoff 1976; Shapiro und Perry 1976). Soziale Konventionen erweitern das Feld strikt intrafamiliärer Konventionen; sie erleichtern es dem Latenzkind, sich in der größeren Welt seiner Peers und der Schule zu integrieren. Für einen Erwachsenen ist das rigide Festhalten an sozialen und kulturellen Bräuchen, welche die normale Welt der Latenz konstituieren, ein Abbild der Konventionalität. Insofern Erwachsene Massenkultur konsumieren, werden sie konventionell. Somit stellt sich die Frage, weshalb Konventionalität – die übermäßige Anpassung an gesellschaftliche, kulturelle und ästhetische Normen – einen zentralen Aspekt der Massenkultur bildet und weshalb sie für deren Konsumenten attraktiv ist.

Wie können wir die fortdauernde Existenz der für das Latenzalter typischen Über-Ich- und Ich-Merkmale in der Massenkultur erklären? Weshalb vermag sie, wie es eindeutig der Fall ist, die meisten Erwachsenen zu befriedigen? Frühere psychoanalytische Versuche, die Massenkultur zu analysieren, haben sich auf deren konventionelle Aspekte und auf Persönlichkeitseigenschaften konzentriert, die der Konventionalität dienlich sind (Adorno et al. 1950).

Erklärungsbedürftig war der konventionelle Aspekt der Massenpsychologie, und in zweiter Linie galt es, die Mechanismen der Ausbeutung und Induktion jener konventionellen Massenpsychologie durch die »herrschenden Klassen« mittels der Massenproduktion von Konsumgütern zu analysieren. Bevor ich das Verhältnis zwischen der Konventionalität der Massenkultur und der Psychologie des Latenzkindes erläutere, möchte ich diese Theorien kurz betrachten.

Psychoanalytische Theorien der Konventionalität

Wie im fünften Kapitel beschrieben, betrachteten Adorno und seine Mitarbeiter (1950) die Konventionalität als signifikanten Bestandteil der autoritären Persönlichkeit; sie zeigt demnach die Disposition des Individuums an, überaus rigide an den Werten der Mittelschicht festzuhalten – eine Konsequenz der Instabilität seines eigenen Wertesystems. Konventionalität ist charakterisiert durch die Starrheit, mit der Individuen sich an populären Werten orientieren und mit der sie auf äußere soziale Zwänge reagieren. Der Kitsch gehört, wie viele Theoretiker gezeigt haben, zur Mittelschicht; und selbst wenn er für die kulturell Benachteiligten erzeugt wird, vermittelt er eine idealisierte und sentimentalisierte Version typischer Mittelschichtwerte (Adorno 1954). Dies trifft auch auf den »Kitsch höherer Güte« zu, der für den Luxushandel bestimmt ist (Greenberg 1946). Die Theorie, die diesen Definitionen zugrunde liegt, besagt, daß Individuen mit autoritärer Persönlichkeitsstruktur überaus sensibel auf die äußere Verstärkung ihrer inneren, ungemein strengen Über-Ich-Forderungen reagieren und daß Konventionalität mit einer exzessiven Unterwerfung unter Autorität sowie mit einer Identifizierung mit »autoritärer« Aggression einhergehe (Aggression, die von einer Autorität auf ungerechte Weise ausgeübt wird, auf eine Weise, die einen exzessiven oder »nicht-funktionalen« Machteinsatz zu erkennen gibt und im Prozeß des Mißbrauchs selbst rationalisiert oder gerechtfertigt wird). Die autoritäre Persönlichkeit würde demzufolge den Prototyp einer Identifizierung mit dem Angreifer repräsentieren, indem sie zuerst ein sadistisches, strenges Über-Ich entwickelt und sich dann mit ihrem eigenen sadistischen Über-Ich identifiziert. Zwar stimme ich Adornos These einer Verbindung von Konventionalität und Überidentifizierung mit einem sadistischen, infantilen Über-Ich zu, meiner Ansicht nach aber vernachlässigt er die Anteile, die regressiven Gruppenzwängen an der Konventionalität zukommen: den massenpsychologischen Aspekt der Konventionalität.

Die Sichtweise Adornos und seiner Mitarbeiter entspricht Reichs (1935) Versuchen, psychoanalytisches Denken mit marxistischer Theorie zu verbinden und den repressiven Charakter der für westliche Gesellschaften und für die Sowjetunion typischen Haltungen gegenüber der Sexualität zu erklären. Reich verallgemeinerte sein Verständnis des deutschen Faschismus und vertrat die These, daß das kapitalistische System die Persönlichkeitsstruktur aller Individuen durch die Ausübung autoritärer Macht in der patriarchalischen Familie verändert habe. Glaubte Freud, daß die Verdrängung der Sexualität der Preis sei, den es für die kulturelle Entwicklung zu zahlen gelte, so nahm Reich an, daß die Verdrängung der Sexualität, insbesondere der genitalen, den Einfluß eines pathologischen Über-Ichs zu erkennen gebe, das selbst wiederum als Resultat der sozialen Struktur des Kapitalismus zu betrachten sei. Er führte eine gesellschaftlich generalisierte Unterwerfung unter die konventionelle Moral auf ebendiese Ursache zurück: Konventionalität beruhe auf einer exzessiven Verdrängung der genitalen Sexualität.

Im Gegensatz zu Reich hatte Marcuse (1955) den Eindruck, daß das kapitalistische System nicht die genitale Sexualität, sondern vielmehr die prägenitale, polymorphe infantile Sexualität verdränge. Marcuse glaubte, daß die Sexualfunktionen durch diese Verdrängung auf das Genitale reduziert werden sollten, damit die unbefriedigte, umfassendere Erotik der Menschen in den Dienst der gesellschaftlichen Produktion gestellt werden könne. Marcuse vertrat die Ansicht, daß ein Übermaß an Verdrängung der prägenitalen Sexualität – eine sozial unnötige Verdrängung – das Hauptproblem des kapitalistischen Systems darstelle.

Aber Marcuse beobachtete in der westlichen Welt, vor allem in den Vereinigten Staaten, auch eine wachsende sexuelle Toleranz. Deshalb prägte er den Begriff der repressiven Entsublimierung, um eine pseudosexuelle Freiheit zu beschreiben, die das Individuum in der kapitalistischen Gesellschaft ermuntere, überflüssige Güter zu konsumieren, und es von den repressiven Bedingungen seiner Existenz ablenke. Indem er die Sexualität auf diese Weise als kapitalistische Verführung zum Konsum beschrieb, welche die Werbung erotisiere und künstliche Bedürfnisse und künstliche Nachfrage erzeuge, verwies er darauf, daß die Massenkultur repressiv sei und sich immer mehr Anhänger schaffe; sie übe einen gesellschaftlichen und ökonomischen Zwang zu gedankenlosem, konventionellem Konsum aus.

Eine ähnliche Auffassung findet in Horkheimers und Adornos *Dialektik der Aufklärung* (1947) beredten Ausdruck; die Autoren betrachten die Degradierung der Kultur in den Händen der modernen Unterhaltungsindustrie als typisches Beispiel für den Versuch, die Fähigkeit des Individuums, selbständig zu denken und eigenständige Werturteile zu fällen, zu zerstören. Die für die Massen produzierte und an den Massen orientierte Kultur, so meinen sie, zeige, wie die kapitalistische Gesellschaft die Kunst kommerzialisiere und diese Kommerzialisierung zugleich nutze, um die Fähigkeit des Konsumenten zu schwächen, serienmäßiger, degradierter Kunst und entsprechenden Gegenständen und Unterhaltungsangeboten zu widerstehen.

Die Frage nach der übermäßigen Anpassung an die etablierte gesellschaftliche Ordnung hat in Westeuropa seit den frühen dreißiger Jahren zahlreiche marxistische und nichtmarxistische Theoretiker beschäftigt. Sie bildete einen Schwerpunkt der Frankfurter Schule, zu deren führenden Theoretikern Adorno, Horkheimer, Marcuse und später Habermas zählten. Der Aufstieg des Faschismus in Westeuropa und die Entwicklung der Sowjetunion zu einem totalitären Staat veranlaßte diese Theoretiker, zu untersuchen, inwieweit das Proletariat ein »falsches Bewußtsein« entwickelt habe. Die arbeitende Klasse, ja alle sozialen Klassen waren für die Ideologien autoritärer Regime der extremen Rechten wie auch Linken offenbar eine leichte Beute. Westeuropäische Marxisten wollten ihre Theorie weiterentwickeln, derzufolge die herrschenden Klassen gemeinsame Glaubenssysteme geschaffen haben, um sich ihre gesellschaftliche Hegemonie zu sichern.

Gramsci (1959) entwickelte als erster die Überlegung, daß diese Hegemonie ein System der Macht (in diesem Fall der kapitalistischen Klasse) darstelle, mit dessen Hilfe sich über kulturelle Institutionen und die Entwicklung einer entsprechenden Ideologie die Zustimmung der Massen gewinnen ließ. Verschiedene andere marxistische Autoren arbeiteten diese Überlegung im Laufe der Jahre weiter aus, und Althusser (1976) benutzte Freuds Konzept des Unbewußten, um eine neue Theorie der Ideologie zu konstruieren. Er verstand Ideologie als ein unbewußt determiniertes System illusionärer Repräsentationen der Realität, ein System, das sich von der Internalisierung der dominanten Illusion herleitet, die eine soziale Klasse über die Bedingungen ihrer eigenen Existenz hegt. Verankert wird die Illusion durch die Internalisierung des »väterlichen Gesetzes« als Teil der Internalisierung des ödipalen Über-Ichs.

Habermas (1968, 1971) analysierte Ideologie in seiner Theorie als Resultat des falschen Bewußtseins einer sozialen Klasse; er entwarf die Auflösung dieses falschen Bewußtseins durch eine »kritische Theorie«, die selbstreflexive Aufklärung und soziale Emanzipation ermögliche. Er zog eine Parallele zwischen der Analyse von Ideologien und der psychoanalytischen Situation, in welcher der Patient die Behandlung ebenfalls mit einem »falschen Bewußtsein« beginnt, um dann mit Hilfe des Psychoanalytikers durch Selbstreflexion und aufrichtige Interaktion mit dem Analytiker zu einer Aufklärung zu gelangen, die ihn von Verdrängung und Neurose befreien soll.

Wenngleich diese marxistischen und nichtmarxistischen Autoren, die teilweise mit psychoanalytischen Konzepten arbeiteten, sich zu Recht auf die Charakteristika der Konventionalität und die durch das Über-Ich vermittelte Empfänglichkeit der Individuen für die konventionellen Aspekte der Massenkultur konzentrierten, ist der Zusammenhang, den sie zwischen der klassendeterminierten Ideologie und den Charakteristika der Massenkultur herstellen, fragwürdig. Ursprünglich hatten sie diese Eigenschaften der Massenkultur dem Kapitalismus zugeschrieben, waren aber dann gezwungen, ähnliche Tendenzen auch in kommunistischen Kulturen zu diagnostizieren. Das Resultat war ihr Konzept des »falschen Bewußtseins« (das sie nun nicht länger ausschließlich dem kapitalistischen System zuschrieben). Dabei aber ignorierten sie die historische Kontinuität der Konventionalität und insbesondere des Kitsches sowie die verblüffende Universalität der Anziehungskraft, welche die Massenkultur in grundverschiedenen Gesellschaften ausübt. (Man denke an die Attraktivität westlicher Massenkultur für die Jugendlichen und jungen Erwachsenen Chinas, Indiens und Südamerikas.)

Marxistische und nichtmarxistische Autoren unterließen es auch, die gemeinsamen strukturellen Eigenschaften solcher Massenkulturen zu analysieren, die gegensätzliche Ideologien widerspiegeln. Die Soaps zum Beispiel, die im Ostberliner Fernsehen während der kommunistischen Diktatur gesendet wurden, wiesen dieselben Charakteristika der Massenkultur auf wie jene des Westens. Die Schurken unterschieden sich: Sie entsprachen nicht kapitalistischen, sondern konventionellen kommunistischen Kategorien von Gut und Böse. Die Schlacht zwischen Gut und Böse aber war die gleiche. Gerade die *Struktur* der Massenkultur, die Struktur ihrer Konventionalität, wird übersehen, wenn man sich ausschließlich auf die Motivation der Produzenten oder Vertreiber konzentriert.

Eine andere psychoanalytische Betrachtungsweise der Massenkultur betont vor allem das Fehlen normaler Über-Ich-Funktionen – im Gegensatz zum hypertrophierten Über-Ich. Mitscherlich (1963) beschrieb die kulturellen Konsequenzen der Vaterlosigkeit als Organisationsprinzip auf der gesellschaftlichen und familiären Ebene. Er beschrieb die Ablehnung des Vaters in der zeitgenössischen Gesellschaft als Teil der Ablehnung traditioneller kultureller Werte und der Ersetzung solcher Werte durch eine übergroße Abhängigkeit von unmittelbaren gesellschaftlichen Einflüssen. Er verwies auch auf die berauschenden Folgen der Massenproduktion, die eine unmittelbare Bedürfnisbefriedigung in Aussicht stellt, und auf die daraus resultierende Verstärkung einer Psychologie des Verlangens nach unmittelbarer Befriedigung und den Mangel an individuellem Verantwortungsgefühl. Mitscherlich beschrieb den neuen »Massenmenschen« als klassenloses Individuum. Er betonte den Zusammenhang zwischen der durch die Organisation der Arbeit bedingten realen Abwesenheit des Vaters in der zeitgenössischen Familie und dem Verlust individueller väterlicher Funktionen in großen Institutionen. Die primäre Abwesenheit des Vaters, dessen Aufgaben im Beruf unbegreiflich erscheinen, wird durch die sekundäre Abwesenheit des Vaters in massiven Gruppenerfahrungen unter dem Einfluß der unmittelbaren Befriedigung durch Massenkonsum sowie des generellen Zusammenbruchs gesellschaftlicher Tabus verstärkt; dieser Zusammenbruch führt infolge der mit ihm einhergehenden Dissoziation von »sofortiger« sexueller Befriedigung und emotionaler Intimität zu einem Verlust der Fähigkeit zu voller sexueller Befriedigung. Anonyme Arbeit, so Mitscherlich, wird ergänzt durch anonyme Massenunterhaltung, die eine Projektion innerer Aggression auf äußere Massenereignisse ermöglicht.

In den Vereinigten Staaten zog Lasch (1977, 1978) den Schluß, daß der Zusammenbruch der Familie als moralisches Orientierungssystem, das Vermeiden von Konflikten durch Kompromisse und die starke Gewichtung der Triebbefriedigung die Entwicklung reifer Über-Ich-Funktionen beim Kind erschweren. Kurz, Mitscherlich und Lasch zufolge ist die Über-Ich-Pathologie, die der Unterwerfung unter die Massenkultur Vorschub leistet, nicht durch die Entwicklung eines übermäßig strengen Über-Ichs, sondern durch das Scheitern einer normalen Über-Ich-Entwicklung charakterisiert.

Für den Psychoanalytiker, den die Erforschung der Konventionalität interessiert, ist das individuell unterschiedlich starke Festhalten an konventionellen Werten ebenso interessant wie seine gesellschaftlichen Determinanten. Wie ich im zweiten Kapitel erwähnte, postuliert Green (1969) eine Beziehung zwischen der Entwicklungsebene der Idealisierung und der Art ideologischer Verpflichtungen, die das Individuum eingeht. Diese Idealisierungsebenen reichen von frühester narzißtischer Omnipotenz über die Zwischenstadien der Idealisierung elterlicher Objekte bis zur Konsolidierung des Ich-Ideals. Der Charakter oder die Qualität der Verpflichtung gegenüber Ideologien wird Green zufolge durch das Maß bestimmt, in dem die Ideologien die Projektion eines omnipotenten Selbst oder die Externalisierung eines reifen Ich-Ideals widerspiegeln.

In Übereinstimmung mit Green vertrat ich die Ansicht, daß die Unfähigkeit, sich einem Wertesystem verpflichtet zu fühlen, das über die Grenzen selbstsüchtiger Bedürfnisse hinausgeht, gewöhnlich eine schwere narzißtische Pathologie widerspiegelt. Die Verpflichtung gegenüber einer Ideologie, die sadistische Perfektionsansprüche stellt und primitive Aggression oder durch konventionelle Naivität geprägte Werturteile toleriert, gibt ein unreifes Ich-Ideal und die mangelnde Integration eines reifen Über-Ichs zu erkennen. Die Identifizierung mit einer »messianischen« Ideologie und die Akzeptanz gesellschaftlicher Klischees und Banalitäten entspricht daher einer narzißtischen und Borderline-Pathologie. Dem gegenüber steht die Identifizierung mit differenzierteren, offenen, nicht totalistischen Ideologien, die individuelle Unterschiede, Autonomie und Privatheit respektieren und Sexualität tolerieren, während sie einer Kollusion mit der Äußerung primitiver Aggression Widerstand leisten

– all dies Eigenschaften, die das Wertesystem eines reifen Ich-Ideals charakterisieren. Eine Ideologie, welche die individuellen Unterschiede und die Vielschichtigkeit menschlicher Beziehungen respektiert und Raum für eine reife Einstellung zur Sexualität läßt, wird den Personen mit einem höher entwickelten Ich-Ideal attraktiv erscheinen.

Kurz, Adorno, Green und ich stimmen darin überein, daß Ich- und Über-Ich-Aspekte der Persönlichkeit das Individuum zu übergroßer Abhängigkeit von konventionellen Werten und Haltungen prädisponieren. Es ist berechtigt zu sagen, daß der spezifische Inhalt des Konventionellen durch soziale, politische und ökonomische Faktoren beeinflußt wird: Die Universalität der Struktur der Konventionalität in der Massenkultur jedoch und ihre Attraktivität für die Massen sind nach wie vor erklärungsbedürftig.

Eine psychoanalytische Theorie von Großgruppen-Prozessen

Wenn man also feststellt, daß manche Individuen für die Übernahme konventioneller Werte anfälliger sind als andere und daß starke gesellschaftliche und ökonomische Faktoren die Charakteristika der Massenkultur beeinflussen – einschließlich der kulturell und historisch determinierten Dominanz eines bestimmten künstlerischen Stils, einer »Sprache« –, so stehen wir gleichwohl vor der verwirrenden Frage: Warum haben Erwachsene eine so ausgeprägte Neigung, kulturelle Artefakte, Unterhaltung und Nachrichten zu akzeptieren, deren Eigenschaften charakteristisch für das emotionale Entwicklungsniveau eines Latenzkindes sind? An diesem Prozeß ist eine spezifische Regression beteiligt, eine Regression, die mit der Aktivierung von Gruppenprozessen in der Transmission der Massenkultur zusammenhängt.

Wir haben gesehen, daß Freud (1921) zuerst die Regression der Über-Ich-Funktionen in bestimmten Massenansammlungen beschrieben hat. Er vertrat die Ansicht, daß die Projektion des Ich-Ideals auf den idealisierten Führer individuelle moralische Normen sowie die höheren Funktionen der Selbstkritik und Verantwortlichkeit, die durch das Über-Ich erfüllt werden, eliminiere.

Turquet (1975) beschrieb, daß lediglich Trivialitäten, die dem »gesunden Menschenverstand« entsprächen, eine vorübergehende Vereinheitlichung der Großgruppe erlaubten; so tauchten Führer auf, deren einlullende Banalitäten von den meisten Gruppenmitgliedern begierig aufgenommen würden, weil sie eine angestrebte Beruhigung der Gruppe versprächen. Alle Individuen, die solchen Banalitäten und Klischees widerstehen und sich einen Hauch von Individualität zu bewahren suchen, werden am heftigsten angegriffen, so als ob die Mitglieder der Großgruppe Neid auf Menschen empfänden, die sich ihre Gesundheit und Individualität bewahrt haben. Im ersten Kapitel habe ich beschrieben, daß gleichzeitig Bemühungen um eine Homogenisierung vorherrschen und jede simplizistische Verallgemeinerung oder Ideologie, die in die Gruppe eindringt, mühelos angenommen und als absolute Wahrheit erlebt werden kann. Im Gegensatz zu der simplen Rationalisierung der Gewalt jedoch, die den Mob kennzeichnet, dient in der Großgruppe eine vulgäre oder banale Philosophie als beruhigende, Sicherheit vermittelnde Doktrin, die das gesamte Denken auf Klischees reduziert. Individuen mit ausgeprägt narzißtischen Zügen können die beruhigende Führung bieten, die sich die unstrukturierte Großgruppe wünscht, um ihrer paranoiden Atmosphäre zu entfliehen, und sie in narzißtischer Selbstzufriedenheit wiegen.

Unter diesen Umständen werden Über-Ich-Funktionen auf die gesamte Gruppe projiziert, und diese Projektion weist die Eigenschaften einer simplizistischen, konventionellen Moral auf (Kernberg 1980 a, 1980 c). Aufgrund der vorliegenden Analyse vertrete ich die These, daß der vorübergehende Verlust eines individuellen Identitätsgefühls in der Großgruppe auch den vorübergehenden Verlust höherer Ebenen der autonomen, abstrakten und individualisierten Über-Ich-Funktionen nach sich zieht, während gleichzeitig eine Regression auf das Funktionieren des für das Latenzkind typischen Über-Ichs stattfindet, das dann auf die Gruppe insgesamt projiziert wird.

Ausgehend von Bion (1961) und Turquet untersuchte Anzieu (1981) die Beschaffenheit der in Gruppen auftauchenden Illusionen; er beschrieb eine Reihe gemeinsamer Merkmale der Ad-hoc-Ideologien, die sich unter regressiven Bedingungen in kleinen wie auch großen Gruppen entwickeln. Anzieu vertrat die Auffassung, daß die Beziehung des Individuums zur Gruppe als ganzer in der unstrukturierten regredierten Gruppe einer Verschmelzung der individuellen Triebbedürfnisse mit einer phantasmatischen Vorstellung von der Gruppe als primitivem Ich-Ideal gleichkomme; dieses Ich-Ideal werde mit einem uneingeschränkt gratifizierenden, primären Objekt, der Mutter der allerersten Entwicklungsphasen, gleichgesetzt.

Wie im ersten Kapitel erwähnt, hat Chasseguet-Smirgel (1975) Anzieus Beobachtungen erweitert und die Meinung vertreten, daß (kleine wie auch große) Gruppen unter solchen Bedingungen dahin tendieren, Führer zu wählen, die nicht die väterlichen Aspekte des verbietenden Über-Ichs repräsentieren, sondern als pseudoväterliche »Urheber der Illusionen« auftreten; sie stellen der Gruppe eine Ideologie zur Verfügung, die das narzißtische Streben nach einer Verschmelzung des Individuums mit der Gruppe als primitivem Ich-Ideal, der allmächtigen und uneingeschränkt gratifizierenden präödipalen Mutter, bestätigt.

Die psychoanalytischen Untersuchungen von Gruppenprozessen decken also Mechanismen einer unmittelbaren Regression auf, die Individuen in Massen sowie in unstrukturierten Klein- und Großgruppen durchlaufen; sie erklären, weshalb Gruppen durch Über-Ich-Regression, narzißtische Orientierung, paranoide Entwicklungen und durch einen allgemeinen Konformitätsdruck gekennzeichnet sind. Eine regressive Gruppenbildung findet jedoch nicht ausschließlich unter den Bedingungen einer absichtlich angestrebten Unstrukturiertheit (wie etwa in Gruppendynamik-Gruppen oder bei Gruppenbeziehungskonferenzen) statt oder infolge eines unbeabsichtigten Zusammenbruchs der normalen Arbeitsstruktur (wie es beispielsweise bei einer Organisation der Fall ist, deren Manager in einer Krise versagen oder nicht verfügbar sind) oder bei einer spontanen Massenansammlung. Die Gruppenbildung kann auch durch die Lust an der regressiven Erfahrung, Teil eines Gruppenprozesses zu sein, gefördert werden, durch die Lust an regressiver Verschmelzung mit anderen – eine Lust, die auf den allgemeinen Identifizierungsprozessen innerhalb einer Masse beruht. Ich denke hier an die von Canetti (1960) charakterisierte »festliche Masse«, deren Beschreibung meine Überlegungen entsprechen:

»Es ist sehr viel vorhanden auf einem beschränkten Raum, und die vielen, die sich auf diesem gewissen Areal bewegen, können alle daran teilhaben. [...] Es ist mehr vorhanden, als alle zusammen verzehren könnten, und um es zu verzehren, strömen immer mehr Menschen hinzu. Solange etwas da ist, nehmen sie davon zu sich, es sieht aus, als könnte es nie ein Ende nehmen. Es ist ein Überfluß an Weibern da für die Männer und ein Überfluß an Männern für die Weiber. Nichts und niemand droht, nichts treibt in die Flucht, Leben und Genuß während des Festes sind gesichert. Viele Verbote und Trennungen sind aufgehoben, ganz ungewohnte Annäherungen werden erlaubt und begünstigt. Die Atmosphäre für den einzelnen ist eine der Lockerung und nicht der Entladung. Es gibt kein Ziel, das für alle dasselbe ist und das alle zusammen zu erlangen hätten. Das *Fest* ist das Ziel, und man hat es erreicht.« (S. 70)

Die hier beschriebene sozial sanktionierte Gratifikation von Triebbedürfnissen, diese legitime, wohlverdiente und von keiner übelwollenden Autorität bedrohte Befriedigung bringt uns noch einmal zurück zu den psychologischen Bedingungen des Latenzkindes.

Wir können die auffällige Entsprechung zwischen der Psychologie der Latenz und der Massenkultur in diesem Rahmen neu formulieren. Die Anziehungskraft der Massenkultur beruht darauf, daß sie eine durch Massenunterhaltung induzierte Gruppengression erleichtert; dabei ist die Massenunterhaltung so strukturiert, daß sie die Entwicklungsebene der Latenz anspricht: Realität und Phantasie werden ebenso klar voneinander unterschieden wie solche Triebwünsche, die direkt befriedigt werden können, und solche, deren Befriedigung nur in der Phantasie oder stellvertretend möglich ist. Die ödipalen Verbote sind etabliert und finden ihren Niederschlag in der Dissoziation von emotionaler Beteiligung und Genitalerotik; genitale Strebungen werden mit Ausnahme einer direkten Befriedigung voyeuristischer Bedürfnisse nur stellvertretend befriedigt, während die präödipale polymorph-perverse Sexualität entweder verdrängt oder nur in sehr mechanischer, depersonalisierter oder ritualisierter Weise toleriert wird. In der von Regression geprägten Gruppenatmosphäre der Massenkultur funktioniert das Über-Ich auf der Ebene der Latenzphase; die Über-Ich-Funktionen sind geschwächt, weil die persönliche Verantwortung durch die Projektion dieser Funktionen auf die Gruppe suspendiert oder herabgesetzt wird (die implizierte Sanktionierung des Spektakels, an dem das Individuum als Gruppenmitglied teilnimmt, durch die Gruppe: Freuds Grundmechanismus der Projektion des Ich-Ideals in der Massenpsychologie). Individuelles Denken, eigenständige Entscheidungen, Werturteile und diskriminierende Funktionen sind ebenso wie die höheren Ebenen der Über-Ich- und Ich-Funktionen deutlich reduziert. Die gesellschaftliche Sanktionierung der Massenkultur und die entsprechende Gruppenregression, in der sich die Massenpsychologie widerspiegelt, repräsentieren jene Zustimmung der elterlichen Autorität wie auch der Peer-Groups, die dem Latenzkind Sicherheit vermittelt. Eine Konventionalität von Werten und Interessen bestätigt diese Zustimmungen und Billigungen und gewährleistet persönliche Sicherheit. Mit seiner idealisierten und sentimentalisierten Aktivierung der Nostalgie gratifiziert der Kitsch Abhängigkeitsbedürfnisse, während die Identifizierung mit den als Stellvertreter dienenden Romanfiguren oder Helden Autonomie- und Machtansprüche bestätigt. Abhängigkeit und Unabhängigkeit, Triebbefriedigung und Autonomie, moralische Rechtfertigung und die Sehnsucht nach einem Frieden mit sich selbst werden auf diese Weise durch eine Illusion gewährleistet, die real zu sein scheint, weil sie gesellschaftlich geteilt wird.

Massenunterhaltung, Gruppenregression und Führung

Wir haben nun die Elemente versammelt, die wir für ein Entwicklungsschema der Regressionen in Gruppen benötigen; ein besonderes Gewicht liegt dabei auf der Massenkultur und dem Charakter ihrer Führung, die durch die Schlüsselperson, den Gastgeber, Kommentator oder Kolumnisten, verkörpert wird. Ich beschreibe zwei Ebenen der Regression: Die erste, mildere Ebene kennzeichnet die Massenunterhaltung; die zweite ist ernsterer Natur.

Die erste Ebene der Regression kann man beobachten, wenn sich Menschen vorübergehend in großer Zahl zusammenfinden, etwa bei Festveranstaltungen oder im Theater, oder wenn sie Teil einer unsichtbaren, von Individuen gebildeten temporären Masse sind, die simultan Massenmedien (Presse, Rundfunk und vor allem Fernsehen) konsumieren, sich aber isoliert voneinander in ihren Wohnungen aufhalten.

Auf dieser Ebene wird die Gefahr eines Verlustes der persönlichen Identität – eine Gefahr, die ein Merkmal unstrukturierter Großgruppen darstellt – durch das allen gemeinsame Vorhaben aufgewogen. Die unbewußte Identifizierung mit den anderen Mitgliedern der Masse entschädigt nicht nur für den vorübergehenden Verlust der persönlichen Identität, sondern vermittelt darüber hinaus auch ein Gefühl der Macht, Wichtigkeit und Sicherheit. Solange alle übrigen anwesend sind, tut das Individuum das Richtige (Canetti 1960). Da die Über-Ich-Funktionen unter den Bedingungen der Gruppenregression auf die Großgruppe projiziert werden und die Ungewißheit bekämpft werden muß, die zu Beginn sämtlicher regressiver Gruppenprozesse auftaucht, wird das Individuum abhängig von seinen Phantasien über die Meinung, die sich alle anderen von der Qualität des kulturellen Angebots bilden.

Wenn sich die Führung der Großgruppe unter solchen Umständen herausbildet, besteht ein erhöhter Respekt vor dem Leiter als Autorität und eine vermehrte Bereitschaft, sein Urteil, das gewöhnlich in einfachen Generalisierungen Ausdruck findet, zu akzeptieren. Eine gutartige Vaterfigur – selbst eine strenge, sofern sie gerecht ist – wird die suggestiven Einflüsse konventioneller Wahrheiten verstärken; leichte Schwankungen eines solchen Leiters in die paranoide oder narzißtische Richtung werden das Erleben der Gruppenkohärenz, der Macht und des Hochgefühls in der Gruppe intensivieren (Kernberg 1980 a). Fernsehmoderatoren und Zeitungskolumnisten erfüllen diese Funktion intuitiv. Die eitle, selbstzufriedene, schmeichlerische Haltung der narzißtischen Persönlichkeit weckt ein Gefühl sentimentalen und befriedigten Behagens, während die leicht persekutorische Haltung des Führers, der gegen Unmoral zu Felde zieht oder alles bekämpft, was konventionellen Normen zuwiderläuft, bei den Gruppenmitgliedern eine rechtschaffene Empörung hervorruft, die ihnen die Identifizierung mit dem Führer erleichtert und so auch ihr eigenes Selbstwertgefühl stärkt.

Auf dieser ersten Regressionsebene kommt es im allgemeinen zu einer kollektiven Projektion des ödipalen Über-Ichs. Trotzdem aber bewahren sich die Individuen ein integriertes Selbstkonzept und die entsprechenden integrierten, realistischen Objektrepräsentanzen, die zusammen mit dem Selbstkonzept die Ich-Identität konstituieren. Die Erhaltung der Ich-Identität wird durch eine partielle oder zeitlich begrenzte Aktivierung von Gruppenprozessen im Kontext gesellschaftlicher Bedingungen oder Strukturen ermöglicht, die es dem Individuum erlauben, die üblichen Status- und Rollenbedingungen im Leben außerhalb der Gruppe aufrechtzuerhalten.

Im Gegensatz dazu werden auf der zweiten, tieferen Regressionsebene das integrierte Selbstkonzept und das integrierte Konzept anderer durch den Verlust der gewöhnlichen Rollen- und Statusbedingungen und durch die gleichzeitige Anwesenheit zahlreicher Personen bedroht, welche die Vielfalt internalisierter Partialobjekt-Beziehungen auf einer primitiven Ebene der Ich-Entwicklung reproduzieren. Diese zweite Regressionsebene läßt sich in großen, unstrukturierten Gruppen beobachten. Sie kann aktiviert werden, wenn die normale Struktur in großen Organisationen zusammenbricht, läßt sich aber auch an den temporären Bildungen von Mobs unter sozialer Spannung und Unruhe beobachten, das heißt in einem »Machtvakuum« innerhalb einer zuvor gut organisierten Sozialstruktur. Eine Aufhebung der gewöhnlichen sozialen Rollen, die Anwesenheit zahlreicher Personen in einer vollständig unstrukturierten Beziehung und die Unfähigkeit, sich solch angsterregenden sozialen Bedingungen zu entziehen, dies alles läßt sich experimentell in Klein- und Großgruppensituationen, wie sie von Bion, Turquet und Anzieu untersucht wurden, herbeiführen. Eine ähnliche Regression findet aber auch in gewöhnlichen sozialen Organisationen statt, wenn etwa die Arbeitsstruktur zusammenbricht oder wenn das Versagen funktionaler Führung eine unmittelbare Regression in sämtlichen Aufgabensystemen auslöst; eine gesellschaftliche Regression findet statt, wenn soziale Umwälzungen, äußere Bedrohungen, die Desorganisation der gewohnten schützenden Sozialstrukturen oder extreme soziale Isolation durch eine soziale Subgroup die von den genannten Autoren beschriebenen Bedingungen entstehen lassen (Kernberg 1980 b).

Hier versagt die Projektion des integrierten ödipalen Über-Ichs, weil eine integrierte Sozialstruktur oder eine funktionale Führung, auf die es projiziert werden könnte, fehlt. Eine Regression auf die präödipalen Vorläufer des Über-Ichs und Bemühungen um deren massive Projektion gehen mit einer Regression auf präödipale Konstituenten der Ich-Formation einher. Die regressive Abhängigkeits- und die Kampf-Flucht-Gruppe, die Bion beschreibt, gewinnen eine weit größere Bedeutung als die Paarbildungsgruppe und die residuale ödipale Sexualität; gesucht wird nun der primitive Ich-Ideal-Führer, der präödipale Elternbilder widerspiegelt, Bilder von Eltern, die unbegrenzt geben und gratifizieren. Den letzten Ausweg verkörpert der Führer als pseudoväterlicher Urheber der Illusionen, der die von Anzieu und Chasseguet-Smirgel beschriebene allmächtige und unbeschränkt gratifizierende präödipale Mutter repräsentiert.

Der Massenaufmarsch beim Reichsparteitag der Nationalsozialisten in Nürnberg, den der klassische Propagandafilm *Triumph des Willens* dokumentiert, zeigt alle Merkmale der Gruppenregression. Hitler wird hier als Gottheit dargestellt, die vom Himmel herabsteigt und dem Leben der versammelten Massen Bedeutung verleiht. Unter solchen Bedingungen kann die Gruppenillusion einer vollkommenen Befriedigung (durch das primäre Objekt, welches der Führer repräsentiert) so lange agiert werden, wie die Minimalerfordernisse der frühesten sozialen Gruppenbildungen (der Latenz) erfüllt sind. Die Lebensvorstellung und Moral des Latenzkindes schaffen so die unbewußten Voraussetzungen (ein unbewußtes »Imprimatur«) für eine fast hypomanische, gedankenlose und jeder Verantwortung enthobene Verschmelzung mit der Massenansammlung.

Es besteht auch die Möglichkeit, daß die Gruppe in Situationen sozialen Aufruhrs, bei Unruhen oder Streß – und in Anwesenheit eines mächtigen paranoiden Führers – ins Gegenextrem wechselt und einen primitiven, mächtigen und sadistischen Führer anerkennt, der den Gruppenmitgliedern vermittelt, daß sie sich durch eine kollektive Identifizierung mit der von ihm verkörperten primitiven Aggression vor Verfolgung schützen können, indem sie selbst zu Verfolgern werden.

Mit anderen Worten: Auf dieser zweiten Regressionsebene aktivieren Gruppenprozesse die Suche nach primitiven narzißtischen oder aber paranoiden Führern; abhängig ist dies von dem Ausmaß, in dem äußere Umstände die Gruppe real bedrohen oder frustrieren und auf diese Weise die reale, durch Gewalt drohende Gefahr und das Bedürfnis intensivieren, sich gegen diese durch Projektion nach außen zu verteidigen. Wenn solche sozialen Bedrohungen eher fehlen und die Möglichkeit einer realistischen Befriedigung primitiver Bedürfnisse innerhalb einer toleranten und flexiblen sozialen Umwelt besteht, dominiert vermutlich eher eine narzißtische Führung. Wie dem auch sei – Gruppenemotionen und Führung schwanken in extremem Maße zwischen einem paranoiden und einem narzißtischen Pol hin und her. Eine Lösung für das unsichere Oszillieren der Gruppe zwischen narzißtischer und paranoider Orientierung kann darin bestehen, eine primitive Führung extrem narzißtischen und paranoiden Charakters miteinander zu kombinieren; indem diese Führung primitiven Narzißmus und primitive Aggression in sich verdichtet, reproduziert sie die Psychopathologie, die ich als *malignen Narzißmus* bezeichnet habe.

Wenn eine narzißtische Gruppenbildung dominiert, können eine diffuse polymorphe Erotik idealisiert und sadistische Aspekte sexueller Interaktionen verleugnet und projiziert werden; bei paranoiden Gruppenbildungen kann sadistisches Sexualverhalten ich-synton werden; es wird rationalisiert, wie es zum Beispiel in der religiösen Sekte von Jim Jones geschah. Bei Großgruppenbildungen und politischen Massen sind auf dieser Regressionsebene gewalttätige Destruktivität und Mord möglich.

Wie ist die Beziehung zwischen der ersten und der zweiten Regressionsebene beschaffen? In der Großgruppe schützen narzißtische Regression und Führung die Gruppe vor einer basalen paranoiden Disposition. Stellen Massenkultur und Massenunterhaltung einen »harmlosen« Schutz vor stärkeren Regressionspotentialen der Gruppenbildung dar? Oder gibt es ein Kontinuum der

Gruppenregression, das die Massenkultur zum »Sprungbrett« für eine potentielle weitere Regression werden läßt? Die potentielle Beziehung zwischen den an der »harmlosen« Massenunterhaltung einerseits und gravierend regressiven, paranoiden Massenbewegungen andererseits zu beobachtenden regressiven Gruppenprozessen – eine potentielle Beziehung, die in der Vielzahl ihrer gemeinsamen grundlegenden Prozesse zum Ausdruck kommt – wirft die Frage auf, ob Massenmedien potentiell gefährliche oder aber schützende Funktionen erfüllen.

Horkheimer und Adorno (1947) sowie Anders (1956, 1980) beschrieben die Massenkultur als malignen Prozeß, der zu einer Infantilisierung der Massen und zur Herrschaft über diese Massen durch kapitalistische oder kommunistische Eliten führe. Brantlinger (1983) hingegen betrachtet die Massenkultur als den niedrigen Preis, der für die Befriedigung regressiver Gruppenprozesse auf einem relativ harmlosen Niveau zu zahlen sei – ein geringer Preis als Gegenleistung dafür, daß großen Segmenten der Bevölkerung Information, künstlerische Kommunikation und Unterhaltung zur Verfügung gestellt werden. Friedrich Engels paraphrasierend, behauptet Moscovici (1981), daß »Kommunikation Valium für das Volk« sei. Man kann die narzißtische Welt der Seifenoper und das paranoide Szenarium des Thrillers als Regressionen im Dienste des Ichs betrachten, die sich von den unter turbulenten gesellschaftlichen und politischen Bedingungen aktivierten, hochgradig narzißtischen und paranoiden Regressionen der Gruppenprozesse und der Gruppenführung auf die zweite Ebene erheblich unterscheiden.

Ich halte es für wahrscheinlich, daß die Ebene der Gruppenregression zusammen mit der Ebene der individuellen Psychopathologie determiniert, auf welche Ebene das Individuum in seiner Loyalität gegenüber einer durch eine Gruppe geförderten Ideologie regrediert. Die in mildem Maß regressive Gruppenideologie, die von den gewöhnlichen Massenmedien vermittelt wird, fördert trivialste und konventionellste Manifestationen solcher Ideologien, wie zum Beispiel das Lippenbekenntnis zum Marxismus in kommunistischen Gesellschaften oder zum Katholizismus in lateinamerikanischen Ländern. Ebendiese Ideologien können auf einer weniger konventionellen und trivialen Ebene und als Teil des hochdifferenzierten Wertesystems autonomer Individuen in Form starker, komplexer, persönlicher ideologischer Verpflichtungen zum Ausdruck kommen, die durch Unabhängigkeit sowie durch ethische Tiefe und Beständigkeit der Überzeugungen gekennzeichnet sind und sich zugleich eine Offenheit für spezifische individuelle Umstände bewahren. Im anderen Extrem können dieselben Ideologien auf primitive, sadistische und psychopathische Formen regredieren; ein Beispiel dafür ist die Mixtur aus Terrorismus und gewöhnlicher Kriminalität, die man bei manchen marxistischen Gruppen oder bei den Terrorgruppen beobachtet, die sich fundamentalistischen islamischen Regimen verpflichtet haben. Die Umwandlung von Massenkommunikation und -unterhaltung in eine Propagandamaschinerie totalitärer Regime illustriert den gefährlichen Charakter des auf diese Weise aktivierten Potentials zur Gruppenregression (Welch 1983).

Die vielleicht größte Gefahr für den demokratischen politischen Prozeß einer pluralistischen Gesellschaft besteht in dem Einfluß, den die Massenmedien auf den politischen Prozeß selbst ausüben. Mit ihrem Verständnis der Massenpsychologie könnte die Psychoanalyse einen wichtigen Beitrag zur Bekämpfung einer Entwicklung leisten, die der Beteiligung der Intelligenz am politischen Prozeß gefährlich werden kann. Noch wissen wir nicht, in welchem Maße eine höhere Bildung das Individuum auf Dauer vor regressiven Gruppenprozessen zu schützen vermag oder inwieweit die Trivialität von Massenkultur und Massenunterhaltung lediglich eine konstante historische Dialektik zwischen dem Individuum und den Massen illustriert, welche die regressiven Bedürfnisse auf sozial adaptive Weise befriedigt und historisch ältere Formen ritualisierter sozialer Regression ersetzt. Selbst wenn die Massenunterhaltung durch ökonomische und politische Interessen ausgenutzt wird, macht ihre Effektivität es erforderlich, die von ihr befriedigten psychischen Bedürfnisse eingehender zu erforschen.

Die Regression, die durch Massenkultur und Massenunterhaltung induziert wird und sich in diesen Erscheinungen widerspiegelt, aktualisiert die Wertesysteme und die Moral der Latenzjahre. Diese Wertesysteme werden durch Großgruppenprozesse aktiviert, die sich in der durch die Massenmedien konstituierten unsichtbaren Gruppe entwickeln. Zu den Charakteristika des Latenzalters gehört die Projektion der unbewußten Über-Ich-Struktur der postödipalen Phase auf die illusionäre Gruppe der Teilnehmer, die sich so ihrer persönlichen Identität innerhalb jener Gruppe versichern. Dieses Gefühl der Vergewisserung stellt sich mit der bereitwilligen Akzeptanz der Konventionalität ein, der Dissoziation von Sex und Zärtlichkeit und der präödipalen (narzißtischen und paranoiden) Befriedigung auf einer weitgehend sublimatorischen Ebene. Die Gefahr schwerer wiegender regressiver Großgruppenprozesse besteht in der unmittelbaren Aktivierung primitiver Objektbeziehungen, der Projektion von präödipalen Über-Ich-Vorläufern auf potentielle Führer und der entsprechenden Aktivierung von primitiven narzißtischen oder paranoiden Tendenzen in der Führung selbst – Vorgänge, die Gewalt, primitive Gleichmacherei und totalitäre Kontrolle nach sich ziehen können. Konventionalität kann der Preis für soziale Stabilität sein, sie kann aber auch die stets gegenwärtige Gefahr einer schwereren Gruppenregression zu erkennen geben. Mit Hilfe einer bewußten Manipulation der durch die Massenkultur aktivierten Massenpsychologie können politische Gruppen den Bereich des konventionellen Denkens erweitern oder den des individuellen Urteils begrenzen. Was das Individuum betrifft, ist Konventionalität eine Funktion der individuellen Persönlichkeit und der Aktivierung der regressiven Massenpsychologie. Die meisten Menschen lassen sich zu Erholungszwecken vorübergehend auf die Konventionalität der Massenkultur ein; manche aber hält sie dauerhaft gefangen.

16 Ideologie und Bürokratie als soziale Abwehr gegen Aggression

Regression und Regressionsabwehr in Großgruppen

Im ersten Kapitel habe ich die Ansicht vertreten, daß der von Turquet (1975) beschriebene, in Großgruppen eintretende Verlust des Identitätsgefühls die Grundsituation darstellt, gegen die sowohl die von Freud (1921) analysierte Idealisierung des Hordenführers als auch die von Bion (1961) beschriebenen Kleingruppenprozesse, das heißt Flucht-Kampf-, Abhängigkeits- und Paarbildungsprozesse, schützen. Ich formulierte die These, daß Gruppenprozesse infolge des spezifischen Charakters der Gruppenregression zu einer elementaren Gefahr für die persönliche Identität der Mitglieder werden – einer Gefahr, die damit zusammenhängt, daß in Gruppensituationen sehr leicht primitive Objektbeziehungen, primitive Abwehroperationen und primitive Aggression mit vorwiegend prägenitalen Merkmalen aktiviert werden. Diese Prozesse, insbesondere die Aktivierung primitiver Aggression, gefährden das Überleben des Individuums in der Gruppe sowie jede Aufgabe, welche die Gruppe erfüllen muß.

Die von Freud erläuterte blinde Gefolgschaft, die der Mob dem idealisierten Führer leistet, rekonstituiert eine Art Identität durch Identifizierung mit dem Führer; sie schützt das Individuum durch diese gemeinsame Identität und die gemeinsame Projektion von Aggression auf äußere Feinde vor gruppeninterner Aggression; und sie befriedigt durch Unterwerfung unter den Führer Abhängigkeitsbedürfnisse. Das Machtgefühl, welches das Individuum in einem Mob erlebt, befriedigt auch primitive narzißtische Bedürfnisse. Ich habe die Auffassung vertreten, daß der von Grund auf irrationale Charakter des Mobs paradoxerweise einen besseren Schutz vor dem schmerzvollen Bewußtwerden der Aggression bietet als das Geschehen in Kleingruppensituationen mit undefinierten äußeren Feinden oder in Kleingruppen, in denen sich die Einsicht, daß der »Feind« Bestandteil der Gruppe selbst ist, nur schwer vermeiden läßt.

Die Erforschung von Großgruppenprozessen verdeutlicht auch die Gefahr, die der individuellen Identität unter sozialen Bedingungen droht, in denen sich folgende Entwicklungen vollziehen: Die gewöhnlichen Rollenfunktionen sind aufgehoben, verschiedenartige Projektionsmechanismen sind nicht länger effizient, und die Beziehungen, die zwischen allen Individuen innerhalb einer Großgruppensituation bestehen, replizieren die Vielfalt primitiver Selbst- und Objektrepräsentanzen, die als intrapsychische Strukturen des Individuums vor der Konsolidierung von Ich, Über-Ich und Es – das heißt auch vor der Konsolidierung der Ich-Identität – dominieren. Hier zeigen sich auch die regressiven Merkmale von Partialobjektbeziehungen, die dann in Erscheinung treten, wenn die normale Ich-Identität nicht entwickelt werden konnte oder desintegriert. Großgruppenprozesse werfen darüber hinaus Licht auf den engen Zusammenhang zwischen Bedrohungen der Identität und der Angst vor dem möglichen Auftauchen primitiver Aggression und aggressionsdurchsetzter Sexualität. Die Beobachtungen, die ich an individuellen Patienten sowie in Kleingruppen und Gruppenprozessen im Leben von Organisationen und Institutionen gesammelt habe, bestätigen die überwältigende Bedeutung, die der Aggression in unstrukturierten Gruppensituationen zukommt.

Entscheidend ist, daß ein wichtiger Teil nicht integrierter und nicht sublimierter Aggression in Gruppen- und Organisationsprozessen ständig auf stellvertretende Weise Ausdruck findet. Wenn sich in einer aufgabenorientierten Organisation relativ gut strukturierte Gruppenprozesse entwickeln, wird die Aggression in den Entscheidungsprozeß kanalisiert. Dies geschieht vor allem dadurch, daß primitive Führungseigenschaften in Personen aktiviert werden, die leitende Positionen innehaben. Auf ähnliche Weise bildet die Machtausübung im Leben von Organisationen und Institutionen einen wichtigen Kanal für die gruppeninterne Äußerung von Aggression, die in dyadischen und triadischen Beziehungen normalerweise unter Kontrolle gehalten würde. Aggression taucht direkter und wesentlich intensiver auf, wenn die Gruppenprozesse relativ unstrukturiert sind.

Im Gegensatz zu den dominanten Gruppeneigenschaften der instabilen, bedrohlichen, potentiell zur Gewalt neigenden und eine Identitätsdiffusion herbeiführenden Großgruppe bearbeitet die Kleingruppenformation die Idealisierung-Verfolgung-Dichotomie durch die Aktivierung der von Bion beschriebenen Abhängigkeits- beziehungsweise Kampf-Flucht-Gruppe. Die Aktivierung der Paarbildungs-Grundannahme kann als ein ambivalenter Versuch betrachtet werden, durch die Idealisierung eines auserwählten sexuellen Paares primitiven Konflikten zu entkommen, die mit Aggression, primitiven Objektbeziehungen und primitiven Abwehrmethoden zusammenhängen.

Paranoide Regressionen in Institutionen

Die beiden auffälligsten Mechanismen, mit deren Hilfe sich die Großgruppe vor der Gefahr drohender Aggression zu schützen sucht, sind die Entwicklung einer Ad-hoc-Ideologie und der Bürokratisierungsprozeß. Die Entwicklung einer simplizistischen Philosophie, die als beschwichtigende, beruhigende Doktrin dient und das gesamte Denken auf Klischees reduziert, wie Turquet (1975) es beschreibt, das primitive, narzißtische Ich-Ideal der Großgruppenprozesse, das Anzieu (1971) erläutert hat, sowie die narzißtische Ideologie und Idealisierung eines pseudoväterlichen Führers als Urheber der Illusionen, den Chasseguet-Smirgel (1975) beschreibt – all dies bezieht sich auf die Tendenz zu einer narzißtischen Regression auf eine primitive Ideologie, welche die Großgruppe in die typische »festliche Masse« Canettis (1960) verwandelt. Diese Gruppe geht, wie wir sagen könnten, in abhängigem und narzißtischem Verhalten auf; dementsprechend sucht sie bei ihrem Führer nach einer beschwichtigenden, narzißtischen, beruhigenden Mittelmäßigkeit. Eine solche Führung bietet sich garantiert immer an. Im fünfzehnten Kapitel habe ich diese Regression als Charakteristikum der Massenpsychologie der Konventionalität beschrieben, welche die für das Über-Ich des Latenzkindes typische Ideologie widerspiegelt und durch die Massenunterhaltung repräsentiert wird.

Statt in eine statische Menge kann sich die Großgruppe, wie wir im dritten Kapitel gesehen habe, in einen dynamischen Mob verwandeln, der durch vorwiegend paranoide Merkmale und die Wahl einer paranoiden Führung charakterisiert ist; typisch für diese Entwicklung ist die Massenpsychologie revolutionärer Massenbildungen. Konventionalität einerseits und zur Gewalt bereite revolutionäre Bewegungen mit einer totalitären Ideologie andererseits können als die entsprechenden massenpsychologischen Folgen von Idealisierung und Verfolgung – als basalen Gruppenphänomenen und als Containment der Aggression durch Verleugnung und Reaktionsbildung beziehungsweise durch deren gewalttätiges Agieren – betrachtet werden.

Nachdem ich die Freisetzung von Aggression unter den Bedingungen regredierter und unstrukturierter Gruppenprozesse dargestellt habe, möchte ich nun auch jene Bedingungen erforschen, unter denen sich pathologische Aggression im Kontext des Funktionierens und Fehlfunktionierens von Institutionen entwickelt, sowie die Schicksale von Ideologie und Bürokratie als Schutz- und Korrekturmaßnahmen gegen den Ausbruch von Aggression untersuchen.

Im achten Kapitel habe ich mit Hilfe von Jaques' (1976) Einteilung sozialer Institutionen in erfordernisgerechte (funktionale) und paranoiagene (dysfunktionale) Institutionen die Beschaffenheit paranoiagener Organisationen untersucht; als deren Charakteristika hatte Jaques das Vorherrschen von Mißtrauen, Neid, feindseliger Rivalität und Angst und den Zusammenbruch sozialer Beziehungen – trotz möglicher individueller guter Absichten – beschrieben. Ich habe diese Darstellung erweitert und ein breites Spektrum der institutionellen Paranoiagenese postuliert, das sich von einem psychopathischen bis zu einem depressiven Pol erstreckt.

Bürokratie

Im achten Kapitel habe ich gezeigt, auf welche Weise bürokratische Strukturen die Paranoiagenese in Organisationen zu reduzieren versuchen und der abgewehrte institutionelle Sadismus in aufgeblähten bürokratischen Systemen wieder zutage treten kann. Wer von uns in Ausübung von Leitungsfunktionen im Gesundheitssystem mit Angehörigen großer bürokratischer Organisationen zu verhandeln hatte, kann zahllose Beispiele für sadistisches Verhalten von Inspektoren, Verwaltern und anderen Behördenvertretern schildern. Daß Bürokratien gezwungen sind, ihre eigenen Funktionen zu rechtfertigen und zu erweitern, hat eine wichtige – und in gesellschaftlichem Maßstab verheerende – Konsequenz, nämlich die Schaffung von nichtfunktionaler, redundanter Arbeit, die sozialen Organisationen ungeheure, wenn auch meist nicht wahrgenommene Kosten aufbürdet. Einer Kalkulation der Vereinigung der New Yorker Krankenhäuser zufolge werden 25 % vom Gesamtbudget der Kliniken darauf verwendet, bürokratischen Anforderungen dieser oder jener Art gerecht zu werden (McCarthy 1978).

Selbst ohne spezifische ideologische Begründungen wird zur Rechtfertigung bürokratischer Unflexibilität gewöhnlich eines von drei möglichen bürokratischen Klischees bemüht: »So machen wir es schon immer«, »So haben wir es noch nie gemacht« und »Wenn wir das für Sie machen, kann jeder kommen und das gleiche verlangen«. Werden die bürokratischen Erfordernisse zudem durch ein ideologisches System gerechtfertigt oder ideologisch geprägt, können die sadistischen, moralistischen und strafenden Auswirkungen bürokratischen Handelns objektiv persekutorische Züge annehmen.

Es erübrigt sich, die furchtbaren Konsequenzen zu schildern, die das effiziente Funktionieren der Bürokratien in totalitären Staaten wie Hitlers Deutschland und Stalins Sowjetunion für große Teile der Bevölkerung nach sich zog. In begrenztem Maße lassen sich ähnliche Formen einer ideologischen Infiltration gut funktionierender Bürokratien auch in demokratischen Ländern beobachten. In den Vereinigten Staaten macht sich die ideologische Infiltration bürokratischer Kontrollsysteme wahrscheinlich am stärksten innerhalb der Regulationssysteme bemerkbar, die Gesundheit, Erziehung, Wohlfahrt, Immigration und vor allem die Justiz betreffen. Sie führt zu einer Reduzierung der Effizienz, zur Schaffung parasitärer Arbeit und zur Einschränkung individueller Freiheit und normaler sozialer Interaktionen. Zugleich wird die paranoiagene, persekutorische Regulation des Sozialsystems verstärkt. Im industriellen Privatsektor kann man bürokratische Regulationen möglicherweise in ein dynamisches Gleichgewicht mit der Notwendigkeit effizienten Funktionierens bringen, weil die Kostensteigerung dort unmittelbar ersichtlich ist.

Was beispielsweise die bürokratische Hypertrophie des Justizsystems betrifft, so hat Salvador Minuchin (pers. Mitteilung 1993) die verheerenden Auswirkungen standardisierter bürokratischer Verfahren im Umgang mit Kindesvernachlässigung und Kindesmißbrauch geschildert. Neben dem Richter werden unabhängige Rechtsberater für das Kind und für die Eltern ernannt, und jedes vernachlässigte Kind aus einer dysfunktionalen Familie wird vor Gericht als separater Fall behandelt; all dies hat zur Folge, daß ungeheure Ressourcen in den Verfahrenswegen versickern, daß die Autorität der für das Kind und die Familie zuständigen Gesundheitsbehörden geschmälert und die Familienkonflikte verstärkt werden, weil man sie in ein menschenfeindliches Rechtssystem hineinträgt.

Der Äußerung von Neid innerhalb großer Gruppen gegenüber Individuen, deren Fähigkeit zu unabhängigem Denken und autonomem Handeln Ressentiments weckt, wiederholt sich in dem bürokratischen Mißtrauen gegenüber kreativen, innovativen Lösungen von Problemen, die als Angelegenheit der Bürokratie betrachtet werden. Die manifesten Ressentiments, die Bürokraten originellen Lösungen entgegenbringen, finden einen beunruhigenden, wenngleich nicht überraschenden Widerhall bei den mißmutigen Mitgliedern einer regredierten Institution, die auf die kreative Aufgabenerfüllung ihrer eigenen Führer ablehnend reagieren. Die berüchtigten anonymen Briefe, die verärgerte Arbeitnehmer an Regulationsinstanzen richten, sind häufig Teil dieser Psychologie. Gelegentlich verschafft sich in diesen Briefen auch die Ohnmacht Ausdruck, die gesunde Angestellte an der Peripherie einer paranoiagenen Organisation empfinden.

Ideologie

Die bürokratische Hypertrophie kann auf komplexere, aber gleichermaßen destruktive Weise auch mit einer Ideologie zusammenhängen. Im Kontext der Gruppen- und Massenpsychologie bezeichnet Ideologie ein System von Überzeugungen, die einer Gruppe, einer Masse oder einer Gesellschaft hinsichtlich des Ursprungs und der Funktionen ihres Soziallebens gemeinsam sind, sowie die für ihre Gesellschaft erstrebten kulturellen und ethischen Ziele und Erwartungen. Hier geht es mir um die signifikanten Diskrepanzen zwischen den ideologischen Ansprüchen und Verpflichtungen einer Gesellschaft und ihren finanziellen Ressourcen. Bürokratische Notwendigkeiten, die Dienstleistungen erfordern, die eine Gesellschaft nicht finanzieren kann oder will, können einen unbewußten Kompromiß zwischen ideologischem Engagement und praktischen Überlegungen widerspiegeln. Die destruktiven Konsequenzen einer bürokratischen Verfolgung beispielsweise von Krankenhäusern, die ohne angemessene finanzielle Abdeckung Dienstleistungen erbringen sollen, führen aufgrund der nicht funktionalen Arbeit, die eine solche Verfolgung nach sich zieht, zu einer Verschlimmerung der finanziellen Krise.

Diesen Widersprüchen liegen in demokratischen Gesellschaften die Beziehungen zwischen den ideologischen Ansprüchen auf Freiheit, Gleichheit und Gerechtigkeit zugrunde, die Aggression auf einer sozialen Ebene »containen« sollen, zugleich aber auch das Agieren dieser Aggression fördern können. Eine humanistische Ideologie, in deren Zentrum der Respekt vor dem Individuum und vor individuellen Rechten steht, und der Anspruch auf Chancengleichheit und Gleichheit vor dem Gesetz – eine Ideologie, die einem demokratischen Regierungssystem innewohnt – können die sozialen Kontrollen stärken, die das Funktionieren von Organisationsstrukturen schützen. Und solche Kontrollsysteme können eine Organisation vor der Korruption ihrer Führer und dem paranoiagenen Verfall schützen, den der Machtmißbrauch nach sich zieht.

Dieselbe Ideologie aber kann durch die regressive Atmosphäre, die sich im Kontext von Großgruppenprozessen entwickelt, untergraben werden. Eine streitsüchtige Kultur, die Beschwerden künstlich aufbläht, kann individuelle Rechte pervertieren. Paranoide Grandiosität kann rationalisiert und zum Persönlichkeitsrecht deklariert werden. Das Streben nach Gleichheit kann der Rationalisierung des unbewußten Neides dienen, den regressive Gruppenprozesse erzeugen. Sinowjew (1981) beschrieb, welch wichtige Rolle die Gleichheitsideologie als Teil des Sowjetmarxismus dabei spielte, den Neid der Gruppe auf potentielle Führer zu stärken; die unbewußte Selbstvergewisserung, die mit der Beförderung mediokrer Individuen in leitende Positionen verbunden war, diente als Möglichkeit, solchen ideologisch verstärkten Neid zu beschwichtigen. Ich habe bereits erläutert, daß die Wahl von narzißtischen, mittelmäßigen Persönlichkeiten einen zentralen Aspekt der Transformation der Großgruppensituation in eine statische Gruppe darstellt, die sich zufrieden auf den narzißtischen Führer verläßt.

In dieser Hinsicht üben soziale Ideologien, die für das institutionelle Funktionieren nebensächlich sind, einen destruktiven Einfluß aus, und zwar vor allem dann, wenn einzelne Mitglieder diese Ideologie geschickt mißbrauchen – ein schmerzvoller Nebeneffekt der gutgemeinten Bemühungen um die gesellschaftlich verfügte und geschützte Rechtshilfe auf dem Klageweg. Wie wir gesehen haben, kann gerade das Ideal eines demokratischen Regierungssystems verhängnisvolle Konsequenzen nach sich ziehen, wenn es einen anderen wesentlichen Mechanismus auslöst, der paranoiagene Entwicklungen unter Kontrolle halten soll, nämlich einen demokratischen Entscheidungsprozeß.

Ich werde nun einige Eigenschaften ideologischer Systeme untersuchen, die dem regressiven Sog, der in unstrukturierten Gruppen auftaucht, zum Teil entgegenwirken können. Andere Merkmale können ein solches regressives Agieren der Aggression in Gruppen fördern und so zur »Wiederkehr des Verdrängten« führen, zum Agieren der Aggression in Form von Gewalt und sadistischer Macht, und zu einer Einschränkung der individuellen Freiheiten.

Unter psychoanalytischem Blickwinkel ist vor allem das Ausmaß von besonderem Interesse, in dem ein ideologisches System eine Weltanschauung enthält, die per definitionem all jene ausschließt, die sie nicht teilen, und sie zu Feinden erklärt, die kontrolliert oder eliminiert werden müssen – ein System also, das danach strebt, sämtliche Aspekte des sozialen Verhaltens zu beherrschen. Diese Charakteristika, die man als den »paranoiden Pol« von Ideologien bezeichnen könnte, finden sich in totalitären Gesellschaften, fundamentalistischen religiösen Bewegungen und bestimmten Sekten. Diese Einteilung der Menschen in treue Anhänger und gefährliche Feinde kann man auch an manchen rassistischen und nationalistischen Ideologien beobachten. Eine zweite Eigenschaft solcher Ideologien besteht darin, daß sie die Familie und private Beziehungen infiltrieren, also die Paarbeziehungen ihrer Kontrolle unterwerfen. Verbunden ist dies charakteristischerweise mit einer sexuellen Intoleranz, wie sie von Freud (1921) beschrieben wurde. Familie und sexuelle Intimität gefährden die vollständige Identifizierung des Individuums mit einer totalitären Ideologie. Ein dritte typische Eigenschaft totalitärer Ideologien ist ein konventioneller und konformistischer Kodex moralischer Prinzipien, die das individuelle Verhalten regulieren, Leitlinien, die an das Über-Ich der Latenzjahre erinnern. Fundamentalistische religiöse Gruppen beziehen diese Moral sehr spezifisch auf das individuelle Sexualverhalten – sie errichten letztlich eine massive Abwehr gegen die individuelle Freiheit, Erotik und Zärtlichkeit zu vereinen.

Am entgegengesetzten Ende des Spektrums ideologischer Regression – am narzißtischen Pol, wie man sagen könnte – finden wir die Transformation der Ideologien in gesellschaftliche, politische und religiöse Klischees, die ihre Sozialisierungsfunktion innerhalb der Gemeinschaft bewahren, das alltägliche Leben der Individuen, der Paare und der Gemeinschaft aber kaum beeinflussen. Ich beziehe mich hier zum Beispiel auf die ritualisierte Teilnahme an offiziellen nationalen, religiösen oder ethnischen Feierlichkeiten, deren Form wichtiger ist als die Verpflichtung gegenüber einer bestimmten Ideologie. All dies ist unter Umständen mit einer benignen Ritualisierung sozialer Interaktionen verbunden und kann eine historische, ethnische oder religiöse Tradition widerspiegeln. Ein spezieller Typus solch formalistischer und im Grunde hohler Ideologien kann eine totalitäre Gesellschaft durchdringen, in der die Realität des Alltagslebens in auffallendem Widerspruch zu dem ideologischen System steht. Ein klischeebesetztes Festhalten an der Ideologie zeigt den Verlust individueller Freiheiten sowie die Kluft zwischen einem unaufrichtigen öffentlichen Leben und einem harten privaten Dasein an. Kolakowski (1978 b), Voslensky (1984), Sinjawskij (1989) und Malia (1994) haben diese Eigenschaften als typische Merkmale beschrieben, welche die sozialen Strukturen der Sowjetunion in den dreißig Jahren vor ihrem Zusammenbruch prägten.

In der Mitte zwischen diesen beiden Extremen der Ideologiebildung können wir ideologische Systeme einordnen, die folgende Eigenschaften aufweisen oder in irgendeiner Phase ihrer historischen Entwicklung angenommen haben: In der Regel dient ihnen ein allgemeines humanistisches Wertesystem als Grundlage, in dessen Rahmen individuelle Rechte und Verantwortlichkeiten betont werden; individuelle Verantwortlichkeiten sind mit moralischen Ansprüchen verbunden, die in der Beziehung zur Gemeinschaft Ausdruck finden; und individuelle ethische Werte, potentielle Unterschiede zwischen den Individuen sowie das Recht, private Entscheidungen in bezug auf Familie und sexuelle Beziehungen zu treffen, werden respektiert. Diese Ideologien betonen die Gleichheit der Rechte, die sie durch die Gleichheit vor dem Gesetz und den gleichen Zugang zum Gesetz gewährleisten, und tolerieren unterschiedliche Lebensweisen – das heißt, sie setzen keinen ideologischen Egalitarismus durch, der die individuelle Entscheidungsfreiheit erheblich einschränken würde.

Das ideologische Spektrum, das von klischeebesetzten Ritualen in einem Extrem über einen humanistischen mittleren Bereich bis zur Gewaltherrschaft eines restriktiven Totalitarismus im anderen Extrem reicht, kann ein und dasselbe theoretische System enthalten, das heißt, ein und dieselbe Ideologie kann auf verschiedenen Regressionsebenen operieren. So kann man, wie wir gesehen haben, den für die Sowjetunion und ihre Satellitenstaaten typischen klischeebesetzten Pseudomarxismus als Gegenstück zu den paranoiden Ideologien marxistischer Terrorgruppen in Kambodscha, in Deutschland, im Mittleren Osten und in Peru betrachten, während der mittlere Bereich als »Marxismus mit menschlichem Gesicht« Ausdruck in der Ideologie bestimmter kommunistischer Reformbewegungen in Ost- und Westeuropa findet. Religiöse Systeme, deren verschiedenartige Manifestationen sich über das gesamte Spektrum erstrecken, erlauben ähnliche Beobachtungen. Die paranoiden Ideologien agieren die Aggression, zu deren Abwehr die Ideologie ursprünglich auftauchte; und die Verbindung von paranoiden Ideologien und gut funktionierenden Bürokratien kann für das menschliche Überleben gefährlich sein. Unter diesen Umständen kann die effiziente Bürokratie eine offene Gesellschaft in einen politischen Staat verwandeln.

Nun können wir den Beitrag untersuchen, den das Individuum zu dem Niveau der ideologischen Reife oder Regression leistet, das es infolge der Entwicklung individueller Über-Ich-Funktionen erlangt. Auch hier haben wir ein Spektrum, das von der primitiven, sadistischen, konventionellen Moral der klassischen autoritären Persönlichkeit bis zum Individuum mit starken antisozialen Tendenzen und seiner zynischen Manipulation sozial anerkannter Überzeugungssysteme reicht. Das Individuum mit einem reifen Über-Ich nimmt den mittleren Bereich des Spektrums ein.

Die Fixierung des Individuums an eine Ebene primitiver Über-Ich-Aktivität, die sämtliche Werte in ausschließlich gute und ausschließlich böse unterteilt, für den Einzelnen eine »Gerechtigkeit« anstrebt, die ein System rationalisierten Neides und den Haß auf die Rechte und den Besitz anderer widerspiegelt, und eine Sexualmoral vertritt, die eine absolute Spaltung zwischen liebevollen Beziehungen und Sexualität aufrechterhält, gibt eine schwere Charakterpathologie und zugleich eine Übereinstimmung mit den typischen Eigenschaften fundamentalistischer Ideologien zu erkennen. Gesellschaftliche, kulturelle, historische und ökonomische Bedingungen können für das Niveau des ideologischen Engagements, dem sich eine Kultur zu einem bestimmten Zeitpunkt verpflichtet, ausschlaggebend sein; aber es hängt von der Psychopathologie des Individuums oder der Reife seiner Über-Ich-Funktionen ab, ob und wann es in den Strom der Geschichte eintritt.

Psychoanalytische und soziologische Konvergenzen

Ich habe die Auffassung vertreten, daß die Psychologie der Klein- und Großgruppen, der Mobs und der Massenbewegungen unter den Bedingungen unstrukturierter sozialer Interaktionen die Äußerung primitiver Aggression und entsprechender Abwehrmechanismen mit einschließt, die normalerweise in den begrenzten dyadischen und triadischen Beziehungen der Individuen, Paare und bis zu einem gewissen Grad auch der Familien unter Kontrolle gehalten werden. Ebenso spiegeln die Beziehungen innerhalb der üblichen sozialen Netzwerke, die für Gemeinschaften charakteristisch sind, in hohem Maße die dyadischen und triadischen Beziehungen wider, in denen primitive Aggression und deren Abwehr kontrolliert werden.

Im Gegensatz dazu tauchen in Reaktion auf die Freisetzung primitiver Aggression in den Gruppensituationen regressive narzißtische und paranoide Entwicklungen auf. Narzißtische Entwicklungen manifestieren sich in dem statischen, gratifizierenden, wenngleich auch simplifizierenden und zuweilen verdummend wirkenden Genuß der Gruppenregression und der damit verbundenen Beziehung zu einer narzißtischen, primitiven, klischeebesetzten Führung; für die paranoide Regression hingegen ist der dynamische Mob charakteristisch, also die von Freud (1921) beschriebene Massenbewegung mit ihrer Freisetzung von Gewalt und der Eliminierung üblicher moralischer Schranken. Unter den Bedingungen der paranoiden Regression übernehmen in der Regel Personen mit paranoiden Eigenschaften die Führung; sie zeigen eine Richtung auf, rationalisieren den Ausdruck von Destruktivität und fördern ihn.

Ich habe die Ansicht vertreten, daß zusätzlich zu der gewöhnlichen Aufgabenorientierung – der strukturellen Organisation von Gruppen zu koordinierten Aufgaben- oder Arbeitsgruppen innerhalb von Institutionen – bürokratische Kontrolle und Ideologiebildung zwei wichtige alternative Abwehrmethoden gegen die Aktivierung von Aggression darstellen. Bürokratische Kontrollsysteme entwickeln eine Struktur; sie schützen das Individuum, die Gruppe und die Organisation vor den regressiven Folgen paranoider Entwicklungen; und auf einer breiteren sozialen Ebene können sie die Rechte und die Gleichheit der Individuen vor dem Gesetz schützen. Eine ideologische Entwicklung, welche die unstrukturierte Gruppe oder die Massenbewegung durch einen Kodex relativ simpler moralischer Vorschriften vereint, dient ebenfalls als Abwehr gegen paranoide Regression und den Ausbruch von Gewalt.

Sowohl bürokratische Entwicklung als auch Ideologie können von eben jener Aggression infiltriert werden, gegen die sie ursprünglich schützen sollten. Bürokratische Kontrolle kann regressive sadistische Züge annehmen, und ideologische Systeme können zur Rationalisierung von Gewalt und totalitärer Kontrolle dienen. Das heißt, daß entscheidende Methoden der Aggressionsabwehr tatsächlich von Aggression infiltriert werden können, so daß sie deren Agieren noch erleichtern. Ideologie und Bürokratie können sich auf einer regressiven wie auch auf einer höher entwickelten Ebene gegenseitig verstärken. Zu ihrem eigenen Schutz kann eine Ideologie des Egalitarismus eine hypertrophe Bürokratie fördern, auf diesem Wege eine privilegierte bürokratische Klasse entstehen lassen und die Freiheiten des Individuums einschränken. Eine libertäre Ideologie der Rechte des Einzelnen kann sich zu einer legalistischen Bürokratie entwickeln, in der sich die Verteidigung individueller Rechte in prozeß- und streitsüchtige Beziehungen zwischen den Individuen und dem sozialen System verwandelt. Es ist zwar leicht zu behaupten, daß eine Eingrenzung der Bürokratie und der Schutz der humanistischen Ideologie das soziale Leben vor den gefährlichen Exzessen bürokratischer und ideologischer Entwicklungen zu bewahren vermögen, aber es wäre naiv anzunehmen, daß solches auch leicht zu realisieren sei. Dieses Dilemma, mit dem uns die menschliche Aggression auf einer gesellschaftlichen Ebene konfrontiert, erfordert vielmehr ständige Wachsamkeit; dauerhafte Lösungen sind nicht ohne weiteres zu finden.

Der positive Aspekt einer bürokratischen Entwicklung und eines ideologischen Engagements darf nicht in Vergessenheit geraten. Die Geschichte hat gezeigt, daß der Mut der Massen Diktaturen und totalitäre Systeme stürzen kann;

die Massendemonstrationen und spontanen Aufstände, die sich gegen den kommunistischen Totalitarismus in Osteuropa richteten, und die Mobilisierung des britischen Volkes angesichts der schweren Bombenangriffe während der ersten Phasen des Zweiten Weltkriegs sind Beispiele für Massenbewegungen, in denen sich eine humanistische Ideologie mit kollektivem Mut vereinte. Hier haben die positiven Aspekte eines ideologischen Engagements zu positiver historischer Veränderung beigetragen und die Auswirkungen destruktiver Aggression auf sozialer, nationaler und internationaler Ebene eingedämmt. In ähnlicher Weise bilden die Unterstützung durch bürokratische Strukturen, die Rechtshilfe ermöglichen, und das durch eine Bürokratie ermöglichte optimale Funktionieren von Aufgabensystemen innerhalb sozialer Institutionen und zwischen diesen Einrichtungen einen wesentlichen Aspekt der gesellschaftlichen Organisation menschlicher Arbeit.

Dennoch kann man die stets gegenwärtigen Gefahren einer ideologischen Regression und eines bürokratischen Sadismus kaum überschätzen. In der amerikanischen Gesellschaft wird das Problem deutlich, wenn man die Beziehung zwischen einer humanistischen Ideologie der persönlichen Freiheit und Gleichheit und der hypertrophen Tendenz zu streitsüchtigen Interaktionen und einer restriktiven »political correctness« betrachtet; auch die gewaltigen, weitgehend nicht diagnostizierten, hypertrophen bürokratischen Restriktionen im Bereich der Gesundheitsversorgung stellen einen typischen Ausdruck des offenkundigen Widerspruchs zwischen egalitären Bestrebungen und wachsenden ökonomischen Zwängen dar, die sich aus der Entwicklung der wissenschaftlichen Kenntnisse und der Effizienz medizinischer Verfahren herleiten.

Tocqueville (1835–1840) hat als erster auf die Gefahr hingewiesen, daß die Demokratie in eine plebiszitäre Tyrannei umgewandelt werden kann, wenn die öffentliche Meinung in despotische Gesetze und bürokratische Strukturen kanalisiert wird. Er beschrieb das Risiko, daß das Streben nach Gleichheit die individuellen Freiheiten letztlich beschränken könnte, auch wenn er den sozialen Kontroll- und Ausgleichsmechanismen, die er in den Vereinigten Staaten vorfand – Unabhängigkeit der Justiz, Trennung von Kirche und Staat, Autonomie und hoher Status akademischer Berufe, Autorität der lokalen Gemeinden und regionale Vielfalt –, vertraute (Nesbit 1993).

Diese Sichtweise stand in krassem Gegensatz zur marxistischen Theorie, die davon ausging, daß die Diktatur des Proletariats nach der Zerstörung der Bourgeoisie und des kapitalistischen Systems selbst wieder »verschwinden« und einer universalen Freiheit weichen werde (Kolakowski 1978 a). Die Entwicklung einer totalitären und korrupten Bürokratie in der Sowjetunion (Voslensky 1984) zeigt sowohl einen fatalen Fehler des marxistischen Denkens als auch die

Tatsache an, daß die Gefahr der Bürokratisierung in sozialistischen wie demokratischen Systemen gegeben ist.

Max Webers (1904/05) Analyse der Bürokratie verstand die rationale Organisation der Regierung und die Ökonomie in Bürokratien als Form einer rationalen Herrschaft, eines Hierarchiemodus, der patrimoniale, charismatische oder traditionelle Autorität durch die Grundsätze fixierter und offizieller, Gesetzen oder administrativen Regelwerken gehorchender Zuständigkeitsbereiche verdrängt. Er sah potentielle Konflikte zwischen Demokratie und Bürokratie voraus, zum Beispiel eine Untergrabung der moralischen Ziele der Demokratie durch die Bürokratie. Michels (1911) vertrat in seiner Beschreibung der Demokratie die Ansicht: »Der bürokratische Geist verdirbt den Charakter, und erzeugt Gesinnungslumperei. In jeder Bürokratie waltet Strebertum ob, Rücksicht auf Beförderung und infolgedessen auf Beförderer, Befehlshabertum nach unten, ehrfurchtsvolles Kriechen nach oben [...]. Gerade die beste Bürokratie pflegt die drückendste und unausstehlichste zu sein [...]. Der Bürokratismus ist ein Erzfeind individueller Freiheit und aufrechter innerpolitischer Gesinnung« (S. 166f.).

Durkheim (1893, 1925) zog den Schluß, daß das Individuum allein durch Moralsysteme, die es mit seiner unmittelbaren Gemeinschaft verbinden, vor den destruktiven Folgen autoritärer Bürokratien geschützt werden könne; er sah das Potential wechselseitig korrigierender Einflüsse im Schutz der individuellen Freiheit durch die Rolle des Individuums, durch die Moralsysteme, die es mit seiner Gemeinschaft verbinden, und durch den Staat. Wie Nesbit (1993) zeigt, liegt Tönnies' (1887) Analyse des Unterschiedes zwischen Gemeinschaft und Gesellschaft all den bislang erwähnten soziologischen Analysen (mit Ausnahme der Marxschen) zugrunde. Tönnies sah die Gefahr, daß die Gemeinschaft mit ihren spezifischen Moralsystemen durch die Gesellschaft verdrängt werden könnte – das heißt durch eine mit dem demokratischen Regierungssystem einhergehende Auflösung individueller Beziehungen in größtem Maßstab –, und erkannte auch die Gefährdung der gemeinschaftlichen Moralsysteme durch die zunehmende Anonymisierung der Gesellschaft insgesamt. Kolakowski (1978b) führte die Widersprüche des Sowjetsystems auf ein den Idealen der Französischen Revolution – Freiheit, Gleichheit, Brüderlichkeit – inhärentes Paradoxon zurück. Er wies darauf hin, daß absolute Freiheit die Gleichheit in Frage stelle, während absolute Gleichheit zwangsläufig die Freiheit untergrabe; der Konflikt zwischen diesen beiden Idealen zerstöre auch die Brüderlichkeit.

Mein Ausgangspunkt war eine psychoanalytische Betrachtung der Gruppenpsychologie, auf deren Grundlage ich mich den funktionalen und dysfunktionalen Aspekten von Ideologie und Bürokratie zuwandte; zweifellos haben soziologisch orientierte Analytiker die entsprechenden Paradoxa schon vor langer Zeit erforscht. Ich hoffe, daß unsere Analyse jener individualpsychologischen Mechanismen, die aggressive Konflikte auf der sozialen Interaktionsebene nähren und mit bestimmen, zum Verständnis und vielleicht sogar zu einer Begrenzung des zerstörerischen Einflusses beitragen kann, den die menschliche Aggression in unseren sozialen Systemen ausübt.

17 Regression im politischen Prozeß

An früherer Stelle habe ich die Prozesse beschrieben, die in sozialen Organisationen eine paranoiagene Regression auslösen. Ich habe drei Regressionstypen identifiziert, die sich je nach der Persönlichkeitsdisposition der an der Regression beteiligten oder von ihr betroffenen Individuen entwickeln. In ihrer Verbindung repräsentieren diese drei Ebenen der Regression den Zusammenbruch der Moral in Institutionen.

Regression der Beteiligten

Ich habe zunächst die *psychopathische Regression* von Individuen mit starken narzißtischen Zügen beschrieben, denen es an einem differenzierten, autonomen Wertesystem fehlt, das eine reife Über-Ich-Integration zu erkennen gäbe. Solche Individuen sind für diese Regressionsebene in besonderem Maße anfällig, wenn ihre Position innerhalb der Organisation außerordentliche Belohnungen für die einen verspricht, die Macht entweder manipulieren oder sich ihr unterwerfen, und zugleich die anderen bedroht, die sich der Autorität widersetzen.

Ein zweiter Typus der Regression betrifft die große Mehrheit der Mitglieder einer Organisation, die eine paranoiagene Regression durchmacht. An diesen Mitarbeitern kann man frühe Manifestationen der *paranoiden Regression* beobachten: Sie ziehen sich vollständig zurück, zeigen erhöhte Vorsicht, verstärktes Mißtrauen und wachsende Ängstlichkeit in allen Situationen, die ihnen unsicher erscheinen. Schließlich habe ich einen dritten Regressionstypus beschrieben, nämlich die *depressive Regression* solcher Individuen, deren Reife und Autonomie in Verbindung mit ihren gut integrierten Über-Ich-Funktionen ihnen eine gewisse Distanz zu dem paranoiagenen Prozeß ermöglichen, während sie allerdings gleichzeitig dazu neigen, überaus selbstkritisch zu werden und an ihren eigenen Fähigkeiten und ihrem Wert für die Organisation zu zweifeln. Sie entwickeln in ihrer Arbeit ein wachsendes Gefühl der Einsamkeit und Mutlosigkeit.

Ich werde nun die akute und gewöhnlich vorübergehende Regression erforschen, die mit dem politischen Prozeß zusammenhängt, der sich nicht in einer klar begrenzten sozialen Institution mit festen Schranken und einer durch ihre primäre Aufgabe bestimmten Organisationsstruktur, sondern in einer offenen Gemeinschaft entfaltet. Die Massenpsychologie kommt in den Reaktionen der Individuen zum Tragen, wenn sich diese als Teil einer großen, unorganisierten Masse erleben. Eine offene, demokratische Wahl kann die Massenpsychologie durch die Gleichzeitigkeit der von den Massenmedien angebotenen Kommunikation besonders wirksam aktivieren. Wenn sich die um Stimmen kämpfenden

Politiker über die Massenmedien an die Menschen wenden, empfinden sich Mitglieder der offenen Gemeinschaft als anonyme Masse, weil sie alle gleichzeitig angesprochen werden. Ich habe beschrieben, daß dieses Erleben die Projektion von solchen Über-Ich-Funktionen auf die anonyme Masse aktiviert, die für die Latenzebene charakteristisch sind, und daß zugleich eine infantile Spaltung sämtlicher Wertesysteme in Gut und Böse stattfindet. In diesem Zustand nehmen Menschen Informationen im Kontext ihrer Phantasie darüber auf, wie die Bevölkerung insgesamt auf sie reagieren wird. Infolge dieses Prozesses neigen sie dazu, vieles zu vereinfachen; sie werden empfänglich für eine konventionelle Ideologie und Moral; und es fehlen ihnen die Reife und die Autonomie, die es ihnen ermöglichen würden, den Inhalt der erhaltenen Information unabhängig von dem imaginierten Massenpublikum zu beurteilen.

Wenn die gesellschaftlichen, ökonomischen, kulturellen oder historischen Bedingungen relativ stabil sind, aktiviert der demokratische politische Prozeß zuerst eine *narzißtische* Regressionsebene. Die Wählerschaft erlebt die Politik im allgemeinen als Unterhaltung und beobachtet mit einer Mischung aus Amüsement und Überlegenheit, wie die Politiker sie zu beeindrucken versuchen.

Instabile, unruhige, potentiell bedrohliche gesellschaftliche, ökonomische, kulturelle oder historische Bedingungen aktivieren eine tiefere Ebene, nämlich die *paranoide* Regression: Die bevorstehende Wahl wird als potentielle Bedrohung wie auch als potentielle Chance wahrgenommen, einen realen oder imaginären Feind zu bekämpfen und zu besiegen. Soziale Subgroups werden scharf abgegrenzt und dienen als Ziele für die Projektion von Aggression und paranoiden Verzerrungen. Das Potential einer politischen, religiösen, rassistischen oder nationalistischen Feindseligkeit, das in der lokalen Ideologie und kulturellen Tradition latent vorliegt, wird unter solchen Bedingungen in höchstem Maße aktiviert.

Aber selbst unter den günstigsten Bedingungen kann sich eine schwere paranoide Regression bei jenen Menschen entwickeln, die dem Zentrum der Macht, den Entscheidungsprozessen und den Führern, die den politischen Kampf austragen, am nächsten sind. In der unmittelbaren Gefolgschaft der rivalisierenden Politiker und ihren jeweiligen Ausschüssen wird die paranoide Regression durch die relativ engen Beziehungen, die zwischen allen Beteiligten bestehen, intensiviert. So kann sich ein paranoider Großgruppenprozeß entwickeln, der mit signifikanten Regressionen der direkt am Wahlprozeß beteiligten Individuen verbunden ist. In Diktaturen und besonders in totalitären Regimen kann aus dem politischen Kampf rasch ein Kampf auf Leben und Tod werden. Es gibt eine relativ kleine Gruppe führender Funktionäre, während sich die große Masse einer unterdrückten Bevölkerung vom politischen Prozeß isoliert fühlt. Sie empfindet Entfremdung oder Resignation und verfolgt mit erhöhter Aufmerksamkeit, wer gerade an der Macht ist. Die für die ehemalige Sowjetunion und ihre Satellitenstaaten charakteristischen politischen Anschläge, Schauprozesse und anderen tödlichen Auseinandersetzungen, in die kleine Cliquen innerhalb der Machtstruktur verstrickt waren, illustrieren diesen Vorgang. Politischer Prozeß und persönliches Überleben hingen hier auf dramatische Weise miteinander zusammen (Malia 1994; Schabowski 1991).

Die politischen Prozesse in kleinen sozialen Organisationen, deren Mitglieder einen erheblichen Teil ihrer sozialen, professionellen, wissenschaftlichen oder religiösen Energie investiert haben, geben die gleichen psychologischen Kräfte zu erkennen, die in Diktaturen oder totalitären Regimen dramatischer zutage treten und sogar tödliche Folgen haben können. Politische Auseinandersetzungen in Universitäten, in Institutionen, die den Künsten gewidmet sind, in akademischen Organisationen, Regierungsbehörden und Gewerkschaften können Regressionen des politischen Prozesses zu erkennen geben.

Der politische Prozeß kann durch eine scharfe Spaltung innerhalb der realen oder potentiellen Führung ausgelöst werden, wenn zwei oder mehr Kandidaten um eine führende politische Position kämpfen. Eine ganze Führungsgruppe kann von diesem Spaltungsprozeß unmittelbar betroffen sein, wenn die Macht der Gefolgsleute in der beigeordneten oder sekundären Führung oder in bürokratischen Positionen auf dem Spiel steht.

Wenn sich die Kandidaten und ihre Helfer direkt an die Wählerschaft wenden, idealisieren sie naturgemäß ihre Persönlichkeit, ihren Hintergrund, ihre Fähigkeiten und ihre Möglichkeiten, sich für eine bessere Zukunft ihrer Anhänger zu engagieren. Ohne auch nur ein einziges negatives Wort zu sagen, haben sie durch eine solche konzentrierte Idealisierung bereits eine (mehr oder weniger) subtile Entwertung ihres Gegners oder ihrer Opponenten vorgenommen. Das Objekt dieser Entwertung erlebt den Vorgang als paranoiden Angriff, als unfaire Verzerrung der Wahrheit, und hält es für notwendig, das Gleichgewicht wiederherzustellen, indem es nun seinerseits die Selbstidealisierung des ersten Sprechers entwertet oder ihn verächtlich macht. Aus diesem Grunde enthält gewöhnlich bereits die zweite Runde der öffentlichen Auseinandersetzung direktere Angriffe, die sich in einem Teufelskreis mit der Idealisierung der eigenen Seite und der Herabsetzung der Opposition verbinden. Eine Schritt für Schritt an Intensität zunehmende reaktive Attacke beider Seiten verlagert das Gleichgewicht, so daß die narzißtische Konkurrenz eine zunehmend paranoide soziale Struktur annimmt.

An diesem Punkt beginnen sich paranoiagene Bedingungen zu behaupten, und die drei verschiedenartigen Formen der individuellen Regression treten in Erscheinung. In der jeweiligen Anhängerschaft der politischen Gegner können sich Individuen mit ausgeprägten psychopathischen oder paranoiden Eigenschaften profilieren. Die Individuen mit den schwersten Störungen weisen zweifellos sowohl paranoide als auch antisoziale Züge auf. Wahrscheinlich gibt es keine politische Kampagne ohne diese Sorte von Menschen, die bösartige Gerüchte über den Feind verbreiten und empört gegen die ebenso bösartigen Gerüchte protestieren, die eben jener Feind in der Realität oder in ihrer Phantasie über ihre eigene Partei in die Welt setzt. Es ist bemerkenswert, daß sich inmitten lebhafter Gerüchtekampagnen und mit ungemeiner Schärfe ausgetragener politischer Schlachten besonders üble Nachreden auf einige wenige Personen zurückverfolgen lassen, und zwar gewöhnlich auf jene, die am lautesten gegen die von der anderen Seite verbreiteten Gerüchte protestiert haben.

Diese Parteigänger, die von paranoiden und psychopathischen Regressionen umgetrieben werden, unterscheiden sich von der Mehrheit der Ingroup des Kandidaten, die sich der allgemeinen paranoiden Atmosphäre des Wahlkampfs unter Umständen zwar nicht entziehen kann, aber dennoch zu einer ausgewogenen Beurteilung des Wertes und der Anständigkeit von Angehörigen beider Seiten in der Lage ist. Unter der gesamten Anhängerschaft aber verbreitet sich eine allgemeine paranoide Atmosphäre, die auch die jeweiligen Kandidaten erfaßt; sie übt einen wachsenden Druck auf jedes Organisationsmitglied aus, eindeutig Partei zu ergreifen. Individuen, die relativ objektiv und unabhängig bleiben, entwickeln unter Umständen sogar das Gefühl, von den Parteigängern der gegnerischen Lager als »Feinde« behandelt zu werden; und während der paranoide Druck in der gesamten Mitgliedschaft der Organisation eskaliert, erleben sich diejenigen, die sich der paranoiden Regression entziehen konnten, zunehmend als Einzelgänger (Turquet 1975), das heißt als isolierte und ohnmächtige Randfiguren der Großgruppe, entfremdet von einer Organisation, die vorübergehend dem Wahnsinn anheimgefallen ist. Wenn die Organisationsprozesse eine ununterbrochene Kommunikation über die Aufgaben, die während des Wahlkampfes weiterhin erfüllt werden müssen, erlauben oder erfordern, werden die persönlichen Beziehungen aller Beteiligten möglicherweise durch den Einfluß generalisierter projektiver Identifizierungen belastet. Im Gegensatz zu Großgruppenprozessen, in denen die projektive Identifizierung in relativ geringem Maße aktiv ist, fördern spezifische Interaktionen in Aufgabengruppen der Organisation die Aktivität primitiver Abwehrmechanismen, so daß selbst enge persönliche Beziehungen von den Konsequenzen des Wahlkampfs vergiftet werden. Plötzliche Bündnisse, Abspaltungen von Subgroups und »Verrat« können die Folge sein.

Ein spezifischer Typus der psychopathischen Regression kann Individuen in mittleren Führungspositionen erfassen, die ihre eigenen Anhänger auf beiden Seiten der wachsenden Spaltung innerhalb der Organisation massiv beeinflußt haben, deren eigene Zukunft aber auf dem Spiel stünde, wenn man sie mit dem

Lager der voraussichtlichen Verlierer identifizierte. Die Versuchung, um jeden Preis eine gespaltene Loyalität aufrechtzuerhalten, kann diese Menschen veranlassen, während der Kampagne alle ihre Beziehungen auf eindeutig unredliche Weise zu manipulieren. Andere, die diese Unaufrichtigkeit durchschauen, werden mißtrauisch reagieren, gleichzeitig aber weiterhin um die Gunst der anerkannten Meinungsmacher buhlen. Dieses Verhalten verstärkt das Bedürfnis der Führer auf mittlerer Ebene, jeden zu manipulieren. Ihr unter gewöhnlichen Umständen latentes Potential, ihre moralische Integrität zu kompromittieren, kann nun aktiviert werden. Häufig handelt es sich um Individuen mit starken narzißtischen Zügen, für die nur ihr eigenes Überleben zählt. Diese Eigenschaft befähigt sie, ihren Platz im politischen Prozeß zu behaupten und schließlich sogar selbst in Führungspositionen aufzurücken. Ihre politische Fähigkeit aber wird durch ihren Mangel an moralischer Stärke beeinträchtigt, der sie als Führungspersönlichkeit am Ende scheitern läßt (siehe 7. und 9. Kapitel).

Im Gegensatz dazu gibt es aber auch Menschen, die sich ihre Integrität und Unabhängigkeit bewahren und sich offen von der paranoiden Regression, welche die meisten Organisationsmitglieder erfaßt, distanzieren. Sie werden von der restlichen Gruppe möglicherweise widerwillig respektiert und können schließlich zum Heilungsprozeß der Organisation beitragen, das heißt, nach der Auflösung der Organisationsregression helfen, Individuen erneut zusammenzuführen, um die Aufgabengruppen wiederherzustellen.

Bislang habe ich das Augenmerk noch nicht auf den Einfluß der Persönlichkeit und des Verhaltens der Kandidaten, die im Mittelpunkt der ursprünglichen Organisationsspaltung stehen, gerichtet. Die Bewerber um die Führungsposition üben einen enormen Einfluß auf den politischen Prozeß aus; zwar sind sie selbst starken regressiven Kräften ausgesetzt, aber sofern sie diesen Kräften Widerstand leisten, können sie das Regressionsniveau der politischen Kampagne mitbestimmen. Ich sage »mitbestimmen«, weil die andere Seite einen entsprechenden Einfluß auf das Gleichgewicht der paranoiden Regression ausüben wird. Mit anderen Worten: Wenn einer der Konkurrenten die paranoide Regression in erheblichem Maße fördert, wird es für die anderen schwierig, diesen Prozeß unter Kontrolle zu bringen. Je paranoider ein Kandidat ist, desto paranoider wird die Kampagne. Die Kampf-Flucht-Grundannahmengruppe in Kleingruppenprozessen (Bion 1961) und die defensiven Bemühungen von Großgruppen, sich in einer paranoiden Haltung zu konsolidieren, ziehen einen paranoiden Führer an und werden durch ihn verstärkt (siehe 5. Kapitel). Wenn sich paranoide und psychopathische Regression bei einem Führer miteinander verbinden, werden die Belohnungen, die er den psychopathisch-paranoiden Anhängern in seinem Lager zuteil werden läßt, die gesamte Kampagne vergiften. Selbst ein im Grunde aufrichtiger und annehmbarer, aber sehr paranoider Führer wird die paranoid-psychopathischen Extremisten seines Lagers indirekt belohnen und unbewußt die Botschaft vermitteln, daß sämtliche Abwehrmethoden und alle Formen des Gegenangriffs erlaubt sind, wenn die Atmosphäre von starker Animosität geprägt und die Zukunft gefährdet ist.

Die Aufstellung eines Wahlkampfteams wird durch die ideologische Orientierung und Verpflichtung des Kandidaten sowie durch sein politisches Verständnis und seine Persönlichkeit erheblich beeinflußt. Der Wahlkampf wiederum ist geprägt durch die Personenauswahl, die der Kandidat unter seiner Anhängerschaft getroffen hat, das heißt durch mehr oder weniger paranoide, mehr oder weniger ethisch gefestigte und unabhängige oder opportunistische Parteigänger. Die Auswahl erfahrener, reifer, politisch geschickter, aber stabiler Individuen, die einer paranoiden Regression gesunden Widerstand leisten, hohe ethische und persönliche Ansprüche vertreten und einen klaren Sinn für die Interessen der Organisation insgesamt besitzen, prägt den Wahlkampf ebenso wie die Auswahl solcher Parteigänger, die vor Gewalt nicht zurückschrecken und keinerlei Skrupel kennen. Schriftliche wie auch mündliche Verlautbarungen, die im Zusammenhang mit dem Wahlkampf veröffentlicht werden, geben die Personenauswahl der Kandidaten auf mancherlei Weise zu erkennen.

In jedem Lager wird es wahrscheinlich eine unerschütterliche, zu keinem Kompromiß bereite paranoide Gruppe an einem Extrempol geben, der am anderen Extrem eine Gruppe mit psychopathischen Tendenzen gegenübersteht; beide sind in der Regel bereit, im Dienste politischer Zweckmäßigkeit auch Grundpositionen zu kompromittieren. Dazwischen findet sich eine rationalere, grundsatztreue und unabhängige Gruppe. Sie kann Ratschläge geben, die zuweilen nicht unbedingt politisch zweckmäßig oder effizient erscheinen mögen, aber dennoch die besten sind und dazu beitragen können, die Wahlkampfatmosphäre zu verändern.

Tragisch ist der Umstand, daß die allgemeine Regression der Organisation, die durch die mit der politischen Kampagne an sich verbundene Aktivierung der Massenpsychologie determiniert wird, die reife, rationale Urteilsfähigkeit der Mehrzahl der Wähler beeinträchtigt. Wenn meine These zutrifft, daß die Regression auf die Mechanismen der Massenpsychologie unvermeidbar ist, sobald eine politische Kampagne begonnen hat, dann erleidet die Fähigkeit zu hoch individualisiertem, rationalem Nachdenken über die Organisation in der gesamten Mitgliederschaft Schaden. Praktisch bedeutet dies, daß in den meisten Organisationen eine große Mehrheit der Individuen das Gefühl entwickelt, von den Autoritäten, welche die Entscheidungen treffen, distanziert zu sein; diese Menschen können sich auf verschiedenen Ebenen mit Organisationszielen identifizieren und sich von ihrer Mitgliedschaft Vorteile versprechen, ohne sich persönlich im Übermaß für das Funktionieren und die Zukunft der Organisation selbst zu engagieren oder sich um sie zu sorgen.

Die Führer sind dafür verantwortlich, die Mitglieder so zu aktivieren, daß die Organisation ihre eigentlichen Aufgaben zu erfüllen vermag. Die Vision, die inspirierte Führer möglicherweise entwickeln, kann mitunter von den konkreten Vorstellungen, welche die Mehrheit ihrer Anhänger über den Stand der Organisation und ihre Mission vertritt, weit entfernt sein. Wenn zwischen konventioneller Vernunft und inspirierter Führung eine scharfe Diskrepanz besteht, erzeugt das Vorherrschen der Massenpsychologie die Gefahr, daß demagogische Appelle an die konventionelle Vernunft, herrschende Ideologien, die »in der Luft liegen«, und die instinktiven Reaktionen der Mitglieder einen größeren Einfluß ausüben als ehrliche Informationen, die eine wirklich herausfordernde und tragfähige Vision zu erkennen geben.

Im Kontext der Entwicklung einer paranoiden Regression wird der Gegner beschuldigt, egozentrische, autoritäre, antidemokratische, reaktionäre, revolutionäre, elitäre, verknöcherte, dilettantische oder chaotische Ansichten zu vertreten, und diese Beschuldigungen können bei den Wählern augenblicklich ein positives Echo finden. Unter solchen Bedingungen kann die rationale Analyse der Positionen und Ziele der Organisation im Vergleich zu den affektiv aufwühlenden und geschickt plazierten Klischees, die der alles beherrschenden paranoiden Regression noch Vorschub leisten, intellektuell, uninspiriert und langweilig wirken. Indem er die Massenpsychologie aktiviert, erzeugt der politische Prozeß die paradoxe Situation, daß eine maximale Beteiligung das Niveau und die Qualität des für den demokratischen Prozeß unabdingbaren individuellen Urteils herabsetzt.

Die Kandidaten erleben einen gewaltigen Regressionsdruck. Ihre Welt verändert sich augenblicklich mit Beginn des Wahlkampfes: Aus einem Ort, der Individuen auf verschiedenen Ebenen der Vertrautheit versammelte, wird ein Ort, der von Freunden und Feinden bevölkert ist und an dem der Erfolg des Kandidaten von den Meinungen und Entscheidungen einer anonymen Masse abhängt, die man unmöglich einschätzen kann. Andere Menschen werden nun als potentielle Wähler wahrgenommen; jegliche informelle Kommunikation, sämtliche sozialen Beziehungen, professionellen Interaktionen, die gesamte künstlerische oder wissenschaftliche Arbeit sowie Beraterrollen werden nun in mehr oder minder hohem Maß auf die Frage hin betrachtet: »Ist diese Person für mich oder gegen mich?« Unablässig muß der Kandidat einzuschätzen versuchen, wo andere stehen, ob und wie sie beeinflußt sein könnten und was er selbst gefahrlos sagen kann und was nicht. Ein Berufspolitiker lernt, sich mit diesen Verzerrungen der interpersonalen Umwelt zu arrangieren. Das Mitglied einer professionellen oder wissenschaftlichen Organisation aber kann durch die temporäre Veränderung, die seine gewohnten menschlichen Beziehungen im Laufe eines politischen Kampfes erfahren, traumatisiert werden.

In dem Maße, wie das normale narzißtische Gleichgewicht des Kandidaten von den Meinungen anderer abhängig ist, kann sein Kampf um das Amt eine signifikante narzißtische Regression auslösen. Die künftige Position des Kandidaten, sein Einkommen und seine berufliche Rolle sind nun der Entscheidung einer anonymen großen Masse anheimgestellt, und es entsteht eine Situation, welche die Phase vor Erreichen der Objektkonstanz wiederholt – eine Phase, in der unsichere Bedingungen das Selbstwertgefühl bedrohen. Mit anderen Worten: Die massiven, abgespaltenen, idealisierten und verfolgenden Repräsentanzen der Anderen beeinträchtigen die Selbstreflexion und das Selbstwertgefühl des Kandidaten. Und weil die anonyme, aus potentiell bedrohlichen Feinden bestehende Masse nicht genau definiert oder durch projektives Verhalten kontrolliert werden kann, wird das zuvor latente Potential zu einer paranoiden Regression nun im Kandidaten aktiviert.

Tatsächlich wirkt ein Regressionsdruck aus zweierlei Quellen auf den potentiellen Führer ein. Erstens wird sein eigenes Potential zu narzißtischen und paranoiden Regressionen aktiviert, sobald die Regulierung des Selbstwertgefühls von der ungewissen Reaktion der unbekannten Masse abhängt. Gleichzeitig kann sich das Potential zur paranoiden Reaktion auf unbekannte Feinde gravierend erhöhen. Zweitens tragen die regressiven Tendenzen der Umgebung des Führers zu seinem Erleben der Unsicherheit bei. Der »wahnsinnige Randbereich« der Parteigänger kann für eine zuverlässige Unterstützung sorgen, aber diese Gefolgsleute schüren auch die Ängste und das Mißtrauen des Kandidaten gegenüber seinem Opponenten. Und seine unmittelbaren Anhänger können durch ihre eigene unbewußte Ambivalenz sogar dazu veranlaßt werden, das paranoide Potential des Kandidaten durch die von ihnen weiter getragenen Gerüchte und Warnungen noch zu erhöhen.

Der Verlust an Spontaneität im Verhalten früherer Bekannter und Freunde ist eine weitere Schwierigkeit, die der Kandidat zu verarbeiten hat. Neue Freunde scheinen sich unter denen herauszukristallisieren, die sich bei ihm als künftigem Führer einzuschmeicheln versuchen (dies zeigt auch, auf welche Weise Organisationen den Begriff der Freundschaft korrumpieren können), während andere sich aus Furcht, allzusehr mit dem nun politisierten Kollegen identifiziert zu werden, distanzieren. Ehemalige gute Bekannte distanzieren sich in der Öffentlichkeit, während sie den Kandidaten privat ihrer Unterstützung versichern; andere, die zuvor distanziert waren, bekunden nun übertriebene Freundlichkeit, um allerdings beim leisesten Anzeichen von Schwierigkeiten davonzulaufen. Möglicherweise gelingt es nur einigen engen Freunden aus der Vergangenheit, sich weiterhin so zu verhalten, wie sie es immer getan haben, und sich von der politischen Situation nicht beeinflussen zu lassen. Kurz, unter den Bedingungen einer politischen Regression kann eine schwere Störung im privaten Beziehungsnetz des Kandidaten eine Regression seiner Funktionsfähigkeit auslösen. Dramatisch illustriert wird eine solche Regression durch den Verlust jeglichen Kontakts zur Realität, unter dem die Führung der DDR kurz vor dem Zusammenbruch des Staates litt (Schabowski 1991). Die kommunistischen Politbüromitglieder reagierten auf das Geschehen vollkommen verwirrt. Wie dem auch sei, in Anbetracht des Regressionspotentials der Situation nimmt es nicht wunder, daß das »psychopathische« Potential des Kandidaten – wie gering oder wie groß es auch sein mag – an diesem Punkt aktiviert wird und die dem Prozeß inhärente allgemeine paranoide Regression kompliziert. Paradoxerweise können sich Kandidaten mit ausgeprägten narzißtischen oder schizoiden Eigenschaften unter Umständen durch eine reaktive Distanzierung und Reserviertheit relativ gut vor einer Regression schützen. Diese Reserviertheit aber kann, wenn sie eine gewisse Intensität übersteigt, die politische Wirksamkeit dieser Personen beeinträchtigen.

Der interessanteste, wenngleich auch erschreckendste Beleg für regressive Entwicklungen in politischen Wahlkämpfen ist das Auftauchen von – zumeist nur wenigen – Personen, deren Verhaltensweisen dem Syndrom des malignen Narzißmus auffällig ähneln: eine Kombination narzißtischer, paranoider, antisozialer und sadistischer Verhaltensweisen, die für ihr Funktionieren außerhalb des Wahlkampfkontextes eher nicht typisch zu sein scheint (Kernberg 1989a). In der Regel handelt es sich hierbei um Individuen, die sich zu den Positionen hingezogen fühlen, in denen sie die Machtzentren sehen. Sie nehmen Gerüchte und Klatsch aufmerksam wahr, tragen jeden Tratsch von der einen Seite zur anderen und wirken oft empört über das, was sie als irreführende, unehrliche und aggressive Entstellungen der Wahrheit bezeichnen. Mit diesem Verhalten sorgen sie dafür, die destruktiven Folgen solcher Botschaften zu verschlimmern. Ihre oberflächliche Freundlichkeit vermag kaum zu verbergen, daß sie mit ihrer Klatschsucht und ihrer demagogischen, selbstgerechten Entrüstung manipulieren und Schaden anrichten. Natürlich spiegelt ein solches Verhalten ihre latenten Persönlichkeitseigenschaften wider. Auffällig aber sind die Explosivität dieser destruktiven Verhaltensweisen und der ungemein starke regressive Einfluß, den sie ausüben. Die Führer gegnerischer Lager benötigen Stärke, Reife und moralische Integrität, um sich und andere vor den zerstörerischen Einflüssen solcher Individuen zu schützen, die ebenso rasch, wie sie in der politischen Kampagne auftauchten, auch wieder verschwinden können, sobald sich die politischen, sozialen und psychologischen Bedingungen restabilisiert haben.

Das Schachern um Machtpositionen, Prestige und Einfluß belastet die Beziehungen unter den Angehörigen des engeren Kreises; dennoch aber werden ihre

Konflikte durch die Existenz eines »äußeren Feindes« gewöhnlich auf ein Minimum reduziert. Erst wenn sich eine der rivalisierenden Fraktionen durchgesetzt hat, machen sich die inneren Konflikte der neuen Machtgruppe nachdrücklicher bemerkbar. Den Eigenschaften der Führungskräfte, die vor paranoider und narzißtischer Regression schützen, kommt auch hier eine ausschlaggebende Rolle dabei zu, diese potentiell zerstörerischen Kräfte innerhalb der Siegergruppe unter Kontrolle zu halten. Unter den Verlierern mag die Suche nach den internen Ursachen und den Verantwortlichen für ihre Niederlage Bestürzung hervorrufen; ihr Führer aber wird vor einer solchen inneren Fragmentierung in der Regel durch die wechselseitige Unterstützung während der Zeit der Trauer über die gemeinsame Niederlage geschützt.

Es überrascht nicht, daß das narzißtische und paranoide Potential des Kandidaten einen grundlegenden Einfluß auf die Reaktionen seiner gesamten Gefolgschaft im Triumph wie auch in der Niederlage ausübt. Führer mit starken narzißtischen und paranoiden Eigenschaften sind durch den massiven Einsatz der projektiven Identifizierung vor und nach der Wahl charakterisiert, und es ist allgemein bekannt, daß die unehrlichsten, aggressivsten und destruktivsten Individuen ihre Stimme am lautesten erheben, um ihre Feinde ebendieser Eigenschaften zu bezichtigen. Die sowjetischen Schauprozesse und die Nazipropaganda gegen die Juden illustrieren diese Entwicklungen (Bullock 1991; Conquest 1991; Dawidowicz 1975). Eine schwere narzißtische und paranoide Pathologie des Führers hat zur Folge, daß die Niederlage als unerträglich empfunden wird und es nicht möglich ist, zu trauern und sich mit der Realität nach den Wahlen zu arrangieren. So schließt sich eine ausgedehnte Phase an, in der starke paranoide Ressentiments, Mißgunst und Rachewünsche im Vordergrund stehen. Die gleichen narzißtischen und paranoiden Eigenschaften finden beim Sieger Ausdruck in Form nicht enden wollender Vorbehalte und Versuche, sich an den nun besiegten Feinden zu rächen, während in Wirklichkeit ein reifes Bemühen um Versöhnung, Großzügigkeit und eine neuerliche Identifizierung mit den Organisationsaufgaben notwendig wären.

Präventiv- und Kontrollmaßnahmen

Ein Wahlkampf, in dem diese regressiven Eigenschaften dominiert haben, kann für eine kleine professionelle oder wissenschaftliche Organisation mit einem ausgedehnten Netzwerk nationaler oder internationaler Kontakte verheerende Auswirkungen haben, wenn die eigentliche Arbeit persönliche Kooperation voraussetzt und die einzelnen Führungskräfte die während der Wahl entstandene Kluft überwinden müssen. Die Vergiftung interpersonaler Beziehungen kann sich noch viele Jahre lang bemerkbar machen und bewirken, daß sich einige oder sogar zahlreiche der kreativsten und potentiell wertvollsten Individuen enttäuscht, desillusioniert und »depressiv« aus der Organisation zurückziehen. Deshalb sollten bereits vor Beginn des Wahlkampfes Präventiv- oder Kontrollmaßnahmen in die formellen Verfahren der Organisation eingebaut werden, welche die Institution vor den regressiven Folgen des politischen Prozesses schützen.

Hier können sich die Vorteile einer bürokratischen Struktur, mit der die Organisation einer Regression in Großgruppenprozesse entgegenzusteuern vermag, als Korrektiv zu der gewöhnlich bestehenden Gefahr einer sadistischen Infiltrierung der bürokratischen Struktur selbst bewähren (siehe 16. Kapitel). Zu den Schutzmaßnahmen gehören an erster Stelle eine Begrenzung der Zeit und der finanziellen Mittel, welche die Institution den Kandidaten zur Verfügung stellt. Die internen Wahlverfahren vieler professioneller Organisationen, beispielsweise der American Academy of Child Psychiatry, sehen vor, daß jeder Kandidat lediglich ein Positionspapier formuliert, dessen Länge vorgeschrieben ist und das in der Zeitschrift der Academy veröffentlicht wird. Falls eine Diskussion eines Positionspapiers zugelassen wird, erscheint diese in vorgegebenem Umfang ebenfalls dort. Briefkampagnen sollten vermieden oder pro Kandidat auf eine Zuschrift begrenzt werden, wobei jede Partei dafür verantwortlich ist, den offiziell festgelegten Umfang nicht zu überschreiten. Nationale oder internationale Organisationen, die auf lokale Meetings angewiesen sind, sollten es vermeiden, diese Meetings in ein Forum der politischen Debatte zu verwandeln. Im Gegensatz zu einer politischen Partei – deren Aufgabe gerade darin besteht, politische Kämpfe auszutragen – sollte eine professionelle, religiöse, soziale oder kulturelle Organisation davon absehen, ihre planmäßigen Versammlungen oder ihre Zeit und ihren Raum dem politischen Fundraising zur Verfügung zu stellen, und Kampagnen mit anderen Mitteln – etwa über Telefonaufrufe, E-mails oder politisch motivierte gesellschaftliche Zusammenkünfte – nach Möglichkeit verhindern. Satzung und Verordnungen der Organisation können einen effizienten Weg darstellen, um einem Verfall des notwendigen politischen Prozesses entgegenzuwirken.

Man könnte einwenden, daß man den politischen Prozeß nicht eingrenzen, sondern vielmehr eine breite Diskussion unterstützen sollte, weil die Wählerschaft durch klare Darstellung der Positionen rivalisierender Kandidaten informiert werde und die Sachinformationen erhalte, auf deren Grundlage sie eine intelligente, kenntnisreiche Entscheidung treffen könne. Wenn es jedoch zutrifft, daß die Regression eine unvermeidliche Folge der Aktivierung des politischen Prozesses darstellt, dann wird die Fähigkeit der Wähler, eine intellektuell einsichtige und rationale Entscheidung zu treffen, durch diese Regression in Mitleidenschaft gezogen. Um es ganz offen zu sagen: Sobald ein Thema im

Kontext des Großgruppenprozesses diskutiert wird, werden Klischees und konventionell beschwichtigende Ideologien immer den Sieg über den kenntnisreichen, differenzierenden intellektuellen Diskurs davontragen.

Großgruppenprozesse aktivieren unweigerlich einen unbewußten Neid auf rationale Führung und veranlassen die Großgruppe zur Wahl von Führern mit überwiegend narzißtischen oder aber beruhigenden Eigenschaften, die ausgesprochen beschwichtigende Klischees zum Besten geben; die Alternative ist die Wahl eines paranoiden Führers, der die Gruppe in einer paranoiden Haltung bestätigt.

Wenn die Mitteilungen der Kandidaten an die Wählerschaft auf ein kurzes Statement begrenzt bleiben, werden die Mitglieder, denen die entsprechenden Themen wichtig sind, die bereits über allgemeine Kenntnisse verfügen und sich ihre Fähigkeit zu einem unabhängigen Urteil bewahren konnten, dazu angeregt, über die Entscheidung, zu der sie aufgerufen sind, gründlich nachzudenken. Die Mitglieder, die sich um die Organisation ohnehin nicht sonderlich kümmern und nur ungenügende Informationen über deren Geschichte, aktuelle Entwicklung und künftige Erfordernisse besitzen, sind unter Umständen nicht fähig, auf ein knappes Positionspapier mit einem gescheiten Urteil zu reagieren. Man vergleiche aber diese Einschränkungen mit denen, die sich aus unkontrollierten politischen Debatten und einer von Demagogen betriebenen fortwährenden Manipulation der öffentlichen Meinung ergeben.

Für die Führung einer politischen Organisation wie einer politischen Partei ist der Versuch, an die vorherrschenden Überzeugungen der Wählerschaft insgesamt zu appellieren und sie dazu bewegen, sich den Überzeugungen der Partei anzuschließen, absolut angemessen. Mit anderen Worten: Die Führung einer politischen Partei hat die Aufgabe, die derzeit tonangebende Ideologie, ihre herausfordernden oder bedrohlichen Aspekte und die neue ideologische Richtung, in welche die Bewerber die Institution zu führen planen, zu definieren, zu formulieren und überzeugend darzustellen.

Eine professionelle, wissenschaftliche oder kulturelle Organisation kann durch den Appell an eine dominierende, kulturell anerkannte Ideologie, die im Vergleich zu den Hauptaufgaben der Organisation lediglich eine nebensächliche Rolle spielt, gravierend geschädigt werden. Eine herrschende soziale Ideologie (Veränderung, Gleichheit, ökonomischer Konservatismus) zu nutzen, um eine Wählerschaft, die zu einer regressiven Gruppe geworden ist, zu beeinflussen, kann im besten Fall betrügerisch sein und im schlimmsten Fall die Organisation ruinieren. Was sich im politischen Prozeß offener Gemeinschaften als aufgabenorientierte Konfrontation von Ideologien gestalten kann, steht in krassem Gegensatz zu der ungeteilten Konzentration auf Organisationsaufgaben in Organisationen mit spezifischen Zielen.

Die Zeitdauer von Entscheidungsprozessen

Hier nun stellt sich die unvermeidliche Frage: »Was bewirkt gute Führung tatsächlich?« Wird eine neue Führung das Schicksal einer Organisation wirklich signifikant beeinflussen? Wenn die Antwort auf diese Frage »Nein« lautet, dann erscheint der gesamte politische Prozeß in schlechtem Licht, nämlich als eine massive Investition in fruchtloses Agitieren, eine destruktive Vergeudung von Ressourcen und als Ablenkung vom Zweck und Ziel der Organisation. Aber die Antwort auf die Frage hängt von der Beschaffenheit der Organisation ab, von ihren Aufgaben und von dem Maß an Freiheit, das sie ihren Führern einräumt.

Das Maß an Freiheit, über das Führungskräfte verfügen können, richtet sich in erster Linie nach der Dauer der jeweiligen Amtszeit. Professionelle Organisationen, die ihre Führungskräfte jährlich austauschen, sind gewöhnlich nicht auf gravierende Veränderungen angewiesen; sie halten sich selbst für durchaus anpassungsfähig, und ihnen liegen die optimalen Funktionen ihrer Teilstrukturen mehr am Herzen als Veränderungen innerhalb der Organisation. Wenn derartige Veränderungen tatsächlich notwendig werden oder bestimmte Organisationsfunktionen langfristige, mehrere Jahre abdeckende Planungsprozesse erfordern, dann müssen die Führungskräfte ihren Platz lange genug einnehmen, um diese langfristigen Pläne überwachen und funktionale Veränderung gewährleisten zu können. Aus praktischen Gründen sollte ein Zeitraum von zwei Jahren nicht unterschritten werden, und wenn die zu wählende Führung länger als drei oder vier Jahre im Amt bleiben soll, ist eine gründliche politische Auseinandersetzung gerechtfertigt. In großen Konzernen, deren betriebliche Planungen die nächsten zehn bis zwanzig Jahre betreffen, sollte die Amtszeit der Führungskräfte vernünftigerweise fünf bis zehn Jahre betragen.

In einem damit zusammenhängenden Prozeß können Institutionen in ihre Führungswechsel Strukturen einbauen, die konservativ wirken und lediglich graduelle Veränderungen zulassen, so daß die Stabilität gewährleistet bleibt. In Zeiten äußerer Umbrüche, die eine zentralisierte Führung sowie rapide Veränderungen erfordern, ist eine solche Bremse unter Umständen nicht angemessen. Daher ist die Frage, ob Führungskräfte tatsächlich eine ausschlaggebende Rolle spielen, im Kontext der Organisationsziele und -zwänge, der Zeitdauer von Entscheidungsprozessen und der Dauer der Amtszeit zu beantworten. Wenn die oberste Führung weitgehend eine zeremonielle Funktion erfüllt und sich jährlich auf ritueller Basis erneuert, dann sollte der politische Prozeß im günstigsten Fall praktisch verschwinden.

Selbstdestruktivität der Organisation und Heilungsprozesse

Die Hauptgefahr hinsichtlich der Regression, die den politischen Prozeß ergreift, besteht insbesondere im Fall akademischer, kultureller oder religiöser Organisationen gewöhnlich nicht darin, daß paranoide Individuen, die das eine oder andere Extrem des politischen Spektrums repräsentieren, in Führungspositionen gewählt werden. Abgesehen von sehr unruhigen Zeiten, pflegen Organisationen Extremen eher entgegenzusteuern. Die reale Gefahr besteht vielmehr darin, daß sich die Organisation für einen klischeeverhafteten, kompromißlerischen, blassen Führer entscheidet, weil sie eine massive narzißtische Regression durchläuft, zu der auch der unbewußte Neid auf effiziente Führung gehört. Der unbewußte Neid, den eine entschlossene Führung insbesondere auf der mittleren Ebene der bürokratischen Organisationsstrukturen weckt, kann sich für die Wahl der besten verfügbaren Person als machtvolles Hindernis erweisen. Ich war Zeuge einer Wahl in der American Psychiatric Association, die in einer Zeit heftiger Unruhen und massiver professioneller Herausforderungen stattfand; der Neid auf einen außergewöhnlich brillanten und erfolgreichen Kandidaten war ausschlaggebend für dessen Niederlage.

Das Agieren unbewußten Neides, das statische Großgruppenprozesse charakterisiert, kann auch auf der Ebene nationaler und internationaler Organisationen stattfinden. Die unbewußte Verschwörung, die sich die Niederlage eines herausragenden Führers zum Ziel gesetzt hat, kann eine unbewußte Rache an der beneideten Person zum Ausdruck bringen, eine Rache, die als beherrschende ideologische Strömung maskiert und rationalisiert wird und die gesamte Wählerschaft beeinflußt. Mit einem freundlichen, konventionellen, nicht bedrohlichen Bürokraten können sich unter Umständen all jene leichter identifizieren, die in der narzißtischen Regression des Wahlkampfes gefangen sind. Zuweilen aber kann sich ein bislang durchschnittlich wirkendes Individuum, dessen wahre Fähigkeiten verborgen geblieben sind, als inspirierter Führer erweisen. Wie dem auch sei – wenn die einzelnen Organisationsmitglieder in der Privatsphäre ihres Zuhauses mit grundlegenden Informationen über die Kandidaten informiert werden – mit Informationen, die ihnen eine unabhängige Entscheidung ermöglichen –, ist die Wahl der besten Führer eher gewährleistet als durch einen Entscheidungsprozeß, der im Kontext einer schweren Organisationsregression stattfindet, selbst wenn die Situation so aussehen mag, als handele es sich um einen offenen, ausführlichen, erschöpfenden politischen Dialog. Die Ausnutzung der Massenpsychologie hat den gegenteiligen Effekt einer offenen Kommunikation und Informationsvermittlung, die im Rahmen des Funktionierens der Organisation erfolgt.

Für den siegreichen Kandidaten wird die gesunde narzißtische Befriedigung über den Wahlsieg normalerweise rasch dem Engagement für die Herausforderungen der neuen Aufgaben weichen. Dazu gehört auch, daß er die Funktionen einer großzügigen Elternfigur erfüllen muß, die alles, was möglich ist, tun wird, um eine Versöhnung einzuleiten, den Heilungsprozeß zu fördern und das Engagement der Wahlverlierer für die Institution zu bewahren. Die wichtigste Aufgabe des Verlierers besteht darin, die narzißtische Kränkung zu verarbeiten, über den Verlust zu trauern und eine pathologische Regression auf eine narzißtische Entwertung der Organisation, von der er nicht gewählt wurde, ebenso zu vermeiden wie eine paranoide Entfremdung, deren Folge nicht endende Ressentiments, Schuldzuweisungen und Vergeltungswünsche wären.

Zweifellos werden Führungskräfte mit einer vorwiegend narzißtischen Persönlichkeit dazu neigen, die Organisation, die sie nicht gewählt hat, zu entwerten, während Führer mit vorwiegend paranoiden Eigenschaften mißgünstigen Groll hegen und eine Kampfhaltung beziehen werden, um zu überleben. Für die Organisation ist der narzißtische Rückzug eines kompetenten potentiellen Führers ein Verlust, und das unausgesetzte Intrigieren eines besiegten paranoiden Kandidaten stellt eine potentielle Gefahr für die notwendige Versöhnung und die Konzentration auf die Organisationsaufgaben dar. Eine Phase der Trauer, des depressiven Rückzugs, ist wahrscheinlich auch unter den besten Bedingungen nicht vermeidbar; eine der Aufgaben einer Führungskraft aber, die sich auf einen politischen Prozeß einläßt, besteht darin, sich auch auf eine mögliche Niederlage vorzubereiten – in einem stillen, aber intensiven Prozeß des Durcharbeitens, dem er sich während des Wahlkampfes in der Institution und lange genug vor der endgültigen Entscheidung unterziehen sollte.

Abschließend möchte ich festhalten, daß es für eine Führungskraft eine Quelle der Gratifikation, des emotionalen Triumphes und der tiefen Zufriedenheit sein kann, mit denjenigen zusammenzuarbeiten, die ihm zu seinem Sieg mit verholfen haben. Die Kooperation mit den anderen, die auf der Gegenseite gestanden haben, und die Entwicklung gegenseitigen Vertrauens im Kontext der gemeinsamen Arbeit für die Institutionsziele vermitteln ebenfalls eine befriedigende und zutiefst kreative Erfahrung. Solche produktiven Arbeitsbeziehungen über den Wahlprozeß hinaus aufrechtzuerhalten ist eine der Aufgaben und Herausforderungen institutioneller Führung.

Literatur

Adorno, T. W., et al. (1950). *The Authoritarian Personality*. New York: Harper. (*Studien zum autoritären Charakter*. Frankfurt am Main: Suhrkamp 1973.)

Adorno, T. (1954). Television and the patterns of mass culture. In: *Mass Culture.* Hg. von B. Rosenberg und D. M. White. New York: Free Press 1957, S. 474–488.

Althusser, L. (1976). *Positions*. Paris: Editions Sociales.

Anders, G. (1956). *Die Antiquiertheit des Menschen*. Bd. 1. München: C. H. Beck.

– (1980). *Die Antiquiertheit des Menschen*. Bd. 2. München: C. H. Beck.

Anderson, P. (1976). *Considerations on Western Marxism*. London: NLB.

Anzieu, D. (1971). L'Illusion groupal. *Nouvelle Revue de Psychanalyse* 4: 73–93.

– (1981). *Le groupe et l'inconscient: L'Imaginaire groupal*. Paris: Dunod.

Arlow, J. A. (1951). A psychoanalytic study of a religious initiation rite: Bar Mitzvah. *Psychoanalytic Study of the Child* 6: 353–3474.

– (1961). Ego psychology and the study of mythology. *Journal of the American Psychoanalytic Association* 9: 371–393.

– (1969). Myth and ritual in psychoanalytic training: A report of the first Free Institute Conference. In: *Training Analysis.* Hg. von C. Babcock, S. 104–120.

– (1970). Group psychology and the study of institutes. Unveröffentlichtes Manuskript.

– (1972). Some dilemmas in psychoanalytic education. *Journal of the American Psychoanalytic Association* 20: 556–566.

– (1979). Psychoanalytic knowledge of group processes. Panel report. *Journal of the American Psychoanalytic Association* 27: 147–149.

– (1991). Address to the graduating class of the San Francisco Psychoanalytic Institute, 16. Juni 1990. *American Psychoanalyst* 25 (1): 15 f., 21.

Astrachan, B. M. (1970). Towards a social systems model of therapeutic groups. *Social Psychiatry* 5: 110–119.

Bach, G. R. (1954). *Intensive Group Psychotherapy*. New York: Ronald Press.

Belknap, I. (1956). *Human Problems of a Mental Health Hospital*. New York: McGraw-Hill.

Berman, L. E. (1987). Psychoanalytic comments on James Bond and Ian Fleming. Unveröffentlichtes Manuskript.

Bion, W. R. (1961). *Experiences in Groups*. New York: Basic Books. (*Erfahrungen in Gruppen*. Deutsch von H. O. Rieble. Stuttgart: Klett-Cotta 1971; Frankfurt am Main: Fischer 1990.)

– (1967). *Second Thoughts: Selected Papers on Psychoanalysis*. London: Heinemann.

– (1970). *Attention and Interpretation*. London: Heinemann.

Boukovski, V. (1990). URSS: De la utopía al desastre. Buenos Aires: Editorial Atlantida.

Bourdieu, P. (1979). *La Distinction: Critique social du jugement*. Paris: Editions de minuit. (*Die feinen Unterschiede. Kritik der gesellschaftlichen Urteilskraft*. Deutsch von B. Schwibs und A. Russer. Frankfurt am Main: Suhrkamp 1982.)

Brantlinger, P. (1983). *Bread and Circuses*. Ithaca: Cornell University Press.

Braunschweig, D., und M. Fain (1971). *Eros et Antéros*. Paris: Petite Bibliothèque Payot.

Britton, R. (1994). Publication anxiety: Conflict between communication and affiliation. *International Journal of Psycho-Analysis* 75: 1213–1224.
Bruzzone, M., et al. (1985). Regression and persecution in analytic training: Reflections on experience. *International Review of Psychoanalysis* 12: 411–415.
Bullock, A. (1991). *Hitler and Stalin: Parallel Lives*. London: HarperCollins. (*Hitler und Stalin. Parallele Leben*. Deutsch von H. Ettinger und K. H. Silber. München: Goldmann 1991.)
Caine, R. M., und D. J. Small (1969). *The Treatment of Mental Illness*. New York: International Universities Press.
Canetti, E. (1960). *Masse und Macht*. Frankfurt am Main: Fischer.
Caudill, W. A. (1958). *The Psychiatric Hospital as a Small Society*. Cambridge: Harvard University Press.
Chasseguet-Smirgel, J. (1975). *L'Idéal du Moi*. Paris: Claude Tchou. (*Das Ichideal*. Deutsch von J. Friedeberg. Frankfurt am Main: Suhrkamp 1981.)
–, und B. Grunberger (1969). *L'Univers contestationnaire*. Paris: Petite Bibliothèque Payot.
Colman, A. D., und W. N. Bexton (Hg.) (1975). *Group Relations Reader*. Sausalito, Cal.: Grex.
Conquest, R. (1991). *The Great Terror: A Reassessment*. New York: Oxford University Press.
Dalton, G. W., et al. (1968). *The Distribution of Authority in Formal Organizations*. Cambridge: Harvard University Press.
Dawidowicz, L. S. (1975). *The War Against the Jews, 1933–1945*. New York: Bantam Books. (*Der Krieg gegen die Juden 1933–1945*. München 1979.)
De Board, R. (1978). *The Psychoanalysis of Organizations*. London: Tavistock.
De Mare, P. B. (1972). *Perspectives in Group Psychotherapy: A Theoretical Background*. New York: Science House.
Deschner, K. (1980). *Kitsch, Konvention und Kunst*. Frankfurt am Main: Ullstein.
Dicks, H. V. (1972). *Licensed Mass Murder: A Socio-Psychological Study of Some SS-Killers*. London: Heinemann.
Dolgoff, T. (1973). Organizations at sociotechnical systems. *Bulletin of the Menninger Clinic* 37: 232–257.
Dulchin, J., und A. J. Segal (1982 a). The ambiguity of confidentiality in a psychoanalytic institute. *Psychiatry* 45: 13–25.
– (1982 b). Third-party confidences: The uses of information in a psychoanalytic institute. *Psychiatry* 45: 27–37.
Durkheim, E. (1893). *Über soziale Arbeitsteilung*. Frankfurt am Main: Suhrkamp 1992.
– (1925). Erziehung, Moral und Gesellschaft. Frankfurt am Main: Suhrkamp 1984.
Durkin, H. E. (1964). *The Group in Depth*. New York: International Universities Press.
Durkin, H. E., und H. T. Glatzer (1972). Transference neurosis in group psychotherapy: The concept and the reality. Unveröffentlichtes Manuskript.
Edelson, M. (1967). The sociotherapeutic function in a psychiatric hospital. *Journal of the Fort Logan Mental Health Center* 4: 1–45.
– (1970). *Sociotherapy and Psychotherapy*. Chicago: University of Chicago Press.
Emery, F. W., und E. L. Trist (1973). *Towards a Social Ecology*. New York: Plenum Press.

Erikson, E. (1950). Growth and crises of the healthy personality. In: *Identity and the Life Cycle*. New York: International Universities Press 1959, S. 50–100. (Wachstum und Krisen der gesunden Persönlichkeit. In: *Identität und Lebenszyklus*. Deutsch von K. Hügel. Frankfurt am Main: Suhrkamp 1966, S. 55–122.)

– (1956). The problem of ego identity. In: *Identity and the Life Cycle*. New York: International Universities Press 1959, S. 101–164. (Das Problem der Ich-Identität. In: *Identität und Lebenszyklus*. Deutsch von K. Hügel. Frankfurt am Main: Suhrkamp 1966, S. 123–212.)

Ezriel, H. (1950). A psychoanalytic approach to the treatment of patients in groups. *Journal of Mental Science* 96: 774–779.

Fairbairn, W. R. D. (1954). *An Object-Relations Theory of the Personality*. New York: Basic Books.

Foucault, M. (1976–1984). *Histoire de la sexualité*. Paris: Editions Gallimard. (*Sexualität und Wahrheit*. 3 Bde. Deutsch von U. Raulff und W. Seitter. Frankfurt am Main: Suhrkamp 1986.)

Foulkes, S. H., und E. J. Anthony (1957). *Group Psychotherapy: The Psychoanalytic Approach*. Baltimore: Penguin Books.

Franzen, S. (1982). Editorial. *Council for the Advancement of Psychoanalytic Education* 2 (2): 2.

Freud, S. (1913). *Totem und Tabu*. S. A., Bd. 9, S. 287–444.

– (1914 a). Zur Einführung des Narzißmus. S. A., Bd. 3, S. 37–68.

– (1914 b). Zur Geschichte der psychoanalytischen Bewegung. G. W., Bd. 10, S. 43–113.

– (1920). *Jenseits des Lustprinzips*. S. A., Bd. 3, S. 213–272.

– (1921). Massenpsychologie und Ich-Analyse. S. A., Bd. 9, S. 65–134.

– (1923 a). Libidotheorie. Psychoanalyse. G. W., Bd. 13, S. 211–233.

– (1923 b). *Das Ich und das Es*. S. A., Bd. 3, S. 273–325.

– (1927). *Die Zukunft einer Illusion*. S. A., Bd. 9, S. 135–189.

– (1930). *Das Unbehagen in der Kultur*. S. A., Bd. 9, S. 191–270.

– (1939). *Der Mann Moses und die monotheistische Religion: Drei Abhandlungen*. S. A., Bd. 9, S. 455–581.

– ([1927] 1963). Brief an Oskar Pfister, 22. 10. 1927. In: *Sigmund Freud – Oskar Pfister. Briefe 1909–1939*. Hg. von E. L. Freud und H. Meng. Frankfurt am Main: Fischer.

Friedländer, S. (1984). *Reflections on Nazism*. New York: Harper.

Fromm, E. (1955). *The Sane Society*. New York: Holt, Rinehart, and Winston. (*Wege aus einer kranken Gesellschaft*. Stuttgart: DVA 1983.)

Giovannetti, M. de Freitas (1991). The couch and the Medusa: Brief considerations on the nature of the boundaries in the psychoanalytic Institution. 5. IPV-Konferenz für Lehranalytiker, Buenos Aires. Unveröffentlichtes Manuskript.

Glatzer, H. T. (1969). Working through in analytic group psychotherapy. *International Journal of Group Psychotherapy* 19: 292–306.

Goffman, E. (1968). *Asylums: Essays on the Social Situation of Mental Patients and Other Inmates*. Harmondsworth, Eng.: Penguin.

Gramsci, A. (1959). The Modern Prince and Other Writings. New York: International Publishing.

Green, A. (1969). Sexualité et idéologie chez Marx et Freud. Paris: Etudes Freudiennes 1–2: 187–217.

– (1991). Preliminaries to a discussion of the function of theory in psychoanalytic training. 5. IPV-Konferenz für Lehranalytiker, Buenos Aires. Unveröffentlichtes Manuskript.
Greenacre, P. (1959). Problems of the Training Analysis. In: *Minutes of Training Analysts' Seminar*. Chicago Institute for Psychoanalysis, 21. November.
Greenberg, C. (1946). Avant-garde and kitsch. In: *Mass Culture*. Hg. von B. Rosenberg und D. M. White. New York: Free Press 1957, S. 98–110.
Habermas, J. (1968). *Erkenntnis und Interesse*. Frankfurt am Main: Suhrkamp.
– (1971). *Theorie und Praxis*. Frankfurt am Main: Suhrkamp.
Hodgson, R. C., D. J. Levinson und A. Zaleznik (1965). *The Executive Role Constellation: An Analysis of Personality and Role-Relations in Management*. Cambridge: Harvard University Press.
Horkheimer, M., und T. W. Adorno (1947). *Dialektik der Aufklärung. Philosophische Fragmente*. Frankfurt am Main: Fischer 1971.
Howe, I. (1948). Notes on mass culture. In: *Mass Culture*. Hg. von B. Rosenberg und D. M. White. New York: Free Press 1957, S. 496–503.
Infante, J. A. (1991). The teaching of psychoanalysis: Common ground. 5. IPV-Konferenz für Lehranalytiker, Buenos Aires. Unveröffentlichtes Manuskript.
Jacobson, E. (1964). *The Self and the Object World*. New York: International Universities Press. (*Das Selbst und die Welt der Objekte*. Deutsch von H. Deserno. Frankfurt am Main: Suhrkamp 1973.)
– (1971 a). Acting out and the urge to betray in paranoid patients. In: *Depression. Comparative Study of Normal, Neurotic, and Psychotic Conditions*. New York: International Universities Press, S. 302–318. (Über das Agieren und den Drang zu Verrat und Treuebruch bei paranoiden Patienten. In: *Depression. Eine vergleichende Untersuchung normaler, neurotischer und psychotisch-depressiver Zustände*. Deutsch von H. Deserno. Frankfurt am Main: Suhrkamp 1977, S. 377–397.)
– (1971 b). *Depression. Comparative Study of Normal, Neurotic, and Psychotic Conditions*. New York: International Universities Press. (*Depression. Eine vergleichende Untersuchung normaler, neurotischer und psychotisch-depressiver Zustände*. Deutsch von H. Deserno. Frankfurt am Main: Suhrkamp 1977.)
Jaques, E. (1955). Social systems as a defense against persecutory and depressive anxiety. In: *New Directions in Psycho-Analysis*. Hg. von M. Klein, P. Heimann und R. Money-Kyrle. New York: Basic Books, S. 478–498.
– (1976). *A General Theory of Bureaucracy*. New York: Halsted.
– (1982). *The Form of Time*. New York: Crane, Russak.
Jones, M. (1953). *The Therapeutic Community: A New Treatment Method in Psychiatry*. New York: Basic Books.
– (1956). The concept of the therapeutic community. *American Journal of Psychiatry* 112: 647–650.
– (1968). *Social Psychiatry in Practice*. Baltimore: Penguin.
Kaës, R. (1980). *L'Idéologie: Etudes psychanalytiques*. Paris: Dunod.
Katz, D., und R. L. Kahn (1966). *The Social Psychology of Organizations*. New York: John Wiley and Sons.

Katz, E. (1955). Skills of an effective administrator. *Harvard Business Review* (Januar/Februar): 33–42.
Keiser, S. (1969). *Report of the Outgoing Chairman of the Committee on Institutes to the Board on Professional Standards*. New York: American Psychoanalytic Association.
Keniston, K. (1965). *The Uncommitted*. New York: Delta Books.
Kernberg, O. F. (1967). Borderline personality organization. *Journal of the American Psychoanalytic Association* 15: 641–685.
– (1970). Factors in the psychoanalytic treatment of narcissistic personalities. *Journal of the American Psychoanalytic Association* 18: 51–85.
– (1973). Psychoanalytic object-relations theory, group processes, and administration. *Annual of Psychoanalysis* 1: 363–386.
– (1974). Further contributions to the treatment of narcissistic personalities. *International Journal of Psycho-Analyis* 55: 215–240.
– (1975 a). *Borderline Conditions and Pathological Narcissism*. New York: Jason Aronson. (*Borderline-Störungen und pathologischer Narzißmus*. Deutsch von H. Schultz. Frankfurt am Main: Suhrkamp 1978.)
– (1975 b). Modern hospital milieu treatment of schizophrenia. In: *New Dimensions in Psychiatry: A World View*. Hg. von S. Arieti und G. Chrzanowski. New York: John Wiley and Sons, S. 202–220.
– (1975 c). A systems approach to the priority setting of interventions in groups. *International Journal of Group Psychotherapy* 25: 251–275.
– (1976). *Object Relations Theory and Clinical Psychoanalysis*. New York: Jason Aronson. (*Objektbeziehungen und Praxis der Psychoanalyse*. Deutsch von H. Steinmetz-Schünemann. Stuttgart: Klett-Cotta 1981.)
– (1978). Leadership and organizational functioning: Organizational regression. *International Journal of Group Psychotherapy* 28: 3–25.
– (1979). Regression in organizational leadership. *Psychiatry* 42: 24–39.
– (1980 a). The couple and the group. In: *Internal World and External Reality*. New York: Jason Aronson, S. 307–331. (Das Paar und die Gruppe. In: *Innere Welt und äußere Realität*. Deutsch von M. Looser. München: Verlag Internationale Psychoanalyse 1988.)
– (1980 b). *Internal World and External Reality*. New York: Jason Aronson. (*Innere Welt und äußere Realität*. Deutsch von M. Looser. München: Verlag Internationale Psychoanalyse 1988.)
– (1980 c). Regression in groups: Some clinical and theoretical implications. *Journal of Personality and Social System* 2: 51–75.
– (1981). Some issues in the theory of hospital treatment. *Soertrykk av Tidsskrift for den norske loegeforening* 14: 837–843.
– (1982). *Advantages and Liabilities of Therapeutic Community Models. Vol. 1: The Individual and the Group*. Hg. von M. Pine und L. Rafaelsen. London: Plenum.
– (1984 a). Paranoid regression and malignant narcissism. In: *Severe Personality Disorders: Psychotherapeutic Strategies*. New Haven: Yale University Press, S. 290–311. (Paranoide Regression und bösartiger Narzißmus. In: *Schwere Persönlichkeitsstörungen. Theorie, Diagnose, Behandlungsstrategien*. Deutsch von H. Steinmetz-Schünemann. Stuttgart: Klett-Cotta 1988, S. 417–448.)

– (1984 b). The couch at sea: the psychoanalysis of organizations. *International Journal of Group Psychotherapy* 34(1): 5–23.
– (1984 c). Severe Personality Disorders: Psychotherapeutic Strategies. New Haven: Yale University Press. (*Schwere Persönlichkeitsstörungen. Theorie, Diagnose, Behandlungsstrategien.* Deutsch von H. Steinmetz-Schünemann. Stuttgart: Klett-Cotta 1988.)
– (1986). Institutional problems of psychoanalytic education. *Journal of the American Psychoanalytic Association* 34: 799–834.
– (1988). Identity, alienation, and ideology in adolescent group processes. In: *Fantasy, Myth, and Reality: Essays in Honor of Jacob A. Arlow.* Hg. von H. P. Blum, Y. Kramer, A. Richards und A. Richards. Madison, Conn.: International Universities Press, S. 381–399.
– (1989 a). The narcissistic personality disorder and the differential diagnosis of antisocial behavior. In: *Psychiatric Clinics of North America: Narcissistic Personality Disorder* (Gasthg. O. F. Kernberg) 12 (3): 553–579, 723–729. Philadelphia: W. B. Saunders.
– (1989 b). The temptations of conventionality. *International Review of Psychoanalysis* 16: 191–205.
– (1991). The moral dimension of leadership. In: *Psychoanalytic Group Theory and Therapy: Essays in Honor of Saul Scheidlinger.* Hg. von S. Tuttman. New York: International Universities Press, S. 87–112.
– (1992). Massenpsychologie aus analytischer Sicht. *Texte* 1: 9.
– (1993). Paranoiagenesis in organizations. In: *Comprehensive Textbook of Group Psychotherapy.* 3. Auflage. Hg. von H. Kaplan und B. J. Sadock. Baltimore: Williams and Wilkins, S. 47–57.
– (1994 a). Mass psychology through the analytic lens. In: *The Spectrum of Psychoanalysis: Essays in Honor of Martin Bergmann.* Hg. von A. K. Richards und A. D. Richards. Madison, Conn.: International Universities Press, S. 257–281.
– (1994 b). Leadership styles and organizational paranoiagenesis. In: *Paranoia: New Psychoanalytic Perspectives.* Hg. von J. Oldham und S. Bone. Madison, Conn.: International Universities Press, S. 61–79.
– (1997). Ideology and bureaucracy as social defenses against aggression. In: *The Inner World in the Outer World: Psychoanalytic Perspectives.* Hg. von E. R. Shapiro. New Haven: Yale University Press, S. 97–121.
Klein, M. (1946). Notes on some schizoid mechanisms. In: M. Klein, P. Heimann, S. Isaacs und J. Rivière. *Developments in Psycho-Analysis.* London: Hogarth, S. 292–320. (Bemerkungen über einige schizoide Mechanismen. Deutsch von E. Vorspohl. In: *Gesammelte Schriften.* Hg. von R. Cycon. Bd. III. Stuttgart: Frommann-Holzboog 1999.)
Klerman, G., und D. J. Levinson (1967). The clinical executive: Some problematic issues for the psychiatrist in mental health organizations. *Journal for the Study of Interpersonal Processes* 30: 3–15.
Kolakowski, L. (1978 a). The Founders. In: *Main Currents of Marxism.* New York: Oxford University Press, S. 154–178. (*Die Hauptströmungen des Marxismus.* 3 Bde. München: ...)
– (1978 b). The Breakdown. In: Main Currents of Marxism. Bd. 3. Oxford: Oxford University Press. (*Die Hauptströmungen des Marxismus.* 3 Bde. München: ...)
Kreeger, L. (Hg.) (1975). *The Large Group: Dynamics and Therapy.* London: Constable. (*Die*

Großgruppe. Deutsch von I. Köstlin, K.-M. Schomburg und S. M. Schomburg-Scherff. Stuttgart: Klett 1977.)
Lasch, C. (1977). *Haven in a Heartless World*. New York: Basic Books.
– (1978). *The Culture of Narcissism*. New York: Norton. (*Das Zeitalter des Narzißmus*. Deutsch von G. Burmundt. München: Steinhausen 1980.)
– (1981). The Freudian Left and cultural revolution. *New Left Review* 129: 23–34.
Lawrence, W. G. (Hg.) (1969). *Exploring Individual and Organizational Boundaries*. New York: John Wiley and Sons.
Le Bon, G. (1895). *Psychologie des foules*. Paris. (*Psychologie der Massen*. Leipzig: Klinkhardt 2. Aufl. 1912.)
Levinson, D. J., und G. L. Klerman (1967). The clinical-executive: Some problematic issues for the psychiatrist in mental health organizations. *Psychiatry* 30: 3–15.
Levinson, H. (1968). *The Exceptional Executive: A Psychological Conception*. Cambridge: Harvard University Press.
– (1972). *Organizational Diagnosis*. Cambridge: Harvard University Press.
Lewin, K. (1951). *Field Theory in Social Science*. New York: Harper and Row.
Lifschutz, J. E. (1976). A critique of reporting and assessment in the training analysis. *Journal of the American Psychoanalytic Association* 24: 43–59.
Lussier, A. (1991). Our training ideology. 5. IPV-Konferenz für Lehranalytiker, Buenos Aires. Unveröffentlichtes Manuskript.
MacDonald, D. (1953). A theory of mass culture. In: *Mass Culture*. Hg. von B. Rosenberg und D. M. White. New York: Free Press 1957, S. 59–73.
Mahler, M. S., und M. Furer (1968). *On Human Symbiosis and the Vicissitudes of Individuation*. New York: International Universities Press. (*Symbiose und Individuation*. Bd. 1: *Psychosen im frühen Kindesalter*. Deutsch von H. Weller. Stuttgart: Klett-Cotta, 3. Aufl. 1983.)
Mahony, P. (1979). The budding international association of psychoanalysis and its discontents. *Psychoanalysis and Contemporary Thought* 2: 551–593.
Main, T. F. (1946). The hospital as a therapeutic institution. *Bulletin of the Menninger Clinic* 10: 66–70.
– (1957). The ailment. *British Journal of Medical Psychology* 30: 129–145.
Malan, D. H., F. H. G. Balfour, V. G. Hood und A. M. N. Shooter (1976). Group psychotherapy: A long-term follow-up study. *Archive General Psychiatry* 33: 1303–1315.
Malia, M. (1994). *The Soviet Tragedy: A History of Socialism in Russia, 1917–1991*. New York: Free Press. (*Vollstreckter Wahn. Rußland 1917–1991*. Deutsch von S. Lüdemann u. U. Spengler. Stuttgart: Klett-Cotta 1994.)
Marcuse, H. (1955). *Eros and Civilization. A Philosophical Inquiry into Freud*. Boston: Beacon Press. (*Eros und Kultur. Ein philosophischer Beitrag zu Sigmund Freud*. Dt. von M. Eckhardt-Jaffé. Stuttgart 1957.)
Masters, R. D. (1989). *The Nature of Politics*. New Haven: Yale University Press.
McCarthy, C. M. (1978). *Report of the Task Force on Regulation on the Cost of Regulation*. Hospital Association of New York State.
McDougall, W. (1920). *The Group Mind*. London: Cambridge University Press.
Menzies, I. E. P. (1967). The functioning of social systems as a defense against anxiety: A re-

port on the study of a nursing service of a general hospital. *Tavistock Pamphlet No. 3*. London.
Michels, R. (1911). *Zur Soziologie des Parteiwesens in der modernen Demokratie*. Stuttgart 1970.
Miller, E. J. (1976). *Task and Organization*. New York: John Wiley and Sons.
–, und A. K. Rice (1967). *Systems of Organization*. London: Tavistock.
Mitscherlich, A. (1963). *Auf dem Weg zur vaterlosen Gesellschaft: Ideen zur Sozialpsychologie*. München: Piper.
Moles, A. (1971). *Le Kitsch: L'Art du bonheur*. Paris: Maison Mame.
Moscovici, S. (1981). *L'Age des foules*. Paris: Librairie Arthème Fayard. (*Das Zeitalter der Narren*. München: Hanser 1984.)
Nesbit, R. (1993). *The Sociological Tradition*. New Brunswick, N. J.: Transactions.
Novotny, P. (1971): The pseudo-psychoanalytic hospital. *Bulletin of the Menninger Clinic* 37: 193–210.
Offer, D., E. Ostrov und K. I. Howard (1981). *The Adolescent: A Psychological Self-Portrait*. New York: Basic Books.
Ollman, B. (1976). *Alienation: Marx's Conception of Man in Capitalist Society*. 2. Aufl. New York: Cambridge University Press.
Ortega y Gasset, J. (1929). *Der Aufstand der Massen.* Stuttgart 1931.
Parsons, T. (1964 a). The superego and the theory of social systems. In: *Social Structure and Personality*. London: Free Press, S. 17–33. (Das Über-Ich und die Theorie der sozialen Systeme. In: *Sozialstruktur und Persönlichkeit*. Frankfurt: Suhrkamp, S. 25–45.)
– (1964 b). Social structure and the development of personality: Freud's contribution to the integration of psychology and sociology. In: *Social Structure and Personality*, S. 78–111. (Sozialstruktur und Persönlichkeitsentwicklung: Freuds Beitrag zur Integration von Psychologie und Soziologie. In: *Sozialstruktur und Persönlichkeit.* Frankfurt: Suhrkamp, S. 99–139.)
Rangell, L. (1974). A psychoanalytic perspective leading currently to the syndrome of the compromise of integrity. *International Journal of Psycho-Analysis* 55: 3–12. (Perspektiven der Psychoanalyse. Bemerkungen zum drohenden Verfall der Integrität. Deutsch von K. Hügel. *Psyche* 28 (1974): 933–950.)
Reich, W. (1936). *Die sexuelle Revolution*. Frankfurt am Main: Fischer 1971.
Rice, A. K. (1963). *The Enterprise and Its Environment*. London: Tavistock.
– (1965). *Learning for Leadership*. London: Tavistock. (*Führung und Gruppe*. Deutsch von W. D. Helms und W. Krege. Stuttgart: Klett-Cotta 1971.)
– (1969). Individual, group, and intergroup processes. *Human Relations* 22: 565–584.
Riesman, D. (1950). *The Lonely Crowd: A Study of the Changing American Character*. New Haven: Yale University Press.
Rioch, M. J. (1970 a). The work of Wilfred Bion on groups. *Psychiatry* 33: 56–66.
– (1970 b). Group relations: Rationale and techniques. *International Journal of Group Psychotherapy* 10: 340–355.
Roberts, P. C., und K. LaFollette (1990). *Meltdown: Inside the Soviet Economy*. Washington, D. C.: Cato Institute.
Robinson, P. A. (1959). *The Freudian Left*. New York: Harper Colophon Books.

Rogers, K. (1973). Notes on organizational consulting to mental hospitals. *Bulletin of the Menninger Clinic* 37: 211–231.
Rosenberg, B. (1957). Mass culture in America. In: *Mass Culture*. Hg. von B. Rosenberg und D. M. White. New York: Free Press, S. 3–12.
–, und D. M. White (Hg.) (1957). *Mass Culture*. New York: Free Press.
Rosenfeld, H. (1971). A clinical approach to the psychoanalytic theory of the life and death instincts: An investigation into the aggressive aspects of narcissism. *International Journal of Psycho-Analysis* 52: 169–178. (Beitrag zur psychoanalytischen Theorie des Lebens- und Todestriebes aus klinischer Sicht: Eine Untersuchung der aggressiven Aspekte des Narzißmus. Deutsch von L. Köhler. In: *Melanie Klein Heute*. Hg. von E. Bott Spillius. Bd. 1. *Beiträge zur Theorie*. München: Verlag Internationale Psychoanalyse, S. 299–319.)
Roustang, F. (1982). *Dire Mastery: Discipleship from Freud to Lacan*. Baltimore: Johns Hopkins University Press.
Rubenstein, R., und H. D. Lasswell (1966). *The Sharing of Power in a Psychiatric Hospital*. New Haven: Yale University Press.
Sandford, N. (1956). The approach of the authoritarian personality. In: *Psychology of Personality*. Hg. von J. McCary. New York: Logos Press.
Sarnoff, C. (1976). *Latency*. New York: Jason Aronson.
Schabowski, G. (1991). *Das Politbüro*. Reinbek bei Hamburg: Rowohlt.
Scheidlinger, S. (1960). Group process in group psychotherapy. *American Journal of Psychotherapy* 14: 104–120, 346–363.
– (Hg.) (1980). *Psychoanalytic Group Dynamics*. New York: International Universities Press.
– (1982). *Focus on Group Psychotherapy: Clinical Essays*. New York: International Universities Press.
Shapiro, R. (1979). Psychoanalytic knowledge of group processes. Panel report. *Journal of the American Psychoanalytic Association* 27: 150–152.
Shapiro, T., und R. Perry (1976). Latency revisited: The age seven plus or minus one. *Psychoanalytic Study of the Child* 31: 79–105.
Sinjawskij, A. (1989). *Der Traum vom neuen Menschen oder Die Sowjetzivilisation*. Frankfurt.
Sinowjew, A. (1981). *Kommunismus als Realität*. Deutsch von K. Häußler. Zürich: Diogenes 1989.
Skynner, A. C. R. (1976). *Systems of Family and Marital Psychotherapy*. New York: Brunner/Mazel.
Slavson, S. R. (1959). The era of group psychotherapy. *Acta Psychotherapy* 7: 167–196.
– (1962). A critique of the group therapy literature. *Acta Psychotherapy* 10: 62–73.
– (1964). *A Textbook in Analytic Group Psychotherapy*. New York: International Universities Press. (*Analytische Gruppentherapie. Theorie und praktische Anwendung*. Deutsch von L.-W. Wolf. Frankfurt am Main: Fischer 1977.)
Stanton, A. M., und M. Schwartz (1954). *The Mental Hospital*. New York: Basic Books.
Stephane, A. (1969). *L'Univers contestationnaire*. Paris: Petite Bibliothèque Payot.
Sutherland, J. D. (1952). Notes on psychoanalytic group therapy. I: Therapy and training. *Psychiatry* 15: 111–117.
Tocqueville, A. de (1835–1840). *Über die Demokratie in Amerika*. Frankfurt am Main 1956.

Todd, E. (1990). *La Chute finale*. Paris: Editions Robert Laffont.

Tönnies, F. (1887). *Gemeinschaft und Gesellschaft*. Berlin 1912.

Turquet, P. (1975). Threats to identity in the large group. In: *The Large Group: Dynamics and Therapy*. Hg. von L. Kreeger. London: Constable, S. 87–144. (Bedrohung der Identität in der großen Gruppe. In: *Die Großgruppe*. Hg. von L. Kreeger. Stuttgart: Klett 1977).

Voslensky, M. (1984). *Nomenklatura. Die herrschende Klasse der Sowjetunion*. München.

Wallerstein, R. S. (1993). Between chaos and petrification: A summary of the Fifth IPA Conference of Training Analysts. *International Journal of Psycho-Analysis* 74: 165–178.

Weber, M. (1904/05). Die protestantische Ethik und der Geist des Kapitalismus. In: *Gesammelte Aufsätze zur Religionssoziologie*. Tübingen 1978.

Welch, D. (1983). *Propaganda and the German Cinema, 1933–1945*. New York: Oxford University Press.

Whiteley, J. S., und J. Gordon (1979). *Group Approaches in Psychiatry*. London: Routledge and Kegan Paul.

Wolf, A., und M. Schwartz (1962). *Psychoanalysis in Groups*. New York: Grune and Stratton.

Yalom, I. D. (1970). *The Theory and Practice of Group Psychotherapy*. New York: Basic Books.

Zaleznik, A. (1974): Charismatic and consensus leader: A psychological comparison. *Bulletin of the Menninger Clinic* 38: 222–238.

– (1979). Psychoanalytic knowledge of group processes. Panel report. *Journal of the American Psychoanalytic Association* 27: 146f., 149f.

Quellennachweise

Ich danke den folgenden Verlagen für die Erlaubnis, das ursprünglich in ihren Büchern und Zeitschriften veröffentlichte Material zu bearbeiten und zu verändern:

1. Kapitel: Originalfassung unter dem Titel »Psychoanalytic studies of group processes: Theory and application« in: Psychiatry 1983: *American Psychiatric Association Annual Review.* Washington, D. C.: American Psychiatric Press 1983, S. 21–36.

2. Kapitel: Originalfassung unter dem Titel »Identity, alienation, and ideology in adolescent group processes« in: *Fantasy, Myth, and Reality: Essays in Honor of Jacob A. Arlow.* Hg. von H. Blum, Y. Kramer, Arlene Richards, Arnold Richards. Madison, Conn.: International Universities Press 1988, S. 381–399.

3. Kapitel: Originalfassung unter dem Titel »Mass psychology through the analytic lens« in: *The Spectrum of Psychoanalysis: Essays in Honor of Martin Bergmann.* Hg. von A. K. Richards und A. D. Richards. Madison, Conn.: International Universities Press 1994, S. 257–281.

4. Kapitel: Originalfassung unter dem Titel »Leadership and organizational functioning: Organizational regression« in: *International Journal of Group Psychotherapy* 38 (1978): 3–25.

5. Kapitel: Originalfassung unter dem Titel »Regression in organizational leadership« in: *Psychiatry* 42 (1979): 24–39.

6. Kapitel: Originalfassung unter dem Titel »The couch at sea: the psychoanalyis of organizations« in: *International Journal of Group Psychotherapy* 34 (1984): 5–23.

7. Kapitel: Originalfassung unter dem Titel »The moral dimension of leadership« in: *Psychoanalytic Group Theory and Therapy: Essays in Honor of Saul Scheidlinger.* Hg. von S. Tuttman. Madison, Conn.: International Universities Press, S. 87–112.

8. Kapitel: Originalfassung unter dem Titel »Paranoiagenesis in organizations« in: *Comprehensive Textbook of Group Psychotherapy.* 3. Auflage. Hg. von H. Kaplan und B. J. Sadock. Baltimore: Williams and Wilkins Press 1993, S. 47–57.

9. Kapitel: Originalfassung unter dem Titel »Leadership styles and organizational paranoiagenesis« in: *Paranoia: New Psychoanalytic Perspectives*. Hg. von J. Oldham und S. Bone. Madison, Conn.: International Universities Press, S. 61–79.

10. Kapitel: Originalfassung unter dem Titel »A systems approach to the priority setting of interventions in groups« in: *International Journal of Group Psychotherapy* 25 (1975): 251–275.

11. Kapitel: Originalfassung unter dem Titel »The therapeutic community: a reevaluation« in: *Journal of the National Association of Privat Psychiatric Hospitals* 12 (2) (1981): 46–55.

12. Kapitel: Originalfassung unter dem Titel »Institutional problems of psychoanalytic education« in: *Journal of the American Psychoanalytic Association* 34 (1986: 799–834.

13. Kapitel: Originalfassung unter dem Titel »Authoritarianism, culture, and personality in psychoanalytic education« in: *Journal of the International Association for the History of Psychoanalysis* (1992): 341–354.

14. Kapitel: Originalfassung unter dem Titel »Thirty methods to destroy the creativity of psychoanalytic candidates« in: *International Journal of Psycho-Analysis* 77 (5) (1996): 1031–1040. Die hier abgedruckte Übersetzung von Irmgard Hölscher erschien erstmals in *Psyche* 52 (3) (1998): 199–213.

15. Kapitel: Originalfassung unter dem Titel »The temptations of conventionality« in: *International Review of Psycho-Analysis* 16 (1989): 191–205.

16. Kapitel: Originalfassung unter dem Titel »Ideology and bureaucracy as social defenses against aggression« in: *The Inner World in the Outer World: Psychoanalytic Perspectives*. Hg. von E. R. Shapiro. New Haven: Yale University Press 1997, S. 97–121.

Register

Otto F. Kernberg bei Klett-Cotta:

Liebesbeziehungen

Normalität und Pathologie

Aus dem Amerikanischen von Christoph Trunk
1998. 300 Seiten, Leinen, ISBN 3-608-91628-8

Otto F. Kernberg untersucht, wie in Zweierbeziehungen die individuelle Psychopathologie der Partner dazu führen kann, daß in ihrer gemeinsamen Sexualität Narzißmus, Masochismus, Sadismus oder eine Über-Ich-Pathologie die Oberhand gewinnen, und illustriert diese Fehlentwicklungen mit Fallbeispielen aus seiner Praxis.
Doch auch die gelingende, reife Liebesbeziehung mit einer erfüllten gemeinsamen Sexualität begreift Kernberg als einen heiklen Balanceakt. Denn in ihr werden zwangsläufig verinnerlichte Objektbeziehungen aus der Kindheit wach, die zur Reinszenierung mit dem Partner drängen und in destruktive Konflikte münden können.

Innere Welt und äußere Realität

Anwendungen der Objektbeziehungstheorie

Aus dem Amerikanischen von Max Looser
3. Auflage 1997. 393 Seiten, Leinen, ISBN 3-608-95921-1

Otto F. Kernberg konzentriert sich in diesem Buch auf die Objektbeziehungstheorie auf normale und pathologische Individuen, Paare und Gruppen.

Objektbeziehungen und Praxis der Psychoanalyse

Anwendungen der Objektbeziehungstheorie

Aus dem Amerikanischen von Helga Steinmetz-Schünemann
6. Auflage 1997. 316 Seiten, Leinen, ISBN 3-608-95936-X

Klett-Cotta

Otto F. Kernberg bei Klett-Cotta:

Wut und Haß

Über die Bedeutung von Aggression bei Persönlichkeitsstörungen und sexuellen Perversionen

Aus dem Amerikanischen von Christoph Trunk

2. Auflage 1998. 390 Seiten, Leinen, ISBN 3-608-91743-8

Otto F. Kernberg untersucht die Rolle, die den Affekten in der Persönlichkeitsbildung und in der Trieborganisation zukommt.

Im zweiten Teil skizziert er das Spektrum masochistischer und sadistischer, hysterischer und histrionischer, narzißtischer und antisozialer Persönlichkeitsbilder und grenzt sie voneinander ab. Im dritten und vierten Teil stellt er das in manchen Punkten revidierte ichpsychologische und objektbeziehungstheoretische Bezugssystem vor, auf das er sich bei der Behandlung von Persönlichkeitsstörungen stützt.
Im fünften Teil legt er die Unterschiede und Gemeinsamkeiten von Persönlichkeitsstörungen und Perversionen dar und beschreibt, wie die Befunde aus der psychoanalytischen Behandlung von Persönlichkeitsstörungen die Theorie und Behandlung von Perversionen beeinflussen.

Schwere Persönlichkeitsstörungen

Theorie, Diagnose, Behandlungsstrategien

Aus dem Amerikanischen von Helga Steinmetz-Schünemann

5. Auflage 1996. 539 Seiten, Leinen, ISBN 3-608-95369-8

Kernberg setzt sich in diesem Buch erneut mit den Borderline- und den narzißtischen Persönlichkeiten, des weiteren auch mit abnormen Regressionszuständen wie der Suizidalität und der schweren Über-Ich-Pathologie auseinander.

Klett-Cotta